奇点经管
Singular Point Books

CORPORATE POLITICS:
Power Game and
Balance of Interests

公司政治：
权力博弈与利益平衡

萧越 ● 著

厦门大学出版社 国家一级出版社
XIAMEN UNIVERSITY PRESS 全国百佳图书出版单位

图书在版编目(CIP)数据

公司政治:权力博弈与利益平衡/萧越著.—厦门:厦门大学出版社,2022.1
ISBN 978-7-5615-8412-5

Ⅰ.①公…　Ⅱ.①萧…　Ⅲ.①企业管理　Ⅳ.①F272

中国版本图书馆 CIP 数据核字(2021)第 252108 号

出 版 人	郑文礼
责任编辑	潘　瑛
封面设计	张雨秋
技术编辑	朱　楷

出版发行　厦门大学出版社

社　　址	厦门市软件园二期望海路 39 号
邮政编码	361008
总　　机	0592-2181111　0592-2181406(传真)
营销中心	0592-2184458　0592-2181365
网　　址	http://www.xmupress.com
邮　　箱	xmup@xmupress.com
印　　刷	厦门兴立通印刷设计有限公司

开本	720 mm×1 000 mm　1/16
印张	24.5
插页	2
字数	450 千字
版次	2022 年 1 月第 1 版
印次	2022 年 1 月第 1 次印刷
定价	88.00 元

厦门大学出版社
微信二维码

厦门大学出版社
微博二维码

前言：从理论到实践，从组织到个人

无论你是老谋深算的政治高手,还是天真烂漫的职场菜鸟,关于公司政治,你想要的答案,或许就在这里。

但我并不想写一本公司政治的武功秘籍,或者罗列众多的职场故事,也无法提供现成的参考答案,我想做的是梳理学者们和企业家们已有的成果和实践,研究其内在机制和客观规律,同时将现实的企业管理和职场实际结合起来,为理论指导实践提供一些帮助。

本书包括公司政治的理论和实务两大部分。理论部分从第一章到第四章,实务部分从第五章到总结。实务部分选择了与公司政治相关性最大、也与我近三十年企业管理经验相符的几个领域,首先从组织层面开始,包括企业文化、战略管理和人力资源三个部分,然后再写个人层面,包括领导力、职业发展两个部分,构成公司政治学的逻辑框架。总结部分概述了公司政治的应对之策。

第一章"公司政治理论",综合介绍了学术界关于公司政治的研究和发展历程,以及公司政治的定义、产生的原因与条件、政治技巧、活动领域、公司政治的感知、人们对公司政治的反应与道德判断、公司政治的作用与中国特点等。

在此需要说明的是,本书所研究的是企业内部政治,不是外部政治;是公司政治,不是公共政治。

在管理实践中,公司政治问题困扰着很多企业管理人员,成为管理工作中一个敏感的话题和棘手的难题。关于公司政治的研究经历了比较漫长的过程。众多管理学者已经全面论述了公司政治客观存在于企业中。目前公司政治相关议题在组织管理理论中占据重要的位置。

企业管理离不开利益和权力。管理的历史就是政治的历史。有企业组织的地方就有公司政治。随着社会进步、技术日新月异以及企业组织的飞速发展，人们对于企业和企业中人这一关键要素的认识不断深入。企业是由具有不同利益需求的人组成的联合体这一事实得到大家的认同。个体及各种正式与非正式组织在企业中的权力博弈在现实生活中每天演绎并且不断涌现在公众面前。身处企业中的人也深感公司政治的无处不在。利益和权力的问题解决好了，企业的发展就有了坚实的基础。

第二章"公司政治的根源——利益"，全面梳理了专家学者对利益的研究成果，包括东方文化和西方文化对于利益的认识的演变，众多先贤和大师在不同时代、以不同假设、从不同角度、依据不同事实做了精彩纷呈的论述，拓宽和加深了我们对于利益这个重要概念的理解。

现代企业中的个人利益可以总结为物质财富、安全自由、职业发展、理念观点、个人声誉五个部分，便于更好地在实践中应用。

我倡导企业领导在深入理解人性的基础上，有组织有规划地建立符合企业实际的利益观。利益相关者理论为此提供了思路。利益是政治的根源。利益观和道德密切相关，也是企业文化建设的基本内容。除了物质利益，人的利益还有更多内涵。个人利益、集体利益和公共利益既有矛盾，也有交集。人性不只是利己，也有利他。我们不应对公司政治持悲观、否定的态度。

第三章"公司政治的核心——权力"，从多个维度讨论了权力及其与公司政治的关系。实在是太多人研究过权力了，我只是把前人的观点做一些汇总整理。

我更关注的是，在公司政治中，权力是否有不同的表现形式和管控方式，以及在企业中获取、发展、运用权力的理念、渠道、方法有何特点。

外部环境的巨变，人的个体的觉醒，企业组织特定的盈利目标，以及个人在组织中创新作用的凸显，推动出现企业中权力的分散化和权力分享的加速化趋势。企业中的权力也面临衰退和弱化的风险。

在杰弗瑞·菲佛研究的基础上，笔者重点整理了在企业中争取权力的五个要点：起点决定高度、眼球策略、拥有资源就拥有权力、导师的力量、避开陷阱；发展和运用权力的五个要点：关系是王道、角色扮演、建立声望、知己所短、坚守正道。同时，提出了企业中权力运用的四个原则：大局为重、深思熟虑、辅以成事、可进可退。

第四章"公司政治的整合模型"，研究并提出了一个全新的关于考察公司政治具体活动的理论模型，该模型能够较好地对企业中的公司政治活动做出合理的理论解释和分析，也能够在工作实践中帮助局中人诊断、研判各方实力，正确应对。

由于公司政治敏感、复杂、多变的特性，研究起来并不容易。

我采取近年来管理学研究中比较流行的扎根理论研究方法，对不同性质、行业、规模和发展阶段的企业中高层管理者进行深度访谈，运用扎根研究的质性编码、撰写备忘录、不断比较以及理论抽样等方法，从第一线管理者实际经验中创新性地解析、构建了公司政治活动的六大影响因素及其四大作用机制的理论模型。

六大影响要素分别是权力格局、利益格局、关系格局、政治动机、政治能力、政治环境。四大机制为激励机制、触发机制、选择机制、调节机制。利益格局的多向异质性和内在冲突性形成的激励机制，造成公司政治引发的潜在可能性；参与者关于权力格局和利益格局的代价与预期收益的心理计算比较成为公司政治的触发机制，使潜在冲突引发为公司政治；随着参与各方博弈的演化，权力格局和利益格局的非均衡互动成为公司政治的选择机制，决定政治活动的演变和结果；关系格局、政治动机、政治能力和政治环境对公司政治的激励、触发和选择产生调节作用，影响公司政治的发生时间、程度、大小、范围以及结果。

该模型通过了规范的多案例研究方法的实证验证。

同时，我基于对利益和权力在企业管理中基础性和普遍性作用的理解，以此为主线，建立了公司政治学的逻辑框架。

第一，在组织层面，首先，每个企业的存在都是基于包括利益和权力等问题在内的底层基本假设，因此塑造企业的利益观和权力观，并在此基础上设计制度流程，成为企业文化不可缺少的内容。其次，在企业的日常实际运行中，利益和权力的问题体现在战略管理中。战略管理是企业经营管理的重要功能，在战略制定和实施中都必须处理好利益和权力的问题，战略管理的过程同时也是公司政治管理的过程。最后，对于利益和权力相关问题的归口职能管理属于人力资源管理的范畴，贯穿于对人的管理的各个方面。

第二，在个人层面，首先，企业领导和管理层需要提升领导力，离不开政治能力的修炼，政治思维有助于对企业里利益和权力相关问题的处理。其次，身在职场，每个员工的职业发展深深依赖于个人政治能力的提升，以行使权力，获取利益。

第五章"公司政治与企业文化"，从本章开始进入实务部分。以埃德加·沙因的理论为基础，本章主要阐述如何从公司政治角度理解企业文化，以及公司政治在企业文化的形成、传播和发展过程中的作用。

企业文化是企业存在和经营的根基。公司政治所聚焦的利益和权力正是企业文化需要考虑的重要问题。这两个概念的内涵重合度很高，可以说，企业文化和公司政治很多时候是一种共生关系，是混为一体的，你中有我，我中有你，无法分清。

第六章"公司政治与战略管理"，分析了公司政治在战略制定和战略实施的全过程中的作用，重点分析了公司政治对战略实施的影响。

总体来说，人们对战略实施的研究远远少于战略制定。在综合前人成果的基础上，我整理了一个基于组织协同的战略实施整合模型。

公司政治是模型中战略实施的四个组织背景因素之一。由于参与人员更广泛，更加注重人员的执行力，耗费的时间远多于战略制定，实施时更加依赖于情境变化等，战略实施比战略制定更复杂、更棘手、更困难。实施战略的过程也比制定战略的过程受到更多公司政治的影响。企业领导如果缺乏对公司政治的认识，没有卓越的政治能力，往往难以有效实施战略。

由于公司政治的原因而产生战略执行障碍，而消除这些障碍又需要运用政治的手段。由于多数的战略总是对环境的适应和对公司策略的动态调整，因此战略实施中不断出现的政治、权力障碍，对管理者来说就是一个不可回避的问题。

我们不得不承认，不管是蓝海战略还是红海战略，不管是深思熟虑的战略还是应急学习的战略，在战略实现的过程中都天然地存在政治的问题。

第七章"公司政治与人力资源"，这一章对人力资源管理六个基础模块中的公司政治现象进行了全面分析。

邓康明说："HR要做的，就两件事，怎么分配利益，怎么决定权力。"这不等于说，人力资源管理就是公司政治管理吗？

这当然是一个概括性的原则表述。这种表述充分反应了公司政治与人力资源管理水乳交融的关系。

但是，要做好利益和权力的分配，却是件难度超级大的事情。甚至连华为和阿里巴巴这些人力资源管理的样板企业也没有完全做到位。2019年10月的"胡玲事件"暴露了华为 HR 管理在基层执行方面存在的问题。2020 年阿里一名 P8（阿里职位序列中的高级专家级别）员工因试图以招募私人助理的名义包养女性被辞退。早在 2011 年，阿里 B2B 公司因 1107 名供应商涉嫌欺诈事件导致 CEO、COO 引咎辞职，近百名阿里销售人员默许或参与协助。

第八章"公司政治与领导力"，从公司政治的角度解读企业经营管理中的领导力。

关于领导力的研究长盛不衰，大师辈出。职业经理人总希望能够不断提升自己的领导力。领导力研究的成果已经汗牛充栋，本书试图提供一个不同的视角供读者理解和探讨。

总结权威专家们对领导力的研究，我从共享愿景、感召团队、主导实现三个方面探讨领导力的行为表现，分别对应领导力如何聚焦于方向、聚焦于人、聚焦于行动。

随着企业经营的复杂性、竞争性和不确定性的快速嬗变，内部利益和权力的博弈日益成为领导者的挑战，然而还有很多处于领导岗位的人意识不到或不承认这个重要的观点，因此在企业高管的领导力培养方面仍存在一定欠缺，而现实实践中权力与领导的联系极其紧密，公司政治是不可回避的重要课题。严峻的现实呼唤领导者的政治思维。

我特意把政治能力作为企业中领导力的重要组成部分。政治能力包括五个组成部分：政治理念、政治风格、政治敏感性、政治技巧、政治经验，在第四章有更多讨论。

第九章"公司政治与职业发展"，针对职业生涯的早期、中期和晚期三个阶段，结合公司政治的理念，为职场人提供有实操价值的系统分析。

我鼓励有志于走管理通道的职场人在精耕本职工作的前提下多学习公司政治。

第一，积极了解企业内的政治生态。认知企业的政治环境，了解内部的游戏规则，摸清真实的权力分布，避免潜伏的政治地雷。

第二，努力提升自己的政治能力。首先修炼政治敏感性和政治技巧。反复学习第三章中争取、发展和运用权力的要点，在工作中主动应用，提高感性认识，化解政治难题，积累政治经验。

第三，逐渐营建个人的政治生态。进入职场后，有意识地去培养、搭建自

己的人际圈和人脉关系,突破自己的局限,逐步建立自己的权力格局,充分利用公司的利益格局、关系格局以及政治环境,让职业发展如虎添翼。

最后总结了面对公司政治的应对之策。

首先,重视公司政治,践行积极政治策略。

我试图从两个方面纠正人们对于公司政治的某些错误认识。一是明确提出公司政治是企业管理中的一部分,不是洪水猛兽,因此正确的态度应该是积极面对、认真重视,实现有效管理,而不是无意识地忽略或者有意识地回避。应该认真关注企业里的各种权力、利益以及关系的格局及其变化,积极培养领导人的政治能力,引导组织内部对公司政治的正确认知,团结一致实现综合效益最大化,建设适宜的企业文化。简单地说,政治机制就是寻求共识、建立信任。二是处理公司政治问题必须遵循权变原则,寻求合适的满意解,实现公司政治与企业经营发展的和谐平衡,而不是试图去彻底消除公司政治。同时,化解政治难题需要高超的政治智慧,一般需要超越问题本身,从更宽、更高、更远的视野来达成共识。

其次,掌控权力布局,调适利益平衡。

利益和权力两者相辅相成。利益的需求是权力需求的基础和动力,权力又能够成为获取、巩固和扩大利益的工具。关注公司政治,重点应该关注企业内部的权力格局和利益格局。现实实践中存在不正视权力和利益问题的现象,认为权力和利益问题不能摆在桌面公开讨论,因此造成人们对于公司政治的误解和偏见。成功的企业往往能够很好地处理组织内部的权力关系和利益关系,在机制设计和实际运行中很好地平衡各种权力拥有者和利益相关者,减少权力制度的模糊空间,掌控公司政治的核心要素。

最后,运用公司政治整合模型,有效分析公司政治局势。

本书研究的公司政治框架模型有助于梳理公司政治中的各方力量,找准关键要素,分析局势走向,做出有效应对,是一个比较可行的、实践意义比较强的公司政治分析工具,对解决实践工作中的公司政治现象有一定帮助。

目　录

引言：谁解公司政治味

一、公司政治那些事儿，从乔布斯、马斯克说起

1985 年 9 月，而立之年的斯蒂夫·乔布斯第一次遭遇公司政治。[1] 很不幸，他输了。身为董事长的他被董事会赶出了他亲手创立的苹果。董事会在他和 CEO 约翰·斯卡利的对抗中选择了斯卡利。正是乔布斯的一句传世名言"你是想卖一辈子糖水呢，还是想抓住机会来改变世界？"让时任百事可乐总裁的斯卡利无法拒绝而决定加入苹果。而这一幕，仅仅过去 2 年多的时间。

乔布斯和斯卡利的裂痕最早出现在对麦金塔电脑的定价上，后随着更多差异的暴露而加深。乔布斯认为斯卡利不懂产品而且没有兴趣去深入了解，斯卡利则觉得乔布斯粗鲁、善变、情绪化。他对人的无端训斥让很多主管受不了，有人在公司内部暗暗散布对乔布斯的不满。斯卡利找乔布斯谈，希望他放弃对麦金塔部门的管理权，去专注于开发新产品。乔布斯则开始着手抨击斯卡利，让斯卡利辞职。双方动作不断，密集展开了复杂曲折而又惊心动魄的权谋争斗。

虽然乔布斯的现实扭曲力场使他具有超强的影响力，但是他不善于算计和搞阴谋，不屑于溜须拍马，有人说"史蒂夫从不玩办公室政治——天生就不会，后天也没去想。"当斯卡利得知乔布斯要趁他出国政变的密谋时，他取消了出国之行，并且召开了高管大会，在会上与乔布斯对质。

他盯着乔布斯说："我注意到你想把我赶出公司。我想问问你，这是真的吗？"

乔布斯眼睛眨都不眨地盯着斯卡利："我觉得你对苹果公司有害，而且我认为，你是管理公司的错误人选。"

斯卡利让大家当场投票。很遗憾，大多数高管认为乔布斯管理不了麦金塔部门。很多人欣赏乔布斯，但是支持斯卡利，他们觉得乔布斯还没有能力管理好公司。

乔布斯冲出会议室，回到自己的办公室，召集了他的麦金塔团队心腹，忍不住开始哭泣。

胜利者斯卡利并没有胜利的心情，他感受到挫败，居然想要辞职。他回到家对他妻子说"我失败了"。

大局已定后，在斯卡利向苹果员工解释公司重组计划的时候，乔布斯悄悄溜进会场坐在后排。很少有人跟他打招呼。接下来的几天，他把自己关在家里。他感觉被抛弃，没有比这更糟糕的了。他表示这对他来说不公平，"我不过才 30 岁，希望自己仍然能够有所贡献和成就。"

并不是斯卡利有多阴险，而是乔布斯真的还差点火候。斯卡利做的都是公开的阳谋，对乔布斯并没有隐瞒，他多次直接与乔布斯面谈，试图和解。大家认为乔布斯后来的巨大成功得益于在他被赶出苹果后独立运营所遭遇市场失败的重挫。离开苹果让他变得更成熟。

只有那些疯狂到以为自己能够改变世界的人，才能真正改变世界。乔布斯就是这样的人，这样的人运气都不会太差。

11 年后，年过 40 的乔布斯已经不是当年那个公司政治方面的菜鸟。他借苹果收购 NeXT 之机重回苹果，担任董事长顾问。权力中心逐渐从 CEO 吉尔·阿梅里奥向乔布斯转移。乔布斯立即着手把他信任的人安插到高层位置，逐步替代那些不认同他的人。对当年在背后捅刀的人他也毫不手软地报复。他的亲信到他家里汇报工作，乔布斯在暗中不断削弱阿梅里奥的权力，一有机会就说他的坏话，同时争取董事会成员的支持，还联合媒体为他夺回 CEO 造势放风。

让人难以置信的是，这个疯狂的天才居然威胁要董事会集体辞职，否则他就辞职。而且这个疯狂的要求居然得逞了！董事会不得不重新换届，只留下两位原董事，其他的都是乔布斯选的人，他必须确保这些人是忠诚的，即使是对错误的忠诚。

在深谋远虑的策略行动和强大现实扭曲力场的作用下，乔布斯终于在 1997 年 7 月重新执掌这家他视之如子的公司，重新开启他改变世界的征程。

而斯卡利早在乔布斯回归之前就已离开苹果。

类似的命运也发生在类似的人身上。

2000年，29岁的埃隆·马斯克经历第一次公司政治。[2]马斯克被誉为"下一个乔布斯，甚至比乔布斯更伟大的人"。当时马斯克创办的X.com和彼得·蒂尔创办的PayPal合并。合并4个月后，新公司的总裁，也就是原来X.com的总裁被排挤出公司，大多数X.com的员工受不了PayPal的圈子文化而纷纷离职。

后来马斯克希望淘汰Unix，转用微软平台，而另一位创始人却是Unix的狂热支持者。结果，7个月后，在马斯克休假度蜜月时，董事会解除了他的CEO职务，董事会主席蒂尔兼任CEO。告诉他这个消息的，不是蒂尔，而是马斯克的弟弟。马斯克说，这一做法深深刺痛了他。

幸运的是，与乔布斯一样，他赢得了第二次公司政治。2007年8月，担任特斯拉董事会主席的马斯克主持董事会，罢免了马丁·艾伯哈德的CEO职务，改任技术总监。马丁是特斯拉的创始人之一。

马丁倾向于在特斯拉汽车上用一个变速箱，而马斯克打算用两档变速箱。但两档变速箱两次都没有通过交通部的测试，而首批汽车交货在即，预估成本暴增，导致特斯拉危机爆发，投产延期，现金告罄。有些董事质疑马丁不适合做CEO。而他却忙于塑造个人形象，对外散布说他才是特斯拉真正的创始人，马斯克只是早期投资人，还扬言"没有我马丁就没有特斯拉"。

虽然有董事对马斯克诉说马丁的不是，但马斯克不想卷入是非漩涡。真正惹火他的是马丁把责任推卸到他身上，"埃隆·马斯克控制了董事会……是埃隆造成了今天这个局面。"

马斯克一直天真地把马丁当作兄长，没想到却被他捅刀。

彼此已没有退路。

董事会站在了马斯克这边。这时距特斯拉创立已过了3年多。马斯克打电话给马丁通报了这一结果。这次，被刺痛的不是马斯克。

马丁说："我和埃隆的关系一直都特别好，直到最后1分钟。他完全可以和我商量。但他只是给我一个电话，告诉我，你不再是CEO了。这完全是出乎意料的，好像在我头上重重的一击。"

11月底，马斯克把马丁请到办公室，开出条件让马丁"自动"离开特斯拉。

马丁对马斯克开出的条件并不满意。他说："这样对待我，我很气愤。"他坚持说，是马斯克要用昂贵的配件，导致产品延迟上市，他是马斯克的替罪羊。

后来，马丁起诉特斯拉，双方最终以和解结束了这场纷争。

我们很难判断事实的真相是什么，我们也无法评判谁对谁错。人们难免受成王败寇观念的影响，但大多数评论认为，当年苹果董事会选择斯卡利的决定并不是错误的。马斯克在迫使马丁离开时开出的条件也不见得是合理的。

其实，公司政治不只发生在西方企业界。

2020年5月8日，一场在北京海淀区政务服务中心上演的暴力抢夺营业执照的闹剧轰动一时。全球比特币矿机巨头比特大陆两大创始人吴忌寒和詹克团的内斗一时天下皆知。吴忌寒阵营的北京比特首席财务官刘路遥指派约60名员工公然抢走了詹克团准备领取的营业执照及其副本。股权和业务路线之争让两位创始人已无暇顾及个人形象和大众观感。

比特大陆最后一轮融资估值达到144亿美元。

吴忌寒倾向于主攻区块链，而詹克团一直钟情于人工智能，这成为两人争斗的起点。早在2019年3月，吴忌寒突然宣布辞去比特大陆CEO、和平出走。据说是去做区块链金融，因为比做矿机赚得多，而比特大陆在詹克团的领导下业绩不断下滑。2019年10月，在部分投资人和员工的支持下，吴忌寒趁詹克团出差之际发动政变，带着公章直接将北京比特法定代表人、执行董事由詹克团变更为吴忌寒。29日，吴忌寒向全体员工发邮件称，"解除詹克团在比特大陆的一切职务，即刻生效。比特大陆任何员工不得再执行詹克团的指令，不得参加詹克团召集的会议，如有违反，公司将视情节轻重考虑解除劳动合同。"比特大陆由此开始了令人眼花缭乱的公司政治权力争斗。

其间，疑似詹克团掌握比特大陆微博及微信公众号，吴忌寒掌握比特大陆官网。吃瓜群众无法分辨两个官方渠道发布的消息真假。有人以内部员工名义在网络上揭詹管理混乱、情绪化、任人唯亲等黑幕，夸吴知人善任、经营能力和领导力强。双方互掐不断。

2019年11月13日，吴忌寒、葛越晟及刘路遥三位董事在大股东詹克团没有同意的前提下直接修改了公司章程，制作了一份股东决议，取消B类股的10倍投票权，这导致詹克团的投票权由59.6%下降为36%。

此后，北京比特经历两次法定代表人的变更，其间经过北京市海淀区司法局做出两次行政复议决定法定代表人应为詹克团，直至出现公开抢夺大戏。

2020年6月15日，风向突变，詹克团提出撤诉申请。后获得法院准许。

2020年9月15日，比特大陆旗下公众号"蚂蚁售前"发布情况说明，北京比特大陆已重新领取了营业执照，吴忌寒为法定代表人。说明称，"我们内心里对詹克团的尊重仍未改变。……2020 年以来,管理层的矛盾让我们的市场份额和品牌形象均受到了损伤。客户流失,员工被迫站队,福利无法得到保障。各种突发事件和负面新闻,甚至阻挠了我们的上市计划,承诺给员工的期权几乎变成废纸。比特大陆集团员工希望各方当事人能理性对待公司面临的管理问题,停止无意义、无休止的争斗。"

一场混战后,到底是谁在实际掌控比特大陆,未来还会上演怎样的戏码,可能连吴忌寒、詹克团自己都搞不太清楚,更不用说公司员工和吃瓜群众了。

这一切被其最大的竞争对手嘉楠科技的创始人看在眼里,记在心里,马上开始了控制权布局,以实际行动向比特大陆学习。

2019 年 11 月 21 日,嘉楠科技在纳斯达克上市,被称为全球区块链第一股。截至 2019 年年末,李佳轩、张楠赓、孔剑平、刘向富、孙奇峰分别持股 15.2%、15%、11.3%、9.5% 和 5.5%。上市后,创始人、董事长兼 CEO 张楠赓拥有 15% 的股权和 72.6% 的投票权。

有媒体报道称,2020 年 6 月下旬,张楠赓与北京嘉楠高管前往杭州,取走嘉楠杭州公司公章与营业执照,并罢免了杭州嘉楠的多名管理人员。杭州嘉楠公司员工报警。

2020 年 7 月初,嘉楠科技发生多项工商变更,孔剑平、孙奇峰、李佳轩从主要人员董事名单中退出。董事会联席主席孔剑平、李佳轩是公司的另外两位联合创始人。公司回应称,这次变更后嘉楠在中国境内的全部子公司均由张楠赓担任执行董事、总经理、法定代表人。副总裁张丽也选择了离职。

外界对此解读为嘉楠内斗成风,甚至被某些自媒体调侃为"一学李国庆,二学吴忌寒"。

有人说,股东之间原本对业务发展就存在一些分歧。张楠赓在与"杭州帮"争夺控制权。张楠赓"去杭州化"是看到比特大陆内斗,担心自己变成第二个詹克团。

人生不只如初见。

控制权之争是比较常见的公司政治现象,很容易公开化,也容易被老百姓当作茶余饭后的谈资。

但真正称得上"惊天动地"的公司政治还是联想的柳倪之争。[3]~[8]

1994 年,联想 10 岁。此时的联想已经成为中国计算机行业的佼佼者,联想汉卡和联想微机分别荣获国家科技进步一等奖,总书记、总理、委员长等国家领导人到公司视察。香港联想成功上市,联想电脑在市场上树立了一定的品牌。但是曾经为联想立下汗马功劳、曾经红极一时的汉卡已经开始没落,微机业务连续两年没有完成任务。这一年,公司内部的矛盾再次激化,倪光南先后和李勤、柳传志出现了公开的对抗。当时董事会共有 5 名董事,除另外 2 名董事是中科院计算所派出的代表外,他们仨都是董事。而柳和倪两人曾号称是"10 年的生死之交"。

1994 年春节,香港联想挂牌上市后,倪光南回到香港联想,从时任香港联想总经理的港商吕谭平嘴里得知在上市公司中,北京联想(Beijing Legend Group)占股 38.785%,港商(Hong Kong Partners)占股 34.214%。倪光南回到北京后,叫财务总监胡靖宇查有关香港联想的财务文件,发现柳传志没有经过董事会或者上级单位的审批,借给港商个人 552 万美元用来对香港联想增资扩股,而这笔钱来自中国银行的 3000 万美元贷款,史称"负债持股问题"。

1994 年 3 月间,倪光南向上举报了负债持股的严重问题。

柳传志得知后,在 1994 年 4 月的一天,约倪光南到钓鱼台公园谈话。柳传志单刀直入地说:"老倪,你不要再提香港联想上市的事了,今后我可以把你放在李勤的上面,这个事就到此为止,不要再提了!"倪光南也很干脆地回答说:"老柳,这不是我个人的事,我做董事是代表大家的,香港联想上市的事你要对大家有个交代,如果大家说可以,我个人没有意见!"柳传志见倪光南没有一点接受条件的意思,就说:"好吧! 这事就谈到这里!"

1994 年 5 月,有一天车队队长王威在同事中说,倪光南的夫人曾抱怨"小侯给倪总开车不安全"。倪光南得知此事后异常愤怒,写了一封信给"李总并总裁室成员,呈报董事长",同时传真给柳传志。信中说小侯给他开车从未发生任何违章行为,从未在任何场合说过小侯开车不安全。倪在信中说:"如果要捏造我的意见,把小侯给我开车认真遵纪的优点说成缺点,以便达到精简他的目的,试问这是想达到什么别的目的? 为什么要把总裁室成员引入车队的矛盾中,甚至不惜用捏造的手法?"在此之前,给倪光南开车的司机侯海滨连续发生 4 起交通事故,柳传志责令车队为倪光南更换司机。柳传志认为这封信是冲着自己来的,因此写了一封长信,与倪光南摊牌。他说:"我实在弄不懂,你为什么要给总裁室成员发这么一封含沙射影的传真,我实在弄不懂,你到底要冲着谁来? 要干什么?"他认定倪光南是"开始找茬儿了",决定"如果他回信,我们还有机会好好谈一谈;如果他不理我,我就做彻底谈崩的准备。"倪光南没有回信。

1994年6月,倪光南想在上海建立大规模集成电路设计中心,结果遭到柳传志在最后时刻的否决,10年来第一次对他说"不"。但是,倪光南在4月23日的总裁室会议上将上海计划向柳传志和曾茂朝报告时,柳传志他们表示赞同。而且,在柳传志最终否决之前,香港联想的总经理吕谭平已经宣布此事,媒体已经报道:"联想与长江、复旦携手发展专用芯片设计中心"。可是柳传志在6月5日的一份便笺便让这一切戛然而止。

从此,两人的关系已破裂。倪光南不断举报柳传志有经济问题,在中科院调查之后,1995年6月倪光南被免去董事和总工程师职务。

倪光南不能接受1995年的结论说不存在负债持股这个事实,之后继续他漫长的告状之路,直到1997年柳传志和倪光南的纷争几次惊动朱镕基、罗干,最终由中科院、中纪委、国家审计署以及监察部联合组成的调查组第三次调查之后才告终止。

1998年王元、许国志、杨乐与何祚庥等8位院士在收到倪光南的举报信后,就柳传志在香港联想上市过程中涉嫌违法违纪的问题向中科院提出质询。

1999年9月2日联想集团以召开新闻发布会的方式公开解聘倪光南。倪光南事后正式表示不再上告,接受最终调查报告"存在负债持股的事实、但不是国有资产流失"的结论。柳倪之争彻底画上句号。

遗憾的是,曾主持开发联想汉卡和联想微机的倪光南在联想奋斗了10年却没有获得任何股份。

正如联想前员工李方所说的:"平心而论,无论贸工技,还是技工贸,操作得当,都应该是中国IT企业走得通的发展道路。历史的实践,似乎跟联想开了个大玩笑,原本技术起家的企业,只是由于领导人的意见冲突,一夜之间发生了180度的转变,突然打起了贸工技的大旗。这多少是掺杂了一种公司政治的味道,而非真理之争了。"[9]

是非曲直,留待后人评说。

其实,不只是知名企业家才会争权夺利,用尽政治技巧、权谋手段,拼得你死我活。普通职业经理人和职场人也会遭遇形形色色的公司政治。

某知名跨国公司的一位高管卢观有一次跟我说,他和下属小柯一年多来一直配合不畅,最近终于下决心让小柯走人。

这位高管是个非常强势的人,说一不二,在市场开拓和业务发展方面有天赋,但不擅长内部管理。他所负责的业务在整个公司出类拔萃,但他的团队不太稳定,流失率较高。据我与他多年交往对他的了解,他并不是那种阴险狡诈、玩弄权术的人。他对事不对人,没有故意整人的念头,只不过由于性格的缘故,在下属团队管理方面总是过于生硬、顾此失彼,但是他和上司、平级同事的关系都处得不错,分寸把握得很好。当然,对下属近乎苛责的严厉既有个性的原因,也与业务压力大、资源不够用、下属不给力有关,还有公司层面的问题。他吐槽最多的是:"我拉了这么多业务,可是没人干活(人手不够),没有几个顶得上的,急死我了。他们写的什么玩意儿啊,怎么教都教不会。"

想起当年刚来这个分公司的时候,真是百感交集。他人生地不熟,分公司的其他几位高管不仅不帮他,还想尽办法排挤他,他们都把好客户和能力强的员工把在自己手上,不愿意分给他,也不让其他员工帮助他。公司文化出了问题,总部的管理层对此不闻不问。他没有退路,只能背水一战。幸好他天生就是个不认输的人,终于凭着自己的努力和能力,在这里站稳了脚跟,并且开辟了一片根据地,获得总部管理层的肯定,多次得到晋升。

前段时间业务非常多,因为已经有几个员工在休考试假,准备专业资格考试。他跟大家说其他人近期不要休假。结果没过几天,有个女下属直接发邮件给他说要休一个月婚假。把他给气得不行,结婚那么大的事,怎么不提前说? 一休就是一个月,工作怎么办? 但是婚假又不能不批啊,他找员工沟通,提醒她应该早点讲,这样公司好安排工作。没想到员工当天晚上就提出辞职。

小柯的事情他想一定要处理好,不能再出什么幺蛾子。

促使他下决心的主要是三件事。

一是有一次公司另外有个同事请假回家,但因为其手上工作没有处理,他不同意,那个同事意见很大,公然吵闹,小柯在这个事件中强出头,居然一起指责他的做法不对。

二是当时总部指派了另外一个高管作为他的副手,经常来公司协助开展业务。小柯在这里不得志,就与这个副手走得很近,而且在副手面前诉说他的不是,这种投靠和背叛行为让人难以接受。总部之所以派这个副手过来,明面上说是协助他工作,实际上是做个备手,因为总部也对他团队流失率高的问题有所担忧。所以他不能不对这个副手防着点。之前总部也派了一个人过来,那个人也是个个性强的人,所以他只安排了一些杂活给他干,平时也注意提防着。最后那个人待不下去,只好申请回总部去了。不过经过一段时间观察后,发现这个副手不是个搞事的人,他又开始拉拢这个副手,因此得知了小柯告状的事。

三是小柯自以为对某些专业问题钻研较深,认为主管没有她懂,因此在讨论业务的时候经常表露出不屑的神情,而且喜欢和他争,这让他感受到不被尊重。

当然,他没有跟小柯说这些事情。

和小柯沟通时,他解释了为什么给她的考核分是不合格的:一是沟通能力,别人不知道她在说什么,不懂得把事情讲清楚;二是文案能力,写出来的报告不知所云,逻辑混乱;三是专业能力,喜欢钻牛角尖,对专业领域知识的理解不正确。

小柯不得不接受这个结果,只好走人。

我也曾经听到一位 HR 经理胡娟诉说的职场故事。

胡娟所在的公司不大。她的工作原本是直接向公司副董事长汇报。某一段时间里,由于副董事长分管业务增多,无暇顾及胡娟的部门,于是许多工作直接向董事长汇报。两位领导对胡娟的工作比较认可,即使有不满意的地方也会直接对她说。胡娟对领导的指导和批评欣然接受,努力改进工作,很高兴自己遇到了不错的老板。

后来公司引进了一位副总黄云,在胡娟的部门办公室办公。胡娟的部门是黄云分管的部门之一。刚开始他们彼此相处良好,但渐渐地,黄云常对胡娟抱怨说董事长和副董事长根本不懂人力资源,不支持人资工作,而且朝令夕改,瞎指挥。不过胡娟只当是他发发牢骚。因为她发现黄云在老板面前总是笑脸相迎、毕恭毕敬。

有一次胡娟与行政部的林娜因业务权责分配不清的问题闹矛盾。黄云安抚说林娜的性格跟很多人都合不来,对领导也是这样的等等,让胡娟当时更认为自己是对的。

有一天,黄云跟胡娟说,董事长认为她胜任不了部门经理的工作,建议换人,不过他还是在领导面前力挺她会努力做好。

但胡娟心中却有所疑惑,她对自己的能力和工作还是比较有信心,觉得公司领导不会这么评价她。

不过,随着黄云多次跟她讲公司领导对她的不满,胡娟开始变得消极。黄云也没有告诉她到底是哪里做得不好、什么地方需要改进。

后来通过观察和反思,胡娟发现林娜性格率直,虽然有时说话不分场合对象,但为人处事有自己的原则和立场。于是她与林娜握手言和,彼此互相承认错误,相安无事。

黄云仍然继续发泄着对公司和领导的种种不满情绪。胡娟很不安,好不容易打起的精神,常常会受影响而低落。

胡娟受不了,提出辞职,黄云又挽留。可当胡娟刚被其感动时,黄云的种种不满情绪又让她无所适从。

胡娟回想起,上一家公司里,上级对胡娟的下属有种种不满,要求换人,但胡娟总是两边说好话,使得上级与她下属的关系渐渐平稳。最后胡娟离开后,她的那个下属仍在原公司,并晋升为当初要辞退她的那个领导的下属。想到这,胡娟觉得跟黄云不是一路人,似乎怎么都提不起劲,这种无力感让她终于下定决心辞职。

离职前,胡娟碰到董事长,董事长说:"听黄总说,你要走,他留你几次,你还是坚持要走?"

胡娟听了,笑笑说,感激董事长曾经对她工作的指导,也不知道再说什么好了。

二、我要讲的,也许不是你想的公司政治

如果你看了前面的这些故事,多少会对公司政治有些印象了,有的人可能还会把自己的职场经历联系起来。每个人的心中都会浮现一幅关于公司政治的画像。不过,我想说的是,大多数人所认为的公司政治,并不是真正的公司政治。人们往往只是看到了公司政治的某一面,就自以为已经全面认识了公司政治。就像前面这些故事,因为大多是消极政治,所以很多人就认定公司政治都是消极的。不管是公司高管,还是普通员工,都可能出现这样的误解。

不少企业家和职业经理人反感和讨厌"公司政治""办公室政治"这样的字眼。在他们的潜意识里,公司政治等同于钩心斗角。他们从来不玩阴谋诡计,始终光明磊落,事业很成功。他们的成功也许是把握住了市场大环境提供的商业机会,也许是拥有突出的专业技术或经营能力,而且付出了比常人更多的努力。当然,他们在商场和职场上也会处理很多利益和权力管理的问题,只不过他们没有意识到这些问题就是公司政治。他们有可能被其他人暗中陷害或拆台算计,但他们自己却被蒙在鼓里。他们反对的其实不是公司政治,而是消极政治。

不是每一个职场人都懂公司政治。很多人对公司政治存在很深的偏见。我想要做的,就是告诉你一个真实的公司政治。

1.争权夺利不是我们要的公司政治,公司政治的精髓是管控权力博弈,实现利益平衡

虽然我们看到或听到很多争权夺利的故事,包括前面所讲的乔布斯、马斯克、比特大陆,但公司政治管理得好的企业一般不会出现恶性的权力博弈。

争权夺利并不是公司政治的代名词。

孙子曰:"夫未战而庙算胜者,得算多也。""不战而屈人之兵,善之善者也。""故上兵伐谋。"利益和权力的问题如果在公司机制设计、体系规划和实际管理上做到位,将很大程度减少和约束恶性争权夺利现象的出现。

华为在公司政治问题的顶层设计和实务处理上都堪为楷模。[10]-[12]华为对利益格局的规划和运作采取了体系化的措施,并且与时俱进,根据实际情况变化不断革新。华为的利益分配包括工资、奖金、安全退休金、医疗保障、股权、红利、机会、职权,以及其他人事待遇,不仅涵盖了个人利益的五个方面,而且将权力作为价值分配的重要部分。华为坚持"分享"的分配理念,坚持向奋斗者倾斜、向贡献者倾斜的分配原则。工资分配基于能力。奖金分配与绩效挂钩。安全退休金等福利依据工作态度。医疗保险健康待遇按贡献大小。晋升以绩效目标改进为依据。华为还建立了自动降薪机制。因 2002 年业绩下滑,2003 年春节后 454 位总监以上干部申请降薪 10%。

股权激励是华为成功的基石,是很多企业老板学不来的。目前 18 万华为人中约 9 万人持有股票,任正非仅持有 1.01%。2013 年华为全面实施 TUP 计划,进行奖金的递延分配,使所有员工享受到公司业绩增值收益的长期激励。华为还实行 45 岁退休政策,允许保留一定数量股权、享受分红。华为的利益分配已经从常见的自上而下的主管评价转向团队或个人的经营成果和业绩上,通过完整的制度设计使员工可以算出自己的收益。在荣誉和非物质激励方面,华为倡导多数人变成先进,每年 20% 的员工可以获得"明日之星",还设置了非常多的荣誉奖励类别,颁奖过程隆重,让人一生难忘。

同时,华为坚持"利出一孔"的原则,高级干部和骨干员工的全部收入,只能来源于华为工资、奖励、分红及其他,不允许有其他额外的收入。这样就从制度上堵住了个人谋私利,从而损害集体利益和公司利益。把"只顾部门局部利益,没有整体利益"的行为列为懈怠行为。对于绩效差的员工,实行末位淘汰制。对于表现不好或者违规违纪的员工,相应的惩罚措施包括撤职、降职降级、降低考核等级、取消奖金、冻结待遇提升、罚款,甚至除名等。

华为在权力分配、授予和使用方面也做了很多有益的尝试,以减少对权力的不当获取和使用。把权力下放给最明白、最有责任心的人,按流程进行例行管理。例外管理则由高层组成的委员会负责。提拔那些对组织目标的使命感大于个人成就感的人做管理者,看起来个人没有成就,但他负责的组织目标实现得很好。而且华为在破格提拔方面也做得很好。《EMT自律宣言》承诺,"绝对不利用公司赋予我们的职权去影响和干扰公司各项业务,从中谋取私利","高级干部要正直无私,用人要五湖四海,不拉帮结派。不在自己管辖范围内形成不良风气。"对管理层的权力使用进行自我约束。"干部八条"进一步细化了工作作风要求。"不给上级送礼,不当面赞扬上级","我们绝不允许跟人、站队的不良行为在华为形成风气。个人应通过努力工作、创造价值去争取机会。"在干部选拔上,实行三权分立,业务部门有提名权,人资及干部系统有评议审核权,党委有否决权。管理干部实行轮岗和任期制,任期届满要重新申请并经过述职、评议及重新核薪。华为建立了行之有效的职务能上能下机制。早在1996年发生的市场部高管辞职事件就打下了干部能上能下的烙印。在对权力使用的监管上,华为建立了严格的"点、线、面"监管体系。

任正非推崇"妥协、灰度"的思想方法,而这正是政治智慧的精髓之一。"我们在前进的路上,随着时间、空间的变化,必要的妥协是重要的。没有宽容就没有妥协;没有妥协,就没有灰度;不能依据不同的时间、空间,掌握一定的灰度,就难有合理审时度势的正确决策。开放、妥协的关键是如何掌握好灰度。"

任正非在公司政治智慧的造诣和身体力行,华为采取积极政治策略,在利益格局和权力格局的有效管理上所做的努力和取得的成就,使公司政治管理防患于未然,极大地预防了消极的恶性的利益和权力争斗,使权力博弈得到有效管控、利益格局实现动态平衡。风清气正的公司政治氛围为企业健康永续发展保驾护航。

并不是说华为的管理就完美无缺,即使在公司政治管理上做了很多工作,也并非就没有消极政治行为,但这并不妨碍华为成为一家伟大的企业。

2.公司政治不可避免

月明多被云妨。

很多公司的领导和员工表示不喜欢公司政治。公司政治在他们的脑海中都是消极的。即便是消极政治，在现实生活中真的可以避免吗？

我们先来看看什么是公司政治。综合学者们的研究，结合现实实际，公司政治是"有意识地获取、发展和运用权力以取得其所偏好利益的活动"。

首先，公司政治的目的是获取利益。股东、老板、领导、员工、公司、事业部、部门、小团体都有各自的利益。虽然利益的问题在人力资源管理中可以通过激励来部分解决，但是激励并不能解决全部的利益问题。在个人利益中，有些利益是隐性的，没有说出来和表露出来的。正式的激励制度很难覆盖到组织内所有人的真实利益需求。在团体利益中，正式的激励只能解决和考虑到组织体制内的正式组织的团体利益，但不能解决非正式组织的团体利益。从组织的角度而言，由于资源的有限，激励的机制也只能解决和顾及部分的利益需求，还有相当多的利益需求是组织所无能为力的。关键是，有些利益是相互冲突的。在这种背景下，需要发挥积极政治策略的作用，对利益进行调解、消化和平衡。

其次，公司政治是对权力的获取和使用。不管组织形式如何演变，完成企业经营目标总是需要通过管理进行。不管组织如何扁平化，权力的层级总是存在。尤其是大公司，随着业务、人数、地域、规模的扩张，层级很难缩小。权力既是组织管理所赋予的，也是人性天生所迷恋的。可见，权力的获取和使用是一种必然。同时，由于权力自身的特性，我们很难保证每个拥有权力的人都能够完全按规则行使。权力的行使具有一定的个体弹性空间。权力既可能用于促进公司利益，也可能用于谋取个人私利。当有人有意将手中的权力用于获取他想要的利益时，公司政治就会不可避免地出现。

此外，由于现实实际的高度复杂以及历史所形成的约束、企业特性、人性局限、组织能力有限和环境影响等等，现实生活也不可能完全消除公司政治。

即便你真心不喜欢公司政治，其实大家所说的只是恶性争权夺利的消极政治。但是，除了消极政治，还有积极政治。我们必须面对这样的现实，公司政治不以人的意志为转移，客观地存在于企业组织中。

不只是前面描述的权力争斗的案例，也不只是华为在公司政治管理上的未雨绸缪，我听过很多职业经理人和职场人讲述他们的公司政治经历。有消极的，也有积极的。

很多公司建立了良好的公司治理机制，有效防范了控制权之争；有的人重视在公司树立积极的权力观和利益观，并通过企业文化建设以及一系列有效的制度保障，建立了良好的政治氛围，促进公司良性发展；有的人通过提升政

治能力,增强了自己的领导力,职业发展进入快车道;也有的人因为不了解公司政治,而被消极政治所伤害;有的人因为缺乏政治策略和经验,在公司政治斗争中饮恨出局。

有位总经理通过积极的政治运作成功上位;有位副总裁成功地阻击了另一位副总裁的恶意攻击;有位人力资源总监被总裁办主任设计陷害;有位项目经理被新任主管故意刁难;有位区域销售经理被分管副总经理断了晋升的机会;有位员工因为被同事造谣诽谤而黯然神伤……

公司政治无处不在,不仅过去发生在他人身上,现在也依然出现在你我身边。

未来,这样的故事还会继续,不管是大公司还是小企业,也不分外资、国企和民企,不管你喜不喜欢、擅不擅长,也不论是否被媒体公开,还是悄悄发生。

3.不是所有的公司政治都是消极的

不少人觉得公司政治是肮脏的、见不得人的、危险的、不道德的、负面的。其实,这是对公司政治最大的误解。

认为公司政治不言而喻就是钩心斗角、厚黑权术、暗箭伤人、权力游戏、潜规则。其实,这只看到了公司政治的消极一面,没有看到积极的一面。

既然公司政治是运用权力获取自己所偏好的利益,这个偏好利益有可能符合组织利益,也可能不符合。正当地运用权力追求符合组织利益的活动就是积极政治。尤其站在企业角度,应该设计好权力和利益机制,做好公司政治管理,以实现企业整体利益最大化。

在企业文化和制度建设中,需要引导树立正确的权力观和利益观。在战略实施时,需要注意克服实施过程中的种种政治障碍。政治能力是领导力的重要组成部分,提升领导者的政治能力有利于更好地推动工作,不仅帮助下属成长,而且提升组织绩效。尤其在企业遇到危机或者推动变革时,更是需要领导者高超的政治能力。

任正非就是卓越的企业政治家。还有很多深谙政治智慧的企业政治家。凌志军就这样评价柳传志:"我们与其说柳传志是个企业家,倒不如说他是个政治家。"[5]他在倪光南揭开的"负债持股问题"中全身而退显现了高超的政治能力,将联想业务拆分让杨元庆和郭为分别接班更是妥善处理接班人权力之争的神来之笔。张近东也认为,政治智慧是一种大智慧,只要有效,就可以用于企业管理。[13]我们身边也有很多善于公司政治管理的企业家和领导者。

在八大政治技巧中，大多数都是可以正大光明使用的阳谋，比如制度设计、宣传鼓动、合理协商、形象塑造、信息运用等，即算是结盟拉拢、瓦解打压、强制权威，虽然包括了很多阴谋诡计，但是也包括不少正当的手段。

是时候改变你的偏见、为公司政治正名了。

4.面对消极政治，无须谈虎色变

一般情况下消极政治的作用是有限的、可控的。虽然在某些关键时刻，消极政治也可能决定一家企业的生死和个人的成败。

从公司的角度，我们可以未雨绸缪，主动作为，掌控公司政治，引导走向积极政治，防范和抑制消极政治，否则企业可能会被消极政治搞得面目全非。从个人的角度，我们可以学习公司政治知识，增进政治能力，在发生公司政治时处于主动地位，正确应对，否则可能会被那些喜欢玩弄权术的政治投机分子伤得体无完肤。

企业首要的任务是要盈利，要生存，要发展。公司政治并不能确保企业盈利和持续发展。对个人而言，尽心尽力、精益求精做好本职工作，为企业创造价值，让自己不断增值，才是根本。

热衷消极政治的毕竟是少数，属于参与动机的人也是少数，多数人是中立动机和排斥动机。如果我们多数人努力营造积极政治的氛围，消极政治行为就会收敛很多。

隐性的消极政治行为并非经常发生，显性的消极政治行为更是少见。大多数公司里面消极政治活动并不是最主要的管理现象。一个正常运营的企业，不需要总是在处理消极政治，前提是要做好公司政治管理的布局。

消极政治具有伴随性的特点。它一般不会单独作为一个问题而独立出现，往往是伴随在某个业务或某项职能发生问题的时候而出现。比如制定战略规划时、分配公司资源时、讨论人事任用时、做某项业务决策时、竞争某个岗位时。因此在跨部门之间、不同个体之间出现矛盾和纠纷时，领导者在首先考虑到业务和职能方面本身存在的矛盾时，还需要多一个心眼：在这些问题的背后是否存在消极政治问题，需要考虑这些问题是纯粹的业务问题还是有意识的政治问题。这样我们既不用泛政治化，把所有问题和冲突都当作政治问题处理，抓不住主要矛盾因而无法有效解决问题；也不用反政治化，简单地处理业务和职能方面的表象矛盾和表面冲突，但因为没有解决好政治层面的利益和权力关系因而也不能根治问题。

当你对消极政治了解越多,你会发现其实它并没有那么可怕。

5.消极政治手段不可轻易使用

人们对公司政治的批评主要是针对那些上不了台面的、下三烂的恶性政治行为。

消极的政治手段对于使用者自身会有很大的副作用和不良反应,不宜轻易使用和多用。一旦被发现,往往身败名裂,被贴上不良职业声誉的标签。经常使用会上瘾,难以自制,还常常会怀疑别人在使用消极政治手段。消极政治由于本身的阴暗性质以及结果的不确定性,会给自己带来莫名的无形压力,受到良心的谴责。

当然,总有人抑制不住邪恶的念头,不惜飞蛾扑火,并从中享受到病态的快感。

很多衰败的公司里面都有消极政治的影子。消极政治发展到何种程度会造成企业的衰败,并没有确切的答案。企业衰败的原因有很多,不是每个企业的衰败都是恶性政治行为的错,但是恶性政治发展到某种程度一定会带来企业的衰败,尤其是决策层的恶斗。

如果企业倒了,个人还会在吗?

古人云,"机关算尽太聪明,反误了卿卿性命。"慎之慎之。

而积极政治,则多多益善。

6.消极政治的终极出路

消极政治从整体而言是难以彻底消除的,要想所有的企业都没有消极政治,这一天可能要等到地老天荒。但是对于个体而言,最大限度地消除消极政治,却是很可能做到的。有几个方面的影响因素会促成这种理想状态的出现。

最重要的是企业领导者的觉醒和自控。公司领导内心秉持什么样的理念,倡导什么样的利益观和权力观,在经营管理行为上体现什么样的哲学,如何对待利益和权力的冲突,对公司政治的影响至关重要。领导者应既能看到公司政治的必然性,也能洞察人性的劣根性和光辉,超越自身的局限,坚持理性精神之上的谈判与妥协,向上向善,有意识地不使用消极政治手段,有意识地不追求损害组织利益的个人利益,最终实现各种冲突的理性和解。

社会文明的进步和人的素质的提高也有助于消极政治的减少。随着技术进步和生产力提升,社会资源和物质财富的大幅增长,资源的稀缺性得以缓解。虽然从个体而言,人性的进化并不随着时代进步而更高,现代社会的个人修养并未超越古人,但是从社会层面来看,群体和更多的人在进步,整体素养在提高。人们将更加向善,而不是从恶。

权力的日渐衰退正引起人们的重视。社会财富快速增长、教育水平提高、维权意识高涨导致强制权力的影响力不断下降。人口迁移的加速、通信技术的发展使社会结构发生变化,也逐渐消解着人们对原有体系的依赖和彼此的关联,影响着组织内部关系的变化。中国人的家族意识随着城镇化发展、生活圈工作圈的变化以及个体意识的觉醒正变得越来越淡薄。社会和企业内部的人际关系将更加疏远。人们对权威的服从和尊重将不再和以前一样。传统的权力越来越受到约束,遭到越来越多的挑战。权力作用的衰退将对公司政治的未来产生重大影响。人们也许会逐渐抛弃消极政治行为,但也许会加大公司政治的混乱程度。

虽然人的整体素质在提升,但另一种趋势也要引起重视,越来越多的年轻人变丧,变得佛系,把自己称为社畜,甘愿成为"下流社会"的一员。他们不仅对利益没有兴趣,对权力也没有兴趣。这些人不会参与公司政治,更不屑于搞权谋游戏。与此同时,换一个场景,人们对社会和组织的要求越来越多,要求更多的知情权、自主权、自由、财富分配和成长机会,而且觉得这些要求都是理所当然的。这些都可能导致企业的权力格局和利益格局发生变化,从而影响公司政治。

互联网络技术的飞速发展和自媒体的发达让个体的影响力快速扩大,微博大号和微信公众号、今日头条、抖音等网络意见领袖拥有多达数百万的粉丝。每个人都可以借助网络发布消息、发表意见。网络暴力现象也层出不穷。很多大企业的内部问题被自媒体公之于众,有的甚至演变为重大的公关危机事件。公司员工不仅仅是企业内部的一个成员,也是网络世界的一员。在网络世界相对公开、平等、自由的感受也会影响到他们在企业里的感受和行为。他们越来越成为一个个分散的、独立的权力行为体。权力在企业组织中将变得更加分散,并且快速流动。权威的形象和硬权力将越来越难以保持。权力集中的难度也将加大。积极政治的建设将面临更大挑战,但消极政治行为也将受到抑制,因为一方面掌权者害怕自己的不当行为被曝光,一方面网络行为最终都可以追溯以致人们也不敢随意做出低劣的政治行为。

这一切,将逐渐改变未来。

第一章　公司政治理论：管理学研究的重点之一

Mayes 和 Allen[14]、Jeffrey Pfeffer[15]、Ferris 和 Kacmar[16]、约翰·科特[17]、斯蒂芬·罗宾斯[18]等众多管理学权威指出,所有组织都不同程度地存在政治行为,组织中的行为本质上是政治的。

关于公司政治①的研究可以追溯到亨利·法约尔、玛丽·福利特、切斯特·巴纳德[19]、马克斯·韦伯等现代管理学前辈关于组织权力的开创性研究。20 世纪五六十年代,管理学大师 James March[20]明确提出,组织本质上是政治联合体,这与当时众多把组织看作是完备信息下利益最大化实体的理性模型在理论基础上有根本区别。

事实上,组织是动机各不相同的参与者的政治联合体,组织目标的设定和各种决策大多是通过讨价还价的协商来进行的。企业组织也是如此,企业中的各种角色以政治性的互动行为相互关联。想要真正认识企业组织的运行,离不开对公司政治的深入研究。

第一节　公司政治现象：不可回避的现实

现实生活中的企业运作里,公司政治现象频繁发生。公司政治在企业里是普遍存在的客观事实。

———————————

① 公司政治在组织行为学中也称组织政治(organizational politics),也有国内学者称之为企业政治。本书研究企业组织中的内部政治现象,而公司制是现代企业制度的主要形式,因此本书称之为公司政治(corporate politics)。

研究公司政治的著名学者杰弗瑞·菲佛在 *Power in Organizations*[15]以及 *Managing with Power*[21]①中、管理学大师科特在《权力与影响力》[17]中都举出了不少权力运用和公司政治的实例。贺志刚[22]总结了创业者分家、搞运动、接班人、空降兵问题等各种典型的公司政治情境。瑞提和利维[23]详细描述了企业里存在的各种公司政治现象。Whisenant[24]具体剖析了销售和运营计划制订过程中的政治手段。学者们研究的公司政治案例不胜枚举。

我在引言中分享的几个案例只是无数个公司政治活动的几朵浪花。不少中外企业家或职业经理人都讲述过他们的公司政治经历。让我印象深刻的还有中坤集团董事长黄怒波[25]的亲历故事，他曾经亲自撰文全过程详述了他在国有企业以及自己创办的民营企业所经历的凶险的公司政治，回顾了企业被掏空和企业资产差一点被公司员工私下联手转移到个人名下的惨痛经历。

而实达这一昔日明星企业陨落背后的权力和利益之争更是让人扼腕叹息。

实例　　　　　　　　　　　　　　　　　　　　　　　　　　　》》》》

实达　连环生死劫[26]

在发展初期，实达董事会采取了比较宽松的管理模式，给了胡钢很大的经营自主权。　随着实达事业的快速发展和日益壮大，出于利益的驱使，董事会开始介入并干涉经营，并且这种行为越来越明显。　实达人士古培坚说："那时董事会开始觉醒了，因为一段时间里，实达董事会就是'签字董事会'"。　对于以朱刚为首的董事会这么积极介入公司经营，还有另外一个说法：当时朱刚面临从原单位退休，他希望通过虚职介入实达，在具体运作中扮演重要角色。

作为总裁的胡钢与作为董事长的朱刚的关系日渐微妙起来。

面对董事会的所为，胡钢是不满的。　他有他的理由：实达当时号称以25万资本起家，实际上只到位20万元，第一大股东富闽贸易公司只投入了11.25万元，现在每年利润数千万，大股东的收益已很不错了。　公司财富其实是员工创造的，应根据贡献大小对股份进行调整，对员工有所回报，财富

---

① *Managing with Power* 英文原版 1992 年，中文译为《用权之道》，将作者译为"普费弗"，但后人多译为"菲佛"，为保持一致，本书统一使用"杰弗瑞·菲佛"作为 Jeffrey Pfeffer 的中文译名。

应重新分配，照顾新的骨干。 随后，胡钢在北京领取"科技实业家创业金奖"时，在北京的宾馆中对包括朱刚等几位大股东的领导提出：把公司的国有股份（共 70％，其中朱刚代表的富闽公司占 60％，马尾科技园占 10％）中的一部分拿出——比例为 20％～30％，卖给员工。 胡钢的提议受到了大股东及董事长的反对，最后达成的协议是：富闽公司拿出 6％，马尾科技园拿出 2％，总共 8％重新分配。 胡钢的股份由原来的 1.25％变为 2％。 让胡钢没有想到的是，新增加的 0.75％给自己带来了无法辩解的口实。 一种流言在实达很快传播开来：胡钢想买下整个实达公司。

2001 年，胡钢回忆起这段历史时，仍抑制不住愤怒，称这种做法纯粹是政治斗争的手法。 实达内部出现危机，带来的恶果就是经营团队分成了两派。 一派以朱刚为首，一派以胡钢为首。 面对这种局面，朱刚显示出了曾经作为一个军人的铁腕，有些事情朱刚直接越过总裁办公室自行决定对外投资。

在经营者与资本的对抗中，处于强势的总是资本。 这一点不仅朱刚胡钢两人清楚，叶龙、卢如西、黄奕豪他们也心知肚明。 权衡利弊，他们站在了朱刚一边，推波助澜，助朱倒胡！ 公司的一些中层干部会议甚至瞒着胡钢召开。

与曾经在国企中长期担任董事长、经验老到的朱刚相比，胡钢还是显得有些书生气。 局面向不利于胡钢的方向发展！ 1993 年 12 月初，胡钢提出了三个解决方案，希望全面解决这场内部危机：第一个方案是自己辞去总裁职务，去负责实达新的投资项目；第二个方案是把实达当时的 14 个分公司，由朱刚挑 7 个，他来负责余下的 7 个，各管一半；最后是自己走人。对于胡钢提出的"离开"方案，公司董事会并不当真。 他们更多是把该方案看作是胡钢要挟董事会的一个砝码。

1993 年 12 月 15 号的福州，朱刚和胡钢在福州温泉大酒店开始了最后的摊牌。 胡钢要朱刚辞职，朱刚的反击非常犀利：要走的不是我而是你，股份制是老板选择经理。 对话以胡钢同意离开结束。 朱刚很高兴，立即在温泉大酒店点了两桌酒席，召集人开董事会。 董事会随后又召集公司所有中层干部开会。 这是一次开得很长的会议，一直持续到晚上 8 点多钟。 在烟雾弥漫的会议室，与会的公司中层为胡钢的去留展开了激烈的争论。 会议结果大出朱刚意料，参加会议的绝大多数公司中层认为实达离不开胡钢，如果胡钢离开，实达会损失很大。 朱刚很快就托人把会议结果转告了胡钢本人，并要求胡钢次日去一趟董事会，商量对这件事如何善后。

胡钢在董事会的胜利让助朱倒胡的叶龙、卢如西、黄奕豪等人非常吃惊，继而不安。由于担心遭到胡钢的报复，他们决定找胡钢面谈，希望以前的事能得到胡钢的谅解。当天晚上11点多的时候，叶龙等人打电话到胡钢家，提出和胡钢见面。胡钢以已经睡下为由婉言回绝了他们。可是到了凌晨2点时，叶龙等人再次给胡钢打去电话，并说他们已经在胡钢家门口了。胡钢苦笑着回忆:"这个时候我还能说什么？来的人包括叶龙、卢如西、黄奕豪、古培坚、陈小杭等人，这些人后来都是实达的高层人物。那时我家连开水都没有，只好给每人一瓶啤酒。他们找我谈主要有两个意思，一是希望我留下来，最好不要走，甚至谈到等实达上市后，跟着我一起走;二是表示对我'效忠'。原来反对我，都是受别人挑拨。"

当天凌晨，胡钢送走叶龙等人后，胡钢的太太对胡钢说了一句让胡钢至今记忆犹新的话:"胡钢啊，你看看，你做了实达这么久，你带了一帮什么样的人？晚上8点钟主管单位承认不对，他们就非得今天见你不可。"看到曾经志同道合的朋友在利益面前翻手为云覆手为雨，胡钢非常伤心。胡钢知道，实达曾经那种大家团结一致、单纯做事的和谐氛围已不存在，再与这群人一起做事，他已做不到了。本打算留下的胡钢决定离开。

1994年初，胡钢决然出走实达。跟随他一块出走还有10多人，其中有原实达总经理助理王晶、原实达工会主席林学杰、原实达香港公司老总何泉、原实达房地产公司老总许成建、原实达贸易公司老总顾照丹等。他们创建了现在赫赫有名的公司——新大陆集团。

胡钢走后，叶龙接替了他在实达的职位。

这一段实达之痛告诉我们，曾经无限风光的高科技企业里面一样存在惊心动魄的公司政治。由胡钢、叶龙等16人创立于1988年的实达电脑，1991年销售电脑终端8000台，名列全国第一。1996年上市，1998年名列全国电子百强榜第22位，是福建省引以为荣的高科技标杆企业。可惜的是，创业5年后的1994年初，创始人胡钢被挤出实达。让人出乎意料的是，再过7年在经历3次"倒叶"之后，处于权力巅峰的叶龙终于在2001年被迫辞去总裁。实达内部绵绵不断的消极政治可谓登峰造极，始终贯穿企业的生命周期。经历数次政治动荡，企业决策失误频频，管理层频繁更迭，实达最后不得不走上卖壳之路。

年光似鸟翩翩过,世事如棋局局新。每一个公司政治的故事看起来都不一样。人们对公司政治的认知和处理方式也各不相同。

似乎人们听到或看到的大多是不择手段争权夺利的消极公司政治事例,因此误导了人们对公司政治的客观认知,误以为所有的公司政治都是消极的、恶性的、负面的。一方面是因为这些权斗故事由于人的"负面偏好"心理机制,更乐于被街头巷尾议论,更具有故事性、刺激性和舆论传播性,所谓"丑事传千里,好事不出门";一方面是因为积极政治还没有引起足够的重视,在传播上也缺乏轰动效应。但公司政治的积极作用仍然被一些优秀的企业家所认识和利用。

引言中重点分析的华为在公司政治管理方面的积极作为,凸显了任正非对于公司政治的高瞻远瞩。

杰克·韦尔奇[27]成功获任 CEO 以后,他的政治智慧对他成为"全球第一CEO"起了很大帮助。在总结他上任以后实施变革、被称为"中子弹"、面临巨大压力的时候,韦尔奇曾经表示"如果没有公司内部强有力的支持核心,通用电气那么巨大的变革是不可能成功的。"他在领导通用电气变革时展现出了强大的政治能力。他不仅获得了前任 CEO 的强力支持,而且获得了他在竞争CEO 时的另两位候选人的支持。当时有员工直接写信到董事会责问,媒体也在报道负面新闻,还有很多来自公司外部的反对压力,但是韦尔奇得到了董事会的强有力支持。韦尔奇以自己的实践经验通过一系列卓有成效的管理举措,使得通用电气的公司政治负面作用不断降低,同时也不断巩固了自己的地位、塑造了个人形象,带领通用电气走向巅峰。

很多知名企业家都以或暗或明的不同方式表达过对公司政治的感知和体认,并且在管理实践中身体力行、不断摸索。

柳传志[28]就明确指出,现在很多企业都有来自办公室政治的宗派问题,不把业务放在第一位,而是把互相的争斗放在第一位。企业内的冲突如果解决不好,最后就有可能变成不同派别的无原则纠纷,到那时候就形成了宗派,那可就问题大了。他还说,宗派问题对某些国有企业是一个先天问题。总经理在退休前破格选拔跟自己感情非常好的人,党委书记也这么做,其他人也跟着做,下面还形成体系,从而形成了宗派。有了宗派以后,问题就麻烦了,话就不能放在桌面上说了。表面说的东西都是很冠冕堂皇的,但是私底下各自有各自的系统。很显然,柳传志所说的办公室政治是消极的公司政治。

堪对暮云归未合,远山无限碧层层。我们不仅要清楚公司政治现象随处可见,更要明白其中的道理,以指导实践。

正如亨利·明茨伯格[29]所强调的,管理是一种实践,是经验的积累,必须因时因地制宜。管理者要在实践中摸索和解决问题。管理实践需要理论的总结和指导。在公司政治的现实中,没有对现象背后的本质的认识,没有系统的理论作指导,就可能在面临问题时束手无策、含恨而归。

一位曾经在世界 500 强的外资企业中工作 10 年的经理人崔伟[30]总结道:"其实公司的上层分为若干的势力圈,作为高层管理者是不可能独立于势力圈之外存在的。""现在在外企,玩政治,使权术,底层玩不过高层,年轻的玩不过年老的,大陆人玩不过香港人和台湾人。香港人和台湾人只要在人家的屋檐下,就玩不过外国人。玩政治和权术比骂人和争吵高明,是没有硝烟的战争。"崔伟讲的是职场上低劣的权术。

在现实企业管理的实务运作中,在不同组织形式、不同行业、不同规模、不同性质的企业中出现的各种公司政治活动,有哪些共通的公司政治因素?具体的影响和运行机制如何?应该如何判断、应对和运用?公司政治与企业文化、战略管理、人力资源、领导力、职业发展等常见管理问题有何关系?都值得进行系统的整理和综合分析。

因此从现实背景来看,公司政治在现实企业管理中是一个无法回避的课题,而且许多人在这方面受到很大的困扰。在面临各种实际的公司政治现象时,由于缺乏对其影响因素和作用机制的了解,当事人有可能对形势作出错误的判断,或者茫然失措、应对不当,或者滥用权力,最终可能成为公司政治的牺牲品,甚至给企业带来毁灭性的影响。

公司政治的研究在国内还没有得到足够的重视,缺乏有效的与实践紧密结合的系统指导理论。就像黄忠东和陶学禹[31]所指出的,企业管理者在处理公司政治问题时,没有科学的理论作为指导,只能依靠个人经验,这种来自社会和个人的日常经验的信息,缺乏系统性、深度和可靠性,属于前科学知识,虽然会在一定程度上帮助企业管理人员了解员工的政治行为,可能会在一定范围内产生效果,但还不能真正成为指导企业管理人员的科学知识。

第二节　公司政治研究：日益重视的课题

　　在管理学研究中,对公司政治的认识经历了很长时间。公司政治的研究由来已久,并日益受到重视。[32]

　　在工业革命早期的工厂管理时代,企业规模小、工人素质低、组织结构简单、技术不发达,企业主对工厂和工人的管理也比较简单,没有人明确地论述管理的普遍性原理。随着蒸汽机的使用开始了运输革命以及电报、越洋电缆等引起了通讯革命后,铁路这种大规模的跨地区企业组织出现,管理的重要性日益凸显。这个时期的企业管理以严格的纪律和明确的权力等级为特征。丹尼尔·麦卡勒姆19世纪中叶就在纽约的伊利铁路公司实行比较详细的管理制度,他明确规定上下级权力层次以及在整个组织机构中贯彻个人责任和下级对上级报告的责任等,他制定了广泛的规章条例来限制工人在执行任务时随心所欲的权力。他认为对正式的直线权力的遵从是绝对的。因此,那个时期的企业内部权力运行比较简单,公司政治还没有成为管理中引人关注的问题。

　　随着科学管理时代的到来,管理层开始注重发挥每一个人最大的潜力,从企业和员工的共同利益考虑,提升组织的整体效率。一般管理理论的创立者法约尔在1916年出版了管理巨著《工业管理与一般管理》。在法约尔提出的十四项管理原则中,大多数与权力和政治有关,比如权力、统一指挥、个人利益服从整体利益、集权、等级链(权力线)、秩序等。法约尔总结的这些管理过程基本理论和原则,像灯塔一样指引着管理者的行动。从这些最基本的管理原则中可以看出,权力和利益问题是管理的一般问题,这些问题出现在计划、组织、指挥、协调和控制的管理全过程。

　　被称为组织理论之父的韦伯则更加进一步地系统论述了权力和组织活动之间的关系,并提出了划时代的科层制管理理论。韦伯主张权力有三种合法的纯粹的形式:(1)合理—合法的权力,是以"法律"或者"升上掌权地位的那些人……发布命令的权利"为基础的;(2)"传统的"形式,是以古老的传统神圣不可侵犯的信念,以及对其下属行使权力的人的地位的合法性为基础的;(3)"神授的"权力,是以"对个人的明确而特殊的尊严、英雄主义或典范的品格的信仰……"为基础的。在这三种权力形式中,韦伯认为合理—合法的权力才是科层制组织的基础,因为:(1)为管理的连续性提供了基础;(2)是合理的,即担任管理职务的人员是按照他完成任务的能力来挑选的;(3)领导人具有行使权力的法律手段;(4)所有的权力都有明确的规定,而且是按照完成组织任务所必需的、职能是加以仔细地划分的。可见,科层制的学理基础在于组织中按职能划分、按能力领导的职位权力。

韦伯所创建的科层制是面向各种大型组织的,不管是政治组织、宗教组织、工业组织,还是其他组织。他从组织的一般通用原理出发,洞察了组织赖以存在和运行的基础是职位权力,认为科层制是理想的纯粹的组织结构,组织是通过职位而不是通过个人来进行管理的。这种强调规则而不是个人,强调能力而不是偏爱的科层制组织被视为实现效率的蓝图。他的科层制组织理论对于组织中的每一个成员的权力和责任是明确规定的,并且把这些权力和责任作为正式职责而使之合法化。科层制组织将职位按权力等级组织起来形成一个指挥链,根据能力来挑选组织成员,管理人员要遵守组织的规则、纪律和制约,这些规则和制约不受个人情感的影响。韦伯试图为权力建立一个合理合法的基础,为挑选管理人员和进行各种活动做出有秩序的安排。当然,韦伯主要从组织运行的正常管理需要的角度来建立一套规范的组织管理模式,对于组织中各种正式组织与非正式组织的博弈没有进行阐述。

福利特意识到了从上而下的统治权力的弊端及其引发的冲突对企业管理带来的负面影响,试图用"共享权力"来代替"统治权力",提出应该寻找双方利益结合统一性的解决办法来处理矛盾冲突。她反对权力主义者对权力的谋求,提出领导不应再以权力为基础,而应以在情境的相互联系中领导者与被领导者的相互影响为基础。领导的首要任务是确定组织的目的,最好的领导者并不要求人们为他服务,而是为共同的目的服务。也许人们会觉得福利特的想法过于天真,但是这种消除统治权力的"结合"以及建设性冲突的观点给管理领域带来了创新思路。她的前瞻思想正成为当今时代领导力理论的主流思想。

巴纳德[19]提出的协作系统理论强调,在环境的不断变化下,应通过保持组织内部复杂性质的平衡来保证一个组织的持续存在,同时必须考察进行调节的外部力量。巴纳德最早开始对非正式组织的研究,认为非正式组织没有正式的结构,而是通过同工作有关的接触而产生,因而确立了一定的态度、习惯和规范。他发现非正式组织起着三种作用:(1)信息交流;(2)通过对协作意愿的调节,维持正式组织内部的团结;(3)维护个人品德和自尊心的感觉。非正式组织成为正式组织不可缺少的部分,使组织更有效率和效力。巴纳德认为权威的来源在于下级接受或不接受,这就是著名的权威接受理论。巴纳德对于研究组织中非正式权力和权力的使用做出了开创性的贡献。

人际关系学说对组织中权力研究的贡献主要有两个方面:(1)注意通过工会、参与领导以及把工厂中的正式组织和社会组织结合起来使权力平均化。美国的劳工在20世纪30年代通过立法获得了更多的权力。这样使得管理者在行使管理职权的时候必须更多考虑组织成员的利益;(2)它所倡导的参与式领导方式的主旋律是权力均衡,即在上下级之间减少权力与身份差别。在决策的制定中让员工有更大的发言权,鼓励创造性,使大家参与到组织目标中来并作出承诺,也就是更好地授权。有人认为公司政治就是人际关系,这既是对人际关系学说的误解,也是对公司政治的误解。

在现代管理理论中,减少了对等级制度的崇拜,认识到了人们在组织中要求权力均等的愿望,组织进一步扁平化,信息和知识成为权力的来源。人们将研究目光投向了管理实践和日常管理工作。彼得·德鲁克创造了目标管理,强调了组织成员的自我控制,将组织目标和个人目标相结合并与个人利益联系起来。明茨伯格的研究指出管理工作的本质是承担人际、信息和决策的各种角色,管理者需要协调各种冲突、进行资源分配等。组织行为学的研究得到蓬勃发展,个体的特征、行为动机、需求以及群体的沟通、领导、冲突管理、企业文化、变革管理等成为研究热点。权力和公司政治的研究与此同时也得到快速发展。由于对人性的认识日益深刻,对组织内部的群体动力学了解加深,关于权力、利益以及权力的运用和冲突的解决等研究更加全面。

根据罗珉[33]的研究,后现代管理和超现代管理思潮的兴起进一步引发了人们对企业权力和政治的关注。后现代管理学者认为,现代管理理论和方法不能解决企业中出现的现实问题。他们特别关注企业生活中的文化和权力问题,采取分裂、主观、动态和相对主义的立场来看待企业管理中的实际问题,认为组织应更注重横向合作的分权结构。超现代管理思潮则主张在混沌中求发展,强调管理实践的偶然性、随机性、非理性和不确定性,认为非线性的利益差异性造成组织及其管理是一个多维度的复杂演化系统。

理查德·斯格特[34]认为,从组织理论的发展历史看,在20世纪30年代后期和40年代初,泰勒、法约尔和韦伯的理性系统理论被梅奥和巴纳德为代表的自然系统理论所取代。理性系统将组织视为达成预定目标的手段和实现盈利的工具,强调内部规范的结构,强调的是结构特征而不是参与者的特征,忽视了组织与环境互相联系所产生的混乱和机会。在组织底层，理性行为意味着抛开个人思想，只是盲目地遵从由规章制度具体化的行为过程。而自然系统则认为组织是一个集合体，参与者寻求着多种利益，无论是相同的还是不同的。非正式的和人际关系的结构比正式的结构更为重要，权力也被看作是发端于许多非正式的来源，而不是对正式职位的占据。但不管是理性系统还是自然系统，都把组织看作是一个封闭的体系。

在 1960 年左右组织理论模型发生了巨大变化，开放系统视角代替了封闭系统模型。组织是一个依赖于外界的人员、资源和信息的开放系统。开放系统强调组织的参与者按照能否获得好处来决定加入或离开组织，或是否从事与组织的交换活动。不能假设参与者拥有共同的目标或者一致努力地维持组织的生存。组织需要费力的协商和讨价还价，以使参与者形成和不断形成暂时的联合。开放系统把组织视为在环境的巨大影响下，有着不同利益关系和相互依赖的参与者的联合。

其中以马奇和西蒙、劳伦斯和骆奇、威廉姆森等为代表的新理性开放系统分别就决策的有限理性、权变理论、交易成本分析等进行了系统研究。有限理性决策模型强调规章和程序在组织内部理性行为中的重要性。西蒙认为组织中的个体是"管理人"，虽然追求私利，但是却不总明白到底是什么，只知道一些可能的选择，并且愿意做一个适宜而不一定最好的决定。劳伦斯和骆奇创立的权变理论认为不同的环境对组织有不同的要求，不存在最佳的组织方式，组织的适应性取决于组织形式与环境需求之间的匹配程度。威廉姆森等认为组织是开放的，因为面对环境的不同需求做出不同的反应，又是理性的——在进行交易的过程中尽量降低成本。这种交易是在人与人之间或在不同领域边界之间的物质或服务的交换。组织结构的开放系统视角强调了个体要素（个体参与者和子群体）的复杂性和多变性及其相互之间联系的松散性。个体要素被看作是半自主行为的主体，个体和子群体之间的联合有时形成、有时解体，协作与控制变成了主要问题。

20 世纪 70 年代末，新的开放自然系统模型成为热潮，生态分析成为分析组织行为和结构的决定因素的重要新方法。其中菲佛和塞尔兹尼克的资源依赖模型对组织内部的权力和政治现象做了全面、深刻的研究。获取资源的需求产生了组织对其外在单位的依赖性，资源的重要性和依赖性决定组织依赖性的本质和范围。依赖性产生权力，经济依赖性产生政治问题，而且必须用政治方法来解决。

从上述组织理论的演变可以看到，人们对于组织中的权力、利益及其关系以及因此产生的政治问题的认识是随着社会进步、技术发展和理论深化而不断深入的。早期的组织理论认为组织成员只需被动接受管理者的命令和控制，强调规范和制度。霍桑实验之后，个体在群体中的人际关系的重要性得到重视。权力不再被看作从上到下的单一传递，而是赋予了多重视角和多元化概念。非正式组织和非制度权力得到应有的关注。随着对环境与组织的交互和依赖的认识的深入，考察组织中权力的视野进一步扩大。个体与组织之间的关系不只是从属的关系，而且存在交易和协商。组织是具有不同利益关系并相互依赖的参与者的联合体。人们在设立目标和追求利益时的决策是有限理性，同时还受到各种权变因素的影响，必须考虑交易成本。没有最好的组织决策，只有相对好的组织决策。内部权力及其关系的运行变得更加复杂。随着开放自然系统理论的兴起，由人所组成的各种组织是一个有机的生态系统，组织内部及组织之间的社会互动、资源依赖、种群生态等特征，使人们对组织的认识不再局限在纯制度理性和权力刚性，从而开始了对权力和公司政治现象更加贴近现实和多元化、广角度的研究。

根据 Conner[35]的研究，在 20 世纪 70 年代末和 80 年代初，许多知名学者加入研究公司政治的队伍中。而据 Gandz 和 Murray[36]统计，在此之前直接研究公司政治的论文只有 26 篇。菲佛的 *Power in Organizations* 和科特的《权力与影响力》是其中的代表作。其他的主要代表人物有 Mayes 和 Allen、Gandz 和 Murray、罗宾斯、明茨伯格等。此后，关于公司政治的研究不断深入，研究内容不断丰富，研究范围不断扩大，涉及的领域包括公司政治的概念、范畴及性质，公司政治的成因与表象，公司政治的功能和后果，公司政治对企业组织结构、企业变革、战略决策、企业文化、组织学习、企业绩效和个人工作态度的影响，以及应对公司政治的方法和策略等。这一时期的研究比较广泛和活跃，研究的主要目的是让企业更有效地运转。80 年代以后组织是一个政治实体的观点已经得到众多组织学家和管理学家的普遍认可[15,37-40]。

Conner[35]指出，20 世纪 90 年代以来，学术界对公司政治的兴趣快速增加，公司政治的研究受到普遍关注。Ferris 和 Vigoda 是其中的主要代表。自从 Gandz 和 Murray[36]最早提出感知公司政治的概念、Ferris 等人[41]建立了感知公司政治的研究模型以来，公司政治的感知成为研究的重点之一，因为人们受到政治的影响是因为他们所感知到的政治行为，而不是客观事实上存在的政治行为。Atinc 等人[42]运用"元分析"(Meta-analysis)的研究方法对近 20 年来国际主要学术期刊关于感知公司政治的论文进行综合研究,共得到 82 项关于感知公司政治的学术研究文献,这也充分反映出公司政治的研究得到了更多关注。另一个研究的重点方向是对过去的各种假设和观点进行实证和检验。

公司政治的理论研究历程简要图示如图 1-1。可以看到,关于权力、利益以及公司政治的研究由来已久,虽然在 20 世纪六七十年代以前没有得到足够重视,但是随着社会进步、经济发展以及对企业组织和组织中的个体与群体的认识加深,公司政治已经成为管理学研究的重点之一。

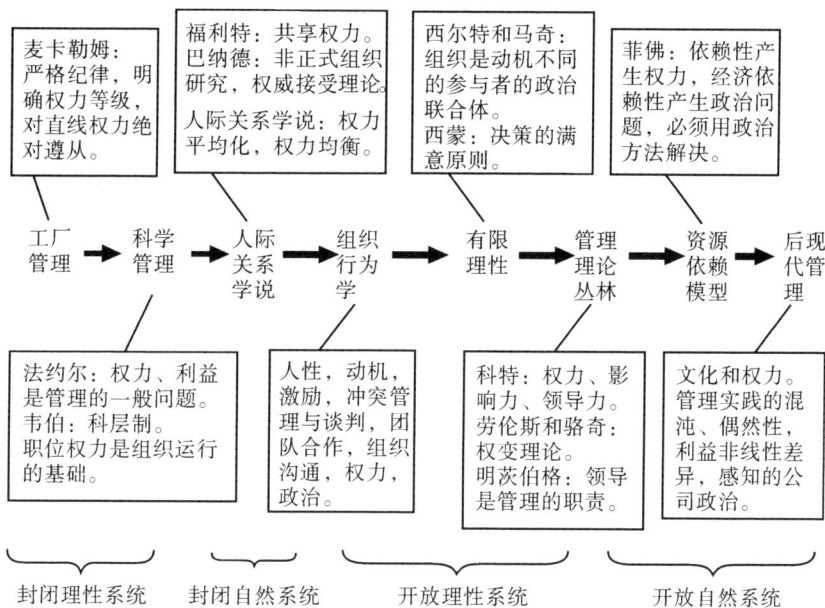

图 1-1　公司政治理论研究简要历程

对于公司政治的研究,目前以国外的研究为主,而且至今没有形成比较系统的理论体系。[43]已有的研究成果主要集中在公司政治的各种表现、具体技巧和策略、感知、对企业经营管理的影响以及相应的对策上。但是,研究者对公司政治全过程的影响因素和维度的研究还比较松散和零碎,对于这些因素如何影响以及公司政治的内在作用机制的了解仍然有限。现有的小部分研究都是采取纯粹的理论推理和分析,研究的手段比较单一。此外,由于文化的差异,中国人和外国人对公司政治中很多问题的看法和做法存在明显的不同,中国人在东方文化的熏陶下,在公司政治的行为和认知方面与外国人会有所不同,所以,国外对公司政治的研究并不完全适用于中国企业。

由此可见,公司政治的研究在管理理论和组织理论的研究中占有重要的地位,而且随着理论的不断完善和发展,研究日益得到重视,且不断深化,但还不够系统。学者们认为,加强对企业内部政治的研究非常有必要。[31]针对目前公司政治的理论研究中还比较薄弱和不够系统的方面,采取适当的方法,进行进一步的研究,在理论上是有意义的。

第三节　公司政治活动：有意识地运用权力获取利益

随着社会化大生产的快速发展以及对于企业内在性质等问题的深入了解,人们开始将公司政治的研究纳入视野,考察企业微观环境下的权力、利益与政治问题。公司政治的研究自 20 世纪五六十年代开始兴起,众多学者对公司政治的含义进行了研究,给出了各种定义,现按时间顺序将其中部分代表性的定义整理如表 1-1。

表 1-1　公司政治的定义①

序号	作者	时间	定义	说明	评价
1	Martin & Sims[44]	1956	政治就是权力的使用		+
2	Mayes & Allen[14]	1977	政治是对影响的管理,以获取组织不允许的结果或以组织不允许的影响方式获取允许的结果	以组织允许的影响方式获取允许的结果,不是政治	—
3	Allen et al.[45]	1979	政治是有意的影响行为,以增强或保护个体或团体的自身利益	政治是组织中重要的社会影响过程	+

---

①　评价:如提出定义的作者认为公司政治是消极的,评价以"—"表示,如认为是中性或积极的,以"+"表示。

续表

序号	作者	时间	定义	说明	评价
4	Gandz & Murray[36]	1980	政治是有意识地在组织中寻求自利结果的主观行为,这些结果会违背他人利益		−
5	Pfeffer[15]	1981	政治是在获取、发展和使用权力以及其他资源时的各种活动,以便在不确定或选择不一致的情况下获取他偏好的结果	政治是对行动中的权力的研究	+
6	Cobb & Margulies[46]	1981	政治是使用权力去调整或保护一个组织的交换结构。交换结构包括组织的资源分布系统和那些拥有正式权威的人决定哪些资源将被利用	公司政治本身没有好坏。能够帮助和阻碍组织,关键看如何使用以及追求的目标	+
7	Beeman & Sharkey[47]	1987	公司政治的核心是高度复杂的社会系统里的竞争	公司政治的首要规则就是没有规则	+
8	Nigel Piercy[48]	1987	政治是正式权力系统之外的行为,被个体或团体用以影响组织结果		−
9	Eisenhardt & Bourgeois[49]	1988	政治是管理者隐蔽地运用权力影响决策的但可以观察到的行动	与政治行为相对的是公开直接的讨论,信息充分共享,对所有决策者公开的直接影响策略	+
10	Ferris et al.[41]	1989	政治是社会影响过程中用于自身利益最大化的机会主义行为	政治是特定情境下的选择	−
11	H.S. Baum[50]	1989	政治是行使权力以促进利益,但不同的权力类型会产生对应的不同的政治类型	零和的政治只是政治中的一种	+
12	Pfeffer[51]	1992	政治是获取或使用权力,是权力得以利用和发挥的过程、行动和行为	权力是一种潜在的力量	+
13	Drory[52]	1993	政治是非正式的组织行为,在与其他人的利益相冲突时,以增强或保护个体或团体的自身利益		−

续表

序号	作者	时间	定义	说明	评价
14	Ferris et al.[53]	1996	政治是不被组织正式允许的行为,会产生工作中的冲突和不和谐,使个体或团体与他人甚至组织对立		—
15	Valle & Witt[54]	2001	公司政治包含组织中影响的所有方式,具有积极和消极两方面的含义		+
16	Sussman et al.[55]	2002	政治是那些影响结果的行为,组织正式规定背后的行为	政治没有道德含义。所有的政治行为都是印象管理,但并非所有的印象管理都是政治行为	+
17	Ammeter et al.[56]	2002	政治是中性的、天生必需的组织功能,以将组织中出现的模糊性最小化,对不确定的组织现象赋予意义	政治不是黑暗的行为	+
18	Andrews et al.[57]	2003	政治是谋取自利的行为,无视组织利益或以组织利益为代价		+
19	严若森[58]	2003	政治是在企业必要与正常的组织授权之外,某些个人或团体试图通过非正当渠道或手段谋取权力或私欲		—
20	Byrne[59]	2005	政治是个体的一种有意识的行为(无论隐蔽或者公开),以提升或者保护他们的自身利益,有时候以其他人或组织的利益为代价或者无视他们的利益	消极的政治有损组织和个人利益,而政治是必需的组织业务功能,因此减少负面作用非常关键	+
21	陈国权[60]	2006	组织政治是组织中个人或群体获得并使用权力,以达到所需要利益的活动		+
22	Chen & Fang[61]	2008	政治是不被组织正式认可的、影响他人以达到个人目的的行为		—

续表

序号	作者	时间	定义	说明	评价
23	Davey[62]	2008	政治是关注组织内敏感的、非正式的微观过程,组织因此与理性、良性的管理相背离		—
24	Dhar[63]	2009	政治是当组织成员在某些特定的组织议题上想保持其利益时,行使权力以协商他们之间的不同利益		+
25	Malik et al.[64]	2009	政治是维护个体利益而不是维护组织利益的行为	组织生活中的重要成分	—
26	Gotsis & Kortezi[65]	2010	政治是有意识的影响行为,主要通过非正式的手段;有意识地运用权力和影响决策的行为,获取稀缺资源	公司政治包括三个构成要素:有意识的影响行为;权力策略和战略的运用;不允许的、非正式的活动,有时暗示出潜在的组织内冲突	+
27	Samad[66]	2011	政治是有权为有助于提高或保护参与者自身利益提供奖励的人的社会影响	公司政治已成为组织心理学流行的研究课题之一	—
28	Liu & Liu[67]	2018	政治行为是指个体为了实现自己或组织的目标而采取的有策略的影响行为		+
29	Lampaki & Papadakis[68]	2018	企业员工系统地使用权力和影响力解决他们之间的冲突,实现个人或组织的目标		+

由此可见,学者们对公司政治的理解大致可以分为两类:

一类是将公司政治定义为与权力运用相关的一些行为表现,不认为政治就是负面消极的,持比较客观的中立态度。如 Allen 等人[45]的研究表明政治是一种重要的社会影响过程,没有好坏之分,对组织和个人可能产生消极或积极的作用。菲佛[15]认为公司政治是指在获取、发展和使用权力以及其他资源时的各种活动,以便在不确定或选择不一致的情况下获取他偏好的结果,认为政治是对权力运用的研究,政治对发挥组织功能是必需的。明茨伯格[69]认为组织政治既能破坏组织,同样也能为组织服务。他说"政治是通过无序化和分解现状的方式破坏协调。政治和权力有关。管理工作、制定决策、形成战略等等都会受到政治因素的影响。"把政治当作组织里的一种基本力量。组织中的政治权力没有获得正式授权，也不见得为人们普遍接受，更没有正规资格。Drory 和 Vigoda-Gadot[70]认为不能简单地把公司政治分为好或坏，公司政治的含义是多维的，是人类服务于自身或社会的一种自然行为。

这些观点承认政治可能是一种自利行为，同时又认为它具有重要意义或积极作用。如 Gray 和 Ariss[71]认为政治从企业战略的角度来看，是企业中个人或集团为保护自身利益而对企业方针目标的有意干预，目的是使自身利益与企业战略目标相一致，它在企业发展的不同战略阶段起着重要作用。Baum[50]认为公司政治不只是零和博弈一种结果。管理者如果能够坦诚地与员工沟通，真心关心员工的需求，有可能创造一种良性的企业文化，促进组织绩效的提升。Ferris 和 Kacmar[16]认为大多数人只感受到政治的阴暗一面，但是政治无论对组织还是个人都有积极作用。Smith 等人[72]指出以前人们多认为公司政治是负面的，而现在公司政治已经越来越不再是负面概念。他们的研究表明声誉卓著的领导善于运用有效的政治技能，影响下属提升组织绩效。Al-Tuhaih 和 Fleet[73]认为有许多的政治策略是领导者必须了解、评估和掌握的，特别是帮助他们在变革和危机时更容易取得成功。

另一类是将公司政治定义为组织成员以其他成员或组织利益为代价的自利行为，他们对政治持负面态度，认为组织政治是利己的、不合法的、常常对组织或组织成员有害的活动。Gandz 和 Murray[36]认为政治是有意识地在组织中寻求自利结果的主观行为，这些结果会违背他人利益，是组织成员以其他人一旦知晓必然会反对的方式谋求或保护自身利益的行为。Drory[52]认为公司政治是以赢得权力和资源为目的、与组织目标相悖的自利行为，是为实现个人隐藏目标而对权力和影响力的不正当使用。Rosen 等人[74]认为组织政治是一种利己行为。政治行为主要是为了获得提升、权力或者更好的业绩评价，是对组织机能的损害，与冲突、不光明磊落的行为、强权影响他人等相联系。林炜双等[75]把公司政治与潜规则相对应，总体上认为公司政治是利益最大化行为、与组织主流制度相冲突、有负面观感的。

上述两种观点的分歧主要在于公司政治是否仅是自利行为而不会利他或者利于组织，以及公司政治是否只是带来消极作用而没有积极作用，或者消极作用要远远大于积极作用。从理论的角度而言，权力的使用可能产生消极影响，也可能产生积极影响。企业的发展壮大必然在领导层的权力指挥下进行。

利益关系处理平衡、权力关系管控得当的企业拥有更强大的生命力,企业运营更加健康。在现实生活中善用公司政治也确实能够带来积极作用。因此,第一类的理解更加客观、全面、符合实际。正如 Ferris 和 Kacmar[16] 所指出的那样,学者们对公司政治采取更加中性的态度将使公司政治的理论研究取得更快和更有意义的进展。

Eisenhardt 和 Bourgeois[49] 把公司中权力的运用分为隐蔽和公开两种情况。但是,由于权力的活动有时候是心理活动,不仅是隐蔽的,而且是观察不到的,只有到结果出现的时候才可能发现。在权力活动中有大量的对于对方或上下级思想的揣摩和猜测。同时由于权力运用是一件比较敏感的事情,而且会牵涉到各方利益,在运作过程中、结果尚不确定的时候不适合公开,需要在一定范围或一定时间内保密,所以人们感知的公司政治大多数都是隐蔽的,这样就造成了人们认为公司政治就是隐蔽地运用权力的误会。比如为了抗衡某个高管背地里以公司利益为交易来拉拢某个关键岗位员工时,就需要以不公开的方式通过正式或非正式权力的行使来进行,在广大员工和没有参与其中的人看来,表面上只是一个普通的企业管理行为,事实真相隐藏在海面以下,人们感知的只是冰山显露在海面上的极小部分。而公司领导出于企业长治久安的考虑,主动在利益关系和权力关系的管理上采取机制设计和过程控制时,就是公开的行为。因此,从隐蔽或公开的角度来定义公司政治,存在以偏概全的风险。非正式地行使权力是公司政治,正式地行使权力也是公司政治。

综上所述,从客观、理性、全面的角度分析,公司政治是在企业里有意识地获取、发展和运用权力以取得其所偏好利益的活动。首先,公司政治是对权力的获取和运用,这是政治的本质。其次,公司政治是有意识的行为。政治行为是带有主观意图的对权力的使用。这种权力的使用不一定是隐蔽的或者背地里进行的。政治行为的使用对组织可能是建设性的,也可能是破坏性的,取决于人们使用政治行为的目的。最后,公司政治的目的是获取其所偏好的利益或结果,但这种偏好的利益不一定只是利己的,也可能是利于集体和组织的。

可见,公司政治建立在企业里利益和权力的基础之上,是包括公司中的股东、董事、经理人、员工等利益相关者在企业内部运作方面权力相互作用的过程和行为,是为了利益,有意识的、有目的地运作权力的行为。公司政治与一般人际关系的区别在于一般人际关系不专注于权力,没有特定的目的,如果人际关系故意以权力为目的,有特定的利益诉求,就变成了公司政治行为。

第四节　公司政治产生的原因与条件

一、人性、企业本质和环境共同孕育公司政治

概括而言,学术界关于公司政治产生的原因共有四种观点:

(一)人性论

正如亚里士多德所说:"人是天生的政治动物。"人具有天生的社会属性。费埃德伯格认为,人类的互动行为,即使在高度结构化的行动领域中,也是并且始终是政治性的行为。也许我们自己没有发觉,但每个人都存在不同程度的马基雅维里情结。人是由利益支配的。而人又是个体差异极大的复杂动物。事实上,在组织里很难每个人都能得到相互认可。人们总是更加偏向那些自己认识的、喜欢的、信任的人。人们在组织中自然地会分类,同时也造成分裂。低马基雅维里特征的人在情绪上容易卷入,并在面对面的互动中容易失去自制力,而高特征的人能够保持冷静和镇定;当情境规则不是特别清晰和固定时,高马基雅维里特征的人具备得心应手的应变能力。因此,人的自利天性和社会属性使政治成为人性以及人际互动实质的反映。

Newman[76]认为交易是人的本性,企业中的每个人(包括接待员)都在不同程度地利用自己的权力或影响力来选择性地影响他人,有时甚至不惜伤害另一个人;而手握权力的人则更易进行这样的交易,他们相互结盟,混淆组织目标与个人目标,从中渔利。同时,企业成员在有限理性和机会主义的作用下会卷入内部政治的博弈。虽然 Newman 是从消极政治的角度分析,但人的交易本性也体现了在企业里基于利益和权力的公司政治是不可避免的。

(二)企业本质论

由各种要素组合形成的企业在企业契约履行过程中充满了不确定性和风险,契约各方不可能在契约订立时将一切突发因素和所有权利义务规定清楚,这种企业契约特征使得运用权力成为弥补契约执行方式缺陷的一种补充。因

此，权力运用在企业和员工之间、员工和员工之间成为一种必不可少的正常现象。

　　企业是由拥有不同任务、职业、追求某些利益的个人和团体组成的政治实体，是竞争性和多种相互冲突的利益之间交易、变换的结合。Pichault[77]指出，组织是由各有自己偏好和目标的不同利益集团彼此之间的对立、互动来驱动的，他们试图通过联盟以及其他的政治方式来获取资源、解决冲突和争端。对企业的控制权决定利益的分配。

　　企业目标的确立以及解决问题的过程，大都缺乏稳定性及可预测性。企业组织中的参与者具有各种各样对抗性的目标。March[20]认为政治是组织职能单位冲突造成的自然结果。其中的各个团体试图把自己的意愿强加于更大的系统，但是没有任何单个团体能完全决定组织应追求什么目标。团体成员竭力寻找与自己利益相似的团体形成联盟，对那些与自己利益不一致的团体就会尽力与之磋商，讨价还价。企业中的个人很难通过明晰的交易规则在企业内部交易，只有通过谈判、妥协以及利用个人影响力等政治手段来扩张自身的利益。可见，无论是团体，还是个人，都会自然使用政治行为。

(三)环境影响论

　　公司政治是由于所在环境的影响而造成的，比如企业文化的氛围、经营管理的不确定性、信息不完全、沟通不充分、环境的动荡、内部的权力分布、内部的运作机制、组织结构的变革、领导以及周边他人的行为影响。Gotsis 和 Kortezi[65]的研究表明，公司政治被视为在以权力为基础的科层制组织结构中，缺乏明确的目标、决策流程和绩效标准的模糊情境下最容易发生。信息技术会改变企业的权力结构和利益结构。无序且激烈的竞争、经营业绩的压力会加剧公司政治的发生。

　　科特[17]认为权力斗争的关键性决定因素是社会环境的复杂性，而不是人性。他所指的复杂社会环境包括多样性和相互依赖性。多样性指人们在目标、价值观、利益关系、预期和理解方面的差异。相互依赖性指两方或多方由于在某种程度上相互依赖，从而对其他各方拥有一定控制权。多样性越大，相互依赖性越强，权力斗争和公司政治就越激烈。但并非必然导致恶性权力斗争。多样性和相互依赖性正是孕育创造性思想的必要条件。

(四)资源稀缺论

由于现实世界中资源的稀缺,在争夺稀缺资源的过程中为了获取自身偏好的利益,不可避免地产生公司政治行为。企业的资源是有限的,不可能同时满足所有企业成员的需求,企业成员在争夺有限资源时会产生冲突。成员会利用手中权力或者通过与权力占有者建立关系来争取资源。Salancik 和菲佛认为,权力会影响组织中稀缺资源的分配,[78]比如下属单位将运用权力去获取更多的预算资源。[79]资源的稀缺性是考察公司政治的重要指标。[15]

上述四种观点突出显示了利益和权力在导致公司政治产生中的重要性,决定了公司政治是现实企业中不可避免的事实。其中利益是最根本的原因。

首先,追求个人利益是人性的体现。企业是一个由不同个体组成的政治联合体。每个人的利益诉求不同,而组织的资源有限,利益的满足难以通过明晰的规则来进行,因此需要政治手段的介入。谢闽[80]认为,政治活动的利益色彩越来越浓,理论中的政治行为进一步向利益靠拢,政治行为与直接而具体的利益分配机制联系起来,从政治活动的利益配置属性来规定政治的本质,指明了公司政治在公司这样的典型经济组织中的利益配置作用。

其次,企业是以契约为基础形成的组织,组织中存在的个体差异性和相互依赖性产生权力,组织内部的科层制结构划分了成员的权力。相互依赖的复杂性造成彼此权力的差异化。公司政治的利益配置作用和权力的管理与协调功能不断互动。人们会运用权力来开展交易。

最后,企业文化、信息、组织变更等环境因素也是造成公司政治的重要影响因素。

二、公司政治的发生因个人、任务和组织因素而异

总体来说,在任务很复杂或不明确、且互不信任的人一起争夺资源,或者需要大多数人的支持等情况下,政治行为总会有所收获。达夫特和诺伊[81]把产生政治行为的条件汇总如下:(1)任务特征:目标不一致、绩效评价标准模棱两可、任务相互依赖。(2)条件特征:缺乏沟通、奖励不确定、员工们具有高度的竞争性、失败的结果同样很重要、权力在许多人之间分布、资源是稀缺的、员工间的信任度较低、在群体中工作的每一名员工对其他人而言都不会有权力职位存在、组织奖励政治行为。(3)个体特征:人们都非常需要权力、人们对马

基雅维里主义非常重视、人们有一个内部控制点、人们都是自我监视。

类似的,Valle 和 Perrewe[82]把影响政治行为的强度和发生频率的因素分成两类:(1)个人因素,包括权力需要、马基雅维里系数、控制点和自我监控能力。(2)组织因素,包括模糊性、竞争程度和企业文化。

根据达夫特和诺伊[81]的整理,影响公司政治的因素或诱因包括:(1)产权结构;企业是利益的集合体;所有权决定着利益的分配,从而影响公司政治。(2)企业生命周期。(3)企业文化的积淀;企业权力结构的形成历史和企业特征。(4)对资源的控制;包括人、财、物、技术、信息、知识、时间等;控制了资源,就比他人拥有更多发言权,因而拥有更大的政治资本。(5)企业内部的权力运作机制。(6)领导者的作风和品质、内部信息对称与否、技术和知识的垄断等。

Ammeter 等人[56]的研究告诉我们,公司政治不只是发生在科层制严密的企业。现代企业的组织结构越来越柔性,为了承担某些特定任务而成立灵活的跨职能团队或者项目组。如果项目对于企业的发展非常重要,团队负责人和成员就拥有相对重要的权力和影响力。他们成为一个相对固定联络的团体,也会为政治活动提供机会。

信息技术的应用也会影响公司政治。20 世纪八九十年代权力与管理信息系统的关系研究曾经一度成为学术界的热点。Jon Jasperson 等人[83]通过元分析的方法对 1980 年到 1999 年发表在 12 本管理和管理信息技术的学术刊物上的 88 篇论文进行研究,研究的主题是权力与信息技术的关系。研究发现,信息技术被当作改变组织权力结构和权力过程的动力。信息技术的导入被当作牵涉到的利益团体有意识地运用权力去影响系统结构的一个过程。当然,权力的运用也会影响对于信息技术项目的选择、开发、优化。

具体而言,信息技术的使用能够临时调节组织决策过程中参与者权力差异的影响;高管对正式权威的失败运用会导致其他团体在信息技术决策方面越来越多地使用政治行为;高管的支持对于资源冲突的处理在信息技术项目的成功方面有很大的影响;高管的支持在对于项目或者信息技术存在不确定性的情况下会有很大的影响;当信息技术部门或开发者在资源或正式权威方面缺乏时,就会有更多的关注来改变权威的正式结构;当信息技术部门或开发者在资源或正式权威方面比较丰富时,就会比较少地对高管进行教育而更多地进行磋商;一旦能够改变权力的信息技术项目被导入,组织需要花一些时间去达到新的平衡,信息技术对于新的平衡状态的影响体现在新的权力结构、语言以及象征等。

第五节　公司政治行为技巧与策略

身为惠普 CEO、执掌惠普 5 年多、最后被董事会赶下台的超级明星经理人卡莉·菲奥莉娜[84] 在其自传中讲述她刚参加工作不久在 AT&T 做销售时遇到的一次消极政治。

她为了争取美国地质勘探局的一个单子，找到当地分公司的一位男性经理帮忙，这个经理给她很多鼓励并陪同一起拜访客户，而分公司的其他人都不愿意帮她。晚上回到酒店后，他邀请菲奥莉娜去酒吧喝酒，这时候菲奥莉娜才发现这位经理不是对客户感兴趣，而是对她感兴趣，然后她就抽身走了，一个人在房间待着。这位经理整晚歇斯底里地给她打电话。

第二天菲奥莉娜去分公司办公室的时候，发现大家都盯着她看。有人告诉她，那个经理早上上班的时候告诉大家他和菲奥莉娜在床上缠绵了一夜。当时菲奥莉娜就傻了，感到蒙受了巨大的耻辱。

这是一种低劣的诋毁、攻击他人的消极政治行为，在各个职位层面都会出现。

接下来对具体的政治行为技巧以及运用策略进行讨论，并探讨学术界对公司政治的参与者、行为的各种分类、政治行为与管理行为的区别、主要活动领域等问题的研究。

一、公司政治的参与者：幼稚、敏感与骗子

不同的参与者在公司政治的活动中扮演不同的角色。Pinto 和 Kharbanda[85] 根据政治态度和政治技巧等将职场人分为政治幼稚、政治敏感和政治骗子三种类别，其中潜在态度和行为意图可以归为政治意愿范畴，政治技巧和政治策略就属于政治能力范畴。具体如表 1-2。

表 1-2　政治参与者的分类

特征	幼稚	敏感	骗子
潜在态度	政治不受欢迎	政治是必要的	政治是机会
意图	以任何代价来避免	推进部门目标	自我服务，抢夺
技巧	告诉事实真相	网络；扩展联系；利用体制得到和给予帮助	操纵；必要时欺骗和欺诈
使用策略	没有——真相终将胜利	协商，讨价还价	威胁，恐吓；滥用信息；结交并利用"朋友"和其他关系

国内有学者根据政治能力和专业能力两个维度将参与公司政治的人分为四类：

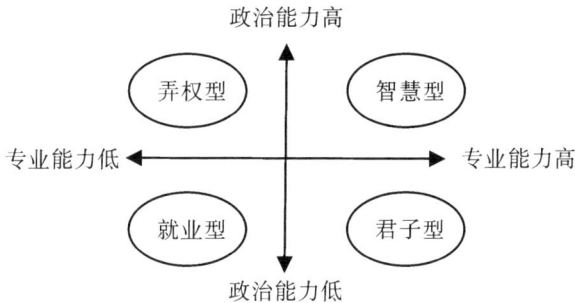

这四类人具有不同的行为特征，需要分别采取不同的管理措施。（1）就业型：随大溜，安于现状，做一天和尚撞一天钟，无功无过，把工作当作谋生手段。需要激励和鞭策，优胜劣汰，考核淘汰，增强危机感。（2）弄权型：热衷消极政治，操弄权力，机会主义，人际能力特强，一般专业能力弱。需要防范限制，不可重用。（3）君子型：正直，内控型人格，专业能力突出，恃才傲物，缺乏政治经验。需要培养，欣赏，创造机会，给平台磨练。（4）智慧型：有品格，有谋略，将才，帅才，有专业能力，自我驱动和自我纠错意识强。需要重点培养，破格重用，提供平台。

二、政治行为的三个层面：个体、联盟与网络

Cobb[86]将组织中的政治行为分为三个基本层面：个体层面、联盟层面、网络层面。个体层面的政治行为是直接发生在个体之间一对一的关系。领导成

员交换理论(leader-member exchange)[87]比较典型地体现了个体层面的政治行为。该理论假设领导者的社会、个人和组织资源有限,需要选择性地分配给员工。领导者不会平等地与所有员工交换。领导成员交换是指员工与领导之间交换关系的质量。高交换的关系使得领导和成员之间互动积极、尊重和信任,被视为圈内;低交换关系则是圈外。认为自己是圈内的员工通常有更高的绩效水平、工作满意度和组织忠诚度。下属可以通过印象管理、逢迎、自我吹嘘等政治行为获取领导的青睐成为圈内人。个体层面的政治能力是联盟层面和网络层面政治行为的基础。

Ammeter 等人[56]认为联盟是组织中的政治影响机制。政治悟性高的领导者懂得与同事、下属、上级以及外部人士建立联盟而增强追求共同利益的实力。与个体层面相比,由于需要合作和多个参与者的认可,联盟层面的政治行为更明显,因此能够阻止非道德行为。联盟中的成员会就他们共同期望的行动和联合议题进行沟通,他们互相认同。联盟是基于共同利益而特意组建的,并且独立于组织的正式结构。当联盟成员的利益没有得到满足时,他们可能采取不被组织所允许的政治行为。由于联盟一般都是短期的,因此没有正式的内部结构,联盟的领导者需要很强的社交水平和劝诱能力。

Cobb[86]提出,网络是个体和群体紧密连接在一起、相互关联的系统,这种连接是通过从属关系、权威和任务关联等的联系或者资源流动的渠道而建立的。Ammeter 等人[56]指出,有政治敏感性的领导者善于与同事、下属、上级以及外部人士建立广阔的联系网络以获取信息或调动支持。网络能力是真正的经理人员决定性的能力。建立网络常用的手法包括非正式的会谈、沟通和分享流言、有意无意的印象管理等。教练技术也是领导者在组织内部建立强大双向关系的有效手法,能够培养一群坚定的门徒。在组织中的职位等级和权力中心性也会对领导者搭建网络产生重要影响。

三、政治行为的分类:主动与被动、合法与非法、积极与消极

(一)主动与被动

有学者[56,82]将政治活动分为主动的政治活动与被动的政治活动。Valle 和 Perrewe[82]认为,主动的政治活动是指因察觉到机会而采取果断行动以影响某些目标对象或保护其所代表的集体所期望的结果。Ammeter 等人[56]进

一步研究指出,主动的政治行为包括印象管理、影响策略等。印象管理包括例证、自我抬高、逢迎、隐藏自我、恫吓等。主动的影响策略包括理性说服、咨询、交易、感性诉求、联合、施压等。

被动的政治活动是指因察觉到威胁而采取行动以最小化或阻止不利于集体的结果。被动的政治行为包括放弃、自我妨碍、亲社会行为、申辩、道歉、找替罪羊、说假话等防御性的印象管理策略。这些行为有时候是为了维护自己的面子,大多数情况下用于自利目的或者保护其所代表集体的利益。但是这些行为的使用可能会损害个人形象。[56,82]

(二)合法与非法

苏勇和何智美[88]认为政治行为有合法与不合法之分:合法的政治行为指的是符合规范的、日常的政治行为。例如,通过正常程序抱怨上级;通过消极怠工或坚持原则来阻碍组织的某项错误决策的实施。非法政治行为则是违背隐含的游戏规则的政治行为,如暗中破坏、告密,一批员工同时请假而影响正常作业。通常在组织中,绝大多数的政治行为都是合法的。因为使用极端的、非法的政治行为会面临很大风险。Ammeter 等人[56]认为建立网络、联盟、理性说服、印象管理、专家权力是组织允许、期望甚至鼓励的政治行为;而恫吓、操纵、控制信息、指责和攻击等则被视为不被组织允许的行为,但是这些不允许行为的使用在许多情境下会给团体甚至整个组织带来益处。

(三)积极与消极

Gunn 和 Chen[89]将公司政治分为积极的公司政治和消极的公司政治。积极的政治能够增强企业经营管理的有效性,符合主要的企业目标,有利于组织发展。具体的积极政治策略包括理性说服、参照高于平均水平的目标、缔结联盟、搭建网络等。消极的政治以他人利益为代价故意追求自身利益,偏离组织目标,歪曲信息,使组织内宗派林立。具体的消极政治策略包括操纵、控制信息、胁迫等不允许的行为。

四、公司政治行为与管理行为的一体两面

公司政治行为具有一定的两面性。从感知政治的角度,同样一种行为,可能会被看作是消极的政治行为,也可能被看作是有效的管理活动(表 1-3)。

即使在罗宾斯和贾奇[18]看来,这些政治行为都是负面的行为,但这些行为换一个角度看也可以理解为正常的管理行为。这体现了公司政治的复杂性、模糊性和灵活性,也正是公司政治生存的土壤。

表 1-3　政治行为与管理活动的对比

序号	政治行为	有效的管理活动
1	责备他人	富有责任感
2	套近乎	建立工作关系
3	溜须拍马	表现忠诚
4	推卸责任	授权
5	不露马脚	为决策寻找充分证据
6	制造冲突	鼓励变革和革新
7	拉帮结派	促进团队工作
8	泄露机密	提高效率
9	早有预谋	提早计划安排
10	出风头	有才干,有魅力
11	有野心	事业心强
12	投机	精明敏锐
13	奸诈狡猾	老练稳健
14	妄自尊大	十分自信
15	完美主义者	细心周到

Mayes 和 Allen[14]曾根据所采取的手段和达到的结果的合法性,将公司政治行为分为下面四种不同的类型(表 1-4),并依此将公司政治行为与非政治的管理行为区分开来。

表 1-4　公司政治行为分类 1

施加影响的手段	施加影响的结果	
	组织允许	组织不允许
组织允许	1.非政治的工作行为	2.组织功能障碍的政治行为
组织不允许	3.可能有效的政治行为	4.组织功能障碍的政治行为

允许的手段和允许的结果。这种权力的行使是组织规定的工作行为以取得合法的结果，这是一种非政治行为。比如总经理根据公司制度规定对下属经理的正常绩效评估，经理根据制度规定正常安排下属的工作任务。

允许的手段和不允许的结果。这种政治活动被一些科层制的理论家认为是对正式权力的滥用。从组织的角度看是妨碍组织功能的，组织的资源被用于非组织目的。科层制被认为可以消除这种政治行为。以权谋私就是这种行为的典型。

不允许的手段和允许的结果。这种政治行为被用于完成组织合法的目的，这种行为如果不会出现意料之外的副作用就是对组织有利的。比如发挥个人魅力或者以附加条件来完成组织允许的目标，利用政治手段促进组织利益等。这种行为一般是组织正式职权所没有包括的。有人把这种行为看作领导力。就像达夫特和诺伊[81]所说的，有时人们提高自己的权力以使工作表现得更好，在这种情况下，政治手腕使组织受益。

不允许的手段和不允许的结果。这是组织中运用政治手段最极端的例子，在手段和结果两个方面都是违背组织规范的。由于一旦被发现就会被组织清除，当事人会非常隐蔽地采取这种行动，因此研究这种政治行为比较困难。很多损公肥私、争权夺利的政治斗争就属于这一类。

但是从结果来判断公司政治的类型只能事后进行。如果要在事发时或者进行过程中判断，这种分类就做不到。可以从采取行为的目的和动机来考察，分析这种行为是为了组织利益还是为了个人利益，因此可以重新分类如表 1-5。

表 1-5　公司政治行为分类 2

施加影响的手段	施加影响的目的	
	为了组织利益	为了个人利益
组织允许	1.非政治的工作行为	2.组织功能障碍的政治行为
组织不允许	3.可能有效的政治行为	4.组织功能障碍的政治行为

五、公司政治的活动领域，与利益和权力高度相关

Bradshaw-Camball 和 Murray[90] 提出，理解公司政治要充分回答三个关键问题：(1)结构。有哪些参与的团体？他们的利益是什么？他们拥有多少权力？权力的基础是什么？(2)过程。如何运用权力来追求各自团体的利益？

(3)结果。在政治过程结束时，谁得到了什么，对这些团体和组织内其他人的关系有什么影响？

Gandz 和 Murray[36] 通过对北美管理人员的问卷调查发现，企业中主要有 11 个领域存在着政治活动。这些领域及其中政治活动的频度分别是：晋升及调动，1.65；雇用，1.03；薪酬，1.21；预算分配，1.27；设施配置，1.48；授权，1.65；跨部门协同，1.77；人事政策，1.14；处罚，0.98；工作评价，1.37；申诉，1.22。以上数据表明：政治活动的频度与其活动领域的客观程度相关。比如处罚，它一般都有着较为明确的规定，其中政治活动的频度也相应较低，晋升及调动决策含有较大的主观成分，其中政治活动的频度也就较高；另外，企业中的政治氛围还是较为浓厚的，有 50% 左右的企业决策要受到政治因素的影响。

Piercy[48] 曾经实证研究过市场部门在组织内部的权力与广告预算的关系。他的研究表明在广告预算决策时，参与者的政治行为和市场部门的权力在一定程度上能够影响广告预算的多少和变化，通过分析市场部门在公司内部的相对权力以及政治行为对市场资源配置过程的控制和影响，可以预测广告预算的配置。市场部门的权力依赖于三个权变因素：不可替代性、渗透力、直接贡献。首先管理层不能用其他部门来取代市场部门的专业性，其次市场部门的工作在其他部门的工作流中起中心作用并且能够施加影响，再次市场部门的工作对于真正把产品推向市场很重要。对于市场部门权力的衡量包括几个指标：市场部门的功能重要性、首席市场官的职责、对于销售预测的控制、市场部门职员、董事会成员中的代表等。对于公司政治感知的衡量，则通过评估公司里以结识权贵、攻击他人、笼络盟友、印象管理等这些政治手段来获得成功的重要性来进行。政治行为对于流程的影响包括：获取关于市场方面的信息，阻止其他人获取关于市场方面的信息，对于销售预测的控制等。从他的研究可以发现，各种政治技巧和公司政治感知会影响广告预算的决策流程，市场部门在公司组织结构中的地位以及相对于其他部门的权力对广告预算也起着重要作用。菲奥莉娜[84] 也谈到她在惠普"各个主管为了各自部门在公司预算上明争暗斗的情形。"

可见，公司政治活动发生的领域都是与员工利益和权力密切相关的，而且越是模糊的、不确定的、利益关联度大的领域，程度和频度越高。

六、八大政治技巧与六大策略:从小白到高手

Allen 等人[45]通过对 30 个电子企业的 87 名管理人员的问卷调查和深度访谈,发现经理人对公司政治行为的感知与不同的情境、职能领域以及组织层级等有关。政治与权力、不确定性和所涉及问题对组织或个人的重要性等有关。他们总结出涵盖主动和被动政治行为的八种常见公司政治行为:指责或攻击他人,操纵信息,塑造和维护良好自身形象,谋求他人对自己主张的支持,恭维或逢迎他人,权力结盟与联合,结交有影响力的人,互利互惠。其中,以前四种最为常见。他们发现,高层领导认为成功的管理者是政治家,必须对员工、情境和机会保持敏感,他必须善于表达,有雄心和智慧,成就导向,并且不会忘记组织利益。这是公司政治研究中的一项标志性成果。

Kipnis 等人[91]指出管理者常用的八种最普遍的政治策略:(1)理性说服。选择性地使用事实和信息进行看起来合乎逻辑或理性的论证;(2)逢迎。提出请求之前先进行吹捧,表示友好等等;(3)结盟。争取企业中其他人的支持以提高自己的影响;(4)交易。互换利益以便达到一个特定的结果;(5)硬性的指示。直接使用强制方式提出要求和命令服从;(6)高层权威。从上级那里得到对特定行为的支持;(7)规范的约束性。运用奖赏承诺或惩罚威胁强制服从;(8)告状。

菲佛[15]总结了组织里政治策略的几种主要形式。概括而言,可以称之为三大政治策略:不明显地进行影响;使行为合法化;获取额外的支持。具体而言主要有:(1)客观标准的选择性使用。在评价、决策、选择多选方案时,人们倾向于推荐对自己有利的、支持自己立场的标准。其实,信息会被选择性地收集,并且用来对人们已经属意的决策提供支持。德鲁克曾指出每个 21 岁以上的人都能找到支持自己观点的事实。因此好的决策应该使正反两方面的观点得到充分的阐述,并尽量获取更多的信息和事实。(2)外部专家。外部专家既可不露声色地允许权力影响决策,又能制造一种理性决策的气氛。权力分散的组织里聘请顾问较多,权力集中的组织由于内部权力可以摆平,因此聘请外部顾问比较少。外部顾问被当枪使,因此组织里的人都想用。聘用顾问可以增加有权聘请的人的权力,因此要加强对这些人的管理。(3)控制议程。最不张扬的用权之道是在第一时间阻止问题的出现,这最符合既得利益者的心思。控制议程成为组织政治的重要手段和斗争焦点,包括议题安排的次序等。(4)

联盟。组织政治涉及组织边界内外的联盟。联盟应遵循"最大可能联盟"法则，而不是"最小获胜规模"法则，因为即使以最小规模获胜，但由于反对的太多，很可能在实施时障碍重重、问题频出。因此应追求共赢，避免零和游戏。(5)同化。争取权势方的支持，如将这些人纳入董事会、各种委员会，通过共享信息、群体求同的压力以及外部的期待等改变他们的意见、态度。

菲佛[21]将权力策略归纳为：人际影响、时机和时间策略、信息与分析、改变结构、象征性行动等几个方面。

Yukl[92]将影响策略分为8种：施加压力、向上诉求、等价交换、联合他人、逢迎讨好、理性劝说、情感诉求、协商。

明茨伯格[69,93]总结了企业中普遍存在的十三种政治博弈策略：(1)叛乱。抵制权威或影响组织中的变革。(2)反叛乱。用政治手段来回击叛乱策略。(3)攀附。利用上级建立权力基础，将个人依附于地位较高的人。(4)联盟。运用于同级之间。(5)帝国策略。直线经理单独与下级合作建立权力基础。(6)预算策略。(7)专业技能策略。强调知识的独特性、决定性和不可替代性，保守知识秘密，伪装成专家。(8)职权策略。肆意利用合法权力或自己的地位施加影响，建立权力基础。(9)直线经理对参谋策略。以不合法的方式运用合法权力。(10)对手阵营策略，两大实力集团对决。(11)战略候选人。通过政治手段推动自己喜欢的变革。(12)告密。(13)少壮激进分子策略。非主流的小派系试图取代主流势力。

通过对国内外众多专家学者关于政治技巧的研究成果以及实际企业管理中出现的各类政治手段的整理和综合，可以将个人层面的政治技巧和政治策略分别概括为八个方面和六种策略：

(一)八大政治技巧

1.制度设计

重视公司政治的企业和企业家懂得利用制度的影响力和合法性，在机制设计和制度层面做文章，对组织的利益和权力进行制度设计，构建体系化的、有利于组织整体利益的制度规范，设计科学、适宜的利益结构和权力使用、管控流程，约束小团队或个人阻碍公司发展或损害公司利益的权力运作空间，解决好跨部门或跨团队的利益平衡和权力冲突。同时，也要防止有些团体或个人利用制度设计谋取局部或个体利益，阻碍公司发展，或者借制度来掩盖个人的政治行为。

制度的制定权和解释权是重要的权力资源。很多人往往忽视制度在公司政治中的重要性。通过机制和制度设计，既可以对事关利益、权力等核心问题予以明确规范，减少模糊理解和运作的空间，同时还可以防范、堵塞某些团体或个体利益对组织利益的侵害。华为就是通过一系列的制度建立了体系化的利益和权力管控机制，以不断达到公司政治的善治，比如《华为公司基本法》《EMT自律宣言》等。

2.宣传鼓动

优秀的企业家很多是宣传家、演说家、故事家，如任正非、柳传志、张瑞敏等。公司政治高手大都擅长宣传与鼓动，他们通过宣传鼓动建立更广大的群众基础，获取更多人的支持，从而获取更多的权力基础。他们娴熟地运用宣传鼓动技巧，将自己的理念、观点和想法巧妙地输送给他人，快速获取他人的理解和支持。他们具有超强的传播力，高度自信，善于表达，洞察人性，敏锐地捕捉对方的心理动态，往往能够精准地俘获人心、为己所用。柳传志在1995年6月30日倪光南免职的中层干部大会上的讲话就极富感染力。[6]他回顾了对倪光南的关照，指出倪光南的错误，最后说"11年了，让我的泪尽情自由地流淌一次吧！"虽然倪光南认为那只是柳传志的表演，但很多人为柳传志的流泪震惊和感动。有意思的是，后来人们才知道柳传志的演讲稿是提前写好的，由此可见政治表演能力的威力。

宣传鼓动的手段很多。运用信息、制度、媒介、沟通以及各种资源和渠道，传播自己的理念，突出自己的优势，利用各种情境因素和情感因素发动群众和员工，营造有利于自己的舆论环境，塑造个人形象，推销自己，打压对手，为实现组织、自己或小团体的政治目的提供帮助。有时候也不要忘了好好利用媒体的力量。媒体在今天比历史上任何时期都更强有力地发挥着作用，虽然有时候人们会觉得这种作用已经超出了媒体应有的道德范畴。与媒体的合作往往能收到意想不到的效果。在网络信息时代，深入研究和运用移动网络和科技手段开展宣传尤为重要。

讲故事是宣传鼓动的必杀技。制度可以规范，而故事可以感人。公司政治高手都是故事大王，他们善于将平淡的事情演绎成精彩的故事，提高受众对话题的兴趣和接受度，他们的讲话往往引人入胜，肢体动作和语言富有煽动力。想要提升政治技巧的人必须学会故事思维。用安特尼·西蒙斯[94]的话说，"故事就是无尽的资源"，同时她提出了六种类型的故事，训练人们讲故事的能力。正如道格·李普曼所说："讲故事的关键在于能够激励、说服，最终达成积极合作。"[94]而这正是公司政治的目的所在。

3.结盟拉拢

结盟是重要的政治手段。合纵连横就是最经典的结盟之术。合纵连横似乎在春秋战国时期最为流行,也似乎使用得最为成功。事实上,几千年来,人们从未停止过合纵连横的策略。在公司政治里也同样如此,只要有人的地方,就有你我他她的博弈。每一个组织里都会有人际关系的网络。菲佛[21]说"人际影响策略是一个群居的、相互依赖的世界的产物。因此它们是能够加强个人及机构有效性的重要因素。"他还具体分析了情感影响行为、如何利用好感策略对第三方施加影响、恭维奉承手法的有效运用以及在组织中普遍存在的社会验证原则。在公司中参与政治活动,首先必须充分了解公司的人际网络和权力布局关系;然后还要逐渐建立自己的关系网络;提拔培养自己的亲信盟友;最后在发生公司政治的时候,有效地发挥人际网络的功用。

建立联盟体系对于公司政治非常重要。这种联盟体系,有时候也被称为派系。领导成员交换理论也强调了圈子的重要性。高明的人会很好地利用联盟和圈子去达到个人的目的。只要是联盟中成员,不管是头领还是普通成员,都能从中获益。需要指出的是,联盟体系是动态变化的,联盟的组成人员会随着情势的变动而流出流进。被孤立的人在公司中是难以生存的,至少是难以升迁的。除非是技术性特别强或者非常独立的岗位。要坚持自己的底线原则,不要轻易在派系斗争中站队。对热衷于消极政治的领导或派系,要保持距离。

在企业内外,通过结盟获得尽可能更多人的支持和拥护,形成权力和利益的联盟体。常见的结盟做法包括:恭维逢迎或吹嘘业绩,获取高层和上司的信任和支持;以利益交换或许诺,或发掘和利用共识,团结更多的中间份子,联合多方力量;拉拢、讨好甚至收买下属,形成嫡系势力;争取外部专家、顾问等与公司内部关联性较大的外部力量的支持,赢得最多的资源。

4.瓦解打压

在公司政治中阻击对手、削弱对手势力、稳固自己地位,常常需要用到瓦解打压的技巧。瓦解打压并非全部是类似菲奥莉娜遭遇过的被诬陷等暗黑手段,也并非都是弄权型的政治骗子才使用的手段。当遭遇到政治骗子的暗黑攻击和陷害时,保持对公司政治的高度敏感,做一个智慧型的公司政治参与者至关重要,运用瓦解打压的技巧,关键时刻能够抵御不正当的攻击、保障自己和团队的利益,赢得与小人的公司政治斗争。企业领导为了消除恶性政治,收买公司中某些联盟的领导者也是瓦解这些非正式组织的常见手段。

人们对瓦解打压的具体技巧并不陌生。以正当或不正当的手法给对手制造麻烦，以阻碍其计划的顺利实施；造谣中伤，编造或指使他人编造一些虚假的信息在背后传播，给对手抹黑；使小动作，在桌面下使绊，拆对手的台，削弱和消解对手的势力；进行直接或间接的攻击或责难，搜集对手的不利材料，利用对手的疏忽或过失，在对手没有防备的时候突然袭击；捏造事实，挑拨对手和他人的关系，摧毁对手的人际关系；谋反或者告密，联合对手的同事或者下属，或者在上司面前告黑状；安插亲信，掺沙子，以免铁板一块；不配合工作，不提供支持，削减对手的预算、资源或支持。柳传志撤换了支持倪光南的财务总监胡靖宇的职务、剥夺了倪光南享受联想股权的权利[5]，就是对倪光南的瓦解打压。在本章实例中，胡钢在实达因为流言而被伤害。

5.强制权威

强制权威仍然是公司政治活动中的重要手段，涵盖了五种权力来源中的奖励权力、强制权力和法定权力三种。在强制权威的使用方面存在很大的个体差异，也有不少企业领导相信领导力更多源自正式权力之外的非正式权力，实务操作中我们会看到有些企业领导和主管不仅没有魅力型领导力，甚至连基本的正式权力都没有行使好。虽然大多数学者认为真正的领导者并非依赖于正式权力，但他们也无法否认领导者需要权力，承认强制权威是常见的政治手腕。

强制权威包括多种使用形式。利用手中的职位权力，直接使用强制方式对其他人提出要求和命令服从，这是最基本的形式，也是管理者履行工作职责所具有的基本职权。管理者在运用职位权力的时候可能出于不同的目的，有可能是为了组织利益，也可能为了个人利益，有可能造成组织允许的结果，也可能造成组织不允许的结果；运用奖赏承诺强制或诱导他人服从，奖赏的手段包括职位晋升、薪资上涨、调整到更好的岗位、给予高的绩效评价、表扬、给予更多资源和支持等等；以惩罚、恐吓等威胁强制他人服从，包括免职降职、降低薪资、调整到差的岗位、给予差的绩效评价、批评指责、减少资源和支持等等。2021年6月万洲国际的董事会主席万隆通过董事会免去其大儿子万洪建的董事会副主席和副总裁职务，就是强制权威运用的例子。

6.合理协商

从企业角度看，公司政治的主要目的是在企业内部达成最大共识，通过内部权力和利益的平衡，实现企业整体利益最大化。对个人而言，是通过对权力的运用，实现个人长远利益、而不是短期利益的最大化。在公司政治活动中，各方参与者的目标达到均衡是最理想的状态。这个过程更多需要理性状态下的合理协商。合理协商才能达成最终结果。大多数的公司政治最终通过合理协商来解决,比如比特大陆的詹克团和吴忌寒,双方各让一步,取得暂时的均衡。

从学者们研究的诸多政治技巧中可以发现,合理协商是主要的技巧之一。理性沟通和劝说,选择对自己有利的标准和信息,论证过程看起来合乎逻辑、严丝合缝,这种技巧具有较强的隐蔽性,比较容易被人接受但又不露痕迹,需要较高的专业知识水平、较强的信息收集能力、逻辑思维能力和表达能力;抓住对手的漏洞和缺欠之处,放大其错漏,延伸其风险,攻击其薄弱点和软肋,强迫其不得不就范;以情动人,把准对手的情感软点,展开情感诉求,赢得他人的肯定和理解;以利益作为筹码讨价还价,以便达到一个特定的结果,大多数难题都可以通过交易解决,关键是价码是否足够;掌握妥协的艺术,不撕破脸,不丢失底线,不执念于己欲,体察对方需求,在双方利益诉求的两端中间寻求均衡点;利用外部咨询的力量和方式,借助第三方强化自己的观点和诉求,外部专家看起来使谈判更加理性。

7.形象塑造

形象塑造是公司政治活动中的常用技巧,简单实用。大家知道,你在他人眼中的形象并不是真实的你,而是他们看到、听到、感受到的你。你在公司和工作场所中表现出怎样的行为,人们就留下你怎样的印象。你平时塑造出怎样的人设,就会在人们心中留下怎样的人设。所以,形象是具有很强主观色彩的,是可以塑造的。

形象塑造如此重要,Sussman等人[55]甚至认为所有的政治行为都是印象管理。运用各种手段塑造良好的正面的对外形象,形象塑造能够使政治行动带有一定的迷惑性,一个良好的个人形象能够获得更多人的支持和信任。形象塑造不能过于明显,应该通过长期努力慢慢养成,否则让人觉得虚伪做作。常用的手段包括:主动表现,在上司面前、在工作中积极主动,让大家都能看到、感受到你的努力,对你留下印象;自我吹嘘,适当包装,在他人面前把自己描绘成你想要的形象,说多了总有人相信;举例说明,通过具体的实例验证自己的形象,或者有意做一个实例来塑造自己的形象,举例能大幅增加你的形象可信度;隐藏自我和真实意图,人设是设计和表演出来的,要学会隐藏真实的自我,特别是自己的短板和与形象不一致的地方;故意让自己捉摸不定,行为矛盾,让别人陷入不可知的恐惧;威胁恫吓,在恰当的时机采取强硬策略,让他人认识到你是一个不好对付的政治强人。

8.信息运用

情报信息是职场人士的眼睛、鼻子、耳朵,是赖以生存不可缺少的重要环境因素。诚如诸葛亮所言"夫为将者,必有腹心、耳目、爪牙"。情报信息掌握的多少、迟早以及重要程度,很大方面决定了相互博弈的胜败。意识到信息的重要性并在平时付诸行动、积极积累的人并不多,而有心人往往充分运用信息取得了职场上的一场场胜利。掌握更多的事实会增加一个人行使权力的分量和可信度。信息存在不对称性。在公司中大权在握的人往往处于组织的中心,同时也是信息的中枢。各类消息情报,大到经营结果数据、小到员工的言行举止,都通过或明或暗的正式与非正式的渠道流到信息中枢,因此领导人员成为信息集散地,自然也就成为权力中心。由于社会交际圈的不同、个人对信息敏感性不同、汇总提炼再加工的能力不同,以及运用信息的能力不同,使得不同的人拥有的信息从价值、数量、层次、更新性、传播速度等各方面差异巨大。而这一点,有心人是可以有较大主动性的。

菲佛[21]认为:"信息以及它所提供的把握性,是权力的一个来源。"因此他提醒人们,"重要的是要懂得把信息作为一种政治战略来使用"。通过数字说话比较容易让人接受,因为人们往往把数字等同于事实,虽然他们两者之间并不能完全画等号。所以通用汽车当年为了给"阿兰特"汽车定价5.5万美元从而实现15%的投资收益时,人为地把预测的销售量等数据提高,使得该项目从纸面上来看是行得通的。可见,可行性研究有时候只是通过数字来支持领导心中早已下定的结论的一个更容易让人相信的手段而已。有时候,为了排挤对手或压制冒尖的威胁者,断绝他获取信息的途径是一种常见的手段,比如不通知参加重要会议、不送阅重要文件、调离其亲信以使之得不到新情况等等。在提拔员工时企业会综合考虑业绩指标和能力指标,但"麻烦在于当业绩指标难以度量时,雇员可能通过操纵信息来影响企业对自己能力的判断。"

信息运用的手段非常多。信息过滤,只向领导报告他喜欢的内容,隐藏对自己不利的内容;信息制作加工,添油加醋,将信息加工成自己需要的样子;建立、控制和利用信息情报管道;信息量、信息的迟早、重要性等对运用的效果都有不同影响,需要精心筹划;信息不对称和不完全给有心之人可乘之机;善用第三方资源提供的信息会起到意想不到的效果;善于对各种信息总结提炼,是公司政治高手的成功之道;对信息进行中断拦截,使对手失去对信息的掌控;故意释放错误信息误导对手;保密封锁信息,让对手无的放矢。

从公司内部而言,无论下属、上司还是同僚,都可以成为信息运用的介质和载体。在公司政治过程中,还会经常"利用"上下左右的关系达到某种目的。显然平时的注意观察、掌握每个人的个性、优缺点、喜恶甚至其所思所想对于这些关系的"利用"非常重要。很多时候领导会在看起来有意或无意的情况下和你谈到他对某个人的看法和意见,说到某方面未公开的事情,常常也只是点到为止,有时候又显得欲说还休。你甚至都不敢肯定他到底想说什么,不知道葫芦里卖的什么药,更不知道自己要不要再和别人说。有时候觉得领导对自己信任视如心腹才向自己吐露内心的想法,有时候又觉得听了不该听的、知道了不该知道的,不知如何是好。当你终于把这些东西传出去的时候,也许不知不觉中你已被领导好好利用了一回。

在具体的应用中,这些技巧往往是综合在一起共同发挥作用。在一个公司政治事件中,当事人可能会运用到八种政治技巧的多种技巧,而且也比较难以区分某个可以观察到的行为是哪种技巧,或者某个结果是哪种技巧造成的。

(二)六大政治策略

在运用各种权力、施展具体政治技巧、参与公司政治活动时,需要把握好政治策略,以便收到事半功倍的效果。

1.审时度势

不审时即宽严皆误。国人对于审时度势具有最深刻的认同和体会。从小的教育、长大后的经验教训、骨子里的文化传承,都对审时度势打下了深深的烙印。时机的选择和把握是审时度势最核心的内容。审时度势就是通过对时机和形势的准确判断,以选择最合适的时间、合适的地点、合适的人、以最合适的方式运用政治技巧。

菲佛[21]对此有深入的研究。他认为,时机(几乎)决定一切。首先行动可以迫使后来者顺应我们的态度,或者使你的政治对手没有时间组织和动员。拖延则是制止某件事情发生的最好办法之一。甚至"最后期限"的运用也是组织中办成事情的好办法。因此,他说:"政治战略和策略最重要的因素之一就是时机",而且恰当的时机还能大大提高其他策略的有效性。诸葛亮"见机之道,莫不先于不意"说的就是出其不意、攻敌不备能使对方自乱阵脚,是把握时机的最好方法。

除了时机的判断和把握,对于形势的分析判断也同样至关重要。敌我实力的对比、外围环境的优劣、结盟联手的情况、彼此力量的消长、资源拥有的多寡、舆论形势的向背、成功机会的大小、后事处理的难易、未来影响的利弊……

凡此种种，均需仔细思量，谋划周全。所谓"知己知彼，百战不殆"。形势误判造成成败迥异的例子实在不胜枚举。有时候也许只是一个细节的忽略，有时候却是未能估计到可能发生的情况，有时候又是没有把握住博弈中实际情境的实时变化。而胜利者往往就是因为比你掌握的信息更充足一点、估计的可能性更全面一点、判断更准确一点。时机与形势，差之毫厘，谬以千里，实在关乎大局，怎么强调都不为过。

曾被誉为"日本近十年来最优秀 CEO"——佳能公司的御手洗富士夫1995 年走马上任。[95]在此之前，佳能分化成互相冲突的一个个势力团体，每个团体都有自己的战略，在自己偏好的项目上大肆挥霍公司的资本和人力资源，完全不顾及其他部门。当时他在高管人员中排第五，他提的改革建议谁都不听。据媒体报道，直到掌舵四年后，他仍然清醒地意识到，还要两年时间等待顽固势力的逐渐退休，才能真正掌握公司的实权。由此可见，御手洗富士夫的成功与他对权力运用时机的把握和形势的判断是分不开的。

2.随机应变

随机应变也是人们常挂在嘴边的话，可见其深入人心。然而在现实生活中，尤其在公司的政治技巧和权力运用中，用权者往往事到临头，不知如何处置。面对突如其来的变化，更是茫然失措、束手无策。公司里的种种情况和面临的生存环境复杂多变。每天都在发生各种各样的变化。唯变不变已经成为这个时代的鲜明特色，变化的速度与形式远远超乎一般人的想象。因此，随机应变是最基本要求的策略。孙子云："故兵无常势，水无常形，能因敌变化而取胜者谓之神。"不能随机应变，就说明权力运用水平的低劣和笨拙。

管理学的权变理论认为，由于环境、公司内部优劣势、员工价值观、能力和态度以及公司的目标、资源、技术等方面的权变因素，管理层必须作出最合适的反应。因为管理情境的动态变化，企业经营管理并不存在一成不变的亘古适用的通用法则，必须因地制宜、因事变化。个体的差异是不容忽视的权变因素。人是最复杂的动物。每个人的生活观、价值观都不一样，个体能力、知识互有所长，个人态度、情绪、行为方式各有差异，尤其是个性的差异，更是千差万别。不同的人会从不同的角度看同一件事情，每个人思考问题、处理问题的方式不同。因此在运用政治技巧和权力时，必须因人而异。

组织变革是 21 世纪流行的管理理论之一。伟大的公司都有深信不疑的特别强的核心价值观。他们不停地变革，关心的不是战胜竞争对手，而是如何战胜自己。在组织变革的过程中，权力的运用贯穿全过程。变革过程中的每

一个变化、每一次调整,运用权力的人和参与其中的人都必须能够快速反应、马上行动,否则就可能走入困境,无法顺利达成自己所要的愿望、满足自己的利益需求。随机处理的能力和适应变革的能力成为 21 世纪职场人员一项不可或缺的核心能力。

3.共赢共生

共赢共生的理念是当今时代的现实要求。公司政治的目的并不是要置对手于死地,不是要血流成河,而是要达到自己的目的。过于强硬的手法容易造成两败俱伤。要处理好公司中的政治问题,必须善于妥协。权衡和妥协是公司政治中的常见手段。公司政治的最高境界是不战而屈人之兵。给对手留有余地,让自己可退可进。退一步海阔天空,给对手机会也是给自己机会。对于公司政治而言,应该争取超越你死我活的红海战略意识,寻求共同的利益点,以满足各自的利益需求为终极目标。

共赢共生的前提是确保组织利益和个人生存。如果威胁到公司或个人的生存和根本利益,就必须采取有力措施坚决遏制和消灭消极政治现象,给对手以致命打击,对不允许的、非法的、恶性的政治手段予以坚决打击,对不愿妥协的对手毫不手软。这也是很多公司政治最终不得不走向你死我活的原因,比如乔布斯和斯卡利,马斯克和马丁,柳传志和倪光南。

4.恩威并施

由于强硬高压的手段终究会招致他人的抵制和报复,不管采取的手段多么巧妙,因此今天很多精于公司政治的企业领导,并不乐于以权势压人,使用雷霆手段。成功的企业领导者仍然需要根据实际情况采取适当的措施,有时候温和,有时候强硬;有时候民主,有时候独裁,有时候中庸,随势而变。科特[17]曾经举例分析了一位临危授命的经理面对存在严重经营问题的公司如何采取强权措施。因为"使用说服的方法太费时间,而且如果人们不听从劝说,说服的方法将完全失效。"现代激励理论倾向于正面的鼓励、肯定、说服、奖励等所谓正强化的领导方式,这也是被广泛推崇的以人为本管理的核心思想。然而基于人的本性以及组织的特性,且从公司的实际运作来看,权力运用必须软硬兼施。

领导应该给下属和组织一个这样的印象:既和蔼可亲又威严可怕。就像Tandem 计算机公司的 CEO 杰姆"有爱心,关心人,平时满口甜言蜜语,可是一旦要采取坚决措施,他便变得冷酷无情。"[17]恩的方面可以拉拢下属、形成自己的嫡系,威的方面则可以控制下属、巩固自己的地位。两者不可偏废。只有施恩没有施威,不能形成自己的权威;只有施威没有施恩,则没有人会愿意心甘情愿地跟随。态度的模棱两可,会让他人感觉深不可测;姿态的左右摇摆,会使他人感觉捉摸不定,有时候会起到威慑的作用。遗憾的是,专家的研究表明,人们懂得这个道理但却难以做到,或者做不到位。有时候想加强管理和领导,却觉得无从下手、力不从心;有时候想要与群众打成一片,实际的效果却给别人造成虚伪作秀的感觉,结果令人沮丧。因此,恩威并施的运用既需要先天的素质,也需要后天有意识地培养。

5.与时俱进

公司政治是管理学的重要课题,也要随着科技进步、经济社会环境变化、管理实践和管理理论的发展而不断推陈出新。企业经营管理领域涌现出很多先进的科学工具,这些工具涵盖外部顾问、信息技术、科技手段、管理新理念、新政策以及层出不穷的各种管理技术如平衡记分卡、6-Sigma、TQC 等等,都可以在公司政治中贡献力量。

没有一个高明的领导只靠自己一个人参与公司政治,他总是借助各种各样的外部力量来达到他的目的。对外而言,咨询公司或顾问往往成为最好的代言人。通过咨询公司或顾问的口或者报告,可以冠冕堂皇地支持自己的主张,提供你想要的数据和答案,而又不容易被人所察觉。

信息技术的日新月异和互联网络的飞速发展是 21 世纪最主要的特征之一。电脑、互联网、手机的普遍应用,社交软件、电子邮件和移动网络的发达,ERP 和 OA 系统的运行,无时无刻不在彰显着数字化和信息化的魅力。与此同时,信息技术在公司的应用也带来了权力格局的重新调整。CIO 的出现,信息化后的裁员,技术派与非技术派的争斗……成为公司里权力分配的新动向。特别是由于前述情报信息的重要性,信息技术有时也代表更多的话语权。科技手段也常常被用于公司政治,监控系统和信息安全系统可以对政治对手进行全方位的监控,掌握其邮件、微信、QQ、聊天记录、网络活动轨迹等。企业应该加强这方面的管理,防止被别有用心的人利用。

新的管理理念、管理技术也常常成为公司政治中的工具和手段。当权者想要调整公司里的权力版图,常常祭出组织变革的大旗,令对手在冠冕堂皇的运动中仓皇逃遁。领导想要给员工更大的压力,往往通过目标管理、在平衡记分卡中设置新指标等名正言顺的方式来达到目的,使人难以抗拒。新的管理理念经常被人利用因而在公司里掀起运动,很多情况下似乎总是背离了这些新理念发明者的本意。6-Sigma 的推行很可能成为培养新人、排斥主要潜在对手的工具,也可能成为扶植一派、压制另一派的借口。因为在推行新理念的时候,由于种种原因,每个人的反应都不一样,这往往被人恶意利用说成是阻止企业学习进步的罪状。过于认真的人或提问太多,会被说成挑剔。善于逢迎的人则被标榜为乐于接受新事物。事情在权力运用面前失去了其本来的真实面目。

6.以势取胜

公司政治的胜败不只取决于具体技巧,更多取决于气势。公司政治高手善于造势。高瞻远瞩的公司善于营造气氛,用一系列做法围绕着核心理念创造一种几乎像教派一样的环境。不符合核心理念的人被清除。一旦形成了一种文化环境,主导这种文化或者紧随它的人会顺风顺水,相反则遭殃。强势的领导会注重文化环境的建立,因为它能更好地巩固自己的地位。文化环境会造成一种大势所趋或者大局已定的印象。在文化环境的面前,个人的力量显得分外渺小,甚至小团体也会觉得力不从心。

舆论氛围的营造尤其重要和实用。造谣中伤当然是下三滥的做法,但是善于营造对自己有利的舆论氛围,可以有更多更高明的手法。在大动作的裁员之前领导总会通过某些渠道放出一些风声,使得真正实施时大家好有思想准备,不至于太过突然而产生很大的阻力。人员升降任免时也总是会在员工私底下传得沸沸扬扬,而十有八九的传闻最终会变成现实。大多数的人只是把这些当作茶余饭后的谈资,而少有人去认真思考加以利用。

公司政治技巧不是写在文件上的公开的模式。优秀的职业经理必须善于引导员工心理契约朝有利于公司长远发展的方向进行。公司政治技巧并不一定要阴险毒辣、损人利己,虽然不能完全排除很多人所想象的那样阴暗或肮脏,但确实有很多是正面的手段或积极的引导。

"通过巧妙地使用语言、象征、仪式和营造环境来使人对你所做的事情产生好感,你就可以行使权力和发挥影响。"[21]这种象征性管理的方式,其实是利用了错觉的原则。汤姆·彼得斯论证说象征是管理行为的基本要素。[21]卓越的领导者善于使其原本很普通的行动看起来更有意义。他们通过一些形式的东西赋予了符号性的象征意义。而人们对于那些相对模糊的象征性的东西不像对数字之类有形的东西那样容易挑刺,因而更容易为人所接受。极富挑动性和感染力、擅长渲染气氛是绝大多数企业领袖人物的招牌。他们在各类大会、演讲活动中巧妙地运用象征性管理手段,使大多数观众容易信服其所言,其实要是换一个人讲同样的内容,这些观众并不会相信。

符号性的象征作用随处可见。办公室的大小、位置、朝向、装修层次等都是一个人在公司中地位、权力大小的象征符号。人们常说"会叫的孩子多吃糖。"组织中善于表达、口若悬河的人也往往有更好的发展，因为人们倾向于根据他表达出来的想做什么的目标和愿望来判断，而不一定根据他实际做了什么来判断。政治语言也可以成为一种象征符号。和知名企业家或知名人士的合影可以成为另一种象征。公司里每年举行的大大小小的聚餐、庆祝、颁奖、正式与非正式的聚会、团队活动、总结会、检讨会等总是能体现出权力象征的意义，成为公司政治的某种仪式。如果不重视甚至贬低这些象征符号在权力运用中的效用，我们在公司政治中就会不知不觉处于劣势。

总之，一方面人们应该加深对公司政治的了解，避免在实际政治活动中的天真或者世故的想法和做法；另一方面更重要的是，身在公司中手握重权的领导者或者喜欢公司政治的人，能够超越权力之争，更多地看到公司政治中权力运用正面的、积极的意义，实现价值创新，构建和谐的公司权力结构和权力运用机制。

第六节　行动基于感知而非事实

一、感知的公司政治，影响绩效产出

公司政治的感知自 20 世纪 80 年代以来日益成为公司政治研究的重点。拓扑心理学的研究发现，人们是依照所感知的事实来行动，而不是依照客观的事实。实证研究也表明感知的事实是影响员工态度和行为最重要的因素。遗憾的是，很多研究是基于对公司政治消极的定位。所以有人认为，感知的公司政治包括对人们的自利倾向的行为归因。Ferris 和 Kacmar[16] 提出，感知的公司政治是个体对于工作环境被有自利行为的同事和主管所主导程度的一种主观评价。

Conner[35] 指出，组织中感知的公司政治越高，组织成员就会感受到越多的不确定性和模糊性，他们不知道哪些行为将会得到奖励或者惩罚。并非所有人都把公司政治感知为负面的或有害的，但是如果人们感知的公司政治是负面的，就会对他们在工作中的表现和绩效等带来许多消极影响。比如，

Chang等人[96]的研究表明,感知消极的公司政治有时候成为障碍和压力的威胁,抑制了个体对于自己达成个人和组织目标能力的信心。许多研究结果表示,感知公司政治与员工满意度、薪酬满意度、工作投入负相关,而与离职倾向、工作压力、角色冲突正相关[53,57,97-102],与组织承诺和信任负相关[103]。几项元分析研究表明,感知公司政治与降低工作满意度、组织承诺、组织公民行为[104]、工作绩效以及增加心理压力、离职倾向正相关。这些研究都是基于把公司政治感知为非法、自利的政治行为,因此结论都认为公司政治对组织来说是消极的。[61,96,105-106]

关于感知的公司政治与员工绩效产出的关系,Hochwarter等人[107]认为感知公司政治通过感知的组织支持对绩效产出产生影响;还有的认为感知的组织支持通过公司政治对绩效产出发生影响。在这些研究中,感知的组织支持是指员工对组织关心员工福利的感知,包括组织提供的各种指导比如用来帮助员工工作的政策和流程。组织支持越高,员工越感受到关心和信任。而感知的公司政治是员工为了增加自己的个人利益而不考虑其他人或组织利益的行为。Harris等人[100]的研究表明感知的公司政治与感知的组织支持是负相关的。公司政治影响组织支持,从而影响组织的产出。因此,企业管理层不仅要增进对员工的福利和信任,而且要减少公司政治。

与上述基于感知消极的公司政治相反,Fedor等人[108]特别研究了关于积极政治的感知。政治行为是否积极不在于行为本身是否自利,而在于这些行为是否有利于增强组织目标。他们的实证研究结果表明,企业员工能够同时感知消极的政治和积极的政治;员工能够区分这些出现在组织不同层级的政治行为;虽然积极政治没有受到较多关注,但是员工认为它们和消极政治发生的程度一样。因此,他们建议应更多关注对于完整的政治感知的研究。

二、影响感知公司政治的因素:组织、环境与个人

Gandz和Murray[36]认为公司政治是一种主观体验。他们的研究表明,影响对公司政治感知的因素包括组织人员规模等组织因素,处于组织内部的职位等级等工作因素,年龄、收入等个人因素。

Ferris等人[41]从公司政治感知的角度系统地研究了造成公司政治行为的原因,提出了一个公司政治感知的模型,把影响公司政治感知的因素分为三类:(1)组织影响因素,包括集权程度、组织规范化程度(如规章制度是否健

全,是否严格按照制度办事等)、等级地位和管理幅度四个因素。集权程度指组织的权力分布,在集权程度高的组织里权力集中在高层,基层的直接控制权较少,组织中的政治现象较多;规范化程度越高,制度和流程越规范,感知的公司政治就越少;组织中高层的政治行为较多;管理幅度与公司政治正相关,幅度越大,主管需要给下属的关注越多,精力会分散,这会增加模糊性和不确定性,因此提高政治行为的发生率。(2)工作环境的影响因素,包括工作自主程度、工作多样化、反馈、晋升机会、与他人的互动。自主工作程度、工作多样化、反馈降低了工作环境中的不确定性,因而减少了政治行为;晋升机会与公司政治负相关;与他人的互动和公司政治正相关。(3)个人影响因素,包括年龄、性别、马基雅维里主义和自我监督能力。女性需要从底层做起因而增加了她们的政治经验,年龄大的人经历了更多的政治现象,因此他们更容易把工作环境看作是政治的;马基雅维里主义和自我监督能力高的人更容易把工作环境当成政治程度高的,自我监督能力强的人政治能力也比较强。Ferris 和 Kacmar[16]对这一模型进行了实证检验,其中工作多样化、工作自主程度、反馈、晋升机会、与他人的互动、管理幅度、组织规范化等影响因素得到了验证,年龄、性别、等级地位等没有通过验证。

Vigoda 和 Cohen[109]研究了实际的政治行为和感知的政治之间的关系。研究认为实际的政治行为通过期望满足的中介作用影响公司政治的感知。人们在开展政治活动时,如果这些行为能够帮助他们实现自己的目标,他们的期望在组织中得到满足,他们就会较少地感知到公司政治。因此期望满足与感知政治负相关。Poon[110]的研究指出主管的信任有助于提高员工帮助同事的意愿,从而使员工感知较低的公司政治。

Conner[35]的研究结果和以往的研究有所不同,以往研究的调查取样对象是学生、新毕业生、非管理人员或普通经理人,他则选择了人力资源专业的员工作为实证研究的对象。从事人力资源工作的员工负责制定、解释并帮助实施组织内防止和控制政治行为的公司政策。人力资源人员的工作经验能够帮助员工了解晋升、薪资、绩效评估等活动的流程真相,抵消他们对于工作中的模糊认识,同时员工遭遇政治问题时会向他们请求帮助,因而他们可以掌握全公司发生政治的各种信息。Conner 的结论表明人力资源人员的工作经验以及人力资源工作的独立性与感知公司政治负相关,而以往的研究一般认为工作经验与感知政治正相关。

Atinc 等人[42]对 20 年来关于感知公司政治影响因素的学术研究情况进

行元分析,对影响感知政治的原因进行了全面的梳理,结果显示:(1)组织影响因素:集权程度与感知公司政治正相关,组织规范化(指令、规则、标准等被写下来并清晰地传递给员工)则与之负相关,流程公正是负相关;管理幅度、等级地位与公司政治不相关。(2)工作环境的十个变量都与之相关,包括工作自主程度、反馈、工作多样化、合作、晋升机会、信任、领导成员交换、参与决策、期望满足程度、职业发展机会,其中后六个与感知的公司政治高度相关。这些因素是管理层能够改变的。合作指组织成员之间能够主动支持他人的工作,这种合作能够减少对于稀缺资源的竞争和对别人自利行为的怀疑,因此与感知政治负相关;组织中成员的积极信任关系能够减少政治行为;领导成员交换关系不好的员工会感觉公司政治较多;参与决策能够减少员工对于决策的陌生并增加他们的控制感和公平感,因此与公司政治负相关;期望满足程度反映了员工对于工作的期望与其实际感受的差异,满足程度高的员工会积极地评价组织并且把工作成功归因于个人的努力和能力而不是政治行为;职业发展机会与感知政治负相关,因为员工如果没有进步机会,会认为个人能力的提高与其在组织中的成功关系不大。(3)个人影响因素:马基雅维里主义、外部控制能力、积极影响、消极影响与感知公司政治相关;外部控制能力强的人具有较强的对工作的控制能力,因此会较少感觉到公司政治;对工作环境的积极或消极认知会影响感知政治,积极影响的人热心、乐观,消极影响的人焦虑、愤怒,因此积极影响与感知政治负相关,消极影响与感知政治正相关;而年龄、性别、教育、民族、任期、自我控制等与感知政治没有显著相关。

　　根据上述文献,对感知公司政治的影响因素整理如表1-6所示("＋"表示正相关,"－"表示负相关)。

表1-6　感知公司政治的影响因素

序号	影响因素归类	已验证的具体因素	未通过验证的因素
1	组织	集权程度(＋),组织规范化(－),流程公正(－)	管理幅度、等级地位
2	工作环境	工作自主程度(－)、反馈(－)、工作多样化(－)、合作(－)、晋升机会(－)、信任(－)、领导成员交换(－)、参与决策(－)、期望满足程度(－)、职业发展机会(－)	
3	个人	马基雅维里主义(＋)、外部控制能力(－)、积极影响(－)、消极影响(＋)	年龄、性别、教育、民族、任期、自我控制

三、高层领导更多参与公司政治

Allen 等人[45]的研究表明,高层领导比基层管理者对公司政治更加认可。政治更多发生在组织的高层,基层管理者权力较小,因此也比较难以成功地运作政治活动。Voyer[111]的研究指出人们在组织中遇到公司政治时会存在一种悖论,人们会以政治来对付政治,为了减少公司政治活动,往往会采取更多的政治活动。Green 和 Chaney[112]做了一项调查发现,8.7%的人经常参与公司政治,24.2%的人参与比较频繁,33.7%有时参与,20.1%的人较少参与,13.3%的人从来不参与。当然,基层员工因为所涉及的利益相对简单,因此也比较少参与公司政治。中高层管理人员对公司政治的感知比基层管理人员和非管理人员要多。[36]

Dhar[63]通过对印度三家汽车制造企业的 26 位员工的访谈研究发现,人们面对政治行为,会出现憎恨、羡慕以及视而不见等不同的反应。他们所采取的应对方式也有多种表现:15%的人由于恐惧而屈服于那些政治活动者;27%的人具有好斗的本性、不会害怕那些玩弄政治的人因而会参与到政治活动中去;35%的人相信在一个政治化的环境中的最佳生存之道就是成为其中的一分子;23%的人对发生在组织中的政治活动视而不见,照常做自己该做的事,他们即使看到了那些政治行为也选择默不作声。当然,时间一长,有些人觉得在这样的环境难以生存,就会产生离开、另谋更好工作环境的念头。

四、公司政治好与坏,取决于手段与目的

Cavanagh 等人[113]整合了功利主义、道德权利理论以及公平理论三种道德理论,提出了一个从道德上评估政治行为的模型。模型以决策树的形式来呈现,包含三个选择性问题:该政治行为方案的结果在组织内外利益的满足方面是否充分最优? 该方案是否尊重各相关利益方的权利? 该方案是否遵守公平准则? 如果这三个问题都得到肯定答案,这种政治行为就是符合道德的。但是在实际生活中这三个标准之间或者某个标准内部会相互冲突。

他们分析了两个案例。案例一是两个研究人员关于研究项目立项的竞争。山姆成果较多,但在社交方面比较矜持、沉默寡言和严肃。鲍勃善于交际、感情外露,但技术成果记录不如山姆,传闻他将提升为实验室的管理岗位。

两人的项目建议书被盲审专家认为同样优秀。山姆提交项目建议书后除了定期了解评比进展外没有进一步的动作。但是鲍勃开始了寻求支持的活动，他利用每一个能够争取的机会向有可能影响评比的人推介自己的项目建议书。最终鲍勃获得了立项。Cavanagh 等人认为鲍勃的行为不会对实验室的利益造成损害，而且也没有欺骗，没有违背他人的权利，但是他在向别人推介自己的建议书时没有将两人的方案做对比，因而有失公平。

案例二是执行副总裁查理与下属工程总监李的公司政治现象。李 61 岁，担任工程总监 14 年。公司生产中产生的有毒物造成环境问题已经被告上法庭并可能遭受巨额赔偿，但是李没有看到问题的紧急。查理试图说服李优先处理这个问题但没有成功。于是查理在某些下属面前表示对李的工作的不满，让大家感到李已经老了，对公司没有用处了。查理在李的同事面前夸大李的缺陷和失败，最终李提前退休。Cavanagh 等人的分析指出，虽然查理的行为触犯了李的个人权利，但是在李的权利和数千消费者的权利之间进行选择，从维护组织的最大利益来看，查理的政治行为并不是不道德的。

达夫特和诺伊[81]认为，政治行为的使用对组织可能是建设性的或破坏性的，取决于人们使用政治行为的目的。政治行为可能是符合道德规范的或是不符合道德规范的。如果政治行为与组织的目标、团体及个人的权利相一致，那么它就是符合道德规范的。他们提出可以从以下五个问题来考察公司政治的道德性质：(1)政治行为与组织的目标是否保持一致？(2)是否保护受其影响的群体的权力？(3)是否保护受其影响的个人的权力？(4)是否符合公平的标准？(5)如果那种行为对你有影响，你是否希望其他人按照同一种方式做？如果回答都是肯定的，这种政治行为就是符合道德标准的。

格林伯格和巴伦[114]认为，如果政治活动只是为了个人中饱私囊，这种政治活动就是不道德行为。但是，为了造福组织而进行的政治活动只要合法，从整体上来说可能就是公正、恰当、道德的。因为它们的出发点是组织利益最大化。比如，假设高层决策团队总是做出错误的决策而使组织濒临崩溃，这时利用政治权术让这些当权者离开他们的职位或者让他们大权旁落，就不是不道德的。Buchanan[115]的研究表明，很多经理人认为政治行为是道德的、必需的。他们把政治当作实现组织结果、变革、资源和声誉的手段。

从上述文献可以看到，公司政治并不一定是不道德的。

第七节　公司政治的积极作用大于消极作用

由于对公司政治定义和理解的差别，人们对政治影响的认知也有分歧。把公司政治定义为负面行为的认为是消极影响，而把公司政治定义为中性或正面行为的则会看到积极影响。Ammeter 等人[56]指出，公司政治行为有益还是有害，取决于它们如何使用和使用时考虑谁的利益。在一次调查中，大约53%的被访者暗示公司政治增强了组织目标实现的可能性，约44%的人认为会使个人把注意力从组织目标分散开。60%的人认为公司政治有利于职业发展，39%的人认为将导致权力、地位和信誉的丧失。调查显示，多数人认为公司政治具有积极作用。

一、积极政治提升个人绩效，促进组织发展

一些权威学者认为政治是将一个组织机构黏合在一起的关键因素。个人、部门或者联盟之间正式或非正式的协商或谈判是组织协调不可或缺的机制。明茨伯格[69]认为，政治在组织中发挥一定的功能性作用。首先，政治作为一种影响系统，通过适者生存的方式确保组织中最强的成员上升到领导地位，淘汰较弱的对手。其次，政治可以促进对问题的各个方面充分辩论，以广泛汇集各方符合组织利益的论点和提议。再次，政治能够引发必要的变革，以扫除既得利益的阻碍。最后，政治可以为变革的实施铺平道路。

(一)提升个人和组织绩效

Allen 等人[45]指出有些经理认为政治能改善组织内部的沟通和协同；Ferris 和 Kacmar[16]的实证研究表明公司政治感知与工作投入是正相关的；Ammeter 等人[56]认为政治不是破坏性、操纵性和天生产生消极影响的组织现象。政治是组织生活的简单事实，领导需要以此来领导团队并通过团队实现个人和组织的目标。Coates[116]认为懂得公司政治有利于个人的职业成功。

(二)促进团队建设

Coates[116]的研究表明,公司政治有助于团队建设和保持职场的多样性,拥有不同价值观、社会背景的人在与他人互动时持有不同的期望,尤其在跨国企业中需要面对不同的地域文化。公司政治能够推进成员之间对问题的充分讨论,成为组织协调的重要机制。

(三)推进企业变革

许多学者强调权力和政治在引发变革和管理变革方面的中心角色。Pichault[77]指出企业中的政治冲突迫使企业高层管理者进行变革,选择一种更加合理的创新机制。菲佛[51]指出,特别在企业快速变革时期,各种利益和观点严重冲突,现状受到挑战,未来发展的方向、资源配置以及其他重大决策很可能被权力和政治问题所左右。科特[17]认为权力和政治的运用是负责管理企业变革的那些人的必备工具之一。Buchanan 和 Badham[117]认为政治活动可以为组织变革提供激励、能量及热情,缺乏政治的企业是没有生气、单调、郁闷的企业。明茨伯格[69]认为政治活动和政治行为在企业变革过程中具有复杂的、有争议的动力学作用,它可能推动企业变革的进程,当不过分的运用时,政治游戏可以通过使企业随时保持警觉而产生健康的影响,并认为冲突和争论对于把企业从自满和衰退中解救出来是必要的。查尔斯·汉迪[118]认为政治行为为企业再造提供一个至关重要的动力。

(四)助益战略管理

学者们[15,79]指出,政治因素由于在设计公司目标时会放大对某些特定单元的中心作用,因而影响资源的配置。Zahra[119]的实证研究表明,公司政治在长期战略规划的质量、公司战略的有效选择、组织内部单元之间的资源有效分配、有效的战略实施等四个方面起积极作用。因为政治因素会导致对战略规划方案的多种角度和不同设想的考察,所以会提高决策的质量。管理高层会在得到许多群体支持的相互竞争的方案和互相冲突的目标之间认真权衡,因而有利于战略选择。政治技巧有助于减轻执行压力。

(五)推动组织发展

在传统的组织发展理论中,组织发展顾问只是诊断问题,提出方案,并不参与实施方案,最多是促进者,而不是实践者。现在则要求组织发展顾问拥有更多的政治技能,不仅要对企业的政治行为进行诊断,而且要适当介入公司政治。

二、消极政治打击员工士气,损害企业利益

Darren C.Treadway[120]领导的一个研究小组对一家美国卫生保健企业的54名员工的行为与工作业绩研究后发现,尽管企业努力减少欺凌行为,但许多职场恶霸都得到了上司的正面评价,而且在事业上平步青云。这项研究将职场欺凌定义为"一个人或一个群体对一人或多人进行的系统性侵害与暴力行为"。研究人员发现,许多职场恶霸通过迷惑上司和操纵别人来帮助自己出人头地,即使他们与此同时正在欺凌同事。由于许多职场恶霸可能"拥有高水平社交能力",因此他们"有能力讲究策略地欺凌同事,同时仍然获得上司的正面评价"。Treadway认为政治手腕是"在工作中有效理解他人并利用这种知识影响他人的行为,以促成个人目标和(或)组织目标的能力"。他说:"如果人们有政治手腕,就可以将坏事做得非常漂亮。"

现代商业的复杂性和社会环境的改变,使得商业运行的规则也有不少新的变化。早期那种遵循商道、讲究诚信的商业规则变得不再单纯。比如惠普创始人休利特和帕卡德的那种质朴所缔造的员工们团结和睦的劳资雇佣关系,被尊称为"惠普之道"。但是,事实上,我们也不能掩耳盗铃,看不到这个商业世界中的种种非质朴的现象。职场奸雄并不少。正如《商业周刊》的知名记者伯罗斯[121]所说的,"很多成功的商业领袖在追求成功的过程中都曾经伤害过很多人"。这些成功人士在成功之后往往获得了人们的追捧和神化,也因此遮盖了他们曾经或者一直在做的不符合基本常理和道德准则的行为。这些行为有些就是消极的公司政治行为,这些行为帮助他们获得了成功。这是商业活动的必须代价吗?在什么情况下这些行为的使用是道德的、能够被人们所理解和宽容的?消极政治会产生多种负面影响。

(一)打击员工士气和降低业绩

一是造成员工士气低落。二是增大员工的心理压力。三是影响员工之间的团结与协作。四是影响员工在工作中的投入。五是降低员工对企业的满意度、忠诚度以及在企业中长期工作的意愿。比如引言案例中的胡娟。Dhar[63]

的访谈研究发现,在充满公司政治的情境下,90％的人们会感受到不安、恐惧和威胁,这是一种无形的攻击。人们能够感受到这种危险,但是却无法查明,不知道该做什么,但却因此遭受损害。

(二)隐瞒和阻碍信息流通

一项对 500 名英国经理的调查显示,88％的经理认为信息的自由流动对企业成功具有决定意义,但他们所在的企业中却有 2/3 没有正式的信息制度。多数经理认为政治是信息非自由流动的主要原因,绝大多数经理相信高层管理人员有意隐瞒信息,而不是分享信息。

(三)影响和控制企业战略制定

企业战略决策需要大量的信息,但主要决策者往往只选择性地接受符合他们自身利益的信息。企业内部的信息收集者出于政治方面的考虑,也往往会收集、提供主要决策者所愿意看到的信息。另外,决策者还会利用他们的优势地位使其战略方向得到他人的认可。企业战略决策反映的不是理性,而是占优利益集团的利益。Zahra[119]通过对 55 家制造企业管理人员的实证研究表明,公司政治不利于在设定愿景时取得一致意见,使得对于长远战略规划的理解不一致,容易在高层产生不和谐,并且使各单元之间的协调和沟通变得更加困难。

(四)损害企业长期利益

Newman[76]认为公司政治具有以下潜在危害:一是使管理人员偏离企业的中心目标;二是会耗费管理人员相当部分的精力,他们在相互争斗、牵制上耗费的精力可能会比用在服务消费者上的精力还要多;三是占优利益集团可能会利用他们的政治影响力来损害企业的奖惩机制,使企业的绩效评估及奖励机制模糊化,并为他们所用;四是政治活动使人们常常关注短期利益,而使企业长期利益受损。

第八节 公司政治的中国特点：传统文化的力量

文化是人的行为方式的基础。东西方文化存在巨大的差异,因此西方成功的管理模式不一定能完全照搬到中国的企业。

东西方公司管理的差异性体现在许多方面,而其中公司政治的差异尤其具有代表性。深植于传统文化的中国企业在公司政治方面的鲜明特点对于企业领导的有效管理非常重要。清醒认识到公司政治中的中国特点、并在企业运作中加以掌握以及有效地防范其负面作用对于中国企业的管理者具有重要的现实意义。

一、公司政治的生长基础：无可无不可

中国文化的主流本质上是儒家文化。儒家文化的核心精神就是中庸——无可无不可,无过无不及。有学者[122]认为,中国社会和文化的精髓就在孔子所说的"无可无不可"上。不但儒家如此,道家、佛家、法家也这样认为。无可无不可表明了中国人的基本生活态度。凡事不那么较真、绝对、走极端,不是单一的行为取向,而是在坚守原则的基础上,把握好度,不过分但要做到位,追求恰到好处。大多数中国人成年以后都熟悉中庸的行为方式和思考模式,社会普遍认同和接受这种文化理念。无可无不可也很自然地成为中国的公司政治的存在基础和生存土壤。

(一)辩证的思想

中国传统文化在表述上有一些互为辩证但看起来自相矛盾的地方。一方面路见不平、拔刀相助,一方面事不关己、高高挂起;既说君子爱财、取之有道,又说水至清则无鱼,还说人无横财不富;一方面说君子当自强不息,一方面又说要知足常乐。凡此种种,放在一起会让人觉得无所适从,但是现实生活中,中国人不会因此而不知所措,因为他们都很明白无可无不可的道理。这是因为中国文化不把矛盾的对立面做简单的二元对立的划分,而是有辩证思维,常常试图将他们结合起来看、两者相互依存、都不偏废,并且取所谓持中适宜的道路。

矛盾是中国公司政治里的常态，需以辩证思维予以应对。对于分权与集权，在中国企业里虽然也有很多权力机制、审批权限规定的制度，但是真正拥有权力并起实际作用的往往在最高领导手中，特别是重大事项。企业领导在公开场合一定会不厌其烦地强调团结和民主，但在实际行动中却有一些人喜欢搞小圈子，崇尚一支笔、一个人说了算。中国的企业领导很难接受权力非涵盖性的特点，总认为自己是领导就有权对一切事情做主，哪怕制度里明确授权给下级的事情，忘了老祖宗"下权莫扰"的规训。下属汇报工作时，汇报多了会被认为缺乏主见、上推责任，汇报少了会被说成自作主张、目无领导，汇报多少的尺度要看下属的悟性和对领导性格的了解以及自己的运气——领导当时心情的好坏。领导是否应该听取下属的建议同样是一个充满矛盾的问题，既要充分自信、能够坚定践行自己的主张，又要从善如流、兼听则明、善于听取不同意见。

（二）宽容的行为

"己所不欲，勿施于人"是儒家文化关于社会关系的黄金法则，而西方文化中与之对应的是"己之所欲，施之于人"。中国文化倡导宽容、共存、内敛，不强迫他人；而西方文化往往倾向于把自己的想法强加于人，崇尚强权、自我、外显。中国的企业领导在管理工作中的行为也往往比较宽容。含蓄而不明确，委婉而不直接。不把制度规定太细太死，不把事情说太透，不轻易下结论，不过于强硬，给人留面子，给双方留台阶。这种行为特征给员工更大的发挥空间和自主机会，能够避免冲突，营造和谐的工作氛围，但也会带来一些问题。

比如在目标、方法、评价、奖惩等诸多方面，往往比较模糊，缺乏清晰的标准，给公司运作带来一些困扰。绩效考评时会发现在主管眼中表现糟糕的下属自己给自己打的分数最高，因为那些模棱两可、空空泛泛的评分标准，在不同的人看来有不同的理解，每个人心中都有自己的尺子，不同的尺子差异很大。在制定目标、标准、评价等方面，中国企业往往大量使用定性的方式，认为很多事情很难用数字衡量，因此也就不太喜欢用定量的方式。领导者喜欢用定性的方式，这样就给自己留下了一定的弹性空间。他们会认为规定得太死反而约束了自己。下属遇到棘手难办的事情请示领导，有些领导往往无可无不可，不会明确表态，就算讲了一大堆，也常常让下属不知所云，就是人们常说的不置可否。不少领导很喜欢务虚，中国企业里的领导不少在务虚方面颇下功夫，往往精于避实就虚。在培养下属时，中国公司里更多的是靠下属的领悟能力，具有潜质、悟性高的员工才会得到更快的成长。由于业绩标准的模糊和难以度量，因为存在信息的不对称和监督的困难，员工可能通过操纵信息来影响企业对自己能力的判断[123]，他可能花费更多的时间在如何展示自己的才能或在领导面前表现自己，从而获得更多晋升的机会。在决策方面也由于较缺乏对问题理性的细致分析而偏向于直觉决策，即拍脑袋。

下属工作没做好，没有达到领导的要求和期望，领导会怎么办？中国公司里的领导、特别越是高层领导一般不太会直接批评，相对而言会表现出对结果更多的宽容和宽松，至少是表面上的宽容，虽然这种宽容对于公司有时候并无多大益处，但是如果领导太较真，效果恐怕也不见得就更好。绝大多数人总是尽量回避冲突而且可能任务和标准也不是很清晰。对于一个做事粗心的员工，喜欢他的领导会替他解释为不拘小节。人们常说的马马虎虎也是对事实的模糊与宽松，所谓大而化之。但是对结果的宽松会导致员工在工作中的不求甚解和不求上进，也与当前企业管理要求的追根究底、精益求精相去甚远，应该引起警惕。

(三)变通的方式

中国人的社会行为具有很强的变通性的特点。通达权变是中庸的最高境界。中庸的基本含义就是要在坚持原则的前提下作出最适宜的选择。[124]这就是人们常挂在嘴边的随机应变。在强调变化和包容的时代，不能一根筋、死脑筋，纠结在某一种固化的思维模式或行为方式，必须根据环境、任务、对象的不同采取对应的处理方法。在一贯的解决方案之外，寻求创新和变革，不墨守成规，不被死规矩所束缚，勇于开拓新的思路。

但是，过于强调变通也会带来一些负面作用。由于缺乏明晰的评判标准，公司员工行事时就有很多的选择机会和空间。一种办法行不通，就会通过其他的办法来达成目标。不少工作行为可以随场合的变化而变化。变通的方式还体现在对于制度的破坏方面。公司规章制度可以因人而变。这种现象在中国企业中普遍存在。领导应该清醒地认识到公司里大量的变通行为，对于破坏性的变通行为应采取措施坚决制止。

二、互动网络的运行模式：人情、面子与关系

中国社会是一个以血缘宗亲为基础、讲人情面子的社会。中国人所讲的人情是一种私交状态下的感情，报恩是其根本特征。这与西方社会以等价交

换为基本人际关系准则迥然不同。中国人通过施与恩情、人情投资以及礼尚往来等人情交换行为构筑一张巨大的社会人情网络。企业作为社会组成的基本单位之一,人情现象普遍存在。[122]在组织越来越强调适应性、协作性、越来越多元化的趋势下,适度的人情有益于企业管理趋向人性化。事实上,西方管理学界早已有人对科层制管理组织中缺乏人情进行了批评,认为科层制组织"在人际关系上没有人情味。"[125]

"面子在根本上是一种由于个人表现出来的形象类型而导致的能不能被他人看得起的心理和行为。"[122]所以大多数中国人认为人的价值需要从外界也就是从别人的评价来获得,不像西方人以独立自我来判断价值。人们在交往中既要维护自己的面子,也要照顾到别人的面子。在公司政治中也是如此。2006年EMC中国总裁陆纯初与女秘书事件是过于简单处理而忽视中国特点的实例。"中国人在情理社会中,通过人情与面子,放弃的是规则、理性和制度,得到的却是不可估量的社会资源、非制度性的社会支持和以势压人的日常权威。"[122]因此,人情、面子与公司政治又是紧密相关的。

拉关系是中国日常生活乃至企业运转不可或缺的一面。无论经营企业、拉拢客户、谋职晋升,关系学都同样重要。西方人注重合同,中国人则注重人际关系,认为合同只是双方关系的一个起点,更重要的东西并不在文字上。[126]随着市场经济的发展和社会变化,企业中的人具有了家庭和公司的双重依靠。因此在今天的中国公司里人们对于关系的意识、对于公司的依赖不断增强。平衡性是中国人际网络交往中的重要原则。人际关系平衡模式是中国人做人和做群体领导的一项重要策略。[122]领导不仅需要了解关系在公司政治中的重要性,更要深谙平衡之道。某一位员工得到晋升,与他资历相当的没有晋升,就需要让这些人评优或多发奖金或安排出国旅游予以适当的平衡。在评奖、评先进时多采用分配名额来平衡。发放奖金或评定工资级别时差距不能太大,也是照顾和平衡的意思。

在中国的公司政治中存在大量的人情面子关系的现象。讲人情、看面子、重关系是典型的中国公司特点。人情需要照顾,面子需要尊重,关系需要平衡。人才的任用和晋升常常受到关系的影响。在某些企业里任人唯亲几乎是一个非常普遍的现象,而且可以美其名曰举贤不避亲。当所有者和经营者分离时,管理者提拔自己的亲信而不是最有能力的人,并不是因为这样做对企业有利,而是为了使自己的位子更稳固。向公司推荐自己的亲朋好友也很普遍。容易形成小帮派造成窝里斗,人情面子关系在其中起了很大的作用。

　　关系近的人有共同的利益、共同的话题，重人情的人为了报恩愿意两肋插刀。一个普通员工如果通过人情面子的策略与公司领导拉上关系，就意味着他也有了一定的权力。这就是人们常说的有"后台""背景""靠山"的意思。所以在企业里，并不是没有职位的人说话就一定没有分量，因为也许他和领导有关系。这种关系不一定是血缘亲属关系，很可能是平时经常陪领导打牌下棋、钓鱼或者打球，也很可能是因为他做医生的妻子碰巧有一次为领导的小孙子治病时特别照顾而对领导种下了人情，或者刚好他做老师的妻子就是领导孙女的班主任而与领导建立了另外一种关系。更多的老乡、同学、战友、创业伙伴，甚至邻居的关系在中国的公司里司空见惯，得到人们的普遍认同并纷纷效尤。这种私人关系凌驾于正式工作关系之上的现象使得组织角色关系的价值被低估，对组织机能造成一定伤害。哥们义气高于组织法则，相互之间包庇、串通破坏公司利益。因此卓越的企业领导应该洞察入微，防微杜渐，掌控好公司中人情关系与工作角色关系消长的尺度。

第二章　公司政治的根源——利益

　　天下熙熙,皆为利来;天下攘攘,皆为利往。费孝通[127]说,人们喜欢的是从权力得到的利益,而且最主要的就是经济利益。在伯特兰·罗素[128]看来,在一个高度组织化的社会里,那些行使政府职能的人,从部长下至地方机构中最低级的雇员,都有他们自己的私人利益,这些利益和社会利益是绝对不可能一致的。事实上,在企业组织中,那些行使经营管理职能的人,从总经理到基层班组长,也都有他们自己的私人利益,这些利益和组织利益也是绝对不可能完全一致的。正如一位职业经理所说的"政治后面的动机是什么？政治最核心的就是利益。"

　　张岱年认为,利益是指"能维持或增进人之生活者,亦能满足人之生活需要者。"[129]利益是人们企图借助于生产来满足的需要。一般情况下,凡是不用人们生产或劳动就能满足的需要,如阳光、空气等,都不是物质利益的内容。利益反映着特定历史阶段中人与人之间的社会关系。利益是人们需要的社会转化,其实质是特定的社会关系。如果某人存在某种利益需要,这种需要必须依赖于组织或其他个体来提供,那么他就因为其利益需求而与组织或他人形成了某种特定关系。因此,人们为了实现自己的需要便结成了一定的社会关系。从这个角度看,人与人之间的关系本质上是利益关系,社会关系也必须要体现为各种不同的利益。按照恩格斯的说法,"每一既定社会的经济关系首先表现为利益。"可见,利益是社会以及企业组织中的一种基本关系。总之,至少应从两个方面来理解利益这个概念:首先,利益反映了个人需求的满足情况;同时,利益也体现了横向或纵向的人际对比情况。

　　人有自私利己的天性。视公司政治为消极的、全力倡导以非强制力量来领导的詹姆斯·克劳森[130]也承认,"人类的本性不太可能产生巨大的改变,……如果可以按照自己的意愿行事,大多数领导者都会是自私的。"钱理群所说的

"精致的利己主义者"一时成为社会热词,这些人"高智商,世俗,老道,善于表演,懂得配合,更善于利用体制达到自己的目的。"利己主义不管披着什么样的外衣,它一直就在人们身上,从未离开。

大卫·休谟在200多年前就说过,尽管人是由利益支配的,但利益本身以及人类的所有事务,却是由观念支配的。[129]因此,要控制或调整人对于私利和公利的认知,可以通过观念的培养来进行。经过长期的洗脑教育,很多人就会改变天性中自利的一面,接受更多的利他的观念。在企业经营中,通过企业文化的熏陶,通过有意识、有目的的管理沟通,也能够在一定程度上改变员工的利益观,至少可以在一定时间、一定范围内起到约束作用。

中国儒家传统文化所宣扬的"公而忘私""重义轻利",几千年来对中华民族的利益观也产生了深远的影响。大多数老百姓在意识深处默认"君子爱财,取之有道",就是在文化的潜移默化之下对私利的观念约束,损公肥私、损人利己的人从统计学的概念来讲还是少数。所以,利益观需要正向引导,也必须进行正向引导。

第一节　中华文明中的利益：重义轻利

管仲(约公元前723—前645)主张人性"自利""趋利避害"。"凡人之情,见利莫能勿就,见害莫能勿避。"因此从政者应"以天下之财,利天下之人","足其所欲,赡其所欲,则能用之身",通过满足人的欲望,预见人的需求,以利益来驱使人。管子把物质利益的满足视为社会道德水平提高的基础,"仓廪实则知礼节,衣食足则知荣辱。"治国理政之道在于,"爱之、利之、益之、安之,四者道之出。"老子(约公元前571—?)主张"见素抱朴,少私寡欲。"晏子(？—公元前500)强调"义,利之本也。"

儒家学派创始人孔子(公元前551—前478)主张"以义制利""义以为上""义而后取""富与贵,是人之所欲也""因民之所利而利之""君子喻于义,小人喻于利"。《大学》云:"仁者以财发身,不仁者以身发财。"强调"国不以利为利,以义为利也。"所谓"重义轻利","义"指的是"公义",即整体利益;"利"指的是私利,即个人利益。整体利益绝对高于个人利益,个人利益在整体利益面前微不足道。在私利的取得手段上,儒家也强调要合乎仁义。

墨子(约公元前480—前420)云:"利,所得而喜也;害,所得而恶也。""义,利也。"墨子所指的"利"是"天下之利",不是个人私利。墨子主张"兼相爱,交相利",认为"交相利"是处理人与人之间经济关系的基本行为准则,"利人者,人必从而利之。"人与人之间应该互利。墨子的利益观不是利他主义,而是从利己出发的互利,注重利益的交换。墨子崇尚节约简朴,反对挥霍。张岱年认为,"儒墨的区别在于,墨家认为道德的最高原则就是公利,儒家则认为道德原则不仅是公利,而是高于公利的。"

杨朱(约公元前395—前335)学派"重生"之说强调生命是诸多利益中最高的利益。"故所谓尊生者,全生之谓。所谓全生者,六欲皆得其宜也。"也强调人之天性的各种欲望需要得到适当的满足。但是与生命相比,物质财富这些身外之物以及感官之乐就得靠边站了,这就是"轻物重生论"。在人我关系方面,杨朱学派则主张"贵己"。"贵己"就是把自己的利益放在第一位,因而可以理解为利己主义的价值取向。但并不能简单地理解为浅薄简单的"自私自利",杨朱学派强调的是通过对个体的自我完善进而达到社会的整体和谐。

孟子(约公元前372—前289)"生亦我所欲也,义亦我所欲也,二者不可得兼,舍生而取义者也"是儒家利益观的鲜明写照,在公义面前甚至可以牺牲个人性命。荀子(约公元前313—前238)认为人性本恶,"今人之性,生而有好利焉,今人之性,饥而欲饱,寒而欲暖,劳而欲休,此人之情性也。"人本来是利己的,不过荀子主张改变人的自利本性,即"义胜利者为治世,利克义者为乱世"。

韩非子(约公元前280—前233)认为人性"好利恶害","凡人之有为也,非名之,则利之也。"人与人的关系完全是利益交换的关系。他说"主卖其爵,臣卖其力",各有资源,各有需求,相互之间如果能够找到一个结合点,就可以达成利益的交换。"赞誉薄而谩者,下不用也;赞誉厚而信者,下轻死。"为了让下属死心塌地,应该奖赏丰厚且切实兑现。对位高权重的部属,"信赏尽能","爵禄厚而必,镇也",以丰厚的俸禄加以激励和控制。韩非子认为仁义道德应该服从利益的目的。

秦汉以后的中国封建社会,社会结构是以家庭为单位的横向的网络形式,强调宗族、家族的利益高于一切,实现家庭和宗族的利益是个体成员最起码的社会责任。同时由于传统中国社会自然经济的高度分散,而君主专制统治的国家政体则是高度集中,王权至上成为古代传统社会整体主义的核心内涵和基本原则。因此,个人利益必须服从家庭、宗族的整体利益,"家国同构"又使得个体利益必须绝对服从以君主为代表的整体利益。

自汉代独尊儒术以来,儒家文化成为中华文化的主流。儒家极力维护统治阶级和家族的利益,轻视个人利益甚至牺牲个人利益。王安石(1021—1086)从自然人性出发,认为人对于物质利益的追求是无止境的,所以要防止过度奢靡。儒家的利益观到宋明理学发展到极致,朱熹(1130—1200)将"天理"和"人欲"绝对地对立起来,鼓吹"存天理,灭人欲",走向整体主义的极端。

明清之际三大思想家之一的王夫之(1619—1692)对程朱理学的"存天理,灭人欲"进行了批判,提出"理在欲中,以理导欲",提倡不能离开人欲空谈天理,天理即在人欲之中,人欲与天理是统一的。但王夫之的学说并未成为社会主流。直到近代,从西方引进的新思潮开始冲击传统儒家文化,才逐步使国人认识到个体利益是正当的诉求,逐渐回归到正常的人性利益观。

总体而言,中国传统文化对于财富的观念分积极和消极两种。积极的观点认为钱财是好东西,要努力追求。流传的古训和谚语有:君子爱财,取之有道;人为财死,鸟为食亡;有钱能使鬼推磨;贫居闹市无人问,富在深山有远亲;有钱道真语,无钱语不真,不信但看席中酒,杯杯先劝有钱人;马行无力皆因瘦,人不风流只为贫;人穷志短,马瘦毛长;欲求生富贵,须下死功夫。

消极的观点认为钱财不重要,不能对财富有太强的需求。也有很多熟悉的古训和谚语:君子喻于义,小人喻于利;钱财如粪土,仁义值千金;积金千两,不如明解经书;死生有命,富贵在天;君子安贫,达人知命;钱财乃身外之物,生不带来,死不带去;贫穷自在,富贵多忧。

新中国成立后,关于个人利益和整体利益的关系,也经历了一番血与火的洗礼。改革开放后中国进入快速发展和全面复兴。毛泽东说过:"一切空话都是无用的,必须给人民以看得见的物质福利。"邓小平说:"革命是在物质利益的基础上产生的,如果只讲牺牲精神,不讲物质利益,那就是唯心论。"关于个人利益和集体利益的关系,邓小平指出:"在社会主义社会中,国家、集体和个人利益在根本上是一致的,如果有矛盾,个人的利益要服从国家和集体的利益。为了国家和集体的利益,为了人民大众的利益,一切有革命觉悟的先进分子必要时都应当牺牲自己的利益。"可见,新时期的中国社会已经能够直面个人利益,以及个人利益和集体利益之间的矛盾。在价值观的宣扬上,依然强调个人利益服从集体利益,局部利益服从整体利益。

从中华文明对于利益的演化可见,在关于私利的合理性方面,并不否认人的自利天性,从管子、孔子、荀子,到王夫之,都认为私利是人的正常欲望和需求,且大都强调取得私利的道德性,虽然南宋时期朱熹极力反对人的私欲,走向"灭人欲"的极端。在关于私利和公利的关系方面，始终强调整体利益高于个人利益，私利应服从于公利，宣扬"重义轻利""义主利从"，重视在追求物质欲望之外的个人修为。中国人谈论利益总不免和道德联系在一起，喜欢价值判断。所谓"君子爱财，取之有道"。在私利和公利如何平衡的途径方面，出现了多种思想：墨子和韩非子主张利益交换，杨朱强调个体价值和自我完善，孔子、孟子和荀子等儒家学派则重视"以义制利"，认为应该克制个人利益，维护整体利益，宣扬家国情怀、小我大家。

第二节　西方文明中的利益：从理性人到复杂人

郝云对利益理论进行了比较全面的研究。[129]以下结合郝云的研究梳理西方利益理论。

"希腊三贤"之一的柏拉图(约公元前 426—前 347)非常强调利益的作用。他在《理想国》中把人分为统治者、武士、商人或农民三个等级。他认为每一个阶层对各自的利益要求以及实现利益的方式是不一样的，他们对经济利益关怀的范围和尺度也不尽相同。亚里士多德(公元前 384—前 322)则认为利益只是奴隶主以及自由人等统治阶级的权利，奴隶只是统治阶级实现利益的工具而已。

古希腊罗马时期伊壁鸠鲁(公元前 341—前 270)的个体快乐主义认为个体的快乐和幸福是人的最高利益。他指的是追求适度的快乐，而不是过度的、极端的快乐。他把精神利益看得比物质利益更重要，认为精神快乐不很强烈但更持久，而肉体的快乐和追求肉体快乐不会引向快乐，而是导致快乐相反的方面。所以，伊壁鸠鲁既不是禁欲主义者，也不是纵欲主义者。

到了 17 世纪，欧洲启蒙运动的杰出人物霍布斯(1588—1679)成为近代西方利己主义的代表人物。他认为人的本性是追求自己的利益，人们的行为都是自私的、利己的，不可能有利他的取向。在霍布斯所描述的"自然状态"下，每个人都需要世界上的每样东西，也就有对每样东西的权力。但由于世界上的东西都是不足的，所以这种争夺权力的"所有人对所有人的战争"便永远不会结束。斯宾诺莎(1632—1677)和霍布斯一样认为人的本性是自我保存，是利己的。他认为人性自我保存与利他可以在理性基础上统一。因此斯宾诺莎也被称为理性利己主义者。霍布斯和斯宾诺莎强调维护自身利益,他们所强调的自身利益是对所有人的,所以追求自身利益必须尊重他人的利益,已经脱离了极端的利己主义。

大卫·休谟(1711—1776)认为正义原则、规则、法律的制定目的首先在于处理个人利益与他人利益的矛盾。人类的各种规则都是为了平衡利益而设定的。因为每个人的利益都与社会利益有着非常密切的联系,个人利益和社会利益总是存在矛盾,只有制定规则才可以处理这些矛盾。休谟说"公共利益是正义的唯一源泉",表明了他的功利主义态度,即以公共利益为标准的利益观。休谟还从人性的角度阐释他的利益观。人们之所以遵守道德原则,只是出于自身利益的考虑。同时,"同情是人性中一个很强有力的原则。"同情是从利己之心推延出去,从而对他人的利益和感情能够理解,对他人的愿望和要求能给予支持并促使其实现。

西方经济学之父亚当·斯密(1723—1790)说过,"我们的晚餐并非来自屠宰商、酿酒师和面包师的恩惠,而是来自他们对自身利益的关切。"他用"经济人"的假定来描述人对自身利益最大化的追求,认为人性是自利的,追求自利并非不道德。在此基础上提出了"看不见的手"这一著名原理。他说:"他所追求的仅仅是他个人的安乐,仅仅是他个人的利益。在这样做时,有一只看不见的手引导他去促进一种目标,而这种目标绝不是他所追求的东西。由于追逐他自己的利益,他经常促进了社会利益,其效果要比他真正想促进社会利益时所得到的效果为大。"斯密认为资产阶级的自身利益不是公众利益,资产阶级的利益和公众利益是零和博弈,从来不和公众利益完全一致。

著名功利主义哲学家边沁(1748—1832)认为个人利益是人类行为的准则,每个个人在自己的活动中只遵循功利主义,寻求快乐和避免痛苦。人是完全自私的,追求效用的最大化。边沁提出的"最大的幸福原则"认为,快乐就是好的,痛苦就是坏的,因为人的行为都趋利避害。所以任何正确的行动和政治方针都必须做到产生最多数人的最大幸福,并且将痛苦缩减到最少,甚至在必要情况下可以牺牲少部分人的利益。他认为个人追求最大多数人的最大幸福是最合乎个人利益的,而个人利益的满足,也就促进了最大多数人的最大幸福。古典经济学家李嘉图(1772—1823)分析了资本家、地主与工人三者之间的利益此消彼长的矛盾关系。他认为自由竞争既保证了个人利益和社会利益的结合,也为生产力的无止境发展开创了可能性。

乔治·弗里德里希·李斯特(1789—1846)虽然也肯定个人利益,但是他

强调在国家利益面前,个人利益应服从国家利益。他对斯密的"自动公益说"持否定态度,认为如果听任个人去干,他只会关心他自己的需要。为了完成诸如保卫国家、维持公共治安以及其他许许多多数不清的任务,国家可以要求个人牺牲收入的一部分,牺牲他们的脑力和体力劳动的一部分,甚至牺牲他们自己的生命。李斯特站在更广阔的政治、经济、社会层面,看到了"经济人"假设的局限。

古典自由主义理论家弗雷德里克·巴斯夏(1801—1850)认为经济学研究人,人是由需要、努力和满足构成的。人们从交换中获得利益。获得财富的过程就是相互合作的过程,包括人与自然的合作和人与人的合作。他认为追求财富是道德的,应该承认人们追求财富的动机在于自然,这是神授天意。追求财富的手段要道德,只要不越出道义的界限,都是可尊可敬的。如果超越道义的、贪得无厌地追求财富,就是不道德的。"当法律以友爱为借口、规定市民们牺牲自己的利益以造福公共利益时,人性并不会因此而消失。接着所有人会试图贡献的比别人更少、而拿取的比别人更多。如此一来,那些在斗争中获得最多利益的人难道是倒霉者吗?显然不是,那些人反而是最具权势而最要尽心机的家伙。"巴斯夏清醒地认识到往往是那些要心机的当权者获取了最多的利益。

古典自由主义思想家和经济学家约翰·穆勒(1806—1873)被称为折中主义的利益观。一方面他认为每个人都各自追求自己的快乐,这样才能增大整个社会的快乐。保障个人的生存权和个人利益是每个人的要求。另一方面,他又提出"世界利益是由个人利益合成的。"为了增加总体幸福,人们就必须追求各自的个人利益,从而实现个人利益和整体社会利益的均衡。

新古典经济学派创始人阿尔弗雷德·马歇尔(1842—1924)认为,人离不开财富和利益,人的许多性格特征都是由其利益所决定的,利益对人的生活各个方面都产生着重要影响。比如收入的多少是决定人的性格的重要因素。一个极度贫困的人会削弱较高的才能,且对他寻求友谊、举止文雅等诸多因素将产生重要影响。他还观察到人与人之间对利益的感知的差异性,他认为一物对穷人和富人的效用或利益是不一样的。马歇尔也强调均衡利益,生产者和消费者利益达到均衡时使双方得到最大利益,并使社会得到最大利益。

现代宏观经济学的开创者克努特·维克塞尔(1851—1926)认为,要解决利益间的冲突问题是很困难的,不能只从技术和经济上考虑,还要取决于对他人的利益和需要的了解,在这里同情心以及对事物有利或有害的伦理判断和哲学要求,包括人享受幸福的天然权利问题都应考虑在内。

制度经济学鼻祖托斯丹·邦德·凡勃伦(1857—1929)认为人们追求财富有两种动机:一是生存,一是获得荣誉。随着社会的不断发展和进步,对财富的追求不只是生存的竞争,而是成为提高生活享受的竞争,为了满足更高层次的精神、审美、文化以及其他方面的需要。而且,人们追求财富的欲望永远不会满足,因为每个人都想胜过别人。自斯密以来的古典经济学家们一直认为好逸恶劳是人类的天性,而凡勃伦却认为好逸恶劳是社会进化的结果。人们之所以要占有财富,与其说是满足生理需求,倒不如说是为了面子。谁拥有的财富多,谁就是社会的优胜者,不仅社会地位上升,还可以获得别人的赞誉,从而使虚荣心得到满足。有了财富,有必要以某种方式来炫耀。从古到今,炫耀财富的最好方式,除了大量奢侈消费之外,就是享有余暇。这就是有闲阶级的生活方式。凡勃伦因此提出了"炫耀性消费"这一概念,富裕的上层阶级通过对物品的超出实用和生存所必需的浪费性、奢侈性和铺张浪费,向他人炫耀和展示自己的金钱财力和社会地位,以及这种地位所带来的荣耀、声望和名誉。

制度经济学的另一奠基人约翰·康芒斯(1862—1945 年)指出,不同阶级的人们有着共同的利益,他们都在寻找利益的交集。通过集体行动可以实现共同利益。他从休谟的"稀少性"理论中得到启示,认为"稀少性"导致了人们之间的利益冲突。康芒斯认为世界上有多少不同的利益就有多少不同经济上的阶级。正是这种不同个人利益的共同行动,产生了集体行动。集体行动指导和约束个人行动使之符合社会利益,同时也解放和扩张了个人行动,因为使个人行动符合一定规范能够使个体免受强迫、威胁、歧视或不公平竞争。集体行动可以通过规则的形式禁止、法律的手段强制、伦理的方式约束个人行动。

"宏观经济学之父"约翰·梅纳德·凯恩斯(1883—1946)从宏观利益的角度出发认为,个人利益往往难以维持自动均衡的社会利益,只有通过政府的宏观经济政策才能很好地协调个人利益的关系,由此提出了国家干预理论。凯恩斯主义的政策主张主要是:市场中不存在一只能把私人利益转化为社会利益的看不见的手,经济危机和失业不可能消除,只有依靠看得见的手即政府对经济的全面干预,才能摆脱经济周期性波动和失业问题。凯恩斯主义为大萧条后西方社会的利益平衡和经济繁荣、政治社会稳定提供了一剂良药。

20 世纪著名的经济学家哈耶克(1899—1992)有一句名言"哪里没有财产权,哪里就没有正义。"从中可以看到他对于个人利益的重视。甚至有人评论哈耶克毕生都在维护个人自由。他说:"休谟希望得到的和平、自由与公正,非来自人们的善良品性，而是来自（健全的）制度——这一制度使得即使是坏人，在他们追逐各种事务以满足自己的私欲时，也为公共的好处做了事。"人们追逐自己的私利并不是坏事，而且可以促进公共利益。他认为共同利益是可以达成的，虽然共同利益并不是每个人的个人利益。只有当人们有共同的目标或共同利益时，才会组成集体或社会，一旦失去这个基础，集体行动就会减少或消失。哈耶克区分了个人主义和利己主义的不同，强调个人利益和利己主义无关。

新制度学派的代表约翰·肯尼思·加尔布雷斯（1908—2006）对企业内部的利益和权力做了深刻分析。他指出，在大公司内部，有许多权力实质上掌握在一些在生产、经营、管理、财务、推销、法律、科学技术研究等方面有专业知识的专门人才手里，他们担任公司的经理、工程师、各级主管等职，他们的目标越来越偏离股东最大化利润的目标。加尔布雷斯洞察到了企业内部不同职能的部门和不同职级的员工的利益和企业整体利益的差异。

曼瑟尔·奥尔森（1932—1998）似乎看到了"看不见的手"的失灵。由于存在搭便车现象，理性、自利的个人一般不会为争取集体利益做贡献。许多合乎集体利益的集体行动并没有发生。一方面，奥尔森认为人们需要组织、集体来实现自己的利益，且只有通过组织才能达到高效率，最后使个人利益得到最大的满足。另一方面，他认为个人利益和集体利益存在相矛盾的地方。因为个人利益的存在，个人容易采取有悖于集体利益的行动。奥尔森进一步分析了集体行动产生的条件。一般来说，集体规模越大越不易产生集体行动。主要是因为集体人数越多，集体行动协商的成本就越高，且人均收益相应减少，搭便车的动机就越大，搭便车的行为也越难以发现。而小集体中的个人作用更显重要。小集团与大集团相比，具有比较大的凝聚力和向心力，小集团的行动更果断、更能有效运用资源。在小集团中，成员更加容易产生自觉行为。当然，即使是小集团，每个成员都不可能全心全意为集体做贡献。产生集体行动的另外一个条件是，个别成员从集体行动中得到的利益比其他成员越多，他为集体行动做贡献的积极性就越大。此外，那些被"选择性激励"的成员更愿意为集体利益而行动。

道格拉斯·诺斯（1920—2015）则反对理性主义的行为模式，并不认为人总是在追求个人利益的最大化之下通过收益与成本的算计来决定自己的行为。他提出制度可以协调人与人之间的利益冲突。当个人或集团之间的利益发生冲突的时候，让大家遵守共同的规则就可以达到均衡。同时，意识形态、伦理道德和价值观可以解释人们的非理性行为。诺斯认为"路径依赖"现象的背后,隐藏的都是人们对利益的考虑。对组织来说,一种制度形成以后,会形成某种既得利益的压力集团。他们对现存路径有着强烈的要求,力求巩固现有制度,阻碍选择新的路径,哪怕新的体制更有效率。对于个人而言,过去的巨大投入成为沉没成本,因而难以改变。

现代产权经济学创始人阿尔钦(1914—2013)和德姆塞茨(1930—)指出,团队生产可以实现集体利益。虽然在团队生产中,个人成员有可能出现偷懒、败德行为、投机取巧和机会主义倾向等损害团队利益的现象,但是通过监督、引入市场竞争和提倡团队精神可以解决这些道德风险,从而实现集体利益。如何解决监督者本身的偷懒问题?设计监督者激励机制的产权制度安排方法是将剩余索取权赋予监督者。同时,由于团队以外的人参与竞争对团队成员会造成威胁,因而在一定程度上可以减少道德风险。此外,阿尔钦和德姆塞茨重视人性中的主动积极的一面,认为在企业中提倡团队精神和忠诚可以降低交易成本,减少偷懒行为。团队精神是企业家组织现代企业实现团队生产的根本保证。"当然,要创造一种经济的团队的忠诚精神是很困难的,它可能要鼓吹道德行为准则。"

著名数理经济学家肯尼斯·阿罗(1921—　)用数学推理得出论断:无数个人偏好不可能集结形成共同的偏好,因为如果由两个以上偏好不同的人来进行选择,而被选择的政策也超过两个,那么就不可能做出大多数人都感到满意的决定。因此,在每个社会成员对一切可能的社会经济结构各有其特定的偏好"序列"的情况下,要找出一个在逻辑上不与个人偏好序列相矛盾的全社会的偏好序列是不可能的。"阿罗不可能定理"表明,满足共同偏好的公共利益不可能存在,公共利益和个人利益总是矛盾的,不可能从个人利益出发来达到社会利益。造成这一问题的原因在于个人偏好的千差万别。

当代著名经济学家阿马蒂亚·森(1933—)对"阿罗不可能定理"提出了挑战。他认为"一个人所生活的社会、所属的阶层、与社会以及社区经济结构的关系,都会影响到这个人的选择,不仅仅因为这些因素会影响他的个人利益的性质,而且还影响他的价值观,包括他对社会中其他成员'应有的'考虑的观念。"他认为每一个人的个人偏好都会受到社会的影响,与对其他人的考虑相关。如果具备更多的信息,个人利益和集体利益存在交集。他呼吁"关注真实的人",把"实质自由"视为发展的最终目的和重要手段。

西方经济学关于理性人的假设认为,人都是自私的,人们活动的目的是实现自身收益的最大化。边沁的效用理论认为，人的自私本性，追求的是个人效用而非个人财富的最大化。效用是一个人需求得到的满足程度。效用包括个人声誉、成就感、快感等心理方面的满足，不仅仅指物质和货币方面的满足。经济学从理论上而言，主张通过合理的机制设计比如激励机制，利用人的自私来获得良性的结果。罗伯特·奥曼有句名言"一切悲剧都源于不当激励。"当然从更宽的视角来看，经济学的解决方案也许不能奏效，社会学开出的药方自然免不了运用道德的手段。一般而言，人们更倾向于相信复杂现实问题需要复杂的系统方案，而不是单一的措施。

通过适当的激励战胜私利的经典案例是英国政府运送犯人去澳大利亚的故事。最早政府按外包船只上船的犯人数来付费给船主，但是船主为了获利拼命装载更多的犯人，卫生生活状况非常糟糕，船上死亡率达到 12%。后来政府加强了监管，每艘船派一个官员监督，对船上犯人的生活标准做了硬性规定，还配备一个医生，一开始有所改善，但是后来船主们在利益驱使下贿赂官员，甚至把不配合的官员扔到海里。最后，政府改变了付费方式，按到达的犯人数和体质付费。犯人死亡率降到 1% 以下。合理激励机制的作用得以发挥。

"经济学帝国主义"的开创者——加里·斯坦利·贝克尔（1930—2014）建立了一个利他主义的经济模型。他提出，由于利他主义者与利己主义者的利益是相互联系的，利己主义者损害利他主义者的利益反而使自己的利益受到损害，这使得利己主义者也会采取利他主义行为。因此，在利他主义环境下，私人行动会自动地使群体收入达到最大。贝克尔以经济学分析方法对利他主义做出了一个合理解释。利己主义者在理性的思考下也会做出利他的行为。

从西方文明对利益的研究演化（图 2-1）可见，西方文明假定人性是自利的，一直尊重个人物质利益，认为应该有同情心理解他人的利益需求，也有人强调个体幸福和快乐的精神利益。霍布斯认为人不可能利他，斯宾诺莎则认为在理性基础上自利和利他可以统一，贝克尔则通过经济模型验证了利他主义。西方文明不是一味从道德上宣扬公利，而是在保障私利的前提下，寻求私利和公利的均衡，虽然边沁、李斯特认为为了公共利益可以牺牲个人利益。

西方文明对利益的关切在近代发展为经济学的研究，进一步探讨私利和公利实现相对均衡的机制。斯密提出"看不见的手"能够在追求私利时实现公利，凯恩斯则认为市场不存在"看不见的手"，必须通过政府这只"看得见的手"

来实现个人利益向社会利益的转化。阿罗基于个体偏好的差异,指出无法通过个人利益来达到社会利益,而森则认为个人的社会背景、经历和价值观的影响,可以实现个人利益和集体利益的平衡。在实现私利和公利均衡的途径上,康芒斯指出由于个人利益需求产生了集体行动,而集体行动则可以约束和保护个人利益,进而实现共同利益。奥尔森更进一步提出组织通过"选择性激励"可以促进个体为集体利益而行动。诺斯强调以制度来协调人与人之间的利益冲突,而"路径依赖"现象会阻碍制度变革。阿尔钦和德姆塞茨重视人性的积极面,认为在组织团队生产中通过团队精神可以实现集体利益。

　　总之,从早期的经济人、理性人假设,到现在的社会人、复杂人假设,西方对于私利和公利的研究不断深入,在坚持私利必须得到保护的同时,进一步提出了具体实现私利和公利均衡的方法。

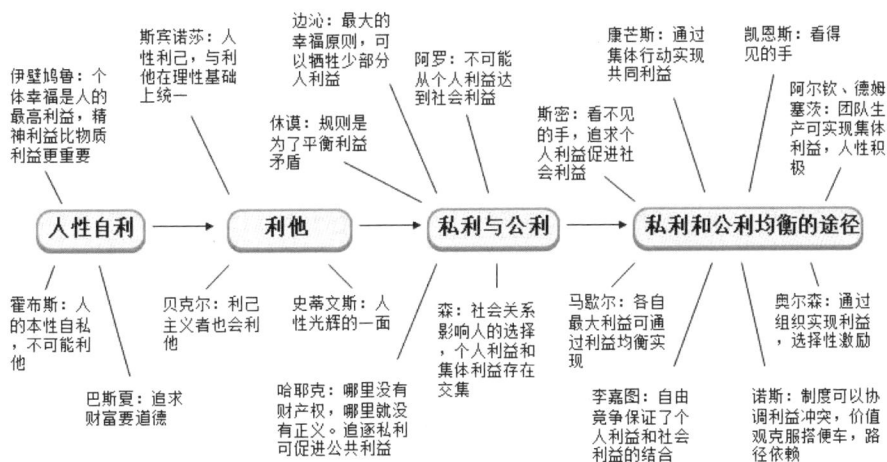

图 2-1　西方利益理论研究简要历程

第三节　现代企业中的个人利益

　　雷恩[32]认为,在组织中,管理是为了有效地获得、分配和使用人类的努力和物质资源来实现组织的目标和为组织的成员谋求积极的利益而进行的某些职能活动。因此,为成员谋求利益本来就是管理者的使命之一。

激励理论对于人及其群体的利益需求进行了比较系统的研究。其中马斯洛的层次需求理论从生理、安全、社会归属、尊重以及自我实现等五个层次进行了归纳。从更通俗的社会层面看，人有经济利益、政治利益（政治地位）、社会声誉、自我完善等不同的利益诉求。具体到企业内部来说，Ammeter 等人[56]认为，绩效评估、晋升、薪酬、权力、声誉等都是企业管理者追求的利益目标。

要在企业中实现个体利益和组织利益的最大重合，首先企业员工需要对企业高度认同，在思想上产生信任和向往。同时，必须要有真正的共同利益作为基础。康芒斯从伦理、经济、法律三个方面提出了促进集体行动的制度设计。他指出人与人之间是相互冲突又相互依赖的关系，即使是利益的冲突，也可以寻找到双方共同利益的结合点。而且人们总是在学习作为组织成员应该如何促进集体利益。奥尔森指出了理性主义难以弥合个人利益和集体利益的矛盾。集体中的每个人除了具有共同的集体利益，还有个人的特殊利益，有时候这两者的利益是不一致的甚至是冲突的，这样集体中的个人有可能搭便车，或者选择损害集体利益的行为。因此需要激励个人来为集体做贡献。乔·B.史蒂文斯则看到了人性中光辉的一面，强调了利他主义的作用。他将理性个人主义与利他主义相结合，将效率与公平相结合，让人们更深入地看到了集体行动的内驱力和实现集体利益的可能性。诺思认为成功的意识形态可以从根本上克服搭便车的问题，价值观与伦理道德规范比硬性的约束制度更节省交易费用，集体应该更多地采取意识形态的方式来实现集体利益的目标。阿尔钦和德姆塞茨则重视团队精神的作用，认为让企业中的每一个成员产生共识，并自觉为企业共同的目的而行动非常重要。团队精神比监督控制更能降低交易费用。培养员工的忠诚度和责任感，能够解决人的投机取巧问题。[129]因此，在企业中对员工实施合理的激励，建设向上的企业文化，弘扬积极的利益观，制定处罚纯利己行为的制度，是实现集体利益的可行之道。

利益是人所需要的东西。玛丽莎·梅耶尔[131]当初为了重塑雅虎，在自助餐厅免费提供食物，给所有员工提供免费智能手机，组织员工工余活动比如看夜场电影等。有董事评论说"这是一位制造大量忠诚感的人。人们愿意为她工作。"IBM 知名前 CEO 郭士纳[132]认为大多数的生意人，从根本上说都只不过是在两种动力的驱使下从事商业活动，这两件事就是：金钱和权力。当然也有一些人是被历史责任感和造福社会的成就感所驱使，他们被心中的信念所激励。

张一鸣为了解决员工吃饭问题,决定公司自办食堂;为了解决班车问题,提供房租补贴让员工在公司附近租房。娃哈哈 2011 年的营业额接近 700 亿元,2012 年的利润总额 101 亿元,这个规模不小的国内食品饮料行业的老大在管理方面有些特立独行,多年来高管团队没有设置副总经理。事实胜于雄辩,娃哈哈的管理自然有它的道理。宗庆后说"你要从人性方面去考虑怎么管人。我一个是严格管理,我要他们怕我但不恨我;第二你也要考虑他的利益。"史玉柱对员工利益也有很清晰的认识。他说"在一个公司一旦有利益的时候,你不能忘了他们,他们没有股份,但他们在这个过程中是做过拼搏和奋斗的。他做出多少贡献,你给他的回报,应该超出他们中间绝大多数人的预期。当然也不可能满足每个人,因为个别人会有一些偏差,他对自己能力和贡献的认识会有偏差。但是多数人会感到满足。有好事的时候别忘了他们,他们碰到困难的时候,你要想到帮助他们解决。"

不同于马斯洛从社会层面分析的五层次需求模型,从企业内部看,个人利益可以分为物质财富、安全自由、职业发展、理念观点、个人声誉等五个不同方面的需求。这些个人利益和组织利益存在一定的矛盾,分别需要不同的机制予以调节,如表 2-1 所示。

表 2-1　个人利益的分类与协调机制

序号	个人利益	个人需求	组织需求	调节机制
1	物质财富	更多的物质回报	股东回报和企业扩大再生产	薪资福利制度,激励机制
2	安全自由	不被辞退失业,工作舒心,有闲暇时间	合理流动和淘汰,工作优先	人员管理制度,福利制度
3	职业发展	不断升职,拥有更多权力	优胜劣汰,僧多粥少	晋升制度,职业管理制度
4	理念观点	按自己的思路,行使决策权	组织共识,最终决策者决定	战略管理制度,企业文化制度,权限设置
5	个人声誉	被组织、员工和社会尊重	公司品牌重于个人英雄,树立典型	奖惩制度,文化制度

一、物质财富:工作是谋生的手段

特伦斯·迪尔和艾伦·肯尼迪[133]直白地说:"所有人都是为了赚钱而工

作的。即使他们还可能为其他原因而工作,但与一份满意的金钱奖励相比,那些都不重要了。""想要让人们工作,就从提供一份体面的报酬开始。"员工在企业中追求的物质财富包括薪资、奖金、各种物质福利以及股权激励等。企业家对于利益这一根本问题的认知和胸怀至关重要。业内曾有一个说法,何享健每年只计算今年自己赚多少,下面的赚多少他不管,你该赚的去赚。他只给每个职业经理人一个目标。

华为CFO孟晚舟2013年1月21日现身华为2012业绩预告媒体见面会,在回答记者关于员工持股的提问时表示,华为1987年创办时只有2万元,一无所有,如果没有员工持股机制,华为是发展不到今天的。只有把员工利益与公司长远利益绑定在一起,华为才走到今天。华为就是一个合伙制的公司,只不过"伙"多了点,它解决了公司发展中"力出一孔"(聚焦、合力)"利出一孔"的问题。

薪酬差距的问题需要引起重视。很多企业高管的薪酬比普通员工高出20倍以上。管理干部的物质财富得到较好的保障,而大多数员工却对自己的的待遇越来越不满。高管天价薪资国内国外屡见不鲜。担任可口可乐CEO近20年、一手把可口可乐做成世界最具价值公司之一的Roberto Goizueta在1997年的身价高达10亿美元。纽约证券交易所前董事长格拉索因为其薪酬高达纽交所3年的净利润总和而不得不结束了其在纽交所36年的职业生涯。中国平安的董事长兼CEO马明哲2007年薪酬4616.1万元,另有2000万元奖金捐赠给中国宋庆龄基金会,累计年度薪酬6616.1万元,引起社会的广泛争议。

2014年中国上市公司CEO薪酬榜上,联想集团董事长兼CEO杨元庆以2135.9万美元再次位居中资港股CEO榜首。而苹果CEO蒂姆·库克2014财年的薪酬总额只有922万美元。2015年杨元庆以1.19亿人民币年薪继续高居上市公司CEO榜首,而公司出现巨额亏损,且移动互联网业务转型也遭遇滑铁卢,其高薪受到社会极大关注。微软、惠普、IBM的CEO年薪同期分别为8430万美元、1960万美元和1930万美元,其与员工的年薪比例分别为615、189和182,联想的该比例更高。杨元庆的年薪占公司利润的1.7%,微软为0.6%,惠普为0.3%,IBM为0.1%。

与此同时,国资委将央企负责人的薪酬与绩效挂钩,部分利润下滑较大的央企老总,月薪甚至降至万元内,即算是盈利的央企负责人,其薪酬和出身于国企的马明哲、杨元庆相比仍是天壤之别。与高管高薪形成巨大反差的是,基层员工的薪资满意度偏低。2010年《新华每日电讯》报道,尽管许多企业十年来规模和效益大幅增加,但农民工普遍反映"基本工资十年几乎没有涨"。不少企业大都按照当地最低工资标准给农民工发薪水,这种"地板工资"现象和分配不公受到全国两会代表委员的热切关注。

越来越多的企业重视福利的作用,不断在福利措施和政策方面创新。谷歌在福利方面的政策名动天下。在工作体验方面无微不至,无论住多远,免费接送;用最好的专家为员工提供24小时技术支持,解决技术难题;在150英尺内随时获得免费食物;可以带宠物上班等等。在生育福利方面,为新生育父母提供比政府规定更长的假期;每月举行新生儿送礼会,讲授育儿经;为每位新生育父母提供500美元的"宝宝感情培养费",用于支付宝宝洗衣、清洁等费用。在员工家属关怀方面,甚至员工过世后,其配偶在未来10年可享受去世员工的一半薪资,还能获得去世员工的股权;其未成年子女每月享受1000美元的生活费直至19岁,如果是全日制学生,可以领到23岁。

谷歌的福利确实够吸引人,正被许多企业所效仿和学习。更加人性化和个性化的"自选式员工福利"正在越来越多的企业快速推广。员工福利与员工的职务、绩效表现、工作状况等相关联。企业提供内容丰富的福利自选菜单,员工可以对照自己的福利点数来选择自己喜欢的福利组合。自选式福利由于切合员工个人意愿,不仅可以避免浪费,而且能真正发挥激励作用。

二、安全自由:从有钱到有闲

物质财富的需求是第一位的,也是没有止境的。物质财富对于不同的人而言有不同的标准。易于满足的人可能每月5000元也可以做得很开心,而对于欲求较高的人可能每月5万还闷闷不乐。物质财富总是可以用数量来衡量,当然也可以用数量来解决。对于不同的对象来说,无非就是得到的利益数量不同而已。在可以用数量解决的物质利益背后,还有一种精神上的利益不可缺少,那就是安全自由。对于每月5000元可以满足的人,如果他担心今后哪一个月没有了5000元,他就会寝食难安。如果哪一天他被下岗被辞退,这显然是比5000元的工资更打击人。

即算工资收入可以保障,各种职场的不稳定和不安全也会降低员工的利益感知,比如主管的更换、所在部门的调整、所负责业务的变更、工作地点的变化、人际关系的紧张、职场霸凌和性骚扰等等。职业的安全和稳定是在物质利

益之后的精神上所需要满足的利益。迪尔和肯尼迪[133]认为,人们需要一定
程度的工作保障。"员工们非常担心自己的工作前景,对公司的忠诚已经被抛
到九霄云外,到处弥漫着对公司管理层的冷嘲热讽。个人利益成为人们的最
高指导原则。"而人身安全更是基本保障。2021年8月爆出的阿里猥亵事件
值得管理者吸取教训。

　　社会的进步同时也释放出职场新生代的更多自由和个性需求。弹性工作
制、在家办公、共享经济、众筹现象等的兴起,更加符合年轻人喜欢自由、追求
生活工作平衡、注重生活工作体验、兴趣爱好增多等特点。美国曾经有试验数
据指出,穿着睡衣在家远程办公的员工比在办公室西装革履的员工绩效高出
22%。不管试验的可信度如何,新生代的员工更加向往自由、追求个性、享受
生活、更多闲暇精力花在兴趣爱好等,应该是一个不可逆的趋势。

三、职业发展:谋求更大职权

　　虽然每个人的事业心不同,不是每一个员工都想当总裁,但是大多数人还
是希望自己的职业生涯能够不断发展,职位越来越高,权力越来越大,从而实
现更大的价值,获得更多的成就感。在物质利益得到满足以后,人们会寻求权
力和影响,权力和职位被大多数人认为是企业里的利益之一。职业发展受挫
不仅会让员工抱怨,而且会引起人才流失。很多人跳槽是因为在企业已经得
不到升迁的机会而不得不在外部寻求新的职业发展。

　　员工对于职业发展的利益需求有时候并不只是体现在企业内部,甚至会
考虑到在本企业的经历对其今后的职业发展的影响。苹果一直是科技企业的
典范,即使在乔布斯去世以后,新产品的更新换代也保持着固有的节奏。据苹
果员工反映,苹果的文化除了鼓励创新的一面,也有严格管理的一面。有的员
工甚至这么描述在苹果的职业生活:"几乎所有的信息交流都是自上而下传达
的。多疑、无礼的管理方式、持续的紧张气氛以及长时间的工作是对苹果真实
公司文化的最好总结。……大多数隶属于苹果供需管理部门的员工多年来都
选择了逆来顺受的方式,因为他们认为在苹果熬过的这几年至少可以在自己
的简历上留下浓墨重彩的一笔。"所以,员工选择忍耐也是基于公司能带给他
未来职业发展价值的利益需求之上的。

四、理念观点:决策听谁的?

冯仑曾说过,即便是有相同理想、追求、信仰、共同创业的六兄弟,虽然没有经济利益上的冲突,也会面临理念的差异。其实,理念和观点的分歧是企业管理团队之间常见的现象,每个不同的个人对同一件事都会有不同的意见。尤其是高层之间的理念分歧会造成更大的后果和影响,这也常常成为很多合伙开公司的创业者之间分家的直接原因。比特大陆在 2020 年爆出的抢夺营业执照的闹剧就源于两位创始人在经营理念上的分歧。

理念差异和观点分歧是很多高层领导在超越了物质利益之后最难释怀的障碍。管理者都想表达自己的意见,希望自己的建议能够得到采纳和实施。决策权在谁手上,谁最终说了算,权力也成为利益的一种。这种与物质利益无关的分歧是企业内部最难处理的冲突,也往往是许多知名企业土崩瓦解的根源。因为与物质利益无关,大家在争执的时候更加坚决、寸土不让、理直气壮,尤其在面临环境变化和经营不景气的时候,更是以公司生死存亡为坚持己见的理由和立场,到最后难免气用事,甚至原本是有益的意见也不再吸收,所谓刚愎自用、一意孤行,一旦决策失误,企业难免毁于旦夕。

五、个人声誉:名重于利

诚如德鲁克[134]所言:"无论管理者或一般员工,无论在企业内外,每个人都还需要另外一种奖励——声望和荣耀。"声誉是职场里的底线,是必须全力捍卫的基础利益。尤其对于员工的尊重,是包括老板在内的各级主管需要做到的基本要求。有时候,声誉也成为利益交换的筹码。很多企业创始人为了解决创业元老的问题,常常以尊荣虚位来安抚那些开创天下的"开国元勋"。让他们在组织中受到尊重和膜拜,但是没有多大的实权,他们退出企业运作的实务,换得被供奉的尊位。

中国人尤其重视名声,所谓"雁过留声,人过留名",人们总希望自己的所作所为给他人留下好的印象和名声。人们为了报酬而工作,为了声誉而认真工作。有些人对物质财富看得很淡,对职权也不感兴趣,但是却专注于在自己的专业领域取得个人成就,赢取江湖地位。不少人为了声誉可以抑制,甚至牺牲自己的利益。很多人真心帮助他人,真诚付出爱心,在工作中展现出利他的

人性光辉,因此赢得乐于助人、德高望重的声誉。当然,声誉也可以通过多种
政治手段获得。

第四节　利益观

利益观就是组织和个人如何看待利益,以及利益的产生、分配、调整等等。
由于利益的客观基础作用,有意识地构建适合企业特性的利益观是一项不可
回避、也不可节省的工作。在众多的内外利益相关者中,如何分配和平衡利益
值得企业领导们认真思索。在广大员工中宣扬怎样的利益观,同时在管理实
践中加以周密的执行,也是很重要的课题。

创立于 1802 年的世界著名化工军工企业——杜邦[135]的成功经验之一就
是"尽可能使员工利益与企业利润同时达到最大化。"杜邦实行所有员工持股
制和全面福利政策。华为实行高工资、高福利的薪酬政策,也是在公司创建初
期即实行全员持股的企业,倡导知识资本化。华为强调在经济不景气时期以
及事业成长暂时受挫阶段,或根据事业发展需要,启用自动降薪制度,避免过
度裁员与人才流失,确保公司渡过难关,其真实目的在于不断向员工的太平意
识宣战。自动降薪制度使员工认识到高薪不是固定该有的,薪资也不是神圣
不可动摇的,让员工能够自己接受个人利益与企业利益共甘苦的意识。

古今中外,各种思想文化都是某种利益理论、价值观的反映,表达了一个
社会追求什么样的利益,为谁追求利益。无论中国的儒家文化,还是西方的基
督教文化、新教伦理,或者印度的佛教文化,其主导的思想无不体现在利益观
上。基督教从产生之日起就是犹太民族争取解放斗争与自身利益的精神依托
和武器。而现代社会产生的所谓"文明冲突"归根到底是各种文化为载体的利
益群体为了自我利益所导致的冲突。[129]

从前面的分析可以看出,中国人的利益观和西方人的利益观存在一定的
差异。西方更重视个人利益的合法性,中国传统观念则强调利益取得的合理
性。西方对利益的探讨从哲学演变为经济学、管理学,逐步深化为如何实现私
利和公利的均衡,而中国则较多侧重于哲学层面的探讨,注重在思想意识上的
引导和道德判断。无论是中华传统文化,还是西方文化对于利益的认知和实
践,时至今日,在以下几个方面已经形成基本的共识:

一、除了物质利益，人的利益还有更多内涵

利益从物质层面而言就是金钱财富，从精神层面而言包括荣誉、自由、安全、权力、地位、闲暇等等。西方社会较早强调了对个人利益的保障，较早进入资本主义时代，对于利益这一经济学的基本概念的研究分析非常深入、系统和全面，形成了诸多经济学流派，并且在经济学和管理学的理论研究和现实实践上都积累了上百年的历史。而中国由于封建社会的漫长，只有经过短暂的民族资本主义时期就进入社会主义时期，直到 20 世纪 80 年代改革开放以后才比较客观地认识到个人利益的正当性和重要性。因此对于利益的了解和研究还有待深入。

虽然利益不只物质利益，但是精神层面的利益需要建立在物质利益的基础上。森虽然认为贫穷依然可以拥有自由，人的自由利益不能被落后的物质水平所遮盖，但是社会的发展进步需要的是物质利益和精神利益的共同体，人们所希望拥有的是建立在温饱基础之上的自由。显然，在人民物质生活水平得到发展、人的物质需求得到满足以后，非物质的利益需求就随之而来。这些非物质的利益其实从一开始就存在，只不过在物质利益没有满足之前显得不那么急迫而已。而随着技术进步、经济发展，当物质利益逐步得到满足以后，非物质的利益就显得更加重要。

二、利益观与道德密切相关

利益与道德从来就是一对离不开的范畴。贯穿中国传统社会的"义利之辩"，将利益观和道德紧密联系在一起。儒家主张"义以生利""见利思义""合理取利"，强调利益的道德性。孔子说："富与贵，是人之所欲也，不以其道得之，不处也。贫与贱，是人之所恶了，不以其道得之，不去也。"俗话所谓"君子爱财，取之有道。"在消费利益观上，中国传统文化以节俭为善，以奢侈为恶。墨子主张"节用""尚俭"。孔子也主张"弃奢取俭"。荀子说"身贵而愈恭，家富而愈俭""身劳而心安，为之；利少而义多，为之"。韩非子也提倡"俭于财用，节于衣食"。虽然当政者一直宣扬节俭，但现实生活中，奢侈之风总是不绝。到了宋朝，"天下以奢为荣，以俭为耻"的社会风气就是例证。即使朱熹的禁欲主义，也只是对普通百姓的禁欲要求，而对统治者则网开一面。

亚里士多德提出对利益的追求要适度，并且把经济利益与道德交织在一起，重视经济利益的分配公正问题，提出了分配的正义。基督教时代，把对金钱、财富、权力的贪婪以及性的渴望看作令人堕落的主要罪恶。到了17世纪，西方社会已有思想家把利益视为人性的根本。此后，西方经济学一直以理性经济人假设为基础。新制度经济学则把它演化为"机会主义行为倾向"，强调人们在经济活动中有一种投机取巧的倾向，为了自己的利益，一旦有可能就试图破坏规则、钻空子、投机取巧。许多经济学家指出了获取利益的正当性和道德要求。巴斯夏认为，追求财富的手段要道德，只要不越出道义的界限，都是可尊可敬的。如果超越道义的、贪得无厌地追求财富，就是不道德的。有道德地追求财富能够带来利益的和谐。诺斯也认为，意识形态、伦理道德和价值观可以解释人们的非理性行为。史蒂文斯肯定了利他主义的行为。贝克尔则以数理经济学方法分析了利他主义的可行性。有的经济学家指出，在成熟的市场上，只有遵循道德的行为才能给个体带来最大的利益。因为道德可以节省交易成本、提高效率、防止经济失灵。[129]

资中筠[136]认为人与生俱来的本性有三个：自由、利己和占有欲、好奇。她认为利欲本身是中性的，没有善恶之分。但是用什么手段达到目的，就有区别了。界限就在是否为利己而损人。从现代管理学的研究来看，利益本身无好坏之分，区别在于获取利益的目的、手段和结果。

在个人道德和集体利益之间有时候存在所谓"脏手"的两难困境。某种行为对团体或组织利益有极大帮助，但是这种行为对个人道德而言却是违背良知、超越底线的，为了集体利益而牺牲个人的声誉，这对很多领导者而言是巨大的考验。有学者提出，只有在所做的事情本身是错误的情况下，手才会真的变脏。这种观点为那些不得不牺牲自己的领导者在理论上予以心理安慰。如果目的是正确的，结果也是正确的，手段可以是肮脏的。而对于那些无法明确判断目标和结果的事情来说，就更加复杂、难以决断了。有些领导者会主动利用这一点，在形势复杂、内部分歧严重、事态发展难以掌控、员工无所适从的情况下，会有意编造故事、隐瞒事实真相、蒙蔽组织成员和他一起去实现他所认定的组织目标。如果领导者的出发点是为了组织或者为了达成组织目标，这种欺骗手段是可以接受的。但是也有本质邪恶的领导者为了个人目的或利益，而以这种手段来利用组织成员，这种做法就是不可饶恕的。可怕的是，最终连领导者自己也分不清孰真孰假了。

安然、世通等企业欺诈丑闻的暴露在西方企业界敲响了警钟。CEO们比普通员工高达几百倍的薪资收入让人们看到了高层管理者的贪得无厌。2008年的金融危机让全世界认识到美国金融资本体系的内在风险和资本无节制的贪婪。资本市场带给 CEO 们的巨大业绩压力让高管们不得不屈服于短期盈利，而无暇顾及长远利益和利益相关者利益。沃伦·本尼斯[137]称"在美国人的性格中，往往有个人权利和共同利益的冲突"，而且"这种矛盾在今天比以往更加强烈"。"一些美国人仍然着迷于快速暴富和投机赚钱。"公共利益被个人需求所取代。美国的商业规则正受到越来越多的挑战。有识之士已经意识到，对私利的追求必须有所节制。

三、个人利益、集体利益和公共利益既有矛盾，也有交集

有利益就有矛盾。个人利益与他人利益、个人利益与集体利益、个人利益与公共利益、集体利益与集体利益、集体利益与公共利益、各种阶级利益之间，都存在矛盾。与此同时，各种利益之间又相互关联。利益不仅仅是客观上人们所获得的财富或主观上的感受和效用，更重要的是利益之间的相对性和相互关联。没有离开他人利益的纯粹的个人利益，也没有离开个人利益的纯粹的他人利益。各位思想家和经济学家对利益均衡机制以及协调机制已经做了深入的探讨。霍布斯提出以契约的形式来调整利己与利人的关系，斯宾诺莎则用理性来调节。斯密以"自动公益说"、穆勒以利益"合成说"、马歇尔以利益均衡论在市场自由主义的基础上从个人主义利益论角度进行研究。康芒斯主张用道德、法律、经济手段，诺思强调意识形态，德姆塞茨则倡导团队建设，科斯则从产权、交易成本的角度调节个人与集体的行为。森则论证了个人利益和集体利益之间存在交集。[129]总之，需要冲突各方通过协商，寻求公正的机制来解决利益主体之间的利益矛盾。

有研究人员发现，"相对于绝对公平的领导者，人们更欣赏偏袒本团队内部利益的领袖。"这一点对于很多原则性强的领导者而言真是够打击的。下属和追随者其实希望领导者能够维护和扩大他们的利益，哪怕是采取不道德的手段。人们为了自己的利益，希望领导者能够牺牲公共利益和公共道德约束。这是个考验领导者政治能力的难题，也反映了现实中人性的无奈。

郭士纳[132]以他自己亲身的经历提醒道，如果某种管理举措总是要求以利润为中心的经理人为了组织的更大的整体利益而牺牲他们自己的利益，这些举措将很困难推行，会在组织内部掀起巨大的争议并导致剧烈的和长时间

的矛盾斗争。在道义和道理上,领导者一般会要求下属牺牲局部利益而服从组织利益,但是在执行的过程中会遇到巨大的阻力。这就促使领导者要在事先充分意识到问题,并做好充足的规划。

不同利益主体之间的利益需求可能会存在冲突。曾德明等人[138]的研究表明,高新技术企业员工想要通过做项目来提高他的职业地位、知识产权和将来的盈利能力,但企业通常只想着把当前的知识运用于正在开发的增值产品中去。这两个目标在时间和空间上不能总是相一致。因为高新技术企业的研发人员具有三大特点:较高的教育水平、独立的个人偏好、倾向于个人专业化的价值取向。研发人员对于个人偏好和价值取向的执着追求,就会造成企业和个人之间的利益冲突。

员工与企业的利益关系随着科技的发展和社会文明的进步也出现新的变化。过去单一的雇佣关系转变为"互惠联盟"关系的趋势已现端倪,出现了分工协作、外包、众包、项目制、兼职、共享等许多新的工作形式。互惠联盟关系不再只是雇佣关系那样在雇佣期间的劳动—报酬交换关系,而是双方在合作期间带有投资意义的关系。员工离开了公司,还可以通过各种社交网络为企业进行品牌、产品、营销等传播。比如麦肯锡建立了"麦肯锡校友录",过去离职的员工还继续为公司提供人脉、情报、推荐人才,甚至带来销售订单。LinkedIn创始人里德·霍夫曼[139]提出,移动互联时代的企业员工关系应该从商业交易转变为互惠关系,需要建立一种彼此信任、相互投资、共同收益的"结盟"关系。

个人利益不只是绝对数,而且人们更关心相对数,就像凡勃伦所指出的那样,人们追求财富,不只是为了生存,更是为了面子。每个人都想得到更多的财富。孔子"不患寡而患不均,不患贫而患不安"说的也是同一个道理,人担心的是自己分的比别人少,而不是比别人多。中国传统文化是"礼以定分,贫富均平"的利益分配思想,是等级分配制度和平均主义的结合。但平均主义现实操作难度比较大,世界上没有绝对的平均。在企业组织中,如何处理个人利益,尤其是个人与个人之间的利益格外重要。企业组织与政府组织不同,企业的使命就是追求利润最大化。当然这种利润最大化是在内部利益关系达到平衡的状态下实现的。企业投资者不应该只为了自己投资利益的最大化,而去损害员工个人的利益。员工利益得不到保障或者满足,企业的整体利益就难以实现。企业的激励注重的是与贡献挂钩。对贡献大的予以激励,目的是激励员工更加努力工作,为了企业获得更好的业绩和收益。企业倡导的是相对公平,是与贡献相对应的公平。绝对公平在企业管理中不仅不能取得好的效果,反而有可能打击贡献大的员工的积极性。因此,要打破"大锅饭"。这是企业利益分配与社会利益分配的区别点。企业注重效率优先。社会利益分配需要关注效率和公平的统一。

四、利益是政治、经济的根源

用奥托·欣茨的话说,"无论在哪里,一般说来,真实的利益,即政治利益和经济利益是社会行为的第一推动力。"在洪远朋担纲的专题研究成果中明确提出,一切经济活动的核心是经济利益。一切社会活动的中心是利益。[129]一切社会关系的核心是利益关系。处于不同群体、集团、阶层、阶级、民族和国家中的人们,具有不同的利益目标和利益诉求。人们产生从事经济、政治、文化活动的动机无不出于对利益的追求。处理一切社会关系,必须把握其核心,即利益关系。

人类社会的早期没有政治组织,没有国家机器、阶级,随着人类各种利益需要的不断提升,利益矛盾、冲突逐渐显现,于是就有了人际矛盾、阶级矛盾、民族矛盾以及国与国的矛盾。霍布斯认为,国家的起源是为了解决人们利益之间矛盾的,人们为了自己的利益和自我生命的保存相互之间签订契约,这样就逐步形成了国家。柏拉图把人分为三个阶层,每一个阶层的利益需求和实现方式也不一样。在亚里士多德看来,追求利益的权利对于统治阶级和奴隶而言是不平等的。李嘉图则把工人、资本家和地主的利益摆在了阶级的对立地位。托马斯·阿奎那明确指出:"一切当权的人都应当照顾到他们所照管的人的利益。"可见,利益作为杠杆,撬动并平衡着民族与民族、阶级与阶级、国与国的关系。利益是指导各种政治行为的原则。利益决定、支配政治权力、政治活动。阶级利益之争反映了意识形态之争,利益与政治紧密联系在一起。马克思、恩格斯则以阶级分析的方法指出,阶级斗争是阶级社会的发展动力,而阶级斗争又是由利益所引起的。利益纠纷是阶级斗争产生的物质根源。[129]由此可见,利益是政治产生的根源。

企业作为经济组织和社会组织中的一种最主要的形式,自然也具备这样基本的经济社会关系特征。利益关系也是企业中最核心的关系,利益也是企业中的员工各种行为的动机,是企业内部政治的根源。

五、人性不只是利己,也有利他

稻盛和夫[140]说:"私欲的追求要适度,满足于略感不足的状态,剩余的就与人分享。"现代文明源于人的欲望,人们想要吃得更好,赚得更多,活得更快乐,社会财富和科学技术获得了飞速发展。但在物质文明发展到一定阶段,文明进入新时代,就需要建立让对方更好、让他人更幸福、以关怀和爱为基础的利他的文明。

个人追求利益,总是走向自我膨胀、自我放大的恶性循环中,导致利欲熏心,变本加厉,甚至损害他人利益。比如2020年11月的蚂蚁金服IPO风波,如果没有被及时叫停,资本的无节制扩张将愈演愈烈,最终带来巨大的风险。因此,对于个人利益的无限追求仍需要一种机制来约束。很多现实情况下,某些企业老板或资本家的道德修养是靠不住的。

史蒂文斯表示:"按利他主义的观点,分享意识是一种强有力的大众黏合剂,人们愿意为此放弃收益。"不过,"在理性选择和蔑视手段的利他主义中间,存在大量的灰色区域。如果我向穷人捐赠,我是出于改善穷人的命运,抑或使我感觉更好,还是出于降低社会动荡的可能性?"我们可能无法精确地判断一个人做慈善,究竟是高尚的利他主义,还是高尚的自利主义。菲奥莉娜[84]也曾说:"我们给全世界和人们的生活带来福音的努力并非处于同情心,而是因为高尚的自我利益需求。"虽然动机难以鉴别,但结果利他总是确定的。人们做慈善事业的同时,也帮助做慈善的企业和个人获得利益。人有自我利益需求,关键的是这种需求如果能够建立在不损害组织或他人的基础上,或者自我利益与组织或社会利益相冲突的时候能够退让,这种利益需求就是高尚的。企业管理者应该在组织中极力宣扬这种利益观。

如果企业以追求利润最大化为目的,则不得不尽量降低成本,包括人力成本。虽然后来社会责任和利益相关者理论兴起,但企业在西方经济理论源头上仍是以利润最大化为目的。这与人的发展和社会文明的进步相矛盾。化解这个矛盾可以从中国传统文化中寻找答案。

西方对于利益的认识从个人利益在组织中如何分配出发,企业所有者往往从自身利益出发,将劳动者作为生产要素之一,利益分配的决定权在企业所有者手中,不管是创始人还是职业经理人,只要有机会能够做到,往往尽量压缩员工的利益,而给自己的利益最大化,包括股东利益最大化,即使劳动力市场对员工的劳动价格有一定价值指示功能。股东与员工之间利益的分配并没有准确的计算公式,不存在分配的公理,大多取决于决策者的一念之间。资本雇佣劳动和劳动雇佣资本的争议尚无定论。

从企业实践看,现在的趋势是越来越认可劳动者的价值贡献,对劳动者的认识经历了从人力成本到人力资源再到人力资本的过程。给员工利益分配多的企业往往效益更好、发展更快,也获得更多的社会尊重,比如华为、美的、腾讯等企业。

中国传统文化对利益分配的思想比西方的理念更加符合社会文明的发展趋势。儒家思想强调组织"不以利为利,以义为利",倡导企业领导者"不与民争利",从伦理的角度给予员工更多的利益分配,而不是西方经济学理论过多关注资本、劳动之间的准确数量关系。资本和劳动的关系不是单纯的数字关系,而是在一定的经济约束背景下的社会关系。劳动者在企业中的追求更加注重个人发展和价值体现,注重企业与员工共生共荣的关系,而不是简单的经济契约关系。他们会要求越来越多的回报,包括物质和非物质利益。和谐的利益均衡的劳资关系能创造更大的企业效益,真正实现多赢和良性发展。这是现代企业管理应从中国文化中汲取的营养。

林则徐"苟利国家生死以,岂因祸福趋避之",更是彰显了个人在国家利益面前的牺牲大义。各种义务救援队、慈善活动、捐赠捐助、志愿者、义工等等,都是利他主义在现实生活中的具体体现,彰显出人性的光辉。超越个人利益的利他主义,正是新时代文明所呼唤的。

六、利益相关者理论:利益平衡是关键

所有公司都要依赖于众多的利益共同体来取得成功,包括供应商、员工、客户及社会。只关注股东价值的企业注定以失败告终。惠普的联合创始人戴维·帕卡德认为:"公司的责任不仅仅是为股东创造利润……我们对员工、顾客、供应商和整个社会的福利都承担着重要的责任。"[133]

利益相关者理论在20世纪80年代后快速发展。与传统的股东利益至上主义不同,利益相关者理论认为企业是所有利益相关者之间的一系列多边契约,任何一个公司的发展都离不开各利益相关者的投入或参与,企业追求的是利益相关者的整体利益,而不仅仅是某些个别主体的利益。企业的利益相关者包括股东、管理层、员工、债权人、供应商、经销商、客户、消费者、竞争者、政

府、社区、社会团体、媒体等等。利益相关者管理指企业的经营管理者为了综合平衡各个利益相关者的利益要求而进行的管理活动。

所有利益相关者都为企业注入了一定的专用性投资，同时分担了风险，付出了一定代价。股东投入了资金资本，员工投入了人力资本，供应商、经销商、竞争者与企业存在很强的相互依赖性，客户和消费者对产品有了解信息、品质和服务保障的要求，企业必须在一定的法律、政策框架下运营，需要遵循社会道德和商业伦理约束，接受媒体监督，履行社会责任，企业与社区在环境保护、居民生活、公共资源等方面关系紧密。因此，企业除了重视股东的利益，也要关注其他利益相关者的利益；除了赋予管理层的经营管理权力，也要鼓励和保障其他利益相关者的知情、参与和监督权力。

企业行为与各利益相关者的相互关联越来越紧密。企业裁员、倒闭破产，除了影响员工的利益外，还会影响社会稳定，因此政府不得不出面协调。"借呗"用 30 多亿资金发放了 3000 多亿元贷款，高杠杆风险最终转嫁到蚂蚁金服的普通用户身上。"花呗"的年化利率大约为 15％～16％。蚂蚁金服利润的主要来源是贷款的高利贷利差，全部风险转嫁给社会，最终引发监管风暴。内部事件可能引发公关危机。2021 年 8 月阿里女员工举报在出差期间遭到猥亵，消息上网后，舆论汹涌，阿里副总裁、同城零售事业群总裁李永和 HRG 等高管引咎辞职。虽然猥亵涉及违法犯罪行为，最终结论需要等待警方调查，但事关员工权益和员工关系，话题敏感，同时阿里作为影响力巨大的公众企业，必须考虑到社会影响和可能存在的公关危机，需要快速反应。

企业家关于利益相关者管理的态度影响企业形象和发展。很多企业通过股权激励等实现利益分享，极大地激发了经营管理团队和员工的积极性，促进了企业发展。马云认为"能做'996'是一种巨大的福气，很多公司、很多人想'996'都没有机会。"但官方认为"996"严重违法。2021 年 7 月河南遭遇暴雨灾情，鸿星尔克捐赠 5000 万元赢得网友力挺，直播间被挤爆，引发"野性消费"现象。与之相对比，2008 年汶川大地震，马云捐款 100 万元，他认为企业家的责任不是捐款，把企业办好才是最大的慈善；王石以公司名义捐款 200 万元，还说捐款不应该成为公司的负担；而邵逸夫和王永庆分别捐款 1 亿元。马、王的言论和行为被网友质疑。

虽然从理论上讲利益相关者管理理论具有可行性，但如何界定一个企业的利益相关者、如何组织利益相关者的集体行动、利益相关者之间的利益如何平衡等问题极其复杂,在管理实践上存在相当大的难度。虽然不能只追求利润最大化和股东价值最大化,但企业也不是福利机构,追求经济利益仍然是企业长期的根本任务。德鲁克和安索夫都认为:经济成果是第一位的,只有在基本目标达到之后,才能追求社会或非经济的目标。[32]

　　世间安得双全法,不负如来不负卿。要在众多的利益相关者之间取得平衡,何如其难。解决之道,唯有迎难而上。

第三章　公司政治的核心——权力

詹姆斯·伯恩斯[141]的一段话让我们对权力这个话题既兴奋又绝望："作为权力的操纵者和牺牲者，2000 多年来，人类一直在探索权力的奥秘，但是权力的实质仍让人捉摸不透。目前还没有人像科学家研究原子弹那样，透彻地掌握权力的秘密。可能事实就是这样。"本章将从多个维度讨论权力这个令人又爱又恨的话题，以及权力与公司政治的关系。

第一节　权力：潜在地影响他人或
拒绝他人影响的能力

在政治科学中，权力是一个非常重要的基础概念，权力是政治最主要的组成部分。根据学者的研究，有人认为政治的本质是为权力而斗争，是一套以权力为目标的大型游戏。但是如果权力排除了其他目的，成为政治的目标，它就会变得离经叛道、野蛮残暴，甚至自我毁灭。[142]正如 19 世纪英国历史学家和哲学家阿克顿勋爵所说的："权力导致腐败，绝对的权力导致绝对的腐败"。罗素[128]认为，有能力的人天生喜欢权力，而且都希望拥有比他们本该拥有的更多的权力。罗素说："在人的各种无限欲望中，主要的是权力欲与荣誉欲。……获得权力往往是获得荣誉的最便捷的途径。"因此，他认为，"在社会科学上权力是基本的概念"。

法约尔对权力的定义是"下达命令的权利和强使别人服从的职权"。他将权力区分为正式权力和个人权力，认为管理者因担任的职务或地位而拥有的权力是正式权力，由于个人智慧、经验、道德品质、领导能力、过去的服务等而产生的是个人权力。一位好的管理人员能够用他的个人权力来补充正式权力的不足。而且他还说明了权力与责任相称的著名论点。韦伯认为"权力是把一个人的意志强加在其他人的行为之上的能力"。他指出,任何一种组织都是以某种形式的权力为基础的,如果没有某种形式的权力来指导,组织就不能实现目标;权力能消除混乱,带来秩序。[32]

伯恩斯[141]认为,"权力是普遍存在的,它贯穿于人际关系中。不管人们是否需求,它都存在。它是大多数人的荣誉和负担。"米歇尔·福柯也认为权力无所不在,它深深扎根于社会关系之中,伸入社会的各个领域、各个角落。社会中的一切机构,诸如学校、工厂、医院、家庭等等都普遍存在权力关系。个人既处于服从的地位又同时运用权力。对福柯来说,权力不是一种固定不变的可以掌握的位置,而是一种贯穿整个社会的"能量流"。权力以网络的方式运作。福柯说,能够表现出来有知识是权力的一种来源,因为这样你可以有权威地说出别人是什么样的和他们为什么是这样的。福柯把权力看做人与人之间社会连结的一种关系,是一种泛化的权力观。

丹尼斯·朗[143]把权力视为社会生活的一般属性,对权力的定义是"某些人对他人产生预期或预见效果的能力",把权力明显地限制在有意识的人类目的的效果范围内。在他看来,权力是为了追求目标或结果而对财富、身份、技巧等等资源的激活。从最广泛的意义来说,权力是某一主体利用某些资源对客体实行价值控制,致使客体改变行为或顺从,以实现主体意志、目标或利益的一种特殊社会力量。权力存在于他人的依赖性上。斯格特[34]认为,个人权力可以定义为影响的潜力,以一个人制约另一个人的能力和愿望为基础,而这种制约是通过操纵对后者来说非常重要的奖励或惩罚来实现的。个人权力以所有资源为基础(金钱、技术、知识、力量、性吸引力),他或她可以利用这一切来帮助或阻碍另一个人实现期望的目标。

学者们对权力的定义没有主观地给权力加上成见和偏见的色彩,没有设定权力是消极或积极的、善意或恶意的评价。

一、权力的多维度认知

王爱冬[144]的一个调查结果表明,相当多的一部分人认为"权力是实现个人理想、抱负的必要工具,获得大的权力能实现大的理想和抱负,获得小的权力能实现小的理想和抱负"。"行使权力能满足个人的自尊心、自强心。权力给人一种成就感。"有一部分人认为"权力是个坏东西，它导致腐败，许多人当官前是个好人，随着权力的升级，变成了坏人、贪官。"也有人认为"权力本身无所谓好坏，完全取决于用权之人的好坏。"有的人说"权力是一柄双刃剑，使用好了能实现理想抱负，弄不好会伤及个人，甚至身败名裂。""对上级权力只能选择服从。但绝对服从权力的人是奴才，不懂得服从权力的人是蠢材。""权力是个好东西，必要时可以与之交易。"可见，现实生活中人们对于权力的认知存在一定的差异。

朗[143]认为权力具有以下特征：(1)有意性。权力是有意和有效的影响，虽然有可能对他人的非有意影响大大超过原先的希望和设想。(2)有效性。当企图对他人行使权力而未获成功时，当胸怀大志的用权者的预期效果实际上未能产生时，就面临权力的落空和失败。当行使权力的努力失败时，虽然过去类似的努力已获成功，仍证明权力关系的中断。(3)潜在性。权力通常定义为控制或影响他人的能力，但是实际行使权力和拥有权力是两回事。权力的潜在性是指当权力没有被行使时，权力仍然存在。(4)非对称性。掌权者对于权力对象的行为实施较大的控制，正如 Gerth 和 Mills[145]所说，"如果人人平等就不会有政治，因为政治包含着上下级。"在权力面前没有真正的平等。但是，在不同的场合和情境，参与者可能会不断更换掌权者和权力对象角色，因为在某些特定的情况下，不同的参与者拥有各自的优势，因而成为该领域的掌权者。因此，不同参与者在各自优势领域的控制权形成了权力的平衡。而参与者之间领域的划分通常是讨价还价过程的结果。

权力在以下几个方面可以产生积极作用：合理配置资源；为建立良好的组织环境与人际关系创造条件；帮助组织成员选择目标，沟通信息，寻找自我实现的途径；促进人们彼此之间的交往和互相尊重；为个人行为提供一种合法的地位。权力在以下方面也可以产生消极作用：个人独立性的削弱；情绪压抑与情绪膨胀；人的堕落；教条与守旧。[146]权力是人们实现人生价值和事业的工具，能赋予具有正义感的人惩恶扬善、伸张正义的条件，也能够激发人们实现理想，增强组织责任感。当然，权力具有腐蚀性和自我膨胀的特性。权力会强化当权者的骄傲自大，给他带来一切围绕自我的错觉。

在管理学家看来，权力指一个人潜在地影响他人的行为或拒绝其他人的影响的能力。[81]在组织中，人们可能通过权力来塑造他人的行为。菲佛[15]认为，权力是基于资源依赖与处理不确定性的能力。他对权力的定义是："影响别人的行为、改变事态发展进程、克服阻力、让人们去做他们本来不愿做的事情的潜在能力。政治与影响则是这种潜在的力量得以利用和发挥的过程、行动和行为。"罗宾斯和贾奇[18]也认为权力是影响其他人做其原本或许不愿做的事情的一种能力。可见,权力是使行为发生变化的能力,而这种变化本来可能不会发生。Cavanagh等人[113]把权力理解为为了其所偏好的目标或战略而调动资源、能量和信息的能力。公司中既存在制度性权力,又有非制度性权力。非制度性权力的运用使企业中的权力关系更加复杂、更加难以捉摸。企业组织中最常见的是职位权力,即职责范围之内的权力,个体或机构在企业组织中被授予一定的决策权、办事权、处置权或其他权力。Piercy[48]指出,组织通过结构来运作,而权力存在于结构之中。

达契尔·克特纳[147]认为权力是一种影响他人的能力。权力已经不是像过去那样只为某些特定的人所拥有的、高高在上的样子。他说:"每一次交流互动,每一段人际关系,权力无处不在。比如想要让两岁的孩子吃些蔬菜;激励固执的同事把工作做到最好;为别人提供了机会;问了朋友一个恰到好处的问题,激发了他的灵感;安抚了某个同事紧张的情绪;引荐了一个正努力在社会上立足的年轻人,权力都蕴含其中。"他认为权力体现在日常行为中。权力就是改变他人状态的能力,他所说的"状态"可以指代任何事物,包括账户、信仰、感情、健康等等。

French 和 Raven[148]将权力按其来源分为五种类型:奖励权力、强制权力、法定权力、参照权力、专家权力。奖励权力包括推荐员工涨薪、晋升、绩效评估、表扬等;强制权力包括解雇、调离重要岗位、惩罚、批评等;法定权力是由在组织中的位置带来的,即职位权力,比如给下属布置任务、调动工作等;参照权力是因为与有权的人建立关系而具有的连带权力,其获取和使用基于人际关系;而专家权力则是因为具有组织需要的特殊能力或专业技术。这五种权力相互关联,比如拥有法定权力的人也有奖励权力和强制权力。追随者因为仰慕,想接近、仿效领导者,领导者因此拥有对追随者的参照权力,比如粉丝现象、追星族等。有人把参照权力称为魅力。

随着社会发展到知识经济时代和互联网时代,权力的组成也发生了不可忽视的变化。由于员工自主管理和参与式管理的呼声日益高涨,奖励权力、强制权力和法定权力这些职位权力的作用有所减弱,员工的个人权力的影响力日益加大。我们从现实生活中可以发现,知识在企业经营管理中的作用越来越大,资本雇佣劳动和劳动雇佣资本的界限已难以划分,物质资本和智力资本在企业中已逐渐融为一体。以知识为代表的专家权力的重要性更加突显,专家权力在员工群体中的分布也日趋分散化、平均化和普及化。普通员工的知识水平快速提高，知识面越来越广。要想拥有某一方面特别的专家权力需要更多的努力、更加专注和更多的积累。专家们也更容易遭到其他人的挑战和质疑。专家不仅仅需要在专业知识和技能方面加强学习，而且在道德情操方面也需要更严格的自律。

二、信息时代的权力密码

信息是重要的权力来源。美国前总统约翰逊曾经对约翰·加德纳[149]说："那些新闻媒体谈论我为什么能成为成功的参议院多数党领袖时，总是强调我能言善辩，很有说服力。几乎没有任何人提及我比我的同事们拥有更多和更好的信息。"用法拉奇[150]的话讲，"信息是当今世界基本的硬通货"，因此需要去努力培植"关系"，建立一个可以依靠的圈子。约瑟夫·奈[151]甚至宣称，权力正在从"拥有雄厚的资本"转向"拥有丰富的信息。"他指出，信息成为权力，尤其是在信息扩散之前。因此，对新信息及时作出反应的能力是一种至关重要的权力资源。随着信息经济的兴起，原材料变得越来越不重要，组织能力和灵活性则越来越重要。在迈尔和布鲁姆[152]看来，信息是数字化时代最重要的权力资源。

不仅信息本身成为权力的重要来源，全球范围内的巨量信息的即时传播、分享、互动，更使得我们身处的这个信息时代的权力观也发生巨大改变。朗[143]指出，"通信技术革命已经建立了新颖、复杂的说服工具，使用这些工具构成了至关重要的权力资源。"过去领导者控制信息在组织内的流动从而拥有比其他人更多的权力，但现在人们可以从互联网、移动互联网、即时通信、社交网络等各种渠道快速获得所需要的信息；过去可以通过捏造虚假信息、篡改信息、扭曲原始信息等手段来蒙蔽、吓唬或威胁员工或领导，现在人们拥有更多更便捷更有效的信息核实和甄别的工具。

同时，由于网络的虚拟性，网络更容易被人利用、被欺骗。网络信息的传播速度更快，煽动性更强，人们更容易被利用，很多不明真相的人往往被虚假的网络信息所误导。人们在网络中的身份变得复杂，个人在网上可以拥有多个不同的身份，从而在不同的社交网络中扮演不同的角色。人们更容易在网络中找到与自己观点相同或相近的知音，意气相投的人更容易在网络上聚拢，从而结成盟友。信息时代让权力分散得更广、更深，从而加大了不确定性，改变了组织中权力的面貌。主管的指令、对工作的理解和判断一旦发布，下属职员们就可能实时地在即时通信工具上讨论、交流，从而使过去单一的从上至下的指挥路径变得不再那么有效，员工们可能会有更多质疑。如果主管不是出于公心，或者主管的指令不正确，下属们可能更容易形成一致抵制意见。传统的领导方式在信息时代将遭遇巨大的挑战。

　　要获取真实的信息不是一件容易的事情，对于身居高位的领导者而言更是如此。领导者需要提防所得到的信息被下属所截留、设计和粉饰。曾经有位 IBM 的员工在郭士纳上任不久给他写了一封信，告诉他"我确实听说，你走访位于北卡罗来纳州罗利的办公地点的活动是被事先安排好了的：你所经过的路线是事先安排的；你将要参观的大厅，他们也事先重新粉刷了墙面并铺设了新地毯"。欧洲有个 IBM 国家区域总经理每次在全球总部的领导走访的时候，都会纠集一帮忠于自己的人、专门安排他们充当领导走访的对象并事先进行演练。[132]可见，即算是领导者亲眼所见，也未必就是事实真相。从另一个角度思考，也可以说是下属通过对信息的有意篡改和屏蔽，从而使得其拥有了本不该拥有的对上级的权力，下属本来是应该向上级提供真实的信息，这是上级的获取信息的权力；但是如果下属根据自己的意图修改了信息，那么他实际上便对上级拥有了操纵信息的权力，上级获取的信息是按照下属的意图所加工过的信息，而不再是他本该获得的真实信息。

　　正式组织中都有制度设定的信息流动渠道和系统，包括各种书面的和 IT 系统的。但在实际情况下，一些最重要的信息常常是通过非正式的渠道流动的，很多最重要的信息往往是通过口头而不是被存档或储存的系统传递的。非正式的信息流包括谣言、流言以及各种议论等等。对企业领导者来说，了解并管控信息流是非常重要的工作。一方面通过对组织体系的精心设计，建立良好的顺畅的团队信息沟通文化，以获取有用的真实的决策信息。一方面通过公司官方信息系统，发布、塑造、树立有利于企业和维护自身领导的信息，巩固和扩大影响力。同时通过信息系统以及其他的辅助手段，了解非正式的信息流。通过多向收集彼此冲突的下属汇报的不同信息，形成最接近真实情况的汇总和复原，尽量降低信息的失真度。

　　当然，领导者如果想利用网络信息的力量来加强自己的领导或者谋取私人利益，掌握信息产生的源头、控制信息的流动、监控信息流的内容，以及在信息流和大数据的处理能力和技术手段方面的优势，都是重要的权力来源或者权力组成的一部分。信息时代，一方面权力更加分散化，另一方面，权力也可能更会被监控和操纵。只要你处在信息流通的中枢,或者这个信息网络就是由你搭建的,你拥有的信息处理能力更强,技术资源更多,网络中的人和信息都处在你的监控之下,你就拥有更多的对他人的影响能力和改变他人行为的资本。由于企业本身存在一定的组织边界,包括人员以及他们之间的信息流动,给管理者管控企业内部信息流动创造了一定条件。但是由于社交媒体的普及,员工个人之间的私人网络渠道难以纳入监管范围。因此,权力分散化和组织的监控将处于博弈状态,给管理者和被管理者都带来了新的挑战和机会。优秀的领导者应该更多考虑如何顺势而为、利用互联网络来为自己的权力加分,而不是只考虑硬性的信息监控。

奈[151]把内外部信息流的管理看作是领导者发挥硬实力的组织技巧。领导者应该创建并维护良好的信息体系,确保获得准确的内外部信息流,在此基础上制定决策并执行;确保未经修饰加工的坏消息直接向上传达给领导者,并能立即采取应对措施,从而实现对影响决策的信息流进行有效管理。

第二节　权力的几个关键问题

一、权力的善恶,取决于权力的行使

从概念而言,权力本身无所谓善恶。加德纳[149]说,"在伦理上,权力是中性的,它可用作善意的用途,也可用作歹意的用途。"人们对于权力的善恶评价主要来自权力的行使。拥有权力和行使权力的是人,权力体现了人的意志。权力既可以帮助人、陶冶人、锻炼人,使人们有机会施展自己的才华,发挥聪明才智,实现组织目标和个人理想,造福社会;同时也可以在失去应有监督的时候不再有敬畏之心,为所欲为,忘乎所以,从而使个人道德沦丧,使组织利益损害,遗祸社会。

迈尔和布鲁姆[152]强调,权力本身既不是好的也不是坏的,它的伦理价值仅仅来自它与公共利益的关系。它本质上不是不可控的,而是可以通过资源、战略和技术,达到有针对性地使用、获取和扩张的。权力存在于所有的社会领域中,渗透进所有的社会关系里。它在道德上是中性的,只有通过人,权力才能获得它的具体面貌和伦理价值。真正的挑战在于合理并有效地使用权力。所以,人们应该学会与权力共存,学会面对权力。在他们看来,权力只有服务于公共利益时才合法。

孟德斯鸠曾经说过:"一切有权力的人都容易滥用权力,这是万古不易的一条经验。""有权力的人们使用权力一直到遇到有界限的时候为止。""要防止滥用权力,就必须以权力制约权力。"荀子认为人性是恶的。韩非子认为人性趋利,利是自私的核心,人与人的关系是一种利害关系。由于权力具有价值性的特点,即权力能带来利益价值,而运用权力的主体又存在趋利的天性,因此对于权力的运用和制约就显得尤其重要。

二、权力的制约:分权制衡和监督

当权者掌权以后会出现权力的变异现象,在他无权的时候和有权以后所表现出来的行为和行为背后的思想存在明显的变化。克特纳[147]称这种现象为"权力的悖论":人们获得权力,通常是依靠同理心、协作、开放、公平以及分享等利他的品质和行为;但当人们感到自己有权力、享受特权地位后,这些特质开始消失。有权力的人更容易有无礼、自私、不道德的行为。人们依靠良好的品质升到高位,行为却越来越低级,而且这种转变可能快得惊人。克特纳的研究表明,一旦掌握了权力,人们就会将注意力转移到自身的利益和欲望上,因此失去了同理心,不再关心他人的感受和想法,泯灭了道德情操。一旦有了权力,道德就开始沦丧。权力使人自私自利、令人冲动,克特纳指出这是人性使然,与人们的文化、规则、宗教、道德和责任无关。权力使人倨傲无礼,他说:"同在公司里等级较低的职员相比,职位高、权力大的人举止粗鲁无礼的可能性要高出两倍。"权力使人倍感优越,有权的人更容易破坏规则。而且,权力会使掌权者忽视自己的不道德行为,并且找借口为自己的不道德行为辩解。丹尼·米勒的研究显示,相比没有 MBA 学位的 CEO,有 MBA 学位的 CEO 更可能为提高自己的收入损害公司的利益。这和钱理群所说的"精致的利己主义者"类似。因此,对当权者的权力予以制约是理所当然的。

对于权力的制约主要有两种方式,一种是体制内的制约,一种是体制外的制约。体制内的制约主要是分权制衡。比如在企业管理中,公司规章制度的制定、具体职能的运行以及监督稽核等权力分别由不同的机构负责。在公司治理层面有董事会、监事会、经理的三权分立。在日常管理层面,经营管理职

能被划分为研发、采购、生产、市场、销售、人力资源、行政、财务、审计等不同部门。在具体工作的执行上也有相互制约，比如华为的干部选拔就是三权分立的机制，业务部门有提名权，人力资源体系有评议权，党委有否决权。

体制内的另一种约束权力的方式是员工的监督。管理层实施各种政策措施需要员工去执行，员工对管理层提出的这些措施的效果和执行过程中遇到的问题最清楚，员工最有发言权来提出对公司政策的意见和建议。这种对管理层政策的建议就是监督的一种方式。如果管理层在此过程中出现某些损公肥私或其他消极政治行为，员工也最有可能察觉并提供相关证据。但是由于普通员工的地位和职权所限，他们往往在主观意识上不会主动去考虑监督上级领导，而且由于传统的纵向权力领导关系也使下级员工面临很多实际压力和风险，他们不愿意去冒风险、蹚浑水，监督领导。有学者研究指出，虽然建言行为是员工发挥监督权利的重要方式，但是在现实中，员工发挥监督作用并敢于和上级唱反调的抑制性进言少之又少，而闭口不言的沉默现象却十分普遍。这反映了人们回避冲突和自我保护的心理倾向。因此，如果要让员工发挥好监督作用，企业就要主动开展相关的机制设计和行为引导，让员工认识到缺乏建言不仅是员工个人低效率的表现，也是组织低效运作的表现。最高领导想办法确保言路畅通尤其重要，要把声音传递的话筒延伸到公司的每个有人的角落。

体制外的制约主要是通过其他利益相关者的制约，比如道德伦理的约束，政府的法律法规的约束，社区居民对于企业合法经营的监督，媒体舆论对于企业管理层的权力决策的监督等，客户和供应商以及竞争对手对于企业内部的权力运行也存在一定影响。克特纳[147]从社会行为的角度提出的解决权力悖论的办法是在满足自己的欲望和关注他人的需求之间找到平衡。也就是说，在行使权力的时候要顾忌到他人。这种方法本质上就是道德伦理的制约，要求当权者在利己和利他之间平衡。

权力制约最难的是对企业最高领导者的制约，尤其在治理结构不完善的企业。特别是那些亲手将企业从无到有创立起来的创始人，一次又一次的成功和企业的发展壮大都以事实证明了他过去的一贯正确，证明了他比其他团队成员更加高明和更有远见，这种看似被不断验证的正确性往往是很多成功企业倒下的病根。任正非曾经谈到万国证券垮掉的问题，表示要建立有序的动力与制约机制，避免最高领导者由于某些原因的孤注一掷，"不管总裁有多大个人权威，不对的事，就会有牵制。"

三、权力的异化：从下到上的权力

实例　》》》》

2006 年秘书门事件

2006 年 4 月 7 日晚，全球存储市场的老大——EMC 大中华区总裁陆纯初回办公室取东西，到门口才发现自己没带钥匙。此时他的私人秘书瑞贝卡已经下班。陆试图联系后者未果。数小时后，陆纯初还是难抑怒火，于是在凌晨 1 时 13 分通过内部电子邮件系统给瑞贝卡发了一封措辞严厉且语气生硬的"谴责信"。

陆纯初在这封用英文写就的邮件中说："我曾告诉过你，想东西、做事情不要想当然！结果今天晚上你就把我锁在门外，我要取的东西都还在办公室里。问题在于你自以为是地认为我随身带了钥匙。从现在起，无论是午餐时段还是晚上下班后，你要跟你服务的每一名经理都确认无事后才能离开办公室，明白了吗？"（据说英文原信的口气比上述译文要激烈得多）。陆在发送这封邮件的时候，同时传给了公司几位高管。

两天后，瑞贝卡回复邮件："首先，我做这件事是完全正确的，我锁门是从安全角度上考虑的，如果一旦丢了东西，我无法承担这个责任。其次，你有钥匙，你自己忘了带，还要说别人不对。造成这件事的主要原因都是你自己，不要把自己的错误转移到别人的身上。第三，你无权干涉和控制我的私人时间，我一天就 8 小时工作时间，请你记住，中午和晚上下班的时间都是我的私人时间。第四，从到 EMC 的第一天到现在为止，我工作尽职尽责，也加过很多次的班，我也没有任何怨言，但是如果你们要求我加班是为了工作以外的事情，我无法做到。第五，虽然咱们是上下级的关系，也请你注重一下你说话的语气，这是做人最基本的礼貌问题。第六，我要在这强调一下，我并没有猜想或者假定什么，因为我没有这个时间也没有这个必要。"她回信的对象选择了"EMC（北京）、EMC（成都）、EMC（广州）、EMC（上海）"。这样一来，EMC 中国公司的所有人都收到了这封邮件。

近一周内，该邮件被数千外企白领接收和转发，并在网上论坛曝光后引发了网友的激烈讨论。在一份 5000 多名网友参加的调查中，约 70% 的网友对女秘书的做法表示支持。 邮件被转发出 EMC 后不久，陆纯初就更换了秘书，瑞贝卡也离开了公司。

陆纯初，新加坡人，EMC 公司大中华区总裁，统管 EMC 在中国的所有运营业务。 瑞贝卡是他的高级秘书。 陆拥有新加坡大学工商管理学位，是一名资深的 IT 专业人士，也曾出任 IBM、西门子等知名国际企业的高管。在赴 EMC 履新之前，他曾担任甲骨文大中华区总裁。 事件发生不久之后陆纯初也离职，主要原因可能与 EMC 中国区近期业绩不佳有关，不过"秘书门"也是原因之一。 据内部人士透露，EMC 中国公司此前有多名高管对陆纯初的管理表示不满，并且联名上告到美国总部。

"秘书门"事件影响面极广，除广大网友评论外，也不乏各种专家学者讨论甚至发表论文。一个秘书能够影响总裁的职业生涯，彰显了这个时代企业中权力的异化。这种权力的异化与我们通常熟悉的五种权力来源不同。过去人们更多关注的是上级对下级的权力，而这个事件中折射出来的是下级的权力。下级的权力在传统的企业权力系统中的影响和作用是有限的，但是在今天网络如此发达的信息时代，下级的权力可以通过网络掀起飓风。通过互联网的集聚作用和传播效应，草根的员工权力可以被迅速聚集、放大、传播，形成一股巨大的能量，这改变了传统的权力距离。员工可以有意识地利用互联网络获取、发展和运用权力，为他们的利益需求服务。这种权力异化、草根化的现象值得深思。相对于领导和管理者的权力而言，可以将这种由下至上的权力称为员工权力，或者微权力、草根权力。

过去，企业经营管理的各种信息通过内部管理体系渠道汇总到最高领导者，企业高层对企业的情况最为了解。下级公司领导或部门主管只拥有各自局部的信息，员工只有自己经办事务和本职工作所接触的信息。因此，建立在这种科层体制上的权力格局是金字塔式的。随着互联网时代的发展以及信息的流动和分享更加方便，员工逐步掌握了越来越多的企业信息，也就相应地拥有了越来越多的权力。同时，随着教育水平的提高，员工的素质素养、技能和知识水平得到很大提升，员工在执行任务、创新创造以及参与决策等方面拥有更多能力和话语权。员工权力的分散化和分享加速化，也为"自组织理论"、参与管理等曾经流行的管理理论提供了更好的土壤。

四、权力的终结:日渐弱化与衰退

莫伊塞斯·纳伊姆[153]对权力变化的敏锐感觉和深邃洞察让人们不得不认真思考并面对权力日益受限、分散、易逝且难以行使的问题。随着数量革命、迁移革命和心态革命的持续推进,越来越多的力量在摧毁过去看起来牢不可破的权力城堡。似乎已经听到了冰山融化磕嚓作响的声音。今天,人口数量更多,寿命更长,身体更健康,人口的迁移更加频繁和便利。移动网络的发达让每个人都有发声的机会,并且能够快速集结和被煽动。年轻人寻求改变,喜欢挑战,见多识广,影响力日益增大,他们对权威更加怀疑和不信任。任何形式的利益分配和权力分配都不再被视为理所当然。他们要求更多。

对人的更加尊重、个性的进一步解放、教育水平的普遍提升以及经济实力的大幅增长使新一代劳动力的需求和行为出现新的变化。诱惑越来越多,竞争也更加激烈。人们越来越难以对某件事情产生强烈兴趣,也更加难以持续和专注,关注点和利益需求难以捉摸且漂浮不定。人与人的关系日益淡漠,巨大的生存压力让人越来越难以获得归属感和认同感。日常生活的网络化对真实生活产生诸多影响:领导权威形象的接受度下降;移动社交工具的盛行使得知识的获取彻底分散化和快速化,而且快速提升了民众对高质量知识的需求和高水平领导力的渴望。过去在企业管理中可能起作用的简单命令和粗浅的指导在今天越来越无效。普通的领导者需要付出更大的努力使自己变得更睿智、更有魅力,才能赢得员工的认同和追随。

纳伊姆分析了商业经济中的权力衰退现象。领先企业越来越难以保持领先地位。CEO 的任期越来越短,甚至有近 80% 的标准普尔 500 强公司的 CEO 在退休前被迫离职。许多老品牌逐渐被人们淡忘。几乎每个行业都有颠覆性的技术进步。互联网导致原有的商业壁垒不断崩塌。资源流动更快、更广,资金、商品、品牌、技术和人才流动的规模极大且往往不受限制,其获取和使用更加容易,人们的期望发生巨变。商业世界的权力获得、使用和失去的方式正在改变。企业越大,受到的关注和监督越多,所面临的选择受到更多限制,也暴露在更多的风险中。过去看起来坚不可摧的产业巨头,有可能不过是过眼云烟,甚至比他们设想的还要短暂。

纳伊姆提出了应对权力衰退的建议,包括远离"电梯思维"、不被别有用心的人利用、重建信任等,并呼吁领导者更加负责,更加透明,不追求不正当的利益,避免权力过度集中,同时创新治理机制,激发民众潜在的政治能量,提高政治参与度。奈[151]提出了软权力的概念。他指出,权力正在变得更少转化性,更少强制性,更趋于无形化。由于种种原因,让他人随你所愿的同化权力,以及包括文化吸引力、意识形态和国际制度等在内的软权力资源变得愈加重要。

事实上,在企业中的强制权力、奖励权力和法定权力等硬权力的作用已经越来越有限,效果越来越差,而且实施成本高、速度慢、效率低、信息损耗大。建立共享愿景和感召员工的难度不断增大。网络既带来挑战,同时也蕴含机遇。移动网络可能是未来重要的权力来源地,将重新分配权力,拥有更多连接、懂得利用网络的人将拥有更多的权力。新趋势呼唤拥有高超政治能力的领导力,越来越注重在成就梦想、凝聚理念、激发内在需求、寻求内心认同和团队感召等方面的能力。企业领导需要与时俱进、与世俱进,持续更新自己的领导力,把握在新趋势下的权力可能的新来源,更加贴近年轻一代的利益需求,加快对新技术、新事物的接纳和利用,快速适应内外部变化,才能在权力逐渐弱化的浪潮中增强战力、提高胜率。

第三节　获取权力

詹姆斯·卢卡斯[154]说:"如果没有权力,什么事情——无论是好事还是坏事,都难以办成。"至少不能轻易把事物从一种位置或状态转向另一种自己认为更好的位置或状态。罗素[155]认为,"对权力的爱好不甚强烈的人,是不可能对世事的演进产生多大影响的。"企业组织中对于权力的追逐是一件很正常的事情。通俗地说,权力博弈的关键是要明白在你所处的权力场中,牌在谁的手里。Narayanan 和 Fahey[156]指出,权力分布决定了战略制定时决策方案是否被接受、修正或拒绝。如果画出企业的真实权力分布图,就会发现职位与权力并不对等。有权的人可能缺乏责任感,有才敬业的人可能没有权力,有些处于组织较低层级的分支机构管理者具有很大的权力。组织中可能会存在被忽视的权力真空和意料之外的权力热点。

要获取权力,首先要有强烈的获取权力的欲望。早在 1000 多年前,冯道就在《权经》中指出:"无欲不得,无心难获,无术弗成。"罗素[155]直言不讳地指明:"一般说来,凡是最希望获得权力的人,就最有可能获得权力。……对权力的爱好虽然是人类最强烈的动机之一,但表现在各人身上的程度却很不一致,而且也为其他动机所限制,例如爱安逸、爱享乐以及有时爱表扬等。"他对权力分配不均的现象进行分析,认为"有些人的性格促使他们总是发号施令,而另一些人的性格则促使他们总是服从。介乎这两者之间的,是广大的普通人,他们在某种情形下乐于发号施令,在另一种情形下又宁愿服从领袖。"他还指出,"但还有第三种类型,那就是遁世派。有些人有拒不服从的勇气,但没有发号施令的迫切要求。这种人不容易适应社会结构,他们好歹设法寻求遁世的场所,以便享受或多或少孤独的自由。"

一、权力获取的来源

冯道认为寻求权力,"携为上,功次之。揣为上,事次之。权乃人授,授为大焉。"现代企业的情况和古代封建时期的情况有很大不同,但人性的某些方面还是相通的。在企业职场,遇到能够赏识、提携自己的贵人对于个人的发展极为重要。上司对职业发展的作用更是决定性的。管理学研究已经证实,在企业的晋升不是仅靠业绩和业务能力就可以实现的,更多的影响因素在于上司的认可。在企业中,职位和权力仍然是由领导决定的,企业中的权力并不是选举出来的,想要获取权力就必须获得领导的认可,虽然最扎实的权力建立在有价值的贡献之上。

权力与职位不是完全对应的,权力反映在组织结构之中,但是权力并不全部体现在组织结构上。虽然法定权力、奖励权力和强制权力与职位有关,但参照权力来自人际关系,专家权力来自个人能力。因此,除了积极创造突出业绩,为企业带来价值而获得职位晋升,还需要在组织里广泛建立你的交际圈和同盟群,一方面更加了解其他单位和业务的内容,利于业务协作和团队合作;另一方面在需要他人支持的时候能够获得更多人更大范围的支持。同时还要苦练内功,使自己成为某个领域的专家,提升个人专家权力。

根据斯格特[34]的整理,一般认为组织内部权力的获取有三个来源:(1)更能有效地应付不确定性的子单位更有可能获得权力。当然随着时间的变化,什么样的情况具有不确定性也是变化的;(2)子单位的行为可替代性越低,在组织内的权力就越大;(3)子单位的中心性程度越高,即子单位与其他单位的工作流程关联度以及子单位对组织最后产出所做的贡献和效率越高,其所拥有的权力就越大。因此,能够帮助组织降低其所面临的不确定性,能够更好地与组织外部环境沟通的子单位或个体拥有更大权力。子单位和个体也可以通过提高自己独占某种专有技术和唯一提供某种服务，或者占有组织中某个核心基础职能，来提高自己的权力。

从自身角度看，影响一个人权力大小的因素包括几个方面：(1)个人人力资本：健康、品德、学历、能力、经验、技术、创造力等；(2)个人外在特征：性格外向或内向、爱好嗜好、成就欲望、权力欲望等；(3)社会关系：父母亲人的权力、知识、财富及社会关系；个人的成长、教育、工作、人际交往过程中获得的导师、同学、领导、朋友等社会关系资源。

二、权力是争来的，不是等来的

冯道如此论述"争权"："权乃利也，不争弗占。权乃主也，不取弗安。权乃恃也，不依弗久。愚不与智争也，弱不与强斗也，长不与少绝也。明争为下，暗争为上。进求为下，退求为上。"封建时代把权力当作利益，有了权力就有了利益，权力主宰一切，因此争权夺利非常激烈。在现代企业，权力成为实现个人抱负和企业目标的工具，是需要争取的。我们说权力是争来的，是指一个人在企业职场想要获得权力，应该主动创造机会积极追求，否则不会天上掉馅饼。当然，德不配位或者才不配位都是危险的，能力不够、实力不强就不要强攻硬争。在企业中争取权力，既要在明面上光明正大地进行，也要策略性地运作，把握好高调和谦逊的度。

菲佛[157]明确指出"权力是争来的，不是等来的。"一个我们不得不承认的现实是，"你可能拥有与工作相关的才能，也掌握了人际关系技巧，但却因为你不愿或没有能力玩权力游戏，而在一个权力很小的位置上徘徊不前。"在职场，真正靠得住的是你自己。别人不会特别关心或惦记你的成长，每个人最关注的是他自己的机会，没有人会主动把机会让给你，或者不顾他自己而一心替你着想。除了你自己把自己的职业成长放在心上，其他人没有这个义务。而且，"工作做得好并不能保证你获得晋升或加薪，甚至不能保证你保住现有的工作。"如果你只想全心投入工作做出业绩，以为这样就可以获得晋升，现实结果大多数情况下会让你失望。无数职场案例表明，拥有政治智慧的人晋升最快，业绩不能决定晋升。可以欣慰的是，通过有意识地强化和有策略的行动，政治能力是可以在实践中提升和培养的，权力的获取是有方法、有规则可循的。

对个人而言，如何获取权力是很多人关心的话题。克特纳[147]提出了获得权力的五个途径:(1)注意权力带来的感受。真正的权力意味着提高集体利益,而不是为自己带来财富、名誉或地位。(2)保持谦逊。权力是他人赋予我们的一份礼物。(3)关注他人需求,慷慨付出。给予他人资源、金钱、时间、尊敬以及权力。(4)尊重他人。认真倾听他人说话,关心他人,认可他人,由衷地赞美以及表达感谢等等。(5)改变无权心理。无权的代价很多——受到威胁、倍感压力、削弱能力、损害健康等。有权者应该帮助他人摆脱无权带来的种种不良影响。不过,克特纳提出的这些方法实际上并不能给人带来权力,带有一定的理想主义色彩。就像他自己所描述的,越是无权的人,越是具备这些优良的品质。菲佛也认为柯林斯在《从优秀到卓越》中描述的第五级领导者"谦虚、安静、含蓄,甚至害羞"的特质相当罕见,通往权力之路不得不施展有力的政治手腕,展现雄心勃勃的进取心和权力欲。在身居高位得到应有的权力后展现出来的平易近人,其实也是一种政治技巧。

在菲佛看来,一个人想要获得权力需建立在三个基础条件上:(1)必须相信人是可以改变的,这样才会努力学习提高获取权力的技巧;(2)尽可能客观评价自己,尤其是弱点,这样才有可能克服自己的局限;(3)培养七个品质:包括意愿方面的雄心、精力、专注,和技能方面的自省、自信、换位思考、化解冲突,他认为智力和职业生涯的成功几乎没有关系。

三、获取权力的五个要点

如何在职场获取权力,以菲佛[157]的研究内容为主,可以概括出以下五个方面的要点:

(一)起点决定高度

"不要输在起跑线上"对职场也适用。无论是刚毕业的学生,还是跳槽的老司机,最好能找到适合你的最佳职业起点。关键部门、重要项目和主流业务,往往是权力的集中地。研发部门往往是技术型公司的权力部门,营销部门通常是业务型公司的权力部门,财务部门则是很多公司的权力部门。承担对公司发展影响大的重要项目的负责人相对拥有更多的权力。在业务多元化的企业中,贡献营收和利润最高的业务就是主流业务,这些主流业务的领导者一般在企业的话语权很大。薪酬、办公条件以及职位排名等从侧面体现了部门权力的大小。有研究显示,德国的研发部门薪酬最高,日本的研发和人资部门的薪酬最高,而美国的财务部门薪酬最高。每个公司的权力部门并不是相同的,需要根据企业实际情况区别分析。选择工作,就要首选这些拥有实权的关键部门、重要项目和主流业务。在这些部门工作,今后晋升和加薪的机会更多,职业发展的路更宽,拥有的权力更大。

(二)眼球策略

1.提高能见度

随着竞争和压力的增大,现代职场的人们越来越少关注其他人。要想在一大群人中得到被领导赏识的机会,就不得不需要提高自己在人群中的能见度,让领导注意到你。比如在召开会议时坐在前排座位,而不是躲到最后排;在讨论时抢先发言,而不是低着头默不作声;在路上或办公室碰到领导主动打招呼,而不是远远看到就赶紧避开;在培训、年会、文体活动、接待等公开活动中积极参与并展示自己的才艺和能力,而不是躲避和沉默。很多人害怕和领导打交道,这在职场是一个需要克服的缺点。

2.会提要求

求人对很多人来说是一件非常困难的事情,让他求人还不如杀了他。但是政治能力强的人懂得向领导或他人提要求。有道是,请求即恭维。王翦六次向秦王求赐美田的史事说明,请求即表忠心。对领导提要求要用让领导感觉到你在恭维他的方式而不是硬邦邦地直接提。而且,一般人们也不容易拒绝别人,拒绝对不少人也是一种考验。所以提要求有可能会达到目的。退一万步讲,最坏的可能性就是被拒绝,而被拒绝并不会比原来更糟,而提出要求至少还有一丝希望。很多人害怕被拒绝而不敢提要求,尤其是中国人,爱面子的心理会更严重。

3.会作秀

有人说“职场如戏,全看演技”,作秀是政治能力的一大指标。很多人天生会演戏,但这也是可以后天培养的。演多了就像真的了,自己也会忘记是在演戏。我们知道,要晋升光靠业绩还不够,而且还要让领导看到业绩,要在领导面前秀出业绩。要想办法让自己在人群中脱颖而出、被领导注意到,就需要学会巧妙地作秀。大多数中国人都有谦虚的倾向,不愿意吹嘘自己,特别是在传统文化的熏陶下,大多低调内敛。但是在职场上,你必须学会克服害羞退缩的弱点,积极在领导面前推销自己,在公众面前展示自己。要知道,你不这么做,你的竞争对手会。

4.会强硬

强势的人往往获得更多权力。生活中人们喜欢性格好的人,但在职场上人们更喜欢有权的人,有权的人才会得到更多追随者和攀附者。人们和脾气好的人交往是因为没有压力,和有权力的人交往则是因为利益。因为人们在内心有一个判断标准,即你是否对他们的职业发展有帮助。友好的人会让人觉得软弱,没有权力。马基雅维里说,要想获得和保持权力,就要让人们害怕你。所以,要想获得权力就必须在职场表现出强硬的一面,让人觉得你不好惹。强硬有时候是权力的代名词,你敢对一个人强硬,说明你对他有权力。根据宋瞰[158]的描述,先发制人在华为会赢得更多气势。

5.巧妙积累

所有人的权力都是从无到有一点一点建立起来的。一定要有行动,任何时候这样做都不会太晚。眼球策略和权力的获取一样都是一个持续的过程,不是一次性完成的事情。领导都是青蛙,只会看到运动的物体。要成为领导眼中的青蛙,就应该不停地制造运动的机会,综合运用提高能见度、提要求、作秀、强硬等各种策略,反复曝光,让群众和领导记住你。因为人们都喜欢自己熟悉的东西,群众和领导记住了你,就等于选择了你。如果你在大家眼中是陌生的,机会就会给那些他们熟悉的人。有些年轻人很在意眼前的加薪和晋升,而不注意建立广泛的权力基础和职业声誉,这种短视行为最终会损害他们的职业发展,更可怕的是置自身实力于不顾不择手段地谋求高于其实际权力基础的职位和待遇。通过积累,重要的是要建立扎实的相称的权力基础,这需要耐心和毅力。

6.做出业绩

虽然业绩不是决定晋升的充分条件,但是突出的业绩也是权力的一个来源。职场成功人士常常是业绩好,又有政治智慧的人,因此做出良好的绩效会让我们更踏实。需要注意的是,要搞清楚你以为的好业绩是不是领导要的好业绩。所以要经常与领导保持沟通,一方面确认哪些工作是领导最看重的,你是否帮领导解决了难题,另一方面,要让领导知道你的工作业绩,最好的办法就是告诉他们。

(三)拥有资源就拥有权力

1.互惠施恩

菲佛[157]说:"资源就是人们想要的或需要的东西,可能是钱、工作、信息、社会支持和友谊,或人们在工作中所需要的帮助。"几乎所有有价值的东西都可以成为资源,包括客户关系、业务合同、制度解释权、媒介渠道、预算、投票等等。所以,不只是有权的人才有资源,每个人都有不同的资源。职场中的你对别人也是有用的,员工和领导常常互为依赖,因此互惠在职场会经常发生。通过互惠和施恩人们能够获得更多的支持,东方文化中"知恩图报"的观念对国人影响很深,因此,人情社会最讲究回报。不懂得施惠于人、拒人于千里之外的人很难在职场获得权力。

2.善待他人,肯为他人花时间

虽然该强硬的时候要强硬,但是在日常的人际交往中待人友善的人往往能够获得更多的群众基础。有时候仅仅是耐心倾听,就可以给人好感。生活节奏越来越快、生活压力越来越大的现代社会,时间变成一种稀缺资源,尤其随着个体独立性越来越强,低头族越来越多,人际交往日益减少,人们越来越不愿在不相干的其他人身上花时间。没有权力的人可能有时间,如果你愿意花时间参与其他人关心和认为重要的事情,你就能够获得他们的支持。

3.抽时间开发、利用资源

虽然资源人人皆有,但个人资源毕竟有限,要实现职业梦想,只靠现有的个人资源远远不够,必须付出额外的时间和精力,有意识地寻找、挖掘、培养各种有利于职业发展的资源,同时开发、善用和整合好各种资源。如果你能够利用既有的各种资源或凭空创造独一无二的新资源,就会给你带来别人没有的权力。

(四)导师的力量

越来越多的年轻人已经意识到开启成功的职业生涯需要良师的重要性,但是很多人对于找什么样的导师、如何找到导师仍然茫然失措。科特[17]说,"导师的影响来自他们的权力。"因此,导师要有权力。俗话说,要成功首先自己要行;光自己行还不够,还得有人说你行;而且还得说你行的人要行。这些人非常熟悉企业,路子广,关系多,专业能力突出,领导经验丰富,位高权重。

导师可以在很多方面帮助你:引荐关系,提供信息,传授技能,保护受伤,纠正错误,答疑解惑。成功的职业经理人一般都不只有一个良师。导师不仅提携年轻人进步,同时也保护他们免受公司政治斗争的无辜伤害。很多公司会制度化建立导师机制帮助年轻人在组织内部成长,但真正使导师发挥作用最终要靠个人。很多人完全靠自己在公司外部找到良师。导师问题在第九章"职业发展"中将继续讨论。

(五)避开陷阱

在努力获取权力的同时也要懂得避开陷阱,否则就会前功尽弃。

1.良好心态

进入职场需要良好的心态才能行稳致远,对权力获取和职业发展要有正确的认识,不要急功近利。要耐得住寂寞,受得了委屈,抵得住诱惑,经得起摔打。不因一时得志而得意忘形,也不因一时受挫而心灰意冷。晋升过快过慢都不好,要把握好职业发展的节奏。心态不好,节奏就会乱,动作就会变形。

2.认知自我

自我认知难在认识自己的局限和不足,对于成就期望和权力欲望高的人尤其如此。要站在公司政治和建立权力基础的视角来客观评估自己,要摒除不合实际的幻想。科特[17]建议回答如下问题:过去 12 个月对负责业务的了解程度,对打交道的人的了解程度,以及与前年、去年相比如何? 与多少人的关系有加深或疏远? 个人专业能力和人际关系能力有否提高? 有没有创造新的业绩? 需要多做什么才能创造新业绩? 个人职业声誉如何变化、原因何在? 有些人在公司政治的失败,就是源于过度高估了自己或者忽略了自己的缺点。

3.不踩地雷

每个公司的内部权力、利益的互动关系和政治环境各不一样,在复杂的公司政治内部关系中客观存在着各种纵横交错、沉积已久的历史恩怨,在获取权力的过程中需要睁大眼睛、竖起耳朵,尽量事先探测到可能存在的政治地雷。花时间思考如下问题:公司里没有明文规定但人所共知的十条戒律? 经理们的敏感话题? 哪些话题有隐含意义? 谁是隐藏的有权力的人? 主要决策者? 意见领袖? 谁是职场公牛、狐狸? 避免被恶意偷袭。

4.不留瑕疵

公司政治是有一定难度和风险的职场游戏。不会玩不行,玩好不容易。在主观上需要全力以赴、审慎面对和处理每一个你面临的公司政治问题。控制好情绪,不要随性行事而给自己制造不必要的麻烦。不要得罪公司的实权人物。聚焦自己的长期职业目标,知道自己要什么,要去哪里,哪些是关键因素,不要节外生枝,给自己的职业发展制造障碍。不要给竞争对手留下把柄,不要给自己的职业生涯留下污点。把握积极政治的原则,慎用消极政治的手段。

第四节　发展与使用权力

一朝权在手,便把令来行。拥有了权力之后,如何行使和强化是获取权力之外另一个考验人的难题。

冯道对"用权"做了精妙的阐述,"权惟用,不为大也。权为实,不为名也。权为恒,不为时也。君子谋公,小人谋私。威源于明也,信源于诚也,功源于和也",对"固权"阐述为"得之难,失之易也,权也。困则奋,顺则怠,人也。制敌以严,驭众以慈。成事勿矫,败事勿蹶。势单害权,性烈祸身。权重当守,权轻当舍"。冯道的思想对今天的企业权力管理仍有现实意义。不要一味追求更多权力,关键在于用好手中的权力。不要图虚名,而要做实事。不要只顾眼前,而要着眼长远。领导者应该站在企业立场,为企业谋利益,而不是以权谋私。领导者应该精熟业务和实际运营状况来树立威望,以诚信来赢得团队和员工的信任,通过凝聚团队来实现企业经营的成功。要珍惜手中的权力,掌控住核心权力。对对手不要手软,对员工要有爱心。在顺境中常怀忧患意识,在逆境中不忘砥砺前行。不要一个人打天下,而要通过团队来领导。不要粗暴强硬地行使权力,而要把握妥协和平衡艺术之妙。

仅仅拥有权力还不够,还要懂得如何运用权力。组织理论家认为,权力分化存在于组织中,而权力运用对于建立目标和努力实现目标是必需的。但是理论家们对于权力是否为正式的集体目标而非私下的秘密目标服务持有不同意见。斯格特[34]总结道,组织产生的大部分权力并没有被用来服务于大众支持的目标,而被用以延续剥削系统、保存阶级特权以及获取狭隘而私下的收益。具体的证据比如:高级经理的报酬和一般雇员的薪资水平之间日益增长的差距;高管为防止敌意收购而获取的保护和特权等。

权力的运用包括两个层次:正确地运用和充分地运用。权力既不能被滥用,也不能被荒废、被闲置。既要有效防止权力腐败,也要有效提高权力正确运用的水平。因此,在对权力的管理上,正确运用和充分运用这两个方面都要重视,不可偏废。

企业领导者拥有权力,是组织赋予的为组织做事的机会,应该考虑如何为企业做更多的事情,而不是想着为个人谋求利益。很多有能力有操守的人没有机会得到更高的职位。能够担任某个职位,除了能力之外,总免不了情境、运气和机遇的因素。身居高位的管理者不可视之为理所当然、非你莫属,而应该珍惜这个职位,尽己所能在任期内做出更多有益于企业的业绩。

克特纳[147]对如何正确地行使权力从社会心理学的视角提出了一些建议。他认为在一个群体中,权力是大家本能地赋予掌权者的,这个掌权者是大家认为为群体带来最大利益和最小危害的人。如果掌权者的行为有损集体利益,群体成员就会传播信息,或者采用其他方式令其声名扫地,借此削弱其影响力。因此,他指出正确行使权力的核心是持续关注他人需求。视他人利益与自身利益同等重要。要拥有同理心,同理心可以促进合作与互动,有助于解决矛盾。同时要以分享、鼓励、牺牲、赞扬、肯定、赋予责任或是看似不经意的肢体接触回报他人。其三是懂得感恩,并且将感激之情表达出来。表达感激能够加强社会网络间的联系,带动他人进行更加密切和富有成效的合作。最后一点是真诚沟通以巩固集体团结。较强的沟通能力能够增加他人利益和集体利益,减少集体生活的压力,化解集体生活中不可避免的冲突,团结大家一起为共同的目标努力。克特纳提出的这些建议主要是从防范失去权力的角度来考虑的,对于那些滥用权力的人来说是一种天真的苦口婆心的规劝。

有些学者研究的结论表明,东方文化背景的人倾向于比较含蓄地实施影响力,他们一般不直接表达自己真实的观点,讲究含而不露,只可意会不可言传。但是也有些学者的研究结论不同,认为西方经理人和亚洲经理人应对公司政治和权力斗争的相同点要比不同点更多。寰球同此凉热。

一、发展和运用权力的五个要点

在企业组织中,权力的获取是一个长期过程,需要持续发展。在此过程中,权力也在不断地运用。发展和运用权力的要点如图 3-1。

(一)关系是王道

关系对权力和职业发展的重要性怎么强调都不过分。关系就是生产力。有人说人际关系能力就是使别人愿意与你合作的能力。愿意与你合作的人越多,你的权力就越大。许多研究表明,人际关系会影响职业生涯的发展。人们不会选用不记得的人,人际关系会提高人的可见度和辨识度,而在权力和地位上升后,就更容易建立和维护人际关系。

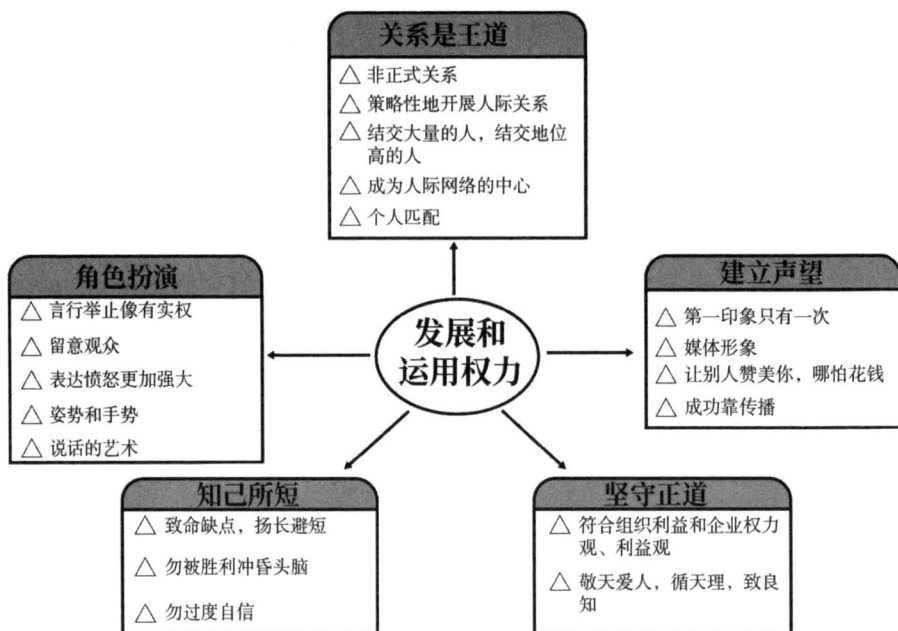

图 3-1　发展和运用权力的五个要点

1.非正式关系

这里讨论的关系侧重于有助职业发展的非正式关系。在职场中发展人际关系需要个体自愿去拓展获取资源的途径,并通过这些关系尽可能扩大自己的优势。正式的工作关系建立在工作流程之上,非正式关系侧重西方的社交网络或友谊网络,而中国人的人际关系则是人情关系。这些工作之外的非正式关系对权力的获取和发展影响更大,也深深影响着权力的运用。

2.策略性地开展人际关系

很多人尤其是性格内向、从事技术工作的人对发展非正式关系犯怵,有心理障碍。虽然有些人天生会搞关系,但很多理论研究和现实案例都显示,建立关系的能力是可以通过练习提高的。所以,首先从思想认识上需要明白建立关系的能力不是天生就决定了的,是可以通过后天努力改变的,要勇敢地跨出第一步,鼓励自己和陌生人接触,主动开发正式工作关系之外的人情关系。其次建立关系是一种很正常的人际交往技能和活动,不要认为是功利的、不纯洁的,不要认为是巴结人。第三,搞关系是一种高情商活动,需要有策略地进行。

中国人的人情关系是指建立起私交的感情,与工作上的正式关系完全不同。这是一个从不熟悉到熟悉、从不放心到放心的循序渐进的过程,是一个需要长期维护、逐步加深巩固感情的过程,是一个需要通过礼品、吃喝等物质手段作为人情关系投资、感情传递介质和信任建立桥梁的过程。怕搞关系的人一方面是怕给别人添麻烦,一方面是害怕被拒绝,存在不同程度的求人社交恐惧或畏难情绪,很容易在经过一番思想斗争后就放弃,或者在初步尝试没有得到积极回应后就退回到个人舒适区,因此无法建立或维护关系。

其实关系的建立主要是规划和行动,有时候不一定要花太多时间精力,打电话,发微信,聚餐,娱乐,休闲,运动,拜访,都可以让关系拉近和加固,让人记得你,有机会的时候会想起你。真诚是建立关系的前提。需要提醒的是,千万不要通过群发短信、微信等方式问候领导,群发信息是不尊重人的行为。

3.结交大量的人,结交地位高的人

认识的人越多,关系网就越大;认识的人地位越高,关系网就越强。不一定非要很熟的关系才有用,有时候反而是弱联系比较管用。认识的人多了,不知道哪个关系哪天就会帮到你。要重点发展对你有用的关系,有助于你的职业发展的关系。要努力结交比你地位高、能力强、路子广、见识多的人。当然人际交往讲究对等、分圈子,大家都想结交比自己优秀、对自己有用、有权有势有关系的人,地位低、缺乏资源的人要与这些人结交难度很大,做起来并不容易。所以一旦出现和这些人相识、共处或共事的机会,就要好好把握住。当你的职业发展到达一定层面,就要集中精力在维护重要的关系上。不要把有限的时间精力浪费在没用的人和事上。

4.成为人际网络的中心

想要进一步发展权力,并使权力的影响发挥到最大,就有必要尽力使自己成为人际网络的中心。如同权力位置对权力格局的重要性,在社交网络中的位置也很重要。处在网络中心能够获知最多的信息,而信息是权力的一大来源。可以通过发起社交活动、设计信息的流转流程以及选择信息流通的要道等方法占据好的关系网络位置。

5.个人匹配

每个人都有自己和别人不一样的职业规划和个人条件,在拓展关系的时候也要结合需求、因人而异。针对不同的职场需求建立和利用最合适的关系网络。要使关系为你所用,就必须好好用心经营自己的人际网络。

（二）角色扮演

菲佛[157]总结了很多领导人的经验，"领导力的秘诀就是要扮演角色，要装模作样，要在这门舞台艺术上富于技巧。"不论是在日常交流，还是工作中，以及社会活动中，要通过你的言行举止体现出权力，这是一种可以修炼的能力。

1.言行举止像有实权

如果你仔细观察优秀的领导人，你也会得出和菲佛一样的结论：领导力的秘诀就是表演，这不是玩笑，只不过有些人是本色出演。这是你走上权力之路需要尽力掌握的政治技巧。一开始是表演，过一段时间后，就会变得不那么像表演了。而且你所表达出的情感和角色行为会影响和你交流的人们，他们的积极反应也会反过来影响你，从而使你的表演形成正向的强化反馈，让你越来越自信于所扮演的角色形象，最终形成习惯。习惯成自然。在别人眼里，你就是一个有权力的人。是你自己塑造了你在别人眼中的形象。要永远表现出你将赢得公司政治的最后胜利，哪怕现实情况极其糟糕，也要让人觉得你一切尽在掌控。

2.留意观众

权力的运用是施加于特定的对象和受众的。在运用权力时应"攻心为上"，瞄准受众的心理反应。在互动过程中准确把握并抓住受众的心理，是用权之道的关键。表演是给观众看的，是为了影响观众。所以，在你和人打交道的时候就要注意观众的反应，要表现出很关心很在意你的观众，要专注于你与他们的交流。不要一边做别的事情一边和人交流，把手机、电脑等分心的东西放下。哪怕是在你疲惫与烦躁的时候，也要表现出专注和关心。

3.表达愤怒更加强大

研究表明，表达愤怒的人常常被视为"占优势的、强大的、有能力的和聪明的。"我们在日常生活或工作中也会发现，与表达悲伤、内疚或自责的人相比，表达愤怒的人通常被视为更有权力。尤其是你想影响和你平级的人或你的权力不够的时候，适当的表达愤怒会有所帮助。而且在冲突中受伤害的总是性格好的人，他们更喜欢自责，而发脾气的人不会自我检讨，也不会受到伤害，因为他们总是在伤害别人。所以，有人说"坏脾气是一个非常强大的政治工具，因为大多数人不喜欢与坏脾气对抗。"当然表达愤怒也不能随意，要看当时的情境，毕竟这也是一种表演。当你拥有了足够的权力后，也许就不需要表演愤怒，而是表演平易近人和谦虚了。

4.姿势和手势

发型、着装、所用物品等透露你的职场信息,形象包装有助于权力角色表演。肢体语言是一门职场技术,不妨经常对着镜子练习你的肢体动作和脸部表情,读懂肢体语言会帮助你更好地与人交流和影响他人。手势应该简短有力。直视别人的眼睛不仅是一种尊重,也是一种力量和信心的体现。

5.说话的艺术

口才是影响力的一大要素。权力是说出来的。没有经验的人经常会在被询问或质疑时急于回答,往往没有真正听懂问题或者领会到问话者的真正意图,急于回答也会让领导感觉轻率。所以,不要急于回应,尤其是在领导提问时,一定要给自己一点领会和思考的时间。在需要表现权力的时候,应该学会打断对方。如果要在争论中获胜,最有效的办法是质疑和挑战对方陈述背后的假设。要说服对方,就要找到对方无法反驳的点。擅长雄辩的人能够强有力地感染听众,甚至压倒理性。幽默在交流中具有很强的情感杀伤力。有很多研究语言艺术的书籍,不妨花时间学学。

(三)建立声望

如果你在职场取得了声望,那么说明你有一定影响力。良好的声望会帮助你在职场赢得更多的机会。除了前述的种种策略,还需注意以下几点。

1.第一印象只有一次

研究发现,人们在最初的 11 毫秒就会得出对一个人相当稳定的印象。可见第一印象是不容易改变的。这是在面试中经常发生的事情。假如你给人留下了不好的印象,如果可以,最好离开这个对你不利的环境。想要树立良好职场声望,应该事先精心策划自己想要打造什么样的职场形象,然后通过大量的练习和不断修炼,在言行举止中表现出来。

2.媒体形象

聪明的职业经理人或企业家懂得和媒体打交道,让媒体把他描绘成比真实的他更优秀的形象。媒体是最好的包装工具。很多企业专门聘请专业记者撰写企业或企业家传记,包括联想、苏宁等知名大企业。更多的企业家通过自传来宣传自己,比如韦尔奇、李·艾柯卡、郭士纳等人。在自媒体发达的今天,普通人也拥有了更好操纵、更方便、更便宜、传播更快的包装工具,唯一的问题就是你怎么去用。人们看到的是媒体中的你,而不是真实的你。

3.让别人赞美你,哪怕花钱

自吹自擂总是有点让人嫌。最好的办法是让别人赞美你。这需要依赖你在平时建立起来的关系网络,需要的话你也可以花钱雇人或通过公关公司来宣传你。

4.成功靠传播

秦朔[159]说,"成功就是被承认,被他人,被社会承认。要想被承认,就必须透过人际传播。"好的传播需要好的沟通。无论是眼球策略,还是搞关系、树声望,都离不开良好的沟通。好的名声是在传播中产生的。在众多的传播媒介中,人是最强大的媒介。所以,你在职场中的每一步,都在为你的职业声望做传播。

(四)知己所短

1.致命缺点,扬长避短

在通往权力之路上,你需要根据自己的天资和兴趣找到适合自己的领域。同时,也要牢记自己的缺点,不能自欺欺人,如果在公司政治方面有致命的缺点,必须时刻警惕,保持足够的风险意识和危机意识。一失足成千古恨,是职场中尤其需要警醒的。

2.勿被胜利冲昏头脑

职场难免权力斗争。你应该努力去获取和运用权力赢取每一场公司政治。但是不应该在赢得胜利后忘乎所以。善待对手,给他们留面子,给他们台阶下,或者把职场敌人变成盟友,起码不要让他们阻挡你前进。不要激怒一个没有什么可失去的人。要学会妥协和退让。

3.勿过度自信

很多研究发现,"权力会带来过度自信、对他人不信任、形成固定看法,并倾向于把他人看作是满足掌权者的手段。"[157]长时间位居高位容易让人产生自己从来不会错的错觉,从而变得举止无礼、行为失当,因此得罪人、惹恼对手而带来权力危机,严重的甚至铤而走险、违法犯罪。

(五)坚守正道

公司政治不全是积极的,也不全是消极的,有肮脏的一面,也有正义的一面。从长远和大局来看,应该坚守正道。

1.符合组织利益和企业权力观、利益观

虽然不少人在公司政治中打着为了组织利益的旗号,干着谋取私利的勾当,但是我们应该抵制这种行为,通过积极的公司政治行为战胜这些消极政治行为。企业领导层也应该正视公司政治,重视非正式组织的影响,在企业中树立良好的权力观和利益观。

2.敬天爱人,循天理、致良知

以正当的途径去获取、发展和运用权力,去获得和维护自己的正当利益。对权力和公司政治要有敬畏之心,对员工要有仁爱之心。不要把别人的反对或轻视当成个人恩怨,而要关注你需要谁的支持,谁可以帮助你,要克服仇恨、嫉妒、愤怒、猜忌等阴暗心理,客观公正地分析公司政治形势。君子爱权,取之有道。要能遵守底线,维护大局。

二、分权与授权

权力的集中、分散与授予使用是企业管理中常见的权力运用和分配状态。分权一般是企业最高领导将权力进行划分,分别由不同的人负责,分权是将权力相对固定地分配给别人管理与使用。授权一般是企业管理者与下属在约定范围和期限内的权力分享,不仅限于最高领导。不少研究认为,分权和授权有助于改善企业绩效,为企业培养人才。

分权和授权实际上是内外因素共同作用的结果。一方面,企业规模越来越大,人数越来越多,等级越来越森严,无论采用何种形式的组织结构,借助种种不同形式的管理工具,将权力集中在老板一个人或者核心管理层几个人手中的集权模式,已经无法适应管理的实际需要,会阻碍企业的正常运营发展。权力的分享成为不得不采用的办法。另一方面,从人的本性出发,员工有各种个人利益,其中就包括实践自己的观点理念、发挥自己的主观能动性和聪明才智、寻求个人的发展机会等自我实现的内在需求,知识水平日益丰富、素质技能日益提升的现代企业员工已经不满足于只是作为被安排、被指挥、被控制的棋子,只是被动地执行主管的指令。他们从内心里渴望拥有自己的话语权、主动权、参与权、自主权。

任正非"让听得见炮声的人来指挥"、美的的"分权手册"、海底捞"双手改变命运"的经营理念、韦尔奇的"群策群力",都是分权和授权管理的例子。而没有做好授权的失败案例也不胜枚举,比如和记黄埔在北京的第一个地产项

目——逸翠园的业主集体投诉纠纷就是一例。香港总部对北京分公司没有授权，就连信封也需要总部批准款式后才能印刷，导致施工时发现的设计问题不能及时解决，业主的投诉处理也因上报流程冗长而反应迟钝，最终造成业主联合上告到政府，使一起很平常的房产纠纷引起海内外广泛关注，极大损伤了和记黄埔和李嘉诚的名誉。

现代企业的分权与授权管理可以从中国古代先贤的智慧中汲取养分。冯道《权经》的"分权"所述"愚不分权也，智不尽占也。权予能者，其身不倦。权予忠者，其业不毁。权予善者，其名不损。"明确指出，聪明的领导者不会独享权力，而且应该对受权者予以甄别。授权理论的奠基者肯特认为，员工在组织内部如果无法获得信息、支持和资源，就会产生无权感，认为自己没有发展机会，不能参与企业的管理决策。他们没有权力，却必须对自己的工作承担责任，往往会产生沮丧感和失败感。如果员工觉得自己可获得信息、支持、资源和发展机会，就会产生授权感。高度授权的员工会与他人分享权力，激励同事努力工作，提高工作效率，为企业做出较大贡献。

任正非在2020年11月25日的荣耀送别会上特别提醒"要慎重地分权，以免你们不能全球一盘棋，使诸侯林立，拥兵自重，令不能行。"分权和授权管理如果运作不好，会产生一系列问题。比如有人会滥用权力、徇私枉法；有人不具备运用权力的能力、一放就乱等等。一般来说，企业总是可以采取措施解决这些问题。首先要建立起授权双方的信任，避免干预和插手授权事务。其次要量能授权，根据下属的能力授予相应的权力，避免过度授权或者授权不足。再次要建立监督机制，没有制度保障的授权就是自掘坟墓。除了授予权力、责任和工作任务，还要授予相应的资源。受权者也要珍惜机会，善用上司授予的权力，不要应付敷衍、推卸责任，也不要擅自越权或滥权。《权经》"上权勿侵，下权莫扰。""惑上者险，纵下者愚。"也是企业授权中需要铭记在心的守则。

乔·欧文[160]认为，授权是个信任问题。大多数领导者喜欢控制人和物，而不愿意依赖别人。舍不得授权，根源在于不信任下属和团队。嘴上说"这太重要了"，心里想的是"我不信任你们"；嘴上说"我自己做更快"，其实是"我还是不信任你们"；嘴上说"只有我能做好"，真实的想法是"我不相信你们有这个能力"；嘴上说"我要负责任"，其实是"我没法信任你们"，嘴上说"你们太忙了"，真实的理由是"我绝不信任你们"。

授权不是授责。授权者对自己授权或未授权的工作都要承担最终责任，不能因为授权给了他人而将责任推卸给受权者。这也因此让管理者更加认真对待授权，授权需要管理，包括选择授权对象和时机、提供资源及帮助、进行指导及监督等。当然，权力和责任对等，受权者对自己被授权的工作承担直接责任。授权者发现授权过程出现重大异常或不需要授权的时候，要及时收权。所以，责任是授权的核心。公司管理层应注意防范授权者利用其管理地位和权力推卸责任，也要防止有些管理者虚假授权而实质上并没有将权力授予下属。

不是所有的工作都可以授权。一般而言，以下工作应该由管理者亲自办理，不可轻易授权他人：影响企业信誉、前途的特别重大工作；需要紧急处理的工作；涉及重要人事或机密的工作；核心业务或核心岗位的工作；制定实质性政策的工作；培养下属的工作；找不到合适人选的工作；领导分配给你亲自做的工作等等。

美的集团的权力机制为人称道。何享健给美的集团的权力管理设定了16字方针：集权有道、分权有序、授权有章、用权有度；印发了厚厚的"分权手册"，其中明确规定了整个美的经营管理流程中的所有重要决策权的归属，为美的的分权提供了制度化的保障。集团总部只有财务、预算、投资以及职业经理人的任免管理权力，下面的二级产业集团及所辖的事业部高度自治，可以自行管理、决策研发、生产、销售整个价值链上的所有环节和服务支持部门，同时事业部还享有人事权，事业部的总经理可以自行组阁，并拥有几千万元甚至几亿元的资金审批权。美的分权体系更大的魔力在于，这是一个层层分权的体系，上至总经理，下至美的一个销售部门的业务员都可自己做主。美的的每个人都是自己的"老板"，为自己办事情谁不卖力？机制激活了每个人的潜力。在美的，升职、加薪只有一种可能，那就是业绩突出。美的的几大诸侯如方洪波、黄健、蔡其武等职业经理人一路升迁，莫不是因为战功累累。这就是何享健引以为傲的"赛马制"，美的内部称之为"标杆管理"。

第五节　权力观

权力观就是组织和个人如何看待权力，包括对于权力的理解，权力的产生、获取、分配、使用和发展、调整等。不少成功的企业家或职业经理都是在实际工作中经过多年的摸爬滚打、艰苦拼杀后才体会和领悟到公司权力及政治问题的。他们成功的历程中总是少不了政治的手腕和权力的运用。虽然他们口口声声反对公司政治，要消除公司政治和权力斗争。但也许正是因为公司政治与权力在企业经营管理中的作用如此重要而又难以驾驭以及长期以来的片面认知和误会，人们才如此讳莫如深。

一、企业的权力观：积极政治策略

在企业管理实践中，在企业和广大员工队伍中建立什么样的权力观是一个基本课题。权力观不是虚无缥缈或遥不可及的，而是企业运行诸多架构、流程、制度搭建的基础。在企业运行的过程中，还时时会遇到权力观方面的问题。优秀的企业都有最适宜的权力观。

有人的地方就有政治。企业管理换一种角度理解就是企业政治。企业经营管理的现实本质就是处理在营运过程中的人际关系和权力博弈以实现企业目标，管理过程中的政治行为和权力运用不可或缺而且至关重要。公司政治是一种常态。张维迎[122]甚至认为，"国有企业的高层经理人员将大量的时间和精力不是用于改进管理和提高企业效益，而是争权夺利。"

郭士纳[132]曾经感叹道，"大公司中最让人感到惊奇（和沮丧）的是：公司中的各个不同的部门之间都十分的不合作甚至互相争斗，而且其程度非常严重。这还不是个别或反常现象，而是普遍存在的正常现象——无论是公司、大学，还是某些政府机构都普遍存在着这种现象。个人和部门极力想保护他们自己的特权、自主权以及他们的势力范围。"这样，如果要在企业开展变革，或者实行一项新政策或落实某个新项目，就必须把权力从现在大权在握的人那里夺过来，并公开地把这些权力转交给新人。这些权力，包括预算控制权、员工加薪和奖金发放签署权，以及价格和投资决策权等。光是靠劝告，郭士纳说，"在大公司里却绝对会失效。"他甚至还警告说，"如果一个 CEO 认为他可以不对基本的权力进行转移，就开始实施公司转型或者再造，那么这个 CEO 就是在自取灭亡。"权力转移在企业管理的实务中是一个很常见的现象，比如一朝天子一朝臣、年度人事调整等。

华为一贯强调尊重人才，但不迁就人才。1996 年的市场部集体辞职事件对华为的权力观建立起到了巨大作用。用任正非的话讲，"如果没有市场部集体大辞职所带来的对华为公司文化的影响，任何先进的管理、先进的体系在华为都无法生根。"通过集体辞职，让干部能上能下的理念在企业内部得到高度认同,树立了权力不是不可撼动的固有物的观念,从根本上改变官本位的思想,淡化了人们对于权力的崇拜感。中高级干部的岗位强制轮换制度也使权力不容易腐化,因为干部们明白在这个岗位上的任期是有限的,一方面需要作出业绩因此不敢怠慢工作,一方面需要廉洁公正以免离任后丑行败露。此外,多通道的职业发展规划,也使得员工在职业道路上多了选择,不至于华山一条道而产生恶性竞争,对于权力的追逐已经不是唯一的职业出路。

另一方面,从管理职位降下来后,只要表现优秀,以后仍然可以通过制度化的干部选拔体制重新升上来,甚至超过原来的岗位级别,这种在"能上能下"之后的"能下能上"的第二个层面的制度意义才是华为干部管理的特色。下去了还可以东山再起,让员工们相信干部的任用不是终身制,不是单行道。只要把精力集中在工作本身,符合公司的干部选拔要求,晋升的机会是公正的。与此同时,降职也就更容易被理解、被接受,真正使干部的任用变成一潭活水。

家族企业的权力观受到人们的广泛关注。由于文化差异,华人家族企业的权力承继与西方社会有很大不同。杜邦[135]是典型的家族企业,公司甚至有一条不成文的祖训:只能由家族人员担任公司最高领导。纵观其200多年的实践会发现,早期都是家族成员领导企业,但是随着现代企业制度的流行,1960年以后开始出现由外族人出任CEO的现象。早在20世纪初期,时任董事长皮埃尔·杜邦权倾一时,但他的儿子一直做到退休却只是一个普通秘书。现在,杜邦家族在公司担任高级职位的寥寥无几,而且要进入高层必须经过层层锻炼和认真遴选,单凭家族身份已经不能在公司谋取高位。

总之,企业必须倡导积极政治策略,在组织中弘扬正气,抵制歪风,扬善惩恶。通过体系化的权力获取、使用和管控制度,在组织设计、资源分配、决策、人事制度、选拔干部和接班人、跨职能和跨业务的流程塑造、分权和授权体系、知识与信息管理等权力相关性大的环节设计合理机制,使得各级主管能够行使职权,用好权力,达到组织内部权力的良性博弈,实现对权力的有效制约和有力监督,同时根据企业实际情况,重视员工权力的异化和草根化,适应网络时代快速变化的形势,洞察正式权力的弱化与衰退,以企业文化建设、制度设计、宣传鼓动、信息运用等方式,赢取员工内心认同,构建风清气正的组织权力观。

二、个人的权力观:四大原则

权力的运用是公司政治的核心问题。有些一时获得权力的人,由于权力运用不得法最终被迫下台;有些正式职位不高的人,由于深谙用权之道,取得了比之高职位的人更大的实权;有的由于碰到权力运用能力更强的竞争对手而饮恨败北;有的因为高超的权力运用而取得更骄人的成绩,因而获得更高的职位;有的人在位时间长,有的人椅子还没坐热就得走人。其中的差异很大程度上就在于权力运用。不同的人对于权力有不同的理解,个人对权力的运用受到其权力观的影响。权力需要受到信念的约束。这种信念就是权力观。正确的信念才能使权力得到正确的理解和运用。

权力在组织中既有促进作用又有抑制作用。公司的权力运用有很大的个性差异,不同时代、不同环境、不同企业背景和历史、不同的企业现实情况以及领导者和员工的具体情况,可以有完全不同的权力运用实践,但总体而言应该遵循某些基础性原则。

(一)大局为重

在组织中运用权力应以企业的综合利益为大前提。如果从长远的整体的立场出发,权力运用有损于企业利益,当权者务必高度警惕并引以为戒。个人利益必须置于公司整体利益之下,这是一个知易行难的命题,需要领导者有博大的胸怀和长远的眼光。不管是企业创始人,还是职业经理,或是国有资产管理的代表,如果在经营管理中试图将个人私利凌驾于企业利益之上,这个企业的经营一定大打折扣。就算是在完全一言堂式的家族或私营企业中,拥有绝对决策权的老板也不应公私不分,将个人利益带入企业中来。企业作为一个现实社会大系统中的相对独立的经营实体,就其本身的成长而言,仍然应以企业的整体利益为最高且优先的决策原则。

健力宝曾一度成为中国碳酸饮料行业的第一品牌。自称法力无边的"气功大师"张海2002年入主健力宝但并没有因此获得新生。2005年他涉嫌挪用资金,被广东佛山警方依法拘留。会计师事务所在对健力宝进行财务审计时发现,张海等存在"以做假账、虚增库存、虚增销售等方式挪用、抽走、转移、侵吞健力宝资金",数目不低于7亿元。知情人说:"收购之后,他并不想经营健力宝。事实上他还是想用健力宝的商誉去透支银行贷款。贷来款之后干什么呢？他去做股权投资。"健力宝之所以在其手中惨遭蹂躏,就是因为他把健力宝当成手中一个抽钱的工具,而不是把它作为一个独立的经营实体、一个社会大系统中需要承担社会责任的组织真正去经营。健力宝自然就不可避免地成为其个人利益的牺牲品,同时张海也葬送了自己。

(二)深思熟虑

使用权力或多或少会影响企业利益,其涉及上上下下员工的工作机会和利益关系,因此必须慎之又慎。古人曾总结:"忍得住,不因小怨小恨树强敌;狠得下,不因小恩小惠留祸根;看得远,不因小失小得动全局。"在何时行动、以什么方式行动、行动涉及的人和事、行动可能带来的后果等等细节问题上,当权者或权力运用者应三思而后行。

思考和权衡的过程可以减少情绪冲动造成的疏忽或夹杂的不正当目的;可以促使人更冷静地看待面临的问题、冲突或困难;可以最大限度地达到正面目的,尽量降低负面效应。与其去挽救一个错误的行动,不如在行动之前考虑成熟。当一个行动做出之后,在发现问题后再来处理,需要付出更大的精力,会面临更多的阻力,会造成更难收拾的局面,而且会严重损害你在组织中的形象。最根本的是,企业的发展难免受到负面影响,所以权力不可滥用。当然,深思熟虑也不是犹豫不决。

(三)辅以成事

虽然政治与权力是有志者成就更大事业、走向更高台阶、登上更大舞台的必备武器,但权力的运用应服务于企业经营管理,而不应沉迷于追逐权力。公司政治显然不是企业经营管理的全部。要善于争取权力,行使权力,但只会玩弄权术的人,在企业里的寿命不长;只想着玩弄权术,难免走火入魔。人在江湖,要有立身之本。身处企业,要有存在的价值。

身为主管或期待成为主管者,必须:(1)熟悉自己专业工作所需要的专业知识和技能;专业技能的突出是你长治久安的根本。(2)要做出工作实绩。优秀的人比你想象的多,必须用实力说话,用数字说话,用业绩说话。业绩是你晋升加薪、发展进步的坚实基础。(3)树立不喜欢玩弄权术的公众形象。虽然你从来没有停止过运用权力,但仍然要让大家相信你的成功靠的是能力和业绩。

用权重在成事。用权的目的在于做成事情,为公司创造效益,使企业做强做大。组织赋予个人权力，当权者应该以积极思维大胆用权，不能畏首畏尾，优柔寡断，从而辜负组织和公司领导的信任和重托。但也绝不能掉入权力斗争的漩涡，成为追逐权力和消极公司政治的牺牲品。

（四）可进可退

不是每一次谋略或权力运用的行动都能确保成功。所谓"强中更有强中手"。而且难免有一些情况发生变化。总有一些权力运用的行动结果与设想目标出现偏差，轻则效果打折，重则适得其反。因此，权力运用还应把握可进可退的原则。孤注一掷的做法实在是形势所逼、别无良策下的选择，用得不好，常常把自己也赔进去。如果是和另外一个人对决，则很可能两败俱伤。如果在计划或对决过程中，谁能预先想好了退路，事到临头就多了一个方案和一份从容，进退自如，不至于惊慌失措，造成不可挽回的局面。

总之，权力运用必须遵循一定的规范，并非可以随心所欲，为所欲为。在公司中的权力运用必须以大局为重，应辅以成事，且须深思熟虑，可进可退。评价一个管理者的权力运用是否恰当，以上四个原则可以作为评判的准则。

第四章　公司政治的整合模型

　　利益和权力是企业管理的原点。有人说,管理的历史就是政治的历史。有企业组织的地方就有公司政治。随着社会进步、技术日新月异以及企业组织的飞速发展,人们对于企业和企业中"人"这一关键要素的认识不断深入。企业是由具有不同利益需求的人组成的联合体这一事实得到大家的认同。个体及各种正式与非正式组织在企业中的权力博弈在现实生活中每天演绎并且不断涌现在公众面前。身处企业中的人也深感公司政治无处不在。

　　然而,过去的研究主要是探讨权力的概念及其获取与运用的技术手段,以及公司政治的概念、来源及其具体表现形式、影响与基本的管理对策。已有研究越来越注重细节和纵深点,在人们看到更多非常深入和专业细分的公司政治局部现象时,就越来越容易失去对于公司政治的整体印象和系统理解,这是西方管理学研究的一个局限和弊端。在现实生活中,当自身处于某个公司政治的事件中时,没有一个系统的概念模型能够帮助自己进行全面的分析,因此也就无法根据个人的实际情况找到适用的应对之策。

　　学术界在质疑定量研究方法的同时,逐步发展出质性研究方法。规范化、系统化和相对精确化的质性研究已经在社会科学和管理学领域广泛应用。公司政治是大家讳莫如深的东西,往往深藏在表象之下。质性研究的深度访谈具有可以将事实一层一层"剥下去"的能力,且这种过程在数量和种类上都比那些由调查问卷所搜集的数据更具弹性。同时,由于公司政治的敏感性以及需要对研究对象的深入挖掘和系统思考,定量研究难以满足研究需要。此外,质性研究对当事人看问题的视角十分重视,而公司政治的产生具有很强的情境性,会受到个人心理、态度、价值观和主观状态的影响,所以采用质性研究方法来研究公司政治因素基本上可以满足要求,也是比较恰当的研究方法。因此,本章通过深度访谈及焦点小组采集数据,并采用质性研究方法中的扎根理论方法论和案例研究来构建公司政治影响因素理论。

扎根理论研究方法是一种系统的质性研究方法论策略，由两位社会学家Glaser和Strauss在其著作《扎根理论的发现》中首创提出，此后得到众多学者的不断完善。扎根理论指的是通过系统地收集和分析资料的研究历程之后，从资料所衍生而来的理论。扎根理论的研究过程可以简要总结为产生研究问题、数据收集、数据处理和理论构建四个阶段。卡麦兹[161]把扎根理论研究过程分为选择研究问题、收集资料、对资料进行初始编码、聚焦编码、理论编码、撰写初稿。在此过程中，需要持续撰写研究备忘录并对编码形成的概念和范畴不断完善，进行理论饱和与分类，并通过不断比较，将各种范畴之间的关系进行关联，最后构建理论。

在通过扎根理论完成模型的建构以后，再采用规范的案例研究方法[162]进行检验。案例研究是一种实证研究，是遵循一套预先设定的程序、步骤，对某一经验性、实证性课题进行研究的方式。案例研究已经成为管理学科的重要研究方法之一。公司政治是一个与管理实践情境密切相关的研究课题，许多因素研究者无法像实验方法一样对其进行控制，它是现实企业管理生活中真实发生的，体现在管理的各个阶段、过程、事件、人物、工作场景之中。通过案例研究，能够较好地探求企业活动中鲜活的客观事实，获取其他研究手段所得不到的数据和经验知识，并以此为基础检验和发展已有的通过扎根研究形成的假设理论体系，从中整理出具有扎实现实基础的一般结论。

本章通过对现实公司政治中诸多"局中人"的扎根访谈，结合前述理论文献的指引，试图构建一个能够指导实践的公司政治整合模型。

第一节　影响公司政治活动的六大因素

一、利益格局

企业是由不同的利益相关者组成的。这些利益相关者的利益受到组织结果的影响，同时他们也会运用各自的资源和权力、影响力来达到各自不同的目标和利益,企业的总体资源有限,利益相关者之间的冲突成为必然。因此,组织必须有效界定和区分各种公开或隐蔽的利益相关者,了解不同利益相关者的利益诉求。社会利益分为公共利益、集体利益和个人利益,相对应地,企业组织中的利益划分也是三个层面(图 4-1):组织利益、团体利益和个人利益。根据访谈的情况具体整理如下:

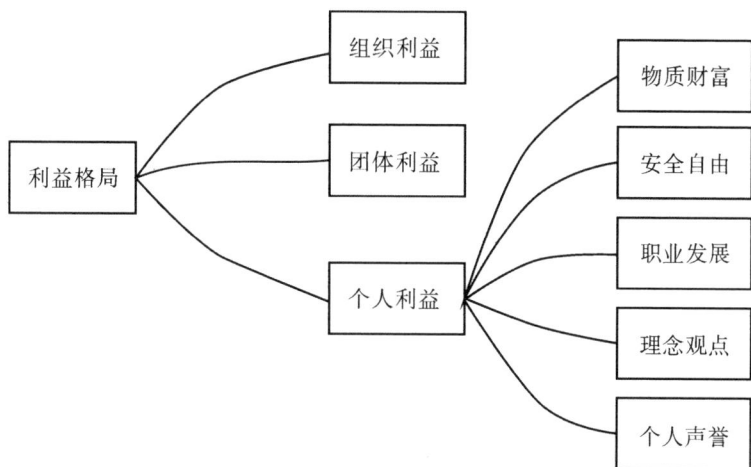

图 4-1 利益格局范畴

(一)组织利益

企业作为一个独立的经济组织,追求利润最大化和股东价值最大化或者利益相关者价值最大化,必定追求组织利益的长期增长。在竞争环境中,企业还需要努力获取超越行业平均水平的收益,不断寻求竞争优势。正如访谈者所提到的,公司长远利益是组织成员的共同目标,公司政治如果是为了实现组织利益,就是正面的;相反,如果借着为组织利益服务的名义,实际却为个人利益服务,哪怕是为了符合总经理的个人利益,也是不可能长久存在的,这样的公司政治就是负面的、消极的。在现实生活中,不少公司政治行为就是打着冠冕堂皇的旗号,宣称为了组织利益,而实质上却隐藏了不可告人的目的。

(二)团体利益

团体是两个或两个以上相互作用、相互依赖的个体,为了实现某一特定目标而组成的集合体。[163] 团体可以是正式的,也可以是非正式的。正式团体是

由企业创立和官方认可的工作群体，有着明确的工作任务和工作分工。正式团体中的个体应遵循企业规则和正式的权力关系，其行为应以组织目标为导向，为组织利益服务。正式团体包括企业设置的组织架构中的各事业部、各职能机构，矩阵式管理的项目组以及临时任务组织等。这些团体有组织正式任命的负责人和成员，有组织赋予的目标以及达成目标所需的资源。

企业组织中一般都存在非正式团体。非正式团体具有社会属性，往往是在友谊、个性相投、社会关系和共同爱好的基础上产生的，不需要获得组织的正式认可，也没有组织正式任命的负责人。非正式团体是为了满足人们的社会交往需要而在工作环境中出现的一种自发的组织形式，比如一个大型企业里的同乡会、同学圈、羽毛球爱好者、舞蹈爱好者、曾经一起共事过或一起做过某个项目的人等。非正式团体能够为那些在组织中没有正式职位的个体提供权力，也可能影响组织目标的实现。

朗[143]认为，处境相同的人常常具有相同利益，这种利益能转化成共同利益。团体能带给团体成员利益，包括物质、安全、地位、归属、自尊、权力、自我实现、声誉等。大多数个体分属于不同的团体，不同的团体能带给人们不同的利益。每个团体成员在团体中都要承担一定的角色和责任，需要遵守团体的共同规范。每个个体都希望自己被所在团体所接纳，因此也会为了团体目标的实现而贡献力量。一般而言，团体内聚力越高，成员之间的相互吸引力越强，团体利益和目标的实现效率也越高。组织内不同团体之间可能存在利益的冲突。瑞提和利维[23]描述过这种现象，公关部提出一个新项目，但人力资源部因为这个项目不是由他们创意的，而故意找各种理由反对。

20世纪90年代初郭士纳[132]将IBM的客户服务业务进行整合的时候，明确指出："一家大公司内部的各个单位和部门之间出现激烈矛盾是很普遍的一种现象。公司中的传统部门经常会抵制（公开或默默地）新设立的部门——无论这个新部门是从本公司内部分化出去的，还是从外部新增添进来的。"郭士纳甚至感叹："那时候，公司内各个事业部之间的争斗，似乎要比整个公司和外部竞争对手之间的竞争还要激烈和重要。"因此，他在IBM力推合作文化，反对"不"文化。在"不"文化中，各个部门之间充满了各种各样的矛盾：互相倾轧、互相隐瞒以及互相争夺地盘等——IBM管理层的工作人员不是去帮助各个部门间实现协调，而是操纵着各个部门间的纷争和保护各自的势力范围。郭士纳称之为"谋权行为"。这些谋权行为的直接后果就是，IBM各个层级的官僚主义工作作风盛行——数万人都在试图保护自己的特权、资源以及各自单位的利益。

无独有偶，菲奥莉娜[84]在第一次与惠普的高管团队共进晚餐时发现，每个人在自我介绍时都提到了自己CEO的头衔，他们会用"我的组织""我的人马"这样的说法。他们想要传递的信息很清楚——我干得很好，我对自己的部门负责，不需要你来从中插一脚。

从访谈内容可以发现，当原本分散的个体在某种诱因下组成一个团体时，他们就有了共同的目标和利益。他们会团结一致对付团体外的人。某个企业组织中的小团体利益与组织利益不一定一致，经常会存在冲突，甚至团体利益高于组织利益。在同一个组织内部，不同的正式团体如业务部门和生产部门之间也会出现严重的矛盾，甚至不惜以各种借口来争斗。这种正式团体之间、正式团体与非正式团体之间、非正式团体之间的利益冲突和相互争斗，就是公司政治的表现。

(三)个人利益

Lucas[164]指出，组织内的个体都会在特定情境下努力为实现自己的利益而斗争，在这个过程中会与其他个体和利益集团发生冲突，然后通过协商达成一种结构化的平衡。陈其南认为，基于差序格局社会关系的中国人永远以自己和家属的利益为最优先的考虑。[165]

从访谈情况来看，个人利益包含了权力、职业发展、安全稳定、物质利益、个人兴趣、个人声誉、被认可和肯定等多个方面。具有较高权力位置的组织成员如果是高权力需求特征的人，喜欢控制他人，比如控制他人的资源，这种权力行使不是出于组织利益，而是出于个人利益，同时对方也感受到自己的个人利益遭到威胁，就会受到对方的强烈反抗。而有的高层管理人员由于专业能力不好，又担心新来的人会比自己强，动摇自己的地位，因而采取打小报告、告恶状等方式排挤新人，就会出现武大郎开店的现象。有的访谈者明确表示公司里面大家都是为了自己的小利益斗来斗去，这些利益包括薪酬、权力范围、待遇、职业发展、被尊重、成就感以及私人关系等。有的访谈者则谈到了个人利益和组织利益兼顾的现象。可以发现，形式繁多的个人利益是公司政治现象的重要影响因素。

二、权力格局

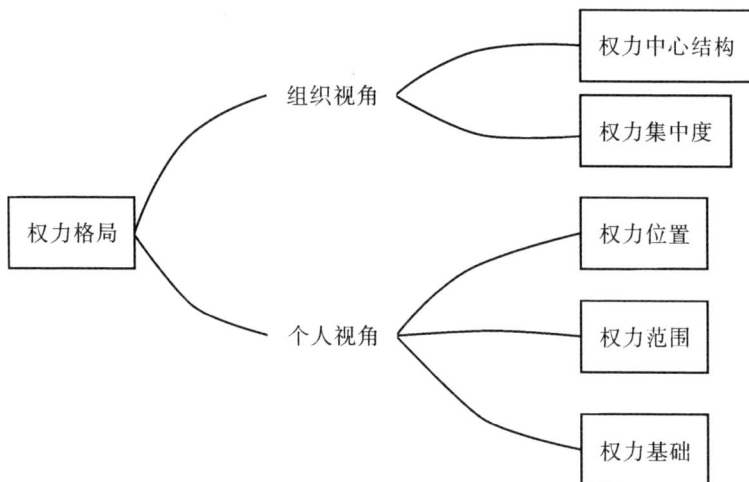

图 4-2　权力格局范畴

权力格局是指企业里组织权力和个人权力的分布和关联状况。所有的访谈对象都无一例外地强调权力在公司政治中的重要性,认为权力是政治的核心,权力为政治服务。在企业的经营管理过程中,要实现经营计划和目标,需要有效调配各种资源,必然需要权力。事业心强的管理人员想要创造更高的业绩、为公司发展做出更大的贡献,必须拥有相应的权力。没有权力必然一事无成。拥有资源意味着拥有权力,这些资源包括人、财、物、技术、信息、知识、时间等。有些访谈者也明确指出,你要做出业绩,一定需要资源,当你需要资源的时候,其他人出于个人目的会阻止你获取这些资源,会想办法去削减你的资源,这样就会对你的工作造成很多麻烦,降低你在组织中的影响力,甚至造成信任危机。

1993 年的 IBM 地域分割,各自为政。用郭士纳[132]的话说,“当时有 1 个全国性总部、8 个地区性总部、若干个隶属地区的区域性总部办事处。每个总部都由一个以利润为中心的老板负责管理,这个老板积极寻求增加自己的资源和利润。IBM 的员工首先属于各地分部,然后才属于 IBM。”因此,郭士纳空降 IBM 后,首要任务之一就是改变 IBM 内部的基本权力结构。于是他开始机构再造。为此,他和当时大权在握的欧洲、中东和非洲区负责人发生了一次冲突。郭士纳去欧洲访问时偶然发现，欧洲区的员工收不到他定期发给全世界 IBM 员工的电子邮件，原来是欧洲区的总负责人中途拦截了他发送的信息。当郭士纳问他的时候，他回答："这些信息对我的员工不适合。"第二天，郭士纳把他召集到纽约说，他并没有什么员工，因为所有的员工都属于 IBM。从此以后，信息再没有被拦截过。再后来没过几个月，此人就离开了公司。

（一）从组织的角度来看，对一个企业组织中权力状况的分析和诊断，可以概况为两个支点：权力中心结构与权力集中度

影响公司政治的权力因素包括：

1.权力中心结构

权力中心结构是指公司里拥有最终核心权力、各自独立、互不包含的权力中心有多少，它们横向的相互关联情况如何。权力中心都处于组织的最高层。是一个中心的独裁式，还是两个中心的对抗式，或者多个中心的鼎足式？不同的权力中心结构就会有不同的公司政治形态。在独裁式的公司里面，老大一人说了算，其权威不可撼动、一言九鼎，公司政治的成分比较低，比如一股独大的民营企业。在对抗式的公司里面，两个中心互为抗衡、难以分离，公司政治就会很自然地产生，比如董事长和总经理分属不同势力背景的国有企业。在鼎足式的公司里面，多个中心自我平衡、动态调整，公司政治有比较扎实的土壤，比如多方合资的企业。

郭士纳[132]在担任 IBM 的董事长和 CEO 的第 1 个月，就宣布取消原来的"管理委员会"，该管委会由 6 人组成，每周开 1～2 次全天会议，处理大量的提案，公司所有的重大决策都向管委会提交讨论。郭士纳说："我希望自己能够更有决策权，而不是由管理委员会来更多地行使公司决策权。"他认为这是刻板的等级制度，而且会导致权责不分。但是，他又在半年后创建了一个"公司执行委员会"，该委员会共有 11 名成员，他对执行委员会的职责做了约束：不能接受解决问题的委托，不能为业务部门代做决策，只关注跨部门的政策问题。他的理由是："我仍然需要一个高层执行委员会与我一起共同管理公司。"与此同时，他还对董事会进行了改造。原来 IBM 共有 18 名董事，其中 4 名是 IBM 老员工。他联合了当初邀请他加盟 IBM 的两位董事，他们主动提出提前退休，然后让每位董事自己提出辞职。最后有 9 人离开了董事会，新的董事会缩减为 12 名董事，只有郭士纳是 IBM 员工，原董事会 8 名留任董事都是 1 年前才进入董事会的，另 4 人是新加入的。不管怎么说，通过一系列的权力运作，郭士纳使自己成了 IBM 唯一的权力中心。

2.权力集中度

权力集中度是指公司的权力在整个组织中的纵向和横向分布状况。是集权式的管理，还是分权模式的管理？是权力集中在某些职能，还是分散在各种职能，相互牵制？比如，在一个权力中心的公司里，从纵向的角度来看，权力是聚集在最高的管理者手中，还是被授权给其他的管理者和管理层？是一个人决策，还是团队决策？是高层拥有绝对的权力，还是中层和基层管理者也拥有分层的权力？从横向的角度来看，是某一两个部门一手遮天，还是各个业务、职能部门权责分立？是一两个部门凌驾于其他部门之上，还是职能部门之间分工合作，平等相处？Pichault[77] 表述的权力分布指权力是集中在组织中心或是分散在周围。

企业管理中应该遵循权力不可向下覆盖的原则，即冯道所谓"下权莫扰"，就是说责权利对应，每个管理层都有相应的职责，有相应的利益，也有相应的权力。这些权力是组织体系赋予他们的，在他们的权责范围内拥有最终的决定权，上级管理层不能干涉、改变他们的决策，也不能代替他们行使决策权。在实际的企业管理运作中，有些企业领导过于强势，把下一级的管理权限限定在很小的范围内，这样就会造成下一级责任与权利的不匹配，影响组织功能的实现。而有些企业领导懂得充分授权，让下一级的管理层拥有与职责相称的权利，这样就能够激发下一级管理者的积极性，为他们完成职责任务提供权力的支撑，保障组织功能的实现。Pichault[77] 的研究表明，权力分布系统与企业内部的政治程度相关，还会影响组织变革。权力集中的企业比较保守，难以变革，而权力分散的企业则容易创新和变革。

从横向看，企业中的各个业务环节和职能部门之间应该是权力分设、相互制衡的。一项重大业务的决策权按照业务流程分解为几个部门所有，防止一股独大、权力失衡。访谈发现，有的企业费用审批权集中在财务部门，业务单位的领导没有实际审批权，不利于业务单位积极性的发挥。有的企业一项重大业务的决策权被过多单位所分割，造成决策缓慢拖拉，也会影响企业的运营效率和决策速度。所以，组织的权力集中度是组织权力在不同层级和不同环节的管理层之间分配结构的衡量。从企业的权力集中度可以很好地观察到企业的权力制度设计是否科学合理、是否有利于企业发展、是否容易产生公司政治。

(二)从个人的角度来看,影响公司政治的权力因素包括:权力位置、权力范围、权力基础

1.权力位置

权力位置是对一个个体在公司的纵向职位而言的,在企业中的职务层级,比如总裁、总经理、副总经理、总监、经理等。有人说,权力位置就是组织结构图中的那些小框框。[23]Ammeter等人[56]认为职位等级是一个人在组织中权力和影响力最明显的一个来源,是权力最直接的依托。Brass和Burkhardt[166]的研究认为个体在组织中的职位等级与对权力的感知正相关;等级越高,运用权力越果断,越多进行交换,越少逢迎、告状和建立联盟。

分析一个人在组织中的权力大小,首先看到的就是他的职位高低,看他在权力圈子中的位置,这是从组织的纵向角度来观察。处于不同职位等级所面临问题的重要性也不同。权力位置还会对权力的其他来源产生影响,比如对信息的获取和掌控,与组织中权力人物的接近等等。

在访谈中,大家都明显意识到职位的重要性。有些情况下,职位成为领导权力安排的工具,为了加强自己的实力而把自己的人晋升到重要岗位。有的情况下,因为不喜欢和自己合不来的人共事,而决定换人。有些情况下,因为职位的调整,原先的同级变成后来的领导。不同的职位,所要承担的责任、思考的问题也有所不同,随着职位的晋升,政治问题变得日益重要。

2.权力范围

在公司政治的实际运行中,每个参与者都有各自的权力范围,具有不同的影响力。从组织的横向角度来观察,不同的参与者各自负责不同的组织职能,包括各种业务职能,如研发、生产、采购、品质管理、营销、财务、人力资源、行政等等。每个组织职能都有相应的权力范围,他们把企业的权力进行各自实力范围的分割,分管不同性质的业务。不同的职能和业务在企业中的重要性和地位是不一样的,核心业务往往占据重要地位,话语权明显高于其他业务,从而在组织权力的分割中具有优势。重要部门和业务单位的份量与普通部门的份量天差地别。小部门或边缘部门在企业重大决策中基本上没有话语权,他们的生存往往依附于这些核心业务单位。

权力范围体现了个人在横向的组织内社会网络中的重要性。斯格特[34]说,这种权力中心性程度是影响组织内部权力的三大原因之一。瑞提和利维[23]认为,有时候从一个重要职能调到另一个没有实权、不那么重要的职能成

145

为一种惩罚的政治手段。有时候为了权力的制衡，一项业务的决策过程需要分割成几个环节分别由不同的部门来负责。达夫特和诺伊[81]把部门权力的来源概括为依赖性、财务资源、中心性、不可替代性以及处理不确定性等几个方面。

这在访谈中也得到呼应。比如在国有企业里面，干部管理部门掌握着管理人员的进退荣衰，他们的地位尤其重要。人力资源部门因为负责薪酬核定、绩效考核等，也具有相当的权力。虽然在组织中处在较高的权力位置，由于权力范围被限制，总经理也可能没有实权。

3.权力基础

权力基础是从个体拥有权力的实际纵向深度和横向宽度来考察的，分析的是实际影响力的稳定性。个体处于有利的权力位置，职位赋予的权力范围也明确，但是是否就一定拥有深厚的实际权力？权力位置和权力范围只是组织赋予的原始静态，是权力的一种初始状态。实际权力大小则要看担任这个职务的个体对于权力的运用情况。能够在公司员工中赢得良好声誉，获得下属的衷心拥护，得到同级同事的帮衬和支持，得到领导的赏识青睐，成为核心领导的心腹、平级同事的盟友和关键下属的保护伞，就表明你拥有很好的权力基础，表明你获得领导、同事、下属和员工更大的支持力度和更多的权力资源。个人魅力、专家权力也能够增强个体的权力基础。

从访谈情况可以看出，有的人能够通过各种方法赢得领导的支持。但有的人却不能很好地处理和上级、平级、下级的关系，因此在考核时被下属给予严重的负面评价。有的人虽然拥有很高的权力位置，但是不会和下级单位的主管沟通，因此使业务不能得到顺利贯彻。访谈者能够认识到大家认可度的重要性，认识到有坚实的群众基础的杀伤力。有时候身为总经理，也未必一定能够得到员工的拥戴。而身居采购的关键权力位置，拥有核心的权力范围，也未必拥有相对应的影响力。一个中层经理，有可能得到下属的拥戴，却得不到总经理的信任。

三、关系格局

人际关系（interpersonal relationships）在社会学和心理学上一般指个体与个体之间的各种关系，或个体与他人间的心理距离或行为倾向。在中国社会和中国文化中，"关系"（guanxi）一词具有非常丰富和特别的含义。梁漱溟[167]指出，中国文化的关系取向，既不是社会本位，也不是个人本位，而是关

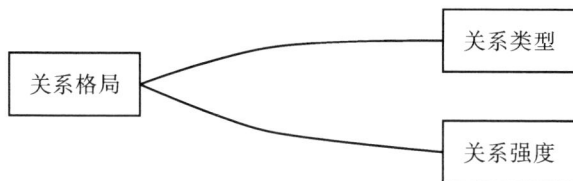

图 4-3　关系格局范畴

系本位。相对而言,西方文化的特点是"个人本位、自我中心"。Yeung 和 Tung[168]认为,儒家文化中的关系与西方的友情和网络合作在动机、权力本质等方面有所区别。Hui 和 Graen[169]论证了中国关系在中美合资企业中的特殊作用,说明了关系与西方领导成员交换理论的差异。Law 等人[170]指出,西方企业的领导成员交换关系是领导和成员在工作场所的交换关系,中国企业上下级之间的关系主要是指双方的私人关系,双方交换的利益既包括经济利益,也包括社交利益。

　　总体而言,中西方人际关系的差异体现在几个方面:中国人以关系取向为主,西方人以个体取向为主。何有晖等人[171]认为,中国人的关系取向包含个体之间的相互联系、相互回报与相互依赖。关系取向与集体取向不同,其重心在关系而不在集体利益。随着时代变化和中国经济社会的日益现代化,人际关系中的功利性成分在增加,情感性成分(如传统的家庭与邻里关系)则出现下降趋势。中国人的个体取向不断增强,同时又并存着反对自私自利、赞同合作等支持集体取向的倾向。李美枝[172]指出,中国人表现出集体取向或个体取向的程度取决于他们对自己与他人的关系判断。在情与理方面,中国人重情多于重理,而西方人则重理多于重情。

　　翟学伟[122]认为,真实的中国人际关系是由"缘""情""伦"构成的三位一体,只有系统地研究这三者及其相互关系,才能看出中国人际关系的本质。而构成中国人际关系的基础分别是中国人的天命观、家族主义以及以儒家为中心的传统伦理思想。人情是中国人际关系的核心,表现了传统中国人以亲亲(家)为基本的心理和行为样式。人伦为这一样式提供了一套原则和规范,使人们在社会互动中遵守一定的秩序。而人缘是对这一样式的解释框架。所以这是一个包含了价值、心理和规范的完整系统,情为人际行为提供是什么,伦为人际行为提供怎么做,缘为人际行为提供为什么。因此,中国社会中的关系格局是从自我出发,具有明显的亲疏远近之分。可以说,中国的人际关系实质

上是一种人情关系。这种私交状态下的人情关系也会对组织内的参照权力产生影响。

关系在中国社会有其特别的价值和存在理由：(1)关系能解决正常渠道解决不了的实际问题，带来没有关系所无法得到的实际利益。中国传统文化重视个人修养和内在约束，忽视外部制约，以道德代宗教，维持礼治传统，导致长期以来法律制度不健全。这样就给关系提供了生存的土壤。Xin 和 Pearce[173]指出，因为法律和各种制度不够完善，在中国社会中，法律不能为人们提供足够的制度保障。人们面对不确定的情况时，会因为缺乏制度的支持而寻求关系的帮助。所以，关系是正式制度支持的替代物。同时，中国关系的人情特征以报施法则为基础，一次施惠，加重回报，关系日深。而人情又与权力相勾连，建立起关系的人可以通过权力的映射来实现自己的利益诉求。人情关系是一种可用于交换的资源。(2)中国是个伦理本位的社会。梁漱溟[167]说："每一个人对于其四面八方的伦理关系，各负有其相当义务；同时，其四面八方与他有伦理关系之人，亦各对他负有义务。""伦理本位者，关系本位也。"中国历来重视"和"，譬如"和为贵""和气生财""家和万事兴""地利不如人和"等。为了维护和睦的气氛，中国文化形成了各式各样的伦理和礼教来规范关系角色的义务。个人作为不同的角色，在不同的关系网络中需要遵循各种规范，否则就会受到指责和排挤。人们通过履行关系角色的义务来建立人情关系的情感纽带。(3)关系在中国具有体现个人价值和社会地位的身份辨识作用。何有晖等人[171]提出，中国人的生命只有透过与他人的共存才能够彰显出其意义。没有他人，个人的身份本色便失去意义。无论在哪一种文化之中，个人身份都可以从个人特征和关系特征中表现出来，但不同的文化对两种特征的重视程度不同。在美国文化里，个人特征较受关注。但在中国文化中，关系特征则较为重要。关系特征的作用像一幅社会地图，没有它便茫然不知应如何接近图中的人。

根据费孝通[127]的差序格局理论，中国人的人情关系是以自己为中心，根据与自己关系的远近由己向外、由近及远来判断的，就像把一块石子扔到水面上产生的一圈圈波纹。差序就是中国伦理文化中的伦的意思。在这个差序格局中，他人与自己的关系分为血亲、乡亲、同学、战友、同事、朋友等不同类型。同时，不同类型或同一类型的各种关系在这个差序格局中又具有不同的强度，有的关系比较深、比较近、比较亲、比较熟，有的则相反。一个差序格局的社会，是由无数私人关系搭成的网络。

(一)关系类型

关系类型是中国人关系格局中的一个重要的结构性指标。它是指属于哪种具体的人情关系,比如血缘关系、地缘关系以及朋友关系,具体而言包括家人、亲戚、同乡、同姓、战友、校友、同门、同学、同事、朋友等。这有点类似于潘光旦所说的中国人关系的静态方面,是讨论关系的分类。[174]根据乔健的划分,中国人的关系种类有 12 种:亲属,同乡,同学,同事,同道,世交,老上司,老部下,业师,门生,同派,熟人、朋友、知己。[175]

翟学伟[174]认为中国人的关系与权力在理论和实践上有一个基本的特征,即它们在时间和空间上都是无限延伸的:血缘关系由遥远的祖先和无尽的后代构成;地缘关系也可以逐步放大,直至天下,所谓"四海之内皆兄弟";朋友关系是因人与人的亲密性或互惠性连接的,实现了更多个体间的连接,可以做到四通八达。

黄光国[176]认为,中国文化背景下的人际关系呈现三种类型:情感性关系、工具性关系和混合性关系,分别适用需求法则、公平法则和人情法则。相应的,杨国枢把中国人人际关系划分为家人关系、生人关系和熟人关系。对家人遵循义务原则,家庭内实行按需分配;对生人往往采用功利性原则;对熟人遵循对等的交往原则,人情与面子是人们发展熟人关系的两个重要机制。

Zhang 和 Yang[177]把关系划分为既有关系和交往关系两种类型。既有关系也称为关系基础,是由血缘、地缘与业缘等非个人互动因素形成的关系,如亲属、亲戚、同学、同乡、同事、师生、邻居等;交往关系是人们在社会活动中通过实际交往建立的各种关系,如朋友、熟人等,这类关系往往是人们主动选择和建立的。无论在西方还是东方,家族关系、家族社会资本都是一种强大的资源,对人在企业的职业发展产生重要的影响。

访谈中呈现的关系类型各种各样,既有常见的同学关系、同乡关系,也有中国人最看重的亲戚关系。有的甚至是同时进入一家企业,或者同时在某个岗位工作过,或者分配到一个宿舍。有的是因为被谁招聘面试进公司,有的是因为曾经的上下级关系,也有的则是因为个性相近而形成一种隐性的关系。

(二)关系强度

同一种关系类型中,具体的个体之间的关系强度存在很大差异。比如,同样是同学关系,但是同学与同学之间有的走得近,经常联络,有事情互相帮助,

关系极为亲密；而有的则很少往来，彼此感觉疏远，遇到事情也较少互相帮助。其他类型的关系也是一样，在个体的关系远近、亲疏方面各不相同，而且关系强度与关系存在的时间长短也存在一定相关性，一般而言，时间长的关系强度也比较高，新近形成的关系强度则相对较低。

Zhang 和 Yang[177] 把在社会交往过程中交往双方联系的紧密程度与情感深度称为关系质量。这种联系可以是情感性的，也可以是工具性的。不同的关系基础一般隐含了不同的关系质量，但并不是绝对的，如父母与子女的关系通常是最密切的，但也有感情不好的父母子女关系。关系强度的概念与关系质量类似，与潘光旦所说的中国人关系的动态方面比较接近。[174] 有些关系如血亲、乡亲等是自然形成的，而朋友等关系则是通过后天形成的，而且个体的动机和努力会很大程度上影响关系强度。瑞提和利维[23] 举例说，负责生产制造的经理想请人力资源经理在人事政策上有所倾斜，通过正规渠道恐怕不可行。但是如果他之前帮过人力资源经理的忙，就不难办了。他们把这种现象称为友谊网络。Ruderman 等人[178] 和 Ibarra[179] 的研究表明，企业内部关系网会影响员工晋升。

访谈也反映出这种现象。比如上下级关系和同级关系，懂得经营关系的人则会获得与相关方比较密切的关系，而不懂得经营关系的人则与相关方只是组织结构上的正式上下级关系，没有这里所描述的"人情关系"。同样是高管，有的人因为和老板一起创业或者拥有特殊资源，因而和老板有很深的关系；而新从外面引进的空降高管则没有，因此在老板面临选择的时候就很可能倾向老人。有访谈者谈到的职务晋升问题，除了业绩和正常的管理行为之外，关系强度在里面发挥非常重要的作用，甚至直接决定了最终的晋升结果。

四、政治动机

在心理学看来，动机就是一种激发行为并使之指向某一目标的需要或欲望。[180] 动机理论解释了个体的喜好和行为。动机是对行为的激发和指引。通俗地说，动机是促使人从事某种活动的念头和意愿，是指一个人想要干某件事情而在心理上形成的思维途径。人们在采取某个行为或回避某个行为时都是受到动机的影响。人的行为是由内在驱动和外在诱因同时作用的结果。

虽然企业内部存在各种利益冲突和矛盾，但不同的人面对利益冲突的反应不一样。个体在公司政治中的行为表现也存在不同的动机差异。有位访谈

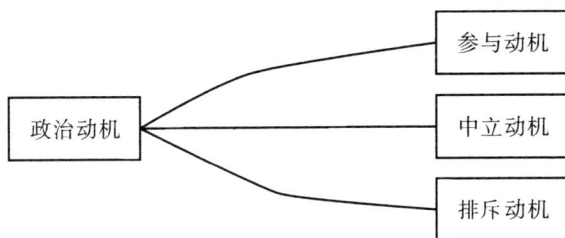

图 4-4　政治动机范畴

者认为："为什么有些人不会去搞政治，因为价值观、本性、行为规则等原因。有些人喜欢政治，有些人不喜欢搞政治。"Mayes 和 Allen[14] 指出，政治喜好者与公司中的其他员工在追求组织不允许的目标和使用组织不允许的手段方面的意愿是有区别的。非政治型的员工宁愿放弃自己的目标也不愿意去违背组织的规范。Ammeter 等人[56] 认为，领导者进行政治活动的必要前提条件就是施加影响和管理共享意义的意愿和倾向。

这种个体差异的来源机制比较复杂，有些来自价值观的不同。价值观是指一个人对周围的客观事物（包括人、事、物）的意义、重要性的总评价和总看法。价值观一方面表现为价值取向、价值追求，凝结为一定的价值目标；另一方面则表现为价值尺度和准则，成为人们判断事物有无价值及价值大小的评价标准。一个人的价值观一旦确立，便具有相对稳定性和持久性。对诸事物的看法和评价在心目中的主次、轻重的排列次序，构成了价值观体系。价值观和价值观体系是决定人的行为的心理基础。人们在各自的成长、生活、学习、工作过程中会形成不同的价值观，而不同价值观的人对权力、利益以及政治的看法迥然不同。在七种常见的价值观中，政治性价值观就是以权力、地位为中心的价值观，这一类型的人把权力和地位看得最有价值。这一类型的人也是公司政治的参与动机强的人。

行为科学家格雷夫斯通过对企业组织内各式人物做了大量调查后将价值观分为七个等级，依次为反应型、部落型、自我中心型、坚持己见型、玩弄权术型、社交中心型、存在主义型。管理学家迈尔斯等人在 1974 年就美国企业的现状进行了对照研究。他们认为，一般企业人员的价值观分布于第二级和第七级之间。就管理人员来说，过去大多属于第四级和第五级，而现在情况在变化，这两个等级的人逐渐被第六、七级的人取代。其中玩弄权术型的人通过摆弄别人、篡改事实，以达到个人目的，非常现实，积极争取地位和社会影响。这

些人的政治参与动机强。加德纳[149]说,每一个在大型组织机构工作的人都
会遇到一个或两个热衷于钩心斗角的人。

成就目标理论则认为,不同个体对自己的能力有不同的看法。这种对能
力的潜在认识会直接影响到个体对成就目标的选择。也就是说,由于个体对
于他们的政治能力认知不同,他们认为自己擅长或不善于公司政治活动,因此
会采取相应的外在行为。张维迎[122]认为,那些业务能力低而权力斗争技能
高的人最热衷于权力斗争。

认为自己政治能力强的人就会喜欢政治,属于参与动机的类型;而对自己
政治能力没有信心的人则会回避政治,属于排斥动机的类型;那些对自己政治
能力认知没有明显倾向的人就会选择中立或无所谓的态度,属于中立动机的
类型。班杜拉的自我功效论也持类似的观点,认为人对行为的决策是主动的,
人的认知变量如期待、注意和评价在行为决策中起着重要的作用。心理学的
研究表明,影响成就动机的因素包括童年所接受的家庭教育、教师的言行、竞
争和竞赛活动、学习成绩、个人对工作难度的看法、个性因素、自然环境和社会
文化条件。这些因素也会影响个体的政治动机。著名心理学家戴维·麦克莱
兰等人提出的三种需要理论认为个体在工作情境中有三种主要的动机和需
要:成就需要、权力需要和归属需要。高权力需要者喜欢影响和控制别人。最
优秀的管理者是权力需要很高而归属需要很低的人。[163]高权力需要者的公
司政治参与动机也很强。

在政治动机上的个体差异还有一个很重要的来源是个性。个性在心理学
中的解释是:一个区别于他人的、在不同环境中显现出来的、相对稳定的、影响
人的外显和内隐性行为模式的心理特征的总和。有些个性特征能够很好地预
测和解释个体在组织中的行为。比如,马基雅维里主义的要点是:为了目的不
择手段,在人际关系中使用欺骗手段,不关心传统道德等。因此,高马基雅维
里主义的个体比低马基雅维里主义的个体更加愿意操纵别人,赢得更多利益。
同时,A型个性的人非常具有竞争性,并对阻碍自己工作的其他人或事进行
攻击,与进取心和物质利益的成功正相关。此外,主动型个性的人更有可能成
为领导,他们会积极搜索工作和组织的信息,拓展与高层人士的联系,更有可
能获得职业上的成功。[18]霍兰德提出了六种个性类型,分别是现实型、研究
型、社会型、传统型、企业型和艺术型。其中企业型的人比较偏好能够影响他
人和获得权力的活动。[163]可见,不同的个性对于个体在企业组织中的政治行
为具有不同的偏好。

通过访谈归类得出的参与动机、中立动机和排斥动机等三种政治动机,反映了个体在公司政治方面,存在巨大的个体差异。Green 和 Chaney 一项对481 名大学生的调查结果[181]和对企业员工的调查结果[112]表明,有的人乐于参与公司政治,有的人却不想介入。北大方正的王选院士曾经说过:"我想也许我应当反思,当初技术专家起家的时候就应该比较好地明确这个产权了,然后你就该有权,有了权才能干事。现在反思,我的错误是当初我太不喜欢权了。到今天我又没办法,大家还得要我掌权,我现在权比任何时候都大,现在我不得不用好这个权。"[182]可见,王选的政治动机从最初的排斥动机,到后来的中立动机发生了很大的转变。实达电脑和新大陆集团的创办人胡钢也这样总结 1994 年从实达出走时的想法:"我那时候一直在权衡,一种方案,就是我继续留下来,其实我也认为,不见得我就斗不过他们,其实第二个想法就是不需要跟他们斗,因为人生是多么美好的事情,无非我倒退,我们当时想得简单了一点。"[183]

(一)参与动机

具有参与动机的人给人的感觉是事业心和上进心强,权力欲强,对利益的需求旺盛,有野心,对政治活动天生就有浓厚兴趣和偏好,会主动发起政治行为。

(二)中立动机

具有中立动机的人则站在比较理性的立场,对利益和权力有客观的认知,虽然对政治没有主动参与的意愿,但是需要的时候又不会排斥,该做的时候还是会做。有时候是为了保护自己,或者为了形成一种震慑作用。有时候只是因为环境或其他原因所迫,被迫参与,并不是出于本人最初的意愿。

实例 ＞＞＞＞

奋起反击的美女经理

销售经理惠萍是一位青春靓丽的女生,这个月她带领的团队业绩在整个公司名列前茅,老板请她给全公司销售团队介绍成功经验。 为了取得好的业绩,她在销售过程中确实花了心思,投入了大量时间精力,非常用心地服务客户并且和客户建立了良好的友谊,采取多种策略打入客户的圈子,在举行产品推介会的时候细心安排,真诚服务,精准地把握了客户内心细微的想法，取得了客户的信赖，因此创造了突出的业绩。

正在她卯足劲继续拼业绩的时候，老板在一天下班的时候留她谈话。原来有位同事向老板告状说她违反公司规定抢客户。她听了很生气，因为当时她们俩是沟通好的，那个同事自己没有精力也没有把握能够搞定这个客户，所以就私下转给了惠萍，没想到业务真的做成了，反而被说成是抢客户。刚好这个月那位同事的业绩不好，转客户也没有走公司流程。老板跟惠萍说我相信你不是刻意去抢同事的业务，但是公司制度在，我也不能不做个样子处罚给大家看。不过毕竟惠萍一向表现优秀，以前也没有出现这种情况，这单业务还是算在惠萍头上。

和老板谈完后，惠萍给这位同事发信息说："这单业务的情况是这样的，我们当时是谈好的，你怎么能在背后告黑状？！有事情为什么不当面说？！以后不要再干这种事情了！"

惠萍就是中立动机的人。那个同事则是参与动机的人。惠萍在被黑的时候，不是一味忍让，而是直截了当地回击。虽然她不会主动挑起矛盾，但是矛盾发生的时候，她也能够采取有力的手段予以反击。这就是中立动机的表现。

（三）排斥动机

具有排斥动机的人则会明确表示远离政治、厌恶和鄙视政治行为，对利益和权力的需求是克制和退让的，认为政治行为是肮脏的。访谈中很多人表示，他们并不是不懂得政治，只不过是自己不喜欢政治，不屑于、不愿意参与政治。即便遇到政治行为，也会采取退避三舍的方式，哪怕个人利益得到损失。比如他们在面对冲突或责任推托时，不会把责任推卸到他人，宁愿自己承担。有时候只是想做好自己份内的事情，比如沉迷于技术工作之中。有时候虽然被政治行为所害，但是也并不会去反击，只有独自郁闷和迷茫。

被媒体报道、获得2016年"滴滴出行全国十大司机"称号的高能榕在特种兵退伍后，后来在厦门一家大型汽车租赁公司负责车队管理，并担任风控部主管，业务能力出色，获得公司认可。但是他还是选择了离开，加盟滴滴快车。为什么会舍弃大公司主管的职位去开出租车？高能榕的解释是："我性格太直了，做事容易得罪人，中层岗位竞争也会有钩心斗角，我不喜欢。"从他本人的描述看来，高就是典型的排斥动机。面对公司里的消极政治现象，采取了避而远之的逃避行为。

五、政治能力

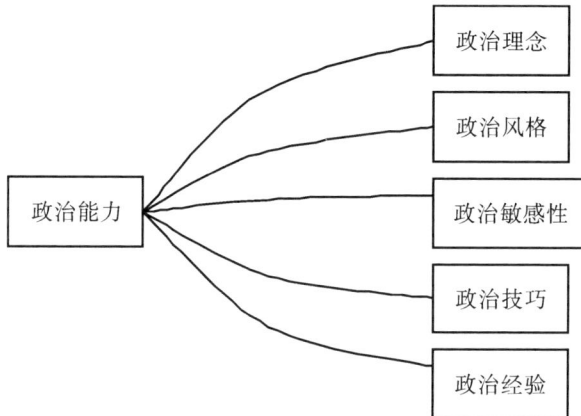

图 4-5　政治能力范畴

能力是顺利完成某种活动所必须的,并且直接影响活动效率的个性心理特征。通俗地说,能力是个人完成一定活动的本领,是个体能够成功完成工作中各项任务的可能性。[18]一个人的总体能力可以分为心理能力和体质能力。心理能力通常包括七个维度:算术、言语理解、知觉速度、归纳推理、演绎推理、空间视知觉、记忆力。

麦克莱兰创始的能力素质模型从企业经营管理现实的第一手材料入手,直接发掘那些能真正影响工作业绩的个人条件和行为特征。能力素质是个体的一种潜在特质,它与一个人在工作中或某一情境中所表现出的与绩效关联的有效的或高绩效的行为有着明显的因果关联。简单地说,它可以预测一个人在一般的、常见的情境下和在一个持续的、特定的时期内的行为方式、思维方式。虽然能力素质模型具有很强的行业特性、企业特性和时间局限性,不存在完全通用的能力素质模型,但是比较常见的能力素质是大同小异的,如现在流行的 18 项或 27 项能力素质库、通用素质定义与分级等。比如一个管理人员通用素质模型的五项核心素质为敬业精神、诚实守信、协作能力、沟通能力、专业技能;五项专业素质为解决问题和执行能力、领导能力、发展自我和培养他人的能力、管理变革的能力、创新能力。这些能力也是获得最多关注的能力素质。[184]这些能力对于一个管理者个人职业的成功和工作绩效的高低会产

生根本的影响,是真正能区分在特定的工作岗位和组织环境中杰出绩效水平和一般绩效水平的个人特征。

通过扎根发现的政治能力,与这些能力在概念的内涵和外延方面可能存在一定的交叉,比如政治能力与领导能力、管理变革的能力等,都是与权力和利益密切相关的。同样,政治能力对于个体在公司政治里的表现水平和最终绩效也会产生根本的直接影响。

Ferris[185]和Blickle[186]等学者将政治技能概况为四个方面:(1)社交敏感性,对社会生活中的各种情况具有极强的洞察力和敏感性;(2)人际影响力,能因地制宜地采取相应策略,具有很强的说服能力;(3)网络能力,能够成功地建立有效和占优势的关系网络;(4)外显的诚信,表现得真实、诚恳和正直,非常容易取得他人的信任和支持。

很多实证研究[187-191]表明政治技能有助于提高工作绩效。因为能够压制由于角色冲突或超负荷带来的压力,能够带来更多有利于完成任务的权力资源,有助于人们采取合适的策略解决工作难题。Kolodinsky等人[192]的研究认为适度的政治技能与高工作满意度和低工作压力相关,过高或过低的政治技能都会起反作用。Smith等人[72]的研究成果显示卓越的领导者擅长运用政治技能,能够引领下属创造更高业绩。

政治能力是一个人在政治智慧、理念、风格、意志、技巧、经验、敏感性等多个方面的综合体现。有的访谈者认为:“政治能力是综合能力,不仅仅是沟通,而是综合运用各种资源与人际关系,把人财物恰当地利用起来达到目的,把自己的权力恰到好处地运用。”通过对访谈的聚焦编码,从行为表现的角度来观察,呈现出政治理念、政治风格、政治敏感性、政治技巧、政治经验等五个子范畴,从不同层面构成对政治能力的立体认知。具体如下:

(一)政治理念

一百年前的管理哲学家玛丽·福利特对于领导的最终权威的理解非常具有前瞻性。她认为公司的目的要同个人目的和团体目的结合起来,而这就要求经理有最高的领导能力。伦西斯·利克特在研究组织中的领导类型时也指出,权威取决于具有创造力的领导人的人际关系技巧,他有能力让其他人对组织的目标作出承诺并朝这一目标努力。[32]他们所谈到的最高领导能力和有创造力的领导技巧就是政治能力的最高表现,需要有意识地运用权力去统合。Ammeter等人[56]指出,作为领导者,其身份特性要求他们应该去影响:(1)他们所追求的共同目标；(2)他们认为是影响目标适合而有效手段的政治策略类型。卢卡斯[154]说过，我们需要用一个具有巨大感召力的梦想来引导权力。这种有感召力的梦想应该自上而下，成为组织意见的统一体。领导者必须成为这种理想生活的活生生的体现。最能决定一个人领导能力的是拥有远见的能力。

Gotsis 和 Kortezi[65]提出，要实现建设性的公司政治，必须做到：树立一种分享的主动协作的权力观，尊重所有的利益相关者，通过愿景、理想、目标来唤起人们追求卓越，培植充满希望、正直诚信、友善谦虚、宽容信任的价值系统，推动工作中的参与、责任和公平公正意识。他们认为，在这样的基础上通过五个步骤就可以实现从消极公司政治到积极公司政治的转变。可见，公司政治行为的最高表现是具有自己成形的政治理念，对利益和权力有深邃的洞察，对于组织的愿景、价值观有长远的、清晰的规划，并且不断在组织内部对组织成员进行长期的理念灌输和强化，使大家形成统一认识和共同语言。在理念传导的过程中，去异存同，对不相信、不支持、不理解自己政治理念的成员进行清理，对坚信、支持、传播自己理念的成员进行正反馈，使自己的政治理念成为企业经营管理、发展壮大的强大精神基础，获得最扎实、最稳固、最持久的权威。具有强大的政治理念在公司政治活动中会取得"润物细无声"的效果，是政治能力的最高境界，属于"道"的层面。正如奈[151]所说的："光靠命令是很难管理大型机构的，必须要让他人也接纳自己的价值观。"

访谈情况也充分反映了政治理念的重要性。有人认为真正的企业家就是政治家，不仅要懂政治，而且要成为具有理念的企业政治家，在公司政治方面拥有自己成熟成形的理念，这样才能最大范围地团结最多的人，实现企业的目标和企业家的雄心和抱负。公司领导要形成一套政治理念，在企业经营管理的最高层面凝聚人心、提振士气，把所有员工的思想和行动统一到一个方向，发挥最高境界的领导作用。企业领导为公司树立一系列价值观、愿景和理念思想，并且在实践过程中通过多种方式强化和宣导，不断增强团队的向心力，稳固自己在广大员工心目中的形象和权威。

(二)政治风格

由于人们个人出身、生活经历、工作经验、文化教养、思想感情不同，又因为工作情境的特殊性和政治行为的习惯性，不同的人便形成不同的风格。杜鲁门总统是喜欢做决策的人，而且决策迅速，而艾森豪威尔总统总是不愿做决策。[29]郭士纳[132]在 IBM 邀请他参与 CEO 的选聘活动时曾多次表示自己不是一个合格人选而予以拒绝,而菲奥莉娜[84]则在 HP 找到她参与 CEO 的选聘时却始终表现出志在必得的气势。

风格成为人们识别公司政治参与者区别的标志。政治风格是指在公司政治过程中所一贯坚持的行为模式、原则、目标及方式等方面的总称,具有外显性的特点。不同的风格会表现出不同的政治行为。比如个性温和的领导表现出来的政治风格就是亲和型为主的,他们将更多的精力集中于与员工建立良好的关系、团结更多的人、更少树敌、扩大自己的政治支持基本面、树立自己易于亲近的职业形象上。个性强势的领导则更多表现为强力型,他们在公司政治中的行事方式和特点主要是较少顾忌、个性张扬、做事干脆、善于鼓吹和传播自己的主张、喜欢凭实力和业绩说话、对自己的主张坚持己见、攻击性强、树立自己强势自信有魄力的职业形象。还有的领导则属于权变型的政治风格,他们擅长于随机应变、根据不同的对象不同的情境采取相应的政治行为、态度和思维方式捉摸不定、树立自己灵活变通的职业形象。也有的领导属于理智型的政治风格,他们对利益的计算和权衡比较深、感情不易外露、城府较深、关注细节、对行动的每个步骤和程序考虑周全、不打无准备无把握之战、树立自己智慧冷静的职业形象。比如卡内基钢铁公司的安德鲁·卡内基和 IBM 的托马斯·约翰·沃森是以胁迫威慑为主的领导,而柯达的乔治·伊斯曼和英特尔的罗伯特·诺伊斯则是以吸引感召为主的领导。

政治风格受到性格、意志等个性特质方面的影响。Mayes 和 Allen[14]认为需要识别政治参与者的个性特征。性格是一个人比较稳定的对现实的态度和与之相对应的习惯化的行为方式,比如豪放、谨慎、勇敢、懦弱、开朗、木讷等。这些不同性格的人具有不同的政治风格。意志表示确定目的并选择手段以克服困难、达到预定目的的心理过程。意志在性格中起主要作用。意志坚定的人在政治活动中百折不饶,意志薄弱的人则容易在挫折面前低头、退缩。Allen 等人[45]的研究列举了成功的政治参与者的个性特征依次为:善于表达、敏感、老练、能干、受欢迎、喜欢社交、自信、进取心强等。Ammeter 等人[56]整理的与政治行为直接有关的个性特征包括自尊、自省、马基雅维里特征、权力需要、控制倾向等。在明茨伯格[29]看来,风格既是性格所致也是源自经历,既是与生俱来也是后天教化。比如偏爱控制角色的管理者是天生权力欲望强烈还是从小精心教育的结果? 谁也不敢断言。

从访谈中可以看到,政治风格大相迥异。有的人思维缜密、布局周详,会对政治活动进行详尽的策划,设计圈套,埋下伏笔,确保万无一失。有的人深得形象管理的精髓,真正懂得形象管理的重要性,职业特征非常明显,善于展现自己的优点和闪光的一面,极富表达演说感染力,而且精心在公众或员工面前树立某种他喜欢的职业形象和做派。有的人因为风格不同,互不融合,不能有效合作,造成权力的调整。有的人因为具有某些优势,作风彪悍,独断专行,无视组织制度的存在,在权力的运行中显得特别强势。而有的人则具有很强的柔韧性,见人说人话,见鬼说鬼话,能够弯腰低头,趋炎附势,显得特别自控和隐忍。还有的人则比较理性,在政治活动中采取摆事实、讲道理的理性方式和态度,显得比较文雅和理智。

(三)政治敏感性

基欧汉和奈[193]认为,政治敏感性是指对政治行为和政治现象的反应程度大小与快慢。Allen等人[45]指出,成功的政治参与者相对来说比较敏感,明茨伯格[39]则认为直觉的悟性很重要。政治敏感性主要基于个人的特质,经验的累积也有助于提高政治敏感性。有的人天生就对政治现象敏感,对发生在企业里的相关事件能够联系到公司政治来分析,对企业内部的相互依赖性看得比较透彻,会自觉地倾向于采取政治行为。而有的人则对这些现象和问题比较迟钝,不会从政治的角度去思考和观察,只能看到表层的东西。

Newman[76]认为管理人员在实践中考虑其自身行为以下的这些政治影响,有助于增加对政治的敏感度:(1)有利于谁? 会伤害到谁? (2)每一个利益相关者可能的反应是什么? 他们各自的目标、价值观以及目前的活动是什么? (3)自己的影响力有多大? 与谁有友好关系? 与谁有着共同的目标? 结盟是否可能及可行? (4)目前的收益与长期利益的关系是否协调(包括政治收益及对企业目标的贡献等)?

政治敏感性是区分一个人在公司政治的表现方面的重要前置指标。敏感性强的人对利益和权力问题密切关注,对组织里的政治现象认知深刻、对组织中的政治动向反应迅速。政治嗅觉方面的高度灵敏,一方面来自天赋,一方面也可以后天习得。缺乏政治敏感性的人往往在政治活动中错失先机,甚至可能酿成无可挽回的损失。政治敏感性是政治能力的重要指标。

从访谈中可以看到,有的人就是对政治比较敏感,即使没有什么文化,但对政治的嗅觉却比其他人灵敏。有的人就比较单纯,凡事只从工作本身的层面去考虑,不会联系到公司政治,因此吃了很多亏。

(四)政治技巧

政治能力是对权力运用和对利益追逐的水平表征,是一种动态的反应。政治能力是在每次权力的运用和利益的追逐行动中表现出来的,在静态的情况下政治能力无法识别。政治技巧是政治能力最基本、最直接的内容,是有意识地获取和运用权力的具体策略,属于"术"的层面。从理论分析可知,关于政治技巧的研究已经比较完整。Ammeter 等人[56]认为,权力心智模型能够帮助人们识别面对不同目标对象和情境如何采取适当的政治策略。选择政治策略进行行动时,应该分析政治事件中的权力格局和利益格局、事件中的关键环节以及参与各方的角色及其所采取的行动策略。

学者们[45,91,93]总结的常见公司政治技巧和策略包括指责或攻击、操纵信息、印象管理、结盟与联合、合理协商、互利互惠、强制权威等。现实中常见的部分具体的消极政治技巧包括排挤、穿小鞋、造谣、栽赃、培养亲信等。各种具体的政治技巧的分类、整合,来自于不同的角度和理解。但大多仍视之为消极的权力斗争,没有提升到公司政治是基于利益和权力的主动性管理行为的高度,因此没有作者整理的"制度设计"这一技巧。政治技巧是能够直接给人以具体实用建议和实战借鉴的,因而也最为被人们谈论和评价。个体在实际运用政治技巧时的水平也影响着政治行为的效果和效率。有的人对这些技巧的运用非常娴熟,也有的人则完全不懂。很多人政治技巧差,甚至完全没有政治技巧,比如引言案例中的胡娟和小柯。

很多企业的市场部和销售部是一对冤家。工作上紧密度高,但彼此互不买账。出现矛盾的时候,市场部指责销售部不懂品牌和推广,不按照市场计划去执行;销售部则反击市场部制定的营销计划脱离实际,对销售业绩没有帮助。三星在处理这个问题时就由同时负责市场和销售的领导来协调。领导要求一项计划的制定销售和市场双方一定要"打架",打完后拿出双方达成共识的方案。方案的形成需要双方换位思考,考虑对方的需求,相互妥协和认可,在坚持和让步中寻找到平衡点。这种妥协和平衡的艺术就是政治技巧的体现。

(五)政治经验

经验能够影响一个人如何选择和运用信息以及如何对新的情境做出反应,经验体现了一种社会学习过程。[35]政治经验代表了一个人的资历和阅历,是历史形成的,是过去政治生活的经验累积。人们一般对资历较深的领导比较敬重,经验代表了政治能力的历史。

政治经验是从历史上多次的政治实践活动中积累起来的关于公司政治的感性知识技能和体会感悟。政治经验是超越于具体的政治技巧之上的总体感受,是对于具体政治技巧的实践效果的感性总结,是关于如何运用政治技巧的方法论。每个人在政治活动中所得到的经验教训是因人而异的。政治经验的丰富与否以及对历史经历事件得失的总结是否到位,会影响他对新发生事件的直觉体认、走向判断、措施和路径选择以及时机的把握等,从而影响公司政治的最终结果。一个人慢慢累积形成的政治经验既受到其政治理念和政治风格的影响、也反过来影响其政治理念和政治风格的形成,同时影响其政治技巧的实践运用水平。

访谈中多次提到政治经验的作用。政治经验不足,缺乏政治意识,政治上不成熟,可能会造成与领导的隔阂和误会,虽然业绩不错,也摆脱不了离职的结果。而政治经验丰富,见多识广,政治情商高,就有可能在公司政治活动中获胜,甚至能利用你的上级。有的人在职场经历中曾经长期对公司政治耳濡目染,熟谙政治之道,长袖善舞,能够主导公司的政治风向。政治经验是历练和教训的累积,与学历没有直接关系,可能有的人没有文化,但是在政治方面却胜人一筹。

六、政治环境

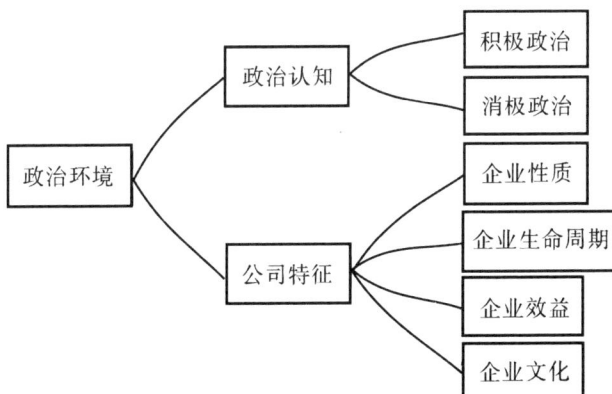

图 4-6　政治环境范畴

通过扎根研究形成的政治环境这个概念,包含了政治认知、公司特征两个子概念,主要体现了在组织环境层面影响公司政治的几个情境因素,而政治动机和政治能力则更多体现在个体层面。

(一)政治认知

组织及其成员对于公司政治的态度和理解会影响政治行为。人们对政治活动者和机制的正面道德评价能给领导者提供一种重要资源,有人称之为道德资本。而负面评价会损失道德资本,妨碍政治生存。几乎每次访谈都会碰到访谈对象对于公司政治的认知问题。政治认知建立在对公司政治感知的基础上。组织成员对于公司政治的理解,是一个复杂的非线性现象。有些人把政治看做是阴暗的、肮脏的、不利于公司经营发展的、不利于员工绩效提升的,对公司政治的认知是消极、负面的。这一类人往往对公司政治持排斥动机。也有一些人虽然自己觉得公司政治是消极的,但是也会主动投入政治活动,或者持旁观、中立的态度。认为公司政治是阳谋、不肮脏、是领导行为的必须、能够有助于企业发展的人数也不少,他们的政治动机一般是参与动机,但是也有一小部分是中立动机和排斥动机。虽然认同公司政治对企业的正面作用,但是并不是主动积极地参与政治行为。

组织中整体呈现的对于公司政治的价值判断形成了组织的政治认知。如果组织中认为公司政治是积极的观点和势力占据主流,参与公司政治的组织成员相对会比较多,也会把权力更多用于促进公司利益。相反地,如果组织中认为公司政治是消极的观点和势力占据主流,参与公司政治的组织成员相对就会比较少,参与的人可能更多使用消极政治手段。但是,组织的政治认知与公司政治局面和活动程度并没有直接的对应关系,积极的政治认知并不一定表明该组织的政治活动一定很频繁、激烈或者普遍存在,它同时还受到其他环境因素以及权力格局、利益格局、关系格局等政治因素的综合影响。

从访谈可以看到,相当多的人对公司政治的认知是积极的。人们谈到公司政治时并不觉得政治是肮脏的,不认为政治都是不好的。在职位比较低的时候可以不考虑政治,但是一旦你成为管理者,就要承担政治使命,要积极参与政治运作。而且有些访谈者对公司政治的理解是比较高层次的,并不是人们经常所说的那种打小报告、告密等政治伎俩,而是站在整个公司层面为组织考虑的政治能力,是事业成就的基础。因此,在他们看来,公司政治可以是正道、是阳谋,能够使公司保持活力,如果采取积极政治策略,能够促进企业的发展。要使企业得到良好经营,推动团队达成经营目标,需要领导层的政治智慧来引领组织成员保证共识和正常的秩序。他们能够站在比较理性、客观、积极的立场,把公司政治看做是自然而然的事情,提出政治就是如何施政。当然,大家也看到了公司政治阴暗的一面,指出了政治权谋的各种不良影响。

(二)公司特征

公司政治的实际状况还会受到某些公司特征的影响,扎根过程中发现了企业性质、企业生命周期、企业效益以及企业文化四个方面的公司特征。

1.企业性质

企业性质主要是指从投资来源和所有权的角度,把企业分为国有、外资、民营、合资等类型。虽然无论在西方的股份制公司还是中国的国有企业,企业内部的权力斗争都是一个普遍现象,但张维迎[122]认为中国国有企业内部的权力斗争比西方股份制公司内部的权力斗争要严重得多。他的观察表明,国有企业的高层经理人员不是将大量的时间和精力用于改进管理和提高企业效益,而是争权夺利。为什么会出现这种现象?他的解释是国有企业内部的权力斗争是产权安排的结果,也不排除通过相互监督、避免权力垄断的制度设计的目的性因素。因为国有企业产权安排带来的一个主要弊端就是将企业由一个经济组织转换为一个政治组织,从而诱使企业内部人员不是将时间和精力用于生产性活动,而是用于权力斗争。企业产生货币收益和控制权收益。而国有企业的经理们只能享受控制权收益,没有合法的货币收益,只有控制企业,才能获得个人好处。官僚制度的本质特征又决定了政府官员选择经理的最安全、最有利的标准是候选人有没有“毛病”,是不是与自己“亲近”,而不是有没有能力,经营绩效如何。因此,国有企业经理人的职位获取并不依赖于个人经营能力,获得职位以后的主要激励是对控制权的争夺,而不是去努力创造利润,所以国有企业的政治斗争比西方企业要严重。

虽然张维迎对于公司政治的分析完全基于经济分析,把公司政治理解为降低经营效益的消极因素,存在概念和理论上的缺陷,但是他对于国有企业和西方企业在权力斗争方面的比较分析给我们提供了一个合理的经济学解释。而民营企业和外资企业虽然在产权安排上是一致的,有真正意义上的股东和产权所有人,但是由于中国传统文化与西方文化的巨大差异,中国民营企业中的权力政治比外资企业要更复杂、更多。其中,关系格局的影响最为突出。同时,由于国内的经理人市场还不够完善和成熟,市场声誉对于中国经理人的约束还不够强大,所以在中国民营企业中的职业经理人与企业投资人(老板)之间的关系更加复杂,这就给权力政治的生长提供了比外资企业更加合适的土壤。

访谈数据显示,企业组织中的员工对于国企、民企和外企等不同性质企业里的公司政治现象有不同的认知。他们普遍认为国企里面的政治氛围浓,内部派别林立,关系错综复杂,难以独善其身保持中立。而外资企业更多以业绩说话,管理相对规范,做好本职工作是最根本的,公司政治相对简单。在中国的企业里,除了要把事情做好,还要学会做人。民企则介于两者之间,公司政治尤其权力斗争不如国企厉害,但是比外企要多。

2.企业生命周期

关于企业生命周期与公司政治之间的关系,明茨伯格[194]曾经有过专门论述。他认为,在组织创立时期,由于还没有建立起制度化的程序和信仰,权力必然会因此集中在领导者个人身上。领导者通过个人手段进行严密的控制,这种控制方式往往排除了大多数的政治活动。在企业的发展阶段,在企业创始人离开组织的时候,他们的魅力会被组织内部以传奇、规范以及传统的形式巩固下来,形成制度,组织成员团结在一个意识形态之下。也有的企业的外部影响者会通过一个有用的管理层建立起官僚化的控制系统,从而巩固自己的权力。当一个组织高度依赖技术技能和知识时,也有可能很快从创建阶段的专制结构向专家领导型结构转变,专家获得相当大的权力。在组织的成熟阶段,管理人员会扩大自己的权力,内部人员通常会逐渐把组织当作他们自己服务的工具。管理者和工人的地位会出现差别,层级制度得到加强。管理层在利用权力追求组织使命的同时,也利用权力为他们自己服务。在企业的衰退阶段,随着权力不断增强,组织成员在行使权力时会变得更加放纵,更加傲慢。这会使他们彼此之间产生更多的冲突,使得组织内部更加政治化。一旦灭亡的时刻逼近,冲突就会激化,各方面的影响者都会试图保护自己的利益,并试图从组织权力中分得最后一杯羹,这将完全摧毁一个企业的秩序。

Gray 和 Ariss[71]也论证了公司政治在企业发展的不同生命阶段呈现不同的特征,存在不同的作用。他们建立了一个政治的生命周期模型。模型包括三个一般性的发展阶段:(1)诞生及成长早期,主要的政治行为和象征性管理是由创始人作为首席战略家来主导的。(2)成熟期,特征是内部和外部各种因素错综复杂的作用,形成使主导联盟权力制度化的程序和标准操作流程。

（3）衰退和重建期，公开化的政治活动日益猖獗，利益体之间为保持或重构企业战略方向而混战。可见，从组织生命周期与政治的关系来看，随着组织的发展，其权力系统会变得更加分散、复杂和不明确，也会更加稳定，虽然在某种程度上会阻碍组织功能的实现。早期阶段权力更加集中，而后期的各个阶段则较为分散。

访谈中也有人谈到，公司政治尤其是消极政治现象出现在企业发展到一定阶段以后。在创业初期由于领导中心突出，创业者能够完全控制局面，消极政治相对较少。而随着公司的不断壮大，组织膨胀，层级增加，权力格局不断分化，利益纷争，争权夺利日趋明显。当然，主动施为的积极政治行为更多取决于领导者，与生命周期的相关性不大。

3.企业效益

张维迎[122]的研究还认为，经理人员的经营能力越弱的企业，内部权力斗争越严重。当经理队伍由能力较强的人组成时，经理们更热心于生产性活动；相反，当经理队伍由能力较弱的人组成时，经理们更乐于争权夺利。对应地，访谈的结果也显示，当企业经营效益好时，消极政治现象就比较少；而越是经营效益差，消极政治活动就越严重。

4.企业文化

企业文化与公司政治也有千丝万缕的联系。埃德加·沙因[195]把公司政治作为企业文化的一部分。劳伦斯·赫比尼亚克[196,197]认为公司政治与企业文化是两个不同的概念。根据科特和赫斯克特[198]的定义，企业文化是指一个企业中各个部门，至少是企业高层管理者们所共同拥有的企业价值观念和企业行为方式。从 20 世纪 70 年代末开始，威廉·大内、阿索斯、彼得斯、沙因等人的研究表明，所有的企业都有自己的企业文化，这些企业文化对企业员工和企业经营业绩产生巨大作用，特别当市场竞争激烈时更是如此。沙因认为企业文化是在企业成员相互作用的过程中形成的，为大多数成员所认同的，并用来教育新成员的一套价值体系。沙因认为权力分配、权威基础以及人与人的关系等是深层的企业文化的五个维度之一。Lucas[164]认为企业文化就是组织内的利益集团之间有意识地协商的结果。

Baum[50]通过心理分析方法探讨了公司政治与企业文化的关系。他认为自利行为的公司政治让员工产生焦虑从而在思想上背离公司，员工不认同企业文化，对管理者也是一种打击，难以塑造一种员工彼此关心并关心企业的整合文化。但由于很多组织任务是一个人无法独立完成的，必须通过其他人来完成,这时使用强迫的政治手段使他人完成本职工作并且给予应有的关心,与员工建立心理上的亲密关系,就会实现双赢的政治,个体利益让位于集体利益。管理者必须调整激励机制和工作条件,让员工在不知不觉中受到影响,在被强迫与被关心之间寻求平衡。员工认同同事和企业文化,就能克服冲突,实现协作型的政治。即使某个决策不会让每个人满意,但是大家会认为流程是合法的。他认为任何培育员工忠诚的企业文化必然伴随着公司政治,也会促使员工共同努力。

Ammeter等人[56]的研究指出,政治行为会受到企业文化的影响。注重制度规范和内部沟通的企业文化,公司政治的程度会相对轻一些,人们更多依靠组织规范来获取和运用权力;而在比较专制、比较封闭的企业文化中,政治活动趋多,人们更多地依赖于权力的非制度化运行。人们往往把公司政治的产生归因于制度的模糊性,认为是制度规定不够清晰、存在空白或模糊地带才造成的政治活动。此外,企业文化对于公司政治行为存在着塑造功能。它可以在一定程度上约束政治行为的发生,辨别政治行为的性质,引导公司政治的走向,影响个人政治能力的培养和发挥。

从访谈数据来看,访谈对象认为公司政治和企业文化之间的关系密切。由于企业文化的不同,导致不同企业之间的公司政治也各不相同,不仅政治的氛围和程度不一,而且公司政治的手段和形式也不同。认为消极公司政治的出现和存在源于制度模糊和文化封闭,在主动采取积极政治策略、制度文化规范、透明的企业,消极政治很少;在公开公正的企业文化里,消极政治也缺乏存在的空间。公司政治不只是受到企业文化的影响,而且也反过来影响企业文化的形成、变化和发展。

第二节　公司政治活动的四大机制

一、激励机制:利益格局的多向异质性和内在冲突性

利益格局是企业组织里的自然存在和客观现实。组织中的个体、各种非正式组织以及组织本身,都有其自身的需求和利益诉求。[199]利益格局是公司

政治参与者最原始的动机归因,源自人的天性。由于企业中存在着公司利益、团体利益以及个人利益等不同层面的利益主体,他们各自的利益主张和需求由于各自位置的不同、价值取向的差异以及理念的区别,难以完全重合和一致,总是存在不同程度的偏差和矛盾。

组织内的利益格局具有多向性、异质性以及内在冲突性等特性,是激励公司政治发生的因素。组织内各方成员包括个体、群体和组织自身存在个人利益、团体利益和组织利益不同层次的利益需求,而这些利益需求是朝向多个不同方向的,并非所有的利益需求都是与组织利益相一致的。加德纳[149]说,"对一个群体里这个、那个部门或个体有益的(或认为是有益的),不一定对整个群体有益,这是人类体系的本质。"郭士纳[132]发现很多高级经理都在忙着努力使自己的利益最大化,这种追求可能在短期内可以帮助公司,但从长远来看,会损害公司的名誉和客户信任。

同时,组织内的利益分布是异质的、不均匀、非对称、非等分的。每个成员利益需求的大小、重要程度、紧急程度、合理性和可调整空间等各不相同,性质上存在很多差异。有些利益需求是合理的,有些可能是过分的需求。有些需求对于成员来说特别重要而且比较紧急。有些需求可能随着时间和情境的变化而动态调整。此外,企业组织中也可能存在"社会困境"——对个人的眼前利益来说是最有利的选择将最终给群体带来消极的结果。各方利益需求可能彼此存在冲突,一方的利益需求可能损害另一方;也可能由于整体资源的有限,各方利益需求难以得到满足,造成对有限资源的零和博弈。

企业组织内部利益格局的这种多向异质性和内在冲突性造成利益的冲突和矛盾,带来了公司政治的原始可能,是公司政治的激励机制所在。由于这种内在激励机制的长期存在,也导致公司政治的长期潜在,并在触发机制的作用下成为现实,难以彻底消除。采取积极政治策略可以尽可能平衡企业内部的利益冲突,但很难彻底消除,利益平衡的实现是一个动态的长期过程。不平衡才是常态。

在组织所拥有的资源比较丰富,各方利益都能得到相对均衡的分配时,权力斗争也相对较少。比如企业投资规模很大,经营效益很好,拥有充分的职业机会、资金经费、人力资源以及较高社会地位等,组织内部的群体和个体之间很少出现争夺权力的现象。但当组织拥有的资源比较短缺,各方利益需求无法得到满足,或者利益的分配不能均衡时,就会滋生争权夺利的现象。比如在企业经营困难、遭遇重大危机、进行重大变革时,资源缩减,利益需求不得不压抑,就会出现为了防止经费减少或裁减人员的争斗,如每一次组织变革都会引起各方利益的调整。正如一位访谈者所说:"新的战略改变了原来的利益格局。"

二、触发机制:权力格局和利益格局的代价与预期收益的心理计算比较

公司政治围绕权力而进行,权力则围绕利益而进行。由激励机制所引致的对利益竞争性的争夺就是依赖于权力而进行的。正如黄光国[176]所说:"个人之所以会用权力来影响别人,主要是因为这样做可以让他获得对方所能支配的某种社会资源,来满足自己的需要。"从潜在的政治可能性转变为实际发生的政治活动,需要触发机制的作用。

企业是人的组织,需要在领导和管理之下实现组织目标。权力必然存在。权力格局显示了公司中权力的横向和纵向的分布和关联,也透露出权力拥有者各自在权力分布中所处的位置、各自所拥有权力横向的有效作用范围和纵向的影响力度,以及各自权力来源的根基扎实度。在出现利益冲突和矛盾的情况下,利益需求各方会对运用权力来争夺利益的代价和预期收益进行心理计算,权衡比较之后才做出行动。对权力的运用需要支付成本,动用各种资源,还会造成各种影响,这些都是采取政治行动需要付出的代价。而采取行动之后所能获得的收益具有不确定性,存在风险,而且各方所追求的利益需求的紧迫性和重要性不同,对这些因素的综合考量就是预期收益。如果代价低于预期收益,利益需求方就会采取行动,有意识地运用权力,引发公司政治;如果代价高于预期收益,就不会采取行动。Kelley[199]指出,每个人都只想得到自己想要的利益,如果政治的成本和风险高于所能获取的利益,他们就会撤出。如果代价和预期收益比较接近,就会继续观望或者在某些调节机制的作用下引发行动。这种代价和预期收益的心理计算和比较就是触发机制。

公司政治是复杂的策略行动,是参与各方在众多影响因素的作用下复杂的权力博弈过程。每个参与者在实际行动前都需要对对方可能的反应做出预判,并制订自己的行动计划。

三、选择机制：权力格局和利益格局的非均衡互动

Kelley[199]认为组织决策是权力支配者利益的反映，不是理性的过程。决策过程反映了利益的冲突、职位和权力的操纵，是典型的公司政治。公司政治是一个不断选择的复杂博弈过程。公司政治发生以后，决定其发展、演化和最终结局的选择机制就是权力格局和利益格局的非均衡互动。

权力格局反映了组织中资源、利益分配和调整的决策局面，是组织中决定人事安排、财务预算、财务控制以及业务开展的力量作用来源。不同的权力格局下，人、财、事的决策流程和决策结果有所不同，各有特点。权力格局在公司里的利益分配和调整中起决定性作用。所有的利益分配和调整总是在权力格局的框架下进行。同时，权力格局和利益格局常常处于不断变化的、非稳定的状态。权力本来就是利益需求的一个重要组成部分。利益格局的变化也会反过来影响权力格局。公司政治不断演变，从一个阶段发展到另一个阶段，从一个状态转化到另一个状态，就是权力格局和利益格局的非均衡互动所选择的结果，直到最终结局的出现。权力格局和利益格局的非均衡互动和参与各方的非线性博弈一直延续，当没有上级介入的情况下直到各方分出胜负，在有上级介入的情况下可能进行协商和调和，从而结束该轮政治活动。

拥有某种权力的个体或团体，在公司政治中并不一定能获得其所期待的利益。这可能有多方面的原因：(1)所需利益的决定权不在其所拥有的权力范围之内。(2)同一权力范围内，不同利益主体所拥有的权力不一。博弈双方的势力不等。(3)权力的运用受制于当时的权变情境，不能无所顾忌地去争取想要的利益标的。(4)总体可供分配的利益有限，无法满足利益各方的需求。因此，利益争夺的结果并不是皆大欢喜，或各得其所、各取所需。比较常见的结果是利益满足难以完全实现，利益格局与权力格局不完全匹配。权力格局中的主体在利益分配的过程中想获取与其权力完全匹配的利益格局，更多只是一种理想状态和理论可能。权力格局与利益格局的不对称性、不完全匹配和不均衡互动是公司政治演化的决策选择机制。

四、调节机制：影响公司政治的发生时间、程度、大小、范围和结果

(一)关系格局的调节作用

中国的人情关系是一种交换行为,而且人情无法精确估算。西方人的人际交换往往具有等值的倾向,中国的人情交换则与之相反。受惠的人总是变一个花样加重分量去报答对方,造成施惠的人反欠人情,这就又使施惠的人再加重分量去归还。如此反复,人情关系便建立起来了。中国的人情法则是报大于施。这样的交换关系总是把目标放在关系的维持上,而不是由自我利益产生的一次性平等的获得上。[122,165,175]因此在中国的企业中,关系格局会通过一次一次施恩与回报的关系维持,使得企业中成员之间的利益关系不断巩固,而不是西方社会的平等、不欠、清帐以致不能形成持续交往的特定关系。因而,中国企业中的利益格局会受到关系格局的影响而变得更加复杂,增添了许多人情、面子的因素。翟学伟[122]指出,关系常常被用于个人利益方面诉求的实现,甚至为了利益的目的也会用到计谋。中国人的计谋常常用于大大小小的关系方面,包括最亲近的家人和朋友中间。因为如果不进行个人内心的谋划和盘算,个人利益上的委婉的或迂回的诉求就很难实现。可见,关系格局与利益格局相互影响、关联紧密。

人情与权力的勾连是中国社会中司空见惯的核心问题,在企业中自然也不例外。职位晋升的时候寻找靠山后台、面临处罚的时候找人说情、应聘就业的时候托人帮忙、行使权力的时候狐假虎威等等,都是在企业中比较常见的现象。翟学伟[122]说,在中国人的政治生活中,职位受约束,但是权力不受约束。权力被理解为(赋予)可以在一特定位置上对其所管辖资源的任意控制。就像钱穆说的:"中国人称'权',乃是权度、权量、权衡之意,此乃各官职在自己心上斟酌,非属外力之争。"因此,操纵权术在中国就成为比较合情合理的,攀附权贵就可能在权力任意性的一面获得权力的转让。而这种权威的转让,在中国的最佳途径就是用人情来做交易。按翟学伟[122]的研究,这种人情与权力的交换关系不是指权力的移交或传递,也不是指授权他人行使权力,而是说因为有这样一种人情交往的存在,便如同相关者拥有了同样大小的权力,让人们在想象的空间和关联逻辑思维中认为,相关者的意愿就是权威者的意愿。现实生活中,有关系就意味着有权威。因此,中国这种由人情所形成的关系在组织

中存在一种权力的映射现象,虽然不是权力的直接移转,但是在需要的时候它仍然可以发挥相应的作用,关系的存在自然会影响权力的实际运作。关系分类中的等级、地位高低等决定关系运作的方向。比如中国人日常所谓的攀附、巴结、奉承、拍马、讨好、给面子等都带有向权力中心靠拢的方向性。[174]这些靠拢权力中心的关系运作对企业中的权力格局将产生各种影响。类似的,在西方,如同加德纳[149]所认为的,接近权力也是一种权力来源。

可见,关系格局是公司政治中的影响因素,在中国的企业中还是很重要的影响因素。关系格局对公司政治的影响通过其对权力格局和利益格局的调节作用而进行。

(二)政治动机的调节作用

人们根据动机而采取行动。三种政治动机不同类型的人,对政治行为采取的态度也截然不同。具有参与动机的人会主动引发政治行为,对政治活动的认知大多是正面的积极的。他们在公司政治活动中处于主动的、进攻的状态。具有排斥动机的人则处于被动、保守和防御的状态,他们对公司政治的认知是消极的负面的,往往对公司政治采取厌恶和避而远之的态度。中立动机的人则持两可的态度,他们的行动依赖于情境,对公司政治的价值判断是中性的。政治动机会影响激励机制中利益需求的意愿,影响触发机制中的得失判断,影响选择机制的权力运用等,对公司政治的发生、程度、范围以及结果有调节作用。

(三)政治能力的调节作用

政治能力是真实政治活动中起重要调节作用的因素。政治能力强的人能够在组织中获取更好的权力位置,掌握更多的权力。同时在权力的实际运用中拥有诸多优势。政治理念高明的人高屋建瓴,洞悉利益和权力,具有思想和理论优势。政治风格鲜明、与组织氛围相契合的人顺应环境,使个人风格的作用发挥到淋漓尽致,取得最佳效果,一般而言,强势的人占有优势。政治敏感性高的人能够占得先机,体察变化,对政治信息快速反应。政治技巧高超的人则能够根据各种不同政治情境熟练运用各种技巧和手段,在策略层面取得具体行动优势。政治经验丰富的人则能够避让各种风险,洞察各种隐秘的真相,选择正确的应对策略。不同层面的政治能力对公司政治尤其是最终结局产生重要的影响。

(四)政治环境的调节作用

从系统的方法看,公司政治需要考察情境因素。Mayes 和 Allen[14]认为,有些人之所以进行政治活动,是因为企业的目标或流程等不合理或者经营面临较大的不确定性。公司政治的引发因素有可能存在于政治环境因素之中。访谈中有人提到,如果企业的主要领导热衷于政治行为,企业内部就更可能充满政治活动的氛围,上行下效,下属会学习、模仿、追随领导的行为方式。如果企业上下对于公司政治的认知比较理性,认为政治会产生积极的作用,就很有可能在遇到疑难症结时考虑用政治方法来解决。对于普通方式难以解决的问题,政治方法会起到事半功倍、意想不到的效果。同样,如果大家对公司政治都持反对的态度,那些把政治作为谋求私利手段的人就会比较收敛,不至于胡作非为。就像访谈者所说的"忠臣要灵活,奸臣不要太过分。"

对于不同公司特征的情况而言,公司政治特别是消极政治常常出现在以下情境中:国有企业的领导具有不同组织背景,团队缺乏共识,个性互不相容;在企业生命周期的成熟期和衰退期,随着权力博弈和矛盾冲突的升级,管理层运用手中长期拥有的权力为个人或小团体利益服务;由于企业效益不好,各种以前隐藏的矛盾外显化,利益瓜分无法覆盖各方需求,害怕承担经营不良的责任,彼此推卸;企业管理不善,制度老化不适应新形势的发展,制度漏洞得不到及时修补,存在诸多制度空白地带或模糊区域,各自利益割据,组织内部篱笆林立;企业文化苍白无力,各种消极思想蔓延,缺乏积极向上、凝聚人心的主流文化,组织成员忙于猎取各自利益。以上各种情境都可能由于某个突发因素的出现或暴发,产生蝴蝶效应,在企业内部酿成一起公开或隐秘的公司政治事件。

可见,政治环境对公司政治的引发、演化和结果会产生全方位的影响。

经过扎根研究,浮现出影响公司政治活动的六大要素:权力格局、利益格局、关系格局、政治动机、政治能力、政治环境,以及公司政治的四大作用机制:激励机制、触发机制、选择机制、调节机制,共同构建了具有一定解释能力的理论整合模型(图 4-7)。

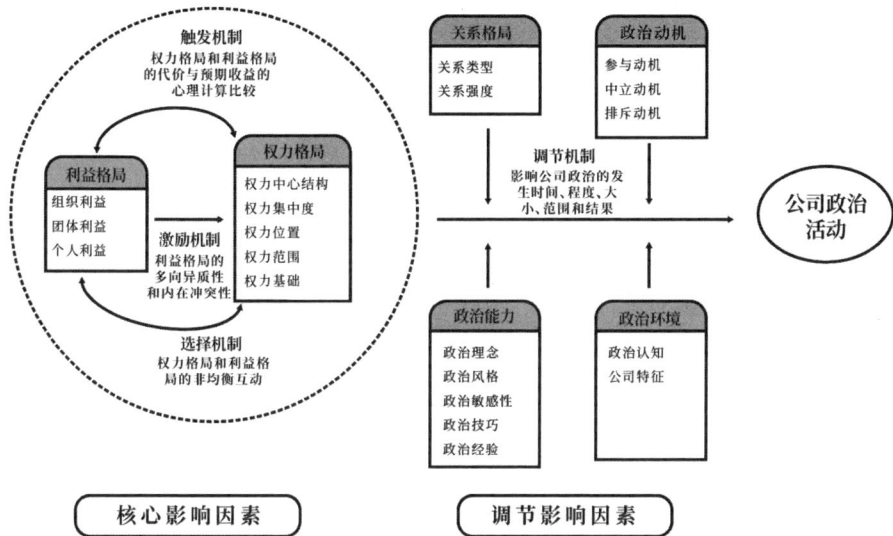

图 4-7　公司政治的整合模型

第三节　公司政治学的逻辑框架

图 4-7 的整合模型是针对发生在企业中的具体公司政治活动而言的,公司政治学则需要站在企业管理的全局,建立在一个企业的基本理念、实际运行和日常管理的整体上,并体现在员工的意识和行为中,将企业管理从企业文化、战略管理到人力资源管理,从领导力到职业生涯发展,以利益和权力为中心,形成一个逻辑清晰的体系。

一、组织层面:利益和权力从底层假设、实际运行,贯穿到日常管理

(一)企业文化的底层假设

每个企业的创立和存在都是基于创始人或管理层对于业务、员工、客户、产品、服务、技术、利益、权力、愿景、使命、社会责任等基本问题的认知假设之

上的。这些底层假设构成企业文化的内涵和核心价值观,并成为不同企业之间的重要区分标志。创始人和管理层如何看待利益的获取、分配和保有,如何看待利益在股东、员工、客户、供应商和社会等利益相关者之间的关系,如何看待权力的获取、使用和发展,如何看待权力在高层领导、中层经理以及基层员工之间的流动和效用,如何看待利益和权力的道德含义,对于这个企业的生存和发展都是非常重要且必要的。这是企业文化需要解决的问题,同时也成为企业顶层机制设计需要考虑的核心问题。

有些企业因为赶上了好时代,抓住了某次行业发展机遇,取得了短期的快速成功,赚取了可观的利润,但是创始人不愿意分享利益,吃独食,不对核心团队实施股权激励,无法让核心团队死心塌地地为企业拼搏,大家的心不往一处想。漠视和忽略员工的物质利益需求,在薪酬福利方面和员工斤斤计较,不仅无法激励员工为公司努力工作,迟早会导致企业经营走向衰败。另一方面,创始人把权力牢牢把控在自己一个人手里,不信任下属,甚至对核心团队也始终留一手,不交底,不掏心,最后不仅把自己累得半死,也让下属心寒。创始人对利益和权力的基本认识从根本上决定了一家企业的未来。任正非、马化腾、何享健正是因为底层意识中的分享理念,才造就了一个个非凡成功的优秀企业。在这些企业的文化中,良好的利益观和权力观成为重要的底层假设。

(二)战略管理的实际运行

企业经营离不开战略。不管是否制定了书面的战略规划,企业的实际运行总是离不开经营目标的确立,具体业务的开展,人员团队的组织,经营过程的管控等等。这些都是战略管理的基本内容。在战略管理过程中,利益和权力仍然是基础性的问题。公司对于利益和权力的相关制度规定,在实际运行过程中会出现各种状况,管理层需要对这些公司政治活动予以密切关注,并及时处理。

战略制定被认为是一个理性政治的过程。由于决策环境的复杂性,决策团队成员的观点冲突,以及不同利益体对稀缺资源的诉求矛盾,战略是在决策团队之间的讨价还价之中做出的妥协决策,不可避免地掺杂了企业各方利益体的需求。与此同时,战略决策的过程也是权力博弈的过程。谁拥有权力谁就制定战略。各方利益代表运用各自的权力,通过各种手段,为自己争取更多的预算和资源,所获取利益的多少与拥有权力的大小正相关。

战略实施的过程一般是各方参与者不断协商、不断博弈的过程,权力的行使贯穿其中。战略实施过程中产生的各种中间结果会造成各方势力的利益调整和权力变化,同时引发更加复杂的利益和权力之争。战略实施的负责人必须具有高超的公司政治能力,才能确保顺利实施。寻求权力中心的支持,物色熟悉公司政治生态的智者,培植自己的亲信势力,发动支持者力量,联合企业中的中间势力,抑制捣乱的反对派势力,成为战略实施的必备策略。

(三)人力资源的日常管理

人力资源负责企业中对人的管理。员工和企业的关系本质上是一种契约关系。员工付出劳动,获取报酬。同时企业也是员工在其中成长、发展、实现自我价值的平台,企业和员工也是一种共生的关系。企业中人的利益从物质财富到个人声誉,具有不同的需求特点,需要不同的调节机制。人力资源需要从职能管理上对员工利益的五个方面实行对口管理。在人力资源规划和制度设计中对员工的利益界定、内容、性质及其获取方法、途径和结果进行明确的规定。在薪酬福利以及绩效管理上,使员工利益与工作表现结合起来,落到实处,得以兑现。在招聘和任用中,需要兼顾各方利益相关者诉求。培训则是对员工发展能力的培养,使员工获得个人能力的增值。在员工关系管理上,对员工实施人文关怀,提升员工的敬业度和满意度。华为、腾讯这些成功企业对员工利益的管理不仅非常重视,而且随着情况变化不断优化。

对权力的管理也是人力资源管理的职责之一。在企业的组织结构、各种管理制度、业务流程以及权限设计中,都体现了不同层级的员工、不同内部组织之间的权力约定。人力资源管理部门需要定期对企业内部的权力流程制度进行梳理和检视,及时修正不适宜的地方。针对企业的实际情况,采取最合适的流程制度。在人力资源规划和组织结构设计时,从公司战略出发,分析分权和集权的优劣,根据企业战略规划和业务实际采取适宜的组织形式,理顺管理者和下属的权力流程,不出现业务无人管的权力空白,也不产生多头管理的权力重叠,实现不同业务板块之间的权力衔接。通过组织变革,实现对企业内部权力格局的重新调整。在对干部的考评中,评估他的权力使用的合理性和效果,结合业绩提出干部任用的建议。通过各种培训不断强化员工对权力的正确认识,树立合适的权力观。在员工关系管理中,关注非正式权力的状况并予以有效管理,为经营管理服务。

二、个人层面:利益和权力是领导力和职业发展的核心主题

(一)领导力是对领导者利益观和权力观的考验

领导者需要引领方向,主导变革。为了带领团队实现共同的愿景,领导者必须在个人利益和企业利益之间取得平衡。所谓"上下同欲者胜",领导者善于洞察和激发员工的内在需求和动机,创立一个企业和员工目标一致的共享愿景,并通过实现共享愿景来满足员工需求。领导因为精准把握、激发和满足员工的利益需要而获得他们的信任和支持。当个人利益和企业利益或员工利益出现冲突时,领导者需要把个人的利益摆在员工的利益之后才能成为员工爱戴并获得长远利益的领导者。

领导反映了企业中的权力关系。当今时代的领导力更多依赖于正式权力之外的魅力型领导力。领导者必须对正式权力和非正式权力的运用得心应手,方能应付企业经营管理中各种复杂的公司政治和疑难杂症。在主导实现的领导过程中,妥协和平衡的政治思维必不可少。各种策略性的政治技巧有助于化解内部冲突和矛盾,也有利于巨大挑战性工作的突破和推进。政治能力成为现代领导力的重要组成部分。随着人们对于权力和领导力的认识和反应出现更多新时代的变化,政治能力的作用日益突显。领导者通过修炼自己的政治能力,不断提升与员工寻求共识、建立信任的水平,从而适应外部环境的变化和内部滋生的挑战。

(二)利益和权力是职业发展的永恒主题

工作是劳动者谋生的生存之计。企业不是福利院,员工也不是雷锋和义工。员工在企业中的利益需要包括物质财富、安全自由、职业发展、理念观点、个人声誉五个方面。在解决了基本的薪酬福利等物质利益之后,职业的安全、稳定以及更多闲暇和自由成为员工的精神需求。人们还在职场上寻求职业发展,希望获得更大权力和更高职位。在拥有一定的管理权或决策权后,常常会出现因为理念和观点不符,各执己见,彼此失和,甚至反目成仇的恶性公司政治现象。人在职场一辈子,总是希望赢得公司和同事的认可和尊重,尤其对于好面子的中国人来说,更是如此。这也是职业生涯发展中个人所追求的利益之一。

权力是企业职场人实现个人理想抱负的重要手段。在职业生涯发展的不同阶段,职场人面临不同的需求和挑战,需要采取不同的应对策略。与权力相对应,在职业生涯早期不得不用心去赢得领导关注和赏识的机会,通过各种策略和手段逐步获取权力。在职业生涯中期,则需要协调好上下左右的各种工作关系和人际关系,妥善、充分地使用权力,并不断巩固自己的权力,同时还要留意背后黑手的偷袭。而到了职业退出的阶段,则需要花精力在下属的培养上,做好接班人的挑选和培养,做好交权的准备,实现权力的平稳过渡。

综上可见,利益和权力贯穿于企业管理和个人职业的全过程。利益和权力是企业管理的原点。公司政治是企业长治久安的隐形密码,解决好利益和权力的公司政治问题能够提升企业长久价值,增强企业生命活力。以利益和权力为核心,从组织和个人两个层面,可以构建公司政治学的逻辑框架(如图4-8)。而通过对企业文化、战略管理、人力资源管理中的公司政治问题论述,及对领导力与职业发展中的公司政治问题进行讨论,可以形成比较完整的公司政治学体系。

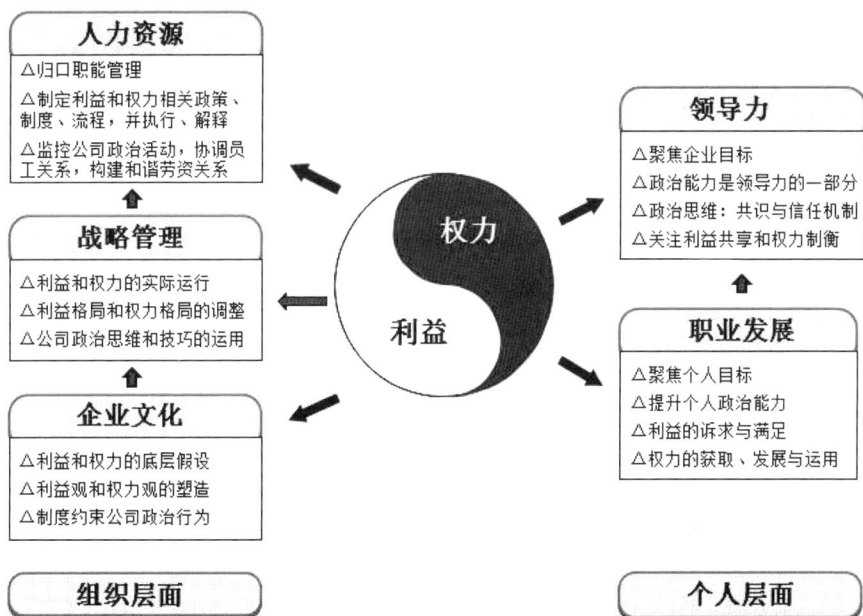

人力资源
△归口职能管理
△制定利益和权力相关政策、制度、流程,并执行、解释
△监控公司政治活动,协调员工关系,构建和谐劳资关系

战略管理
△利益和权力的实际运行
△利益格局和权力格局的调整
△公司政治思维和技巧的运用

企业文化
△利益和权力的底层假设
△利益观和权力观的塑造
△制度约束公司政治行为

权力

利益

领导力
△聚焦企业目标
△政治能力是领导力的一部分
△政治思维:共识与信任机制
△关注利益共享和权力制衡

职业发展
△聚焦个人目标
△提升个人政治能力
△利益的诉求与满足
△权力的获取、发展与运用

组织层面

个人层面

图 4-8 公司政治学的逻辑框架

第五章　公司政治与企业文化

　　任正非说："资源是会枯竭的，唯有文化生生不息。"并表示自己只是华为的文化教员而已。张瑞敏也认为："海尔的主要能动因素是我们的企业文化。"宜家被认为是跨越战略与实施间鸿沟的绝佳范例。宜家集团前 CEO 彼得·阿涅夫雅尔强调："我们的文化很难复制。你可以复制我们的比利书架、零售模式或仓库，但怎么复制我们的文化？"几乎所有的企业领导都不会否认企业文化的重要性。但并不是所有的领导都能驾驭好文化的力量。

　　与其他管理概念相比较，企业文化和公司政治的关系存在更多的交叉融合，相互依赖和影响更深。因为两者都需要面对企业的基本假设，也就是关于利益和权力的认知。很多时候对同一件事情的分析，从企业文化和公司政治的角度都可以找到理论支持。人们可能会感到混淆，不确定那到底是一个文化问题还是一个政治问题。可以说，企业文化和公司政治很多时候是一种共生关系，是混为一体的，你中有我，我中有你，无法分清。

　　在"企业文化理论之父"沙因[200]看来，企业文化影响的主要内容领域包括"企业的发展使命、战略、制度、实现目标的途径、评价系统、错误修正系统、语言、有关群体接纳和排斥的规范、身份地位和奖酬体系，对时间、空间、工作、人性、人际关系的理解以及棘手问题的管理等等。"对上述领域问题，尤其是在企业内部利益关系和权力关系方面如果处理不好，将可能成为阻碍企业发展的重大障碍。可以说文化建设是企业管理的"德治"，通过核心价值观对利益和权力进行软管理，将企业文化和公司政治连在了一起。

　　明茨伯格强调："企业文化旨在调动个人和小组的集体意识，通过把员工的个人利益与组织的需求结合起来，鼓励他们各尽其责。"[29]科特和赫斯克特[198]的研究表明，优秀的企业文化注重股东、客户、社区和员工等不同利益群体的利益平衡。杨杜[201]认为："文化给人以自律。文化的核心就是对欲望和权力产生内在约束力。""文化建设首先是权力智慧化的过程。"通过企业文化的建设,靠民主决策、集体管理,来约束创始人个人权力,发挥高层集体智慧。可以看到,如何管理企业内部的利益和权力关系是企业文化管理的重要内容,也是公司政治的核心要素。

从公司政治的整合模型可知,公司政治与企业文化相互影响。从政治环境而言,企业文化是公司政治的重要调节因素。价值观积极、制度规范、重视沟通、文化开放、尊重员工、有生命力的企业,消极政治较少。没有达成企业文化共识,就没有权力分配的基础,没有能够综合平衡各方利益的基础。从领导力的角度来说,最高层面的政治能力是塑造政治理念的能力。塑造一套适宜本企业特点的政治理念,并且积极传播和发展,才能够凝聚人心、汇聚主流、形成共识。政治理念具体包括企业的总体共同目标、实现目标的政治策略、权力观、利益观和价值观等。这些内容和企业文化所包含的企业使命、愿景、核心价值观、奖酬体系、评价系统、权力关系等有不少重合。主要区别在于政治理念更多是从权力和利益的角度来考虑这些主题。从政治角度对企业文化的完善有助于企业文化的更好执行和落实。没有考虑公司政治或者在权力和利益关系设计不到位的公司,企业文化建设难以成功施行。而企业文化的建设和传播则需要运用很多的政治技巧。

随着经济全球化和世界扁平化、网络化的发展,不同民族和国家的文化日益融合,但是仍然各有其鲜明的特点。不同文化背景下的企业文化虽然越来越受到西方现代管理技术的影响,但是也依然具有浓厚的社会文化特点。不同的社会文化对权力和利益有不同的认知,因而跨文化的企业里公司政治也如影随形。权力运用在不同的文化有不同的效果。在一个企业中畅通无阻的做法可能在另一个企业中就寸步难行。在某个公司受追捧的明星领导到其他公司未必还能如鱼得水。一家墨西哥工厂的美国新老板努力与下属拉近距离,想要营造出一种友好的工作环境,但他手下的墨西哥经理们都起来造反了,因为墨西哥人是依靠上下级权威体系的文化价值观来进行管理的,他们认为新的做法削弱了权力基础。

虽然现代企业管理强调人与人之间的关系是契约关系,但是中国企业员工受传统文化的熏陶,人情关系无处不在。建立在契约关系之上的制度管理不能解决管理中的所有问题,在处理人与人之间的关系时必须考虑到中国特有的人情关系,这种人情关系的处理可以通过企业文化的建设来协调。人情关系的处理需要遵循传统文化的原则。而关系格局是公司政治的主要影响因素。处理企业内部的人际关系需要结合运用企业文化和公司政治的知识。

第一节　企业文化：习得的共享默认假设

管理学家们对企业文化的定义各有侧重和不同的表述方式。迪尔和肯尼迪[202]认为企业文化是根深蒂固的传统和广为接纳与共享的信念，由五个要素构成，其中价值观、英雄人物、礼仪仪式和文化网络是四个必要因素，企业环境则是塑造企业文化最重要的唯一影响因素。[202]威廉·大内认为，一个公司的文化由其传统和风气所构成，文化还包含一个公司的价值观，如进取、守势、灵活性，即确定活动、意见和行为模式的价值观。沙因[200]提出企业文化是企业（群体）在解决外在适应性与内部整合性问题时习得的一组共享默认假设。企业用以传授给新员工，作为遇到这些问题时，如何去知觉、思考及行动的正确方式。

在沙因看来，因为企业文化代表一个群体长时间的学习积累过程，所以是相对稳固和难以改变的。同时，虽然通过调查问卷、观察、访谈、干预等方法可以了解企业文化的概括性或特定性因素，但仍难以对企业文化进行评估和量化，因此企业文化的核心内容往往是内隐的、不可见的。而且，企业文化和企业的业务发展、市场、技术、外部环境等紧密相关，所以，不存在放之四海而皆准的企业文化，在某些企业获得成功的价值观未必也适合其他企业，比如团队合作对那些业务依赖个体创造性，授权对那些流程高度结构化的企业就不适用。此外，由于企业文化的复杂性，考察企业文化的最大风险是将其看得过于简单。因为这样会产生错觉，自认为是在管理企业文化，可事实上只不过是在管理企业文化的表象，以至于难以真正实现文化变革的目标。

不要轻易把一个企业成功的原因归结于企业文化，企业文化对于企业的成功而言可能是一个必要条件，但不是一个充分条件，也许因为偶尔获得某个大订单、遇到某项利好政策而赚钱，但盈利不一定持续。不少短期看起来所谓成功的企业并不一定具有好文化。而且企业的成功是动态的，企业文化也是动态的，在两个不断变动的因素之间建立关联，不容易做出有说服力的证明。迪尔和肯尼迪[202]认为"杰出而成功的公司大都有强有力的企业文化"，但是在情势快速多变的时代,一时间风起云涌、冉冉升起的明星企业靠的未必是文化的力量,可能更多的是依靠适应时代的商业模式或者营销运作。比如小米,一个上百亿营业规模的企业崛起也许只有短短几年时间,突然就成为行业的领头方阵,在公司成立的前几年还不一定会形成企业文化。字节跳动的快速崛起也不是因为企业文化。

对于企业文化的作用评价,也需要更加谨慎。所谓强文化的企业,是已经被历史的成功所验证的,但是过去的成功文化元素并不能决定未来的成功。如何解释那些曾经辉煌而日益衰落的企业?比如诺基亚,在它长期占据功能手机市场霸主地位的岁月里,它的企业文化无疑是强文化。强文化并不能保证企业的基业长青。比如索尼,曾经有教科书将索尼的企业文化总结为重视科学技术、人尽其才、不断创新、互敬互爱互相尊重四点,正是这四点使得索尼能够在 20 世纪 90 年代终于崛起为世界电子业巨头,但是却令人惊讶地在 21 世纪被三星超越,并日渐衰落,濒临破产边缘。企业文化如果不能适应外部变化,反而会成为阻碍企业发展的障碍。

在同一个大型企业内部不同的事业群或业务板块之间,各自的文化也可能各不一样。比如腾讯的 QQ 和微信事业群就有各自不同的部门文化。据腾讯负责企业文化的总监介绍,QQ 务实、低调,非常踏实,吃苦耐劳。微信事业群的感觉是特别有文艺气息,追求简单,追求美。随着企业规模的扩大、地域文化的跨界和环境变化的加快,同一企业内部各事业群或职能体系的亚文化也呈现出不同的差异,这是企业面临的重大挑战。对于内部不同亚文化的调和成为公司高层文化领导力的重要内容,也是政治能力的重要体现。

一、企业文化是理念、价值观等底层假设的映射

企业文化是一个企业的灵魂和心智模式。这种心智模式体现了企业和员工所共享的经验、价值观和行为模式,指引员工在面临经营管理问题时如何处理。企业文化聚焦于如何回答三个关键性的问题:"追寻什么?""为什么追寻?""如何追寻?"这些问题最早产生于创始人脑中,逐步反映在其经营行为中。企业文化是企业在发展过程中潜移默化形成的,全体成员所共同恪守的价值观、经营哲学、行为规范的总和。企业文化的内涵包括核心价值观、使命、愿景,是洋葱模型的理念精神层。核心价值观是企业基本的和长期的宗旨,是达成愿景过程中的组织行为和员工日常工作的行事准则,具有一般性的指导

原则,不能为了经济利益或短期的好处而放弃,回答"如何追寻"。使命是企业存在的理由和业务范围,回答"为什么追寻"。愿景是企业的最终目标和长远方向,回答"追寻什么"。

企业文化这个名词本身的特定指向是侧重在底层的思想理念、风气、价值观以及背后的假设。企业文化是隐含在具体管理行为背后的假设。比如企业管理层在面对突发的客诉时的表现,其对客诉事件的调查、分析和应对都是具体的管理行为。从企业文化的角度来看,就要去分析在这些行为背后的文化假设,为什么会做出这样的分析和应对,和领导人、企业的发展历史有哪些关系,在企业发展历程中的哪些共同经验与此相关? 只有这样,才能看到企业文化的真相。只有真正把"客户为先"作为价值观的企业,才会在日常工作中重视客户诉求,否则只会在发生投诉时极力辩解或应付而已。有些企业的权力距离大,等级观念强;有些企业注重利益分享,薪资差距小。要透过行为看文化。

区分不同企业的企业文化,从企业包装设计的企业文化手册中有时候是很难分辨的。虽然越来越多的企业雇请专业的咨询公司来梳理、策划和构建企业文化,但是这些经过策划的企业文化更多地融入了咨询顾问的主观理解和企业当家人的一些个人的期望、设想、他们将要努力的方向,未必就是这家企业真实的企业文化内涵。乔布斯曾经说过,文化不是纸面上怎么宣传,而是信仰什么,如何思考,如何做事。写在纸面上的不一定就是真正在企业中发挥作用的。真正发挥作用的企业文化是映射在大多数员工的行为上的。所以从不同公司的营销人员、客服人员或者招聘面试人员的行为中更能准确地捕捉到他所属企业的文化差异。要将写在纸面上的文化融入员工的日常行为中显然不是一件容易的事情,这也是为什么文化真正做得成功的企业不多的缘故。也正因为优秀的价值观和经营思想被内化到员工的日常行为中,企业文化对于企业经营所具有的作用力才那么巨大。许多企业没有鲜明的企业文化,就是在员工的行为中体现不出具有共性的特征。

2020年8月20日厦门国际银行北京分行中关村支行校招新员工杨某在聚餐时因不陪行长喝酒被某领导扇巴掌,且部分同事追骂至电梯处,事后该行对打人的领导给予严重警告处分,扣罚二个季度绩效工资;对支行负责人给予警告处分,扣罚一个季度绩效工资。此事成为网络热搜事件。事件背后映射的是企业文化,至少是中关村支行的亚文化。而对当事人的处理则体现了厦门国际银行的文化,显然与其处理说明中宣称"人才是我行发展的基石,坚决维护员工的合法权益"不相符。打人、摔酒杯砸桌子、对女同事动手动脚等等行为,都是支行负责人在场时发生的,而且扇巴掌是因他而起的,但他没有对这些行为进行制止。这种现象可能不是第一次发生。具体行为的背后折射出企业及其负责人对这些行为的内心认知,打不打人与打人者的个人素质有直接关系,但支行负责人和其他同事的行为和态度则体现了文化的问题。事后的处理则反映了该银行对于打人、强迫喝酒等行为的性质、严重程度、后果、社会影响、企业损失等问题的分析和认定,处理结果只是一种具体的管理行为,但其背后显现的是企业文化。从这次事件也可以看到,企业文化和公司政治的交融关系。打人的领导是打给其他员工和支行负责人看的,既是在下属面前秀自己的权力,更是在上司面前表忠心。其他同事的追骂也是站队、表忠心的表现。这是典型的消极政治现象,也体现出帮派文化的迹象。

二、新员工或外人感受到的就是真实的企业文化

新员工或外人进入一家企业,对于他(们)而言,企业是全新的。从进入企业的第一天起,甚至在进入企业之前,从媒体报道、广告中了解,和招聘、面试人员、业务相关人员接触的时候,他们就开始感受到企业文化。比如第一个和他们联系的电话,他们从电话中感受到不同企业的沟通方式和专业能力;来到公司面试或拜访,他们从办公场所的装修风格、员工的神情、保安的接待态度和操作流程等等诸多方面感知到不同的文化;新员工正式入职报到以后,他们从人力资源部门的入职手续、经办人员的态度、办事能力、所填写的表单、所领取的员工手册以及办公区同事的互动等等会更进一步体味企业的文化;到了所在工作部门,一开始认识的同事、主管、领导都会在新人的脑海里刻画下公司文化的印象。

如果一家公司的文化真的好,那么在上述过程中新人所感受的就会是愉悦和满足,而不是后悔和沮丧。这个过程不是人力资源或者某一个部门和某一个员工所能决定的,但是每一个员工或部门或企业的形态都会对新人造成影响。企业文化是整体的体现,粉饰装不出来,标语贴不出来,短时间突击不出来,作秀也做不出来,光凭嘴巴更是讲不出来的。企业文化是深入员工行为表现的,包括一般员工和高层领导。有些新人能适应和融入环境,有些新人却不得不离开,排除他们的自身原因,隐藏在这种现象背后的原因之一就是企业文化。虽然有人说企业文化的底层内涵不容易被感受到,但底层假设和价值观如果不能体现在大多数员工的行为上,实际上就不能算是企业文化。

当然，任何一个企业都有优秀员工，也有普通员工，甚至也难免有个别落后员工。要求每一个员工都承载着企业文化的闪光点，都是企业文化的推销员，这显然不现实。所以新人进来后有可能遇到优秀员工，也可能遇到落后员工。一般成年人也能够比较客观、比较全面地评判一个企业的文化，不太可能因为碰到一个落后员工就断定这个企业文化不好。只要大多数员工呈现出来的都是积极的信息，新人就会认为这个企业的文化是好的。这就是我们说的主流文化。所以好的企业文化，至少要做到大多数的员工是正向的文化载体。现实的情况是，多数企业的文化的正向载体或负面载体都只是很少部分，大多数的员工都是没有明显载体作用的，也就是企业文化在他们身上并没有强烈的体现。当然强势文化和弱势文化的企业情况会有所不同。优秀企业的文化会在更多员工身上体现。

第二节　企业文化的形成：源于创始人

文化的形成源于企业创始人。企业只有活下来才有文化。在企业存活、成长的过程中，创始人对于使命、行为方式、共事方式、身份认同以及利益、权力关系等的理念、行为表现等，被企业成长的事实验证了正确性，逐渐被团队和员工所接受，并吸引更多的认同这些文化的员工加入，而那些不认同或不接受这些理念和假设的员工就会离开。

沙因[200]说："只要一个群体具备足够多的共同经验，文化就会开始形成。"他认为，企业创始人的影响力和工作透明度、企业成员拥有的共同经历的数量和强度、企业曾经达到的成功水平这几方面反映了企业文化的力量和深度。企业文化的形成需要时间积累，也需要业绩支撑。成功的企业首先要有一个成功的创始人，才可以塑造优秀的文化。创始人因为其在信念精神、战略眼光、市场开拓、技术创新等某一方面或多方面的强大力量并通过实践的检验，得到员工的认可和拥护，创始人对于企业经营的底层理念也逐渐被团队所接纳。企业文化是社会学习的产物。在实际工作中能够发挥作用并且得到广大员工认可的思考和行为方式逐渐成为企业文化的元素。随着企业不断发展壮大，企业成员一起经历更多的工作事务，不断协作互动，这些元素在实践中得到验证、确认、强化和固化，进一步成为所有员工思考和行为方式的共享默认假设,成为团队的基本黏合剂和组织身份认同的来源,成为企业组织的精神支柱,企业文化逐步形成。

在企业文化形成的过程中,最重要的影响因素是创始人的个人行为。员工对于领导者行为的关注远远大于他们的言语,不仅听其言,更要观其行。在领导的行为中,影响最大的是领导关注什么、怎么评价和控制、喜欢和不喜欢什么、奖励和惩罚什么、如何应对关键事件和危机、如何分配资源、如何对待利益、如何分配和控制权力、如何招聘、选拔、培养和淘汰员工、如何处理业务和职能工作等等。在这些行为反映的假设之上,再形成制度和物质层予以强化,包括企业组织结构设计、管理程序和制度、仪式和礼仪、物理空间和建筑物及其装饰、创始人或代表人物的故事和传说、对价值观、使命和愿景的正式陈述等等。

有人认为,曾连续 6 年被《财富》评为"美国最具创新精神公司"、在世界 500 强排名第 16 位的安然(Enron)公司的倒闭,根本上是因为其老板肯尼斯·莱、杰弗瑞·斯基林等人创造的企业文化让财务欺诈不可避免。2011 年阿里因员工参与供应商欺诈事件引发诚信危机。刘澜评论说,正是因为马云没有当好价值观的守门员,才导致这次危机的发生。刘澜说:"马云经常大喊价值观,但具体是怎样的价值观,尤其是怎样把价值观落到实处,他却语焉不详。"阿里后来发生的一系列问题,被质疑是企业文化的根出了问题。

文化的形成及其演进由内而外、从虚向实。对企业经营的基础假设、底层理念和基本价值观存在于创始人的脑海中,外显于其自身行为中。这些底层假设在企业经营过程中通过具体的经营管理行为逐渐外化,团队成员在各种业务开展和职能工作的共同经历中亲身感受和体悟,从而为团队成员所了解和接受。从内隐的核心底层假设理念层映射到外显的制度层、行为层、物质层,比如通过语言、书面表述、小故事、特殊符号等表达企业文化内涵,在建筑物、行为、举止、口号、徽标等表象层显示文化特征,慢慢形成完整的洋葱模型内容。

企业无法靠最高领导对每个员工的行为进行辅导、指示和监督,尤其在企业壮大的时候。企业需要一套价值观和行为规范来指引和约束员工。在没有旁观者在场的情况下,没有人能够发现员工的行为时,或者员工在现行制度中找不到可以遵照的规程时,价值观是指导员工行为的标尺。在企业从初创到稳定、成熟的过程中,文化在自然或被引导地形成。在雅虎被收购后辞职的梅耶尔在 2018 年接受采访时谈道:"公司规模达到 1000 人时,公司的文化和使命开始变成自我增强模式。在谷歌时,我总询问新入职的员工:'你为什么加入谷歌?'那时我们大概有 1200 人,有一次突然间我就听到了那个答案,'是因为谷歌的文化'。"可见,企业发展到某一阶段,企业文化就会外显成为一种被公认、被感知的力量。

企业文化的形成也必然离不开对利益和权力的认知,因此也必然成为公司政治的土壤基础。创始人的政治动机会影响其经营管理的理念,影响企业的组织设计和权力控制体系。利益问题从一开始就注定成为核心议题,包括原始资本、股权分配、利润分红以及薪资福利等等。权力则贯穿于企业生存发展的始终,分权、集权、授权的方式和具体实行完全取决于创始人的理念。创始人在创立、运营和发展企业的过程中,会逐渐形成具有个人特质的政治理念、政治风格、政治技巧,不断积累政治经验。而创始人的基本文化假设很大程度也会影响团队和员工对于公司政治的认知。

初创企业的文化特征不够明显,公司政治行为也比较少。随着企业的成长,文化日益强化和清晰,亚文化慢慢滋生,不同亚文化之间的冲突越来越多,运用权力谋取利益的公司政治行为会慢慢出现并逐渐增多。领导者应该意识到公司政治产生的必然性,关注亚文化和公司政治现象,将企业内部的公司政治引导到如何完成经营目标上来,好好利用初创期消极政治行为相对较少的机会,集中精力、团结一致,实现经营目标。尽力避免消极政治行为渗透到企业文化中来。通过引导公司政治的走向,疏通好利益格局,设计好权力格局,在管理层和公司上下塑造良性的利益观和权力观,在企业文化的形成期种下积极政治的种子。

马化腾[203]在创立腾讯之初自愿把自己的股份降到 47.5%,他说:"要他们的总和比我多一点,不要形成一种垄断、独裁的局面。"同时,他又是最大的股东,"如果没有一个主心骨,股份大家平分,到时候肯定出问题,同样完蛋。"可见,马化腾在公司创建之初就对基本的利益和权力格局形成了自己独到的理解,同时也成为企业设立的治理机制基础。此后,腾讯还多次实行股权激励,较好地解决了骨干员工的长期激励和利益分享问题。腾讯在薪资待遇上也非常慷慨,2015 年马化腾年薪 3282.8 万元,只有张小龙的 1/9,这也体现了马化腾的格局。腾讯为了鼓励内部创新,实行"工作室创业模式",各工作室拥有用人权、考核权、财务权、激励权以及追加资源权,权限跟工作室的成果和盈利状态成正比。每个工作室就像一个个小公司,让员工处于一种创业的激情之中。

第三节　企业文化的传播

　　文化的传播是企业文化建设的重要内容,旨在发动更多的员工体认公司文化。优秀的公司更加注重强有力地、彻底地、持续地向雇员灌输公司的核心价值,并创造出一种强烈崇尚其核心价值的氛围,通过制度层、行为层和物质层的体系化建设使核心价值观得以深入人心并体现在员工的言行,真正发挥文化的价值在企业发展中的作用。

一、领导者内省与表率

　　要传播好企业文化,首先要有经过整理的可传播的企业文化内容。文化的基因源自企业领导人,最早发源于创始人,而后变革于职业经理人。因此,企业文化的建设首先要从根源上肇始。企业文化建设是寻根之旅,是寻找企业的精神源泉。领导人必须静心、深潜,客观全面梳理个人或团队的经营哲学和理念。在此基础上整理、提炼、概括出企业文化的核心层内容,包括:为什么要创立企业;支持创始人坚持下去的内在原因是什么;终极追求是什么;想成为什么样的企业;企业主要做什么;不做什么;认为企业里最重要的观念是什么;最反对的观念是什么;经营的底层假设是什么;需要坚持哪些原则;在处理经营管理问题时的思维模式是怎样的;如何看待员工、客户、股东以及其他利益相关者的利益;如何看待权力的获取和运用;如何看待企业内人与人的关系;等等。想清楚这些问题,就会形成企业文化的核心理念,作为制度制定的基础原则、行为处事的基本准则以及文化传播的核心内容。《华为公司基本法》就是典型。

　　公司最高领导者必须把企业文化建设作为一把手工程亲自抓。在确定了企业文化的内容以后,领导者要率先垂范,通过自己的言行为文化的传播做出表率,言传身教。同时,领导者还要充分发挥政治能力,利用各种渠道、各种机会随时随地阐释、传导、贯彻文化。英特尔公司的安迪·格鲁夫强调:"价值观和行为规范的传达绝非嘴上说说或者发发文件那么简单,最为有效的方式莫过于采取行动而且是看得见的行动。"[29] 有个关于任正非被考核为 C 的故事很有代表性。主要是因为两件事：第一件事是有一天他答应见客户，结果那天事多，忘了，因此被考核为责任心有问题；第二件事是有次说好要见国外客户，结果那天家里有事，没有陪客户吃饭，被考核为没有奉献精神。任正非当年的安全退休金被打折扣，第二年不能加薪，也不能配股。这种老板严于律己的表现比一万次制度培训的传播效果还要好。

二、以运营为载体与激励

企业文化的建设要内化于心、外化于行，最终体现在员工的日常工作、行为表现中。最有效和持久的文化传播是通过业务运营来进行。比如通过开展技术比武或业务竞赛，强化"创新为本、结果导向"的价值观；通过在客户服务、客诉处理、品质管理等业务中加强服务和质量意识，强化"客户为先"的价值观。业务运营通常需要制定目标，分配资源和行动实施，每一步应该做什么、如何做，背后依据是什么，都与核心价值观相关联，是企业文化在业务运营过程中的具体化。员工在日常工作中对标核心价值观，强化自己对企业文化的理解和认同，公司应积极引导这一过程。并购或开展新业务时应重视文化的移植和传承。比如华为当年开始做手机业务的时候，就是从网络通信平台调了一万人，把文化和组织的基因带过去，实现了文化的延伸和传承。

拓展训练、团队旅游、文娱活动等有助于促进员工交流，相互熟悉，改善人际关系，但无法深入到利益和权力层面，不能触及文化的基础假设。要实现利益和思想层面的宣贯，需要以业务运营为载体，才能将价值观转化为工作行为，由虚转实，由表及里。迪尔和肯尼迪[133]之所以认为那些宣称可以帮助公司管理和改变企业文化的咨询顾问是一派胡言，可以拒之门外，原因即在于此。

更重要的是，员工遵循并传承企业文化核心理念的行为要通过有效的激励予以强化。对积极融入和传承文化的行为予以正向激励，对破坏和阻碍文化传播的行为予以惩罚，与业务运营相结合，通过物质和精神的激励或处罚，达到预期目的。很多公司的绩效考核都把价值观行为表现作为主要的评价指标，比如通用电气就是以工作业绩和价值观对员工进行考核。

三、企业文化手册

企业文化建设最基础的工作是策划编制一本公司的企业文化手册。企业文化手册的主要内容一般应包括：公司基本情况及历史沿革、未来战略、核心价值观、愿景、使命、经营理念、行为规范等；企业 CIS 系统设计；企业文化实施体系等三大板块。

1.其中核心价值观、使命、理念等需要做具体详细的释义，还可以将每个概念进行细化，比如经营理念可以细化为产品开发、生产管理、品质管理、人力资源、风险控制、市场营销、社会责任等各个方面的理念并予以阐释，可以列举在公司实际发生的经典实例、企业故事予以佐证。

2.CIS 系统包括公司官网、微信公众号、企业 logo 设计、内涵意义的解释、CIS 的应用如办公用品、礼品、司旗、服装、各种标识等。

3.企业文化实施体系则包括公司周年庆文化建设节系列活动、定期员工文娱活动、员工庆生、表彰、旅游、尾牙、中秋等节庆活动、员工入职活动等；企业文化宣传的视频、微电影、PPT、宣传挂板、宣传画、宣传册、专题培训；企业文化代表人物的故事征集编写、事迹报告会、办公环境的布置、内部网络的宣传、电子专刊编辑、有特色的公司仪式、组织社会公益活动等。

有的公司为了开展企业文化建设，还组织编写"企业文化建设规划"等，到底编还是不编，要看目的是什么。如果只是像有些国企那样应付上级要求而编写，或者为了博一个重视企业文化建设的虚名，则纯属浪费资源。

四、讲故事、树榜样

迪尔和肯尼迪[202]认为："故事承载着价值观，经过人们一遍又一遍地讲述，形成了一种社会性胶水，把人们与那些真正重要的东西联系起来。"很多知名企业家都特别善于以讲故事来传播企业文化。他们描述和宣传企业文化的方式和手段往往非常生动形象。张瑞敏砸冰箱、李健熙砸电视就是典型的案例。很多大企业都有专门的职能部门负责企业文化建设，比如腾讯的企业文化和员工关系部，这些专门的职能部门会用更专业的手段来设计、策划和传播企业文化，往往也会讲述很多感人的故事。

比如腾讯企业文化的总监 2015 年 10 月说："昨天晚上给几个老板发了一

个邮件，有一个制度要修改，发给了马化腾、刘炽平，刘炽平凌晨 1 点回的邮件，马化腾凌晨 4 点回，这份努力很可怕。"这当然是事实，绝大多数的成功者都是拼命三郎。但是老板再努力，也还是要休息，要睡觉。凌晨 1 点也罢，4 点也罢，也许只是个人的作息时间不同而已。当然也有的人每天只睡 4 个小时，这自然是极少数。不过老板们一般只要是醒着的时候一直都处在工作的状态，这也是他们和一般职场人的一大区别。他同时也谈到，张小龙下午 4、5 点在公司，凌晨 4、5 点离开公司。他们想和微信团队沟通的时候，一般白天找不到人，只能下午和晚上，这个时候刚好又是下班时间，很痛苦。从这些描述可以看到，这里面确实有些是作息时间的差异，当然每天在公司工作 12 个小时，这已经超过很多的上班族了。

2002 年，摩根士丹利首席经济学家斯蒂芬·罗奇带领一个机构投资团队访问华为，任正非派常务副总裁费敏接待。事后罗奇很失望地说："我们能带来 30 亿美元的投资，他竟然不见。"任正非的解释是："他又不是客户，我为什么要见他？如果是客户的话，最小的我都会见。"企业文化体现在这些逸闻趣事中。文化传播做得好的企业通常会有意识地讲述一些有意选择的新故事来强化公司形象的连贯性，包括突显企业与众不同能力的故事，阐述行为方式原因的故事，如何应对危机事件的故事，企业重大事件演变的故事等等。在讲故事的同时，还要留意这些流传的故事和企业形象、文化理念是否契合。如果之间存在重大的冲突，就需要重新挖掘、编制、导演、宣导更为契合的新故事。

有些企业家则以一些与日常生活紧密相关的通俗易懂的比喻和对比来阐释经营理念。李健熙在塑造三星的自律文化时，就以他打高尔夫球的经验作为载体。他说："无论是公司经营还是打高尔夫都要遵循基本的规则和礼貌。"他还以棒球运动中明星球员和捕手之间的默契配合说明合作精神的重要，以英式橄榄球比赛中即使刮风下雨也要继续比赛来强调急速变迁时代的斗志和强韧精神。自律、合作和斗志都是三星文化的内容，而高尔夫、棒球和橄榄球都是李健熙爱好的体育运动。

树榜样、抓典型也是一种常见的传播文化的好措施。迪尔和肯尼迪[202]说："当员工试图寻找个人追求与企业目标之间的现实联系时，就会选择英雄作为榜样，把他们在日常生活中各种细小的成功行为作为标杆。"他们认为英雄人物使成功有可能性，也有人情味，提供榜样，对外作为公司的象征，留住企业的独特魅力。一张 2008 年 3 月华为员工在印尼考察新项目时在泥泞中修车的照片给人们留下深刻印象，充分反映了"以客户为中心"的价值观。2019

年8月，一位在华为工作12年多的员工辞职后在网上讲述自己的华为故事：有次他在海外遇到8.8级的地震，震后代表处领导安排大家去客户那值守，当他跑到客户那时，客户也只留了一个人在值守，客户非常惊讶，当时余震不断，两人在25楼荡秋千似地值守了一夜。福岛核泄漏的时候华为也仍然为客户提供服务，让日本人非常感动，后来的项目都优先考虑华为。这是华为员工奋不顾身服务客户的典型。

五、仪式与象征

企业文化需要借助职场仪式和特定的象征符号等载体来塑造和维持。这些载体包括承载着文化信息、具有特别意义的创办旧址、历代产品、物品等，文化周、年度会、团建等宣传活动。"要想使一种企业文化及其体现的价值观繁荣昌盛，就必须举行一些仪式和庆典活动。"[202]中秋、尾牙等重大节庆活动的安排，企业之间的差异很大。有的企业主非常重视，花很多精力和财力在组织策划这些活动上。有位年销售额超过100亿元的老板对企业大型节庆活动的时间、地点、酒店档次、活动内容、节目表演、宣传等等不仅仅亲自讨论、过目，而且经常会花时间精力提出自己的创意，也愿意投入资金，更会精心准备在活动上的主题演讲，他把这些活动看作企业文化宣传的最佳机会。也有的企业主压根不在乎这些活动。另一家企业规模不相上下的老板就是这样，他不喜欢搞这些活动，也不关心活动的具体方案，甚至也不出席这些活动。当然在资金的花费上也很节省。显然，两家企业的员工所感受的也是不同的文化。

善于利用仪式象征意义的企业领导，深谙公司政治之道。借助节庆、企业周年庆、企业年度营销大会、年度工作总结大会、计划大会、务虚会等机会宣扬文化，宣扬自己的经营理念和价值观，统一思想，也是其政治能力的一个体现。联想的年度誓师大会就是一个很好的例证。"聪明的公司领导者会在仪式方面花费大量的时间，他们不仅设计仪式，而且积极参与其中。"[202]

企业文化的传播也是营造积极政治的重要手段，通过宣传核心价值观，引导员工树立正确的利益观和权力观，引导员工的工作行为。领导者在传播文化的过程中也要反省自己和团队对利益和权力的认知和行为表现，纠正不合时宜的政治理念，关注亚文化的动态并采取措施抑制消极亚文化的漫延，建立风正向上的政治环境。文化传播的方法和手段很多也运用了政治技巧，比如八大政治技巧中的制度设计、宣传鼓动、形象塑造等。文化的传播离不开公司

政治的运用。企业文化建设的负责人和团队需要加强对公司政治的全面理解
和借鉴运用,提升文化建设的效率和效果,减少阻力和障碍。

第四节　企业文化的发展

　　企业文化随着企业生命周期的演化而不断变化。IBM 的文化从老沃森
对销售和市场的迷恋,发展到小沃森对技术的强烈兴趣,后来在遭遇困难时
引进的郭士纳又重新把 IBM 拉回到以营销为主导的文化。沙因[200]给美国
数字设备公司(DEC)做了 25 年咨询服务。DEC 凭着充分授权、鼓励创新和
家长式集中控制成为美国 20 世纪 80 年代排名第 2 的计算机公司,但随着
外部技术变革和市场环境的变化,企业规模的扩大,曾经推动公司成功的文
化因素的生存土壤不再存在,而文化并没有因此而顺利变革,最终导致公司
被收购。

　　企业文化往往代表企业的最高精神层面,企业文化与企业的最高领导人
紧密相关。当创始人还在企业亲自坐镇的时候,企业文化自然就浸透了创始
人的个性风格。在创始人退位、职业经理人或者家族接班人掌舵后,企业也随
着时间的推移会赋予更多的当权者的个人色彩。惠普在两位创始人建立的特
色鲜明的企业文化后,后续的 CEO 们不断地改造和影响,使得企业文化也不
断变异。今天的 IBM 的文化和 100 年前的文化也发生了很大的变化。安然
公司因财务造假于 2001 年申请破产,与其被称为"邪恶 CEO"的肯尼斯·莱
的价值观有直接关系。企业文化的变迁过程,除了当权者的直接影响外,员
工、外部环境也会影响。随着人力资本的价值加重,员工将更多地参与到文化
的演变进程中来。因为文化的认可、传承、实践,员工才是主体。

　　企业经营所处的外部社会、经济、科技、政治环境变化不止,内部各种人际
关系和业务关系也不断调整,企业在内外变化中延续生存,成功企业的文化一
方面呈现出强大的生命力,另一方面在企业长大的过程中,不可避免地会出现
亚文化和对立文化。比如因为企业开拓新业务的需要,内部缺乏熟悉新业务
的人才而不得不从外部引进,引进人才有可能因为职业历练和经验、个性等原
因其文化假设与公司文化不一致;不同职能和不同业务单元的团队受到工作
性质不同和角度不同的影响,以及在工作衔接中出现的冲突,就会逐渐产生小

团体的亚文化。这些亚文化在企业主体文化之下生存发展,具有与主体文化不同的元素。

沙因[200]的研究指出,"员工彼此间熟悉对方工作的情况越来越少,取而代之的是各种正式的工作合同、相互监督和权力游戏。""随着企业的进一步发展,公司越来越多地受到企业内部政治进程的拖累,各个小团体的势力范围越来越大,而公司文化所依赖的工作熟悉性也逐渐被彼此间的不信任所取代。""文化间的冲突经常被人们视作权力游戏或政治"。影响公司政治的组织因素和个人因素随着企业文化的演化也会发生变化,帮派文化的滋生和漫延,核心文化力量的稀释,内部利益格局、权力格局和关系格局的博弈和调整,企业发展跟不上外部环境的剧烈变化,企业经营出现重大危机等等,都会造成公司政治的加剧。

消极政治的冒头和盛行,会在悄无声息中快速瓦解员工对企业文化的认同。各种不良政治现象对原有工作协作、相互信任的打击,非正式小团体的势力不断扩大,员工基于文化假设建立的工作熟悉度逐渐被彼此间的不信任所取代,过去彼此知根知底、基于信任的默契被陌生人和制度化、标准化的流程所取代,公司有意设置的风险管控、相互监督、权力平衡机制也让员工关系从单纯走向复杂,组织日益官僚化,企业文化被逐步异化。如果领导者缺乏认识,就会导致企业文化逐渐被消极政治所蚕食,最终面目全非。企业文化,毁坏容易重建难,重新建设要付出加倍的代价。

一、企业文化的演化,公司政治的伴随

企业的发展从初创期进入成长的稳定时期,商务模式逐渐成熟并产生良好效益,有的企业甚至已经历了两代职业经理人的更替,进入到成熟期。这些企业在没有遭遇巨大的生存焦虑之前,企业文化的发展并不需要激烈的变革,更常见和更需要的是渐变式的演化。

(一)亚文化与工作关系的政治化

根据沙因[200]的企业文化理论,演化包括自然演化、通过解读和计划引导演化、通过提拔"文化融合者"管理演化、通过调整关键的亚文化来管理演化等几种类型。自然演化是对外部环境的变化进行必要适应的过程,在坚守核心价值观的同时随着经营业务的扩张、开拓新业务、向相关行业延伸等,由于新

业务所处的局部环境的特性，亚文化随之而生。企业文化呈现出多元化、复杂化以及在更高水平的分化和整合等。有规划的企业文化建设将有效推动企业文化朝有利于企业发展的方向演化。有些公司过去以技术领先而著称，随着业务发展，营销发挥越来越重要的实际作用，但文化假设仍然基于技术主导，员工行为没有及时适应这种转变，这个时候就需要管理层对现有企业文化进行分析、诊断、评价，重新梳理公司对于营销的认识，重视营销的价值，把对客户、品质、服务、企业形象、研发与客户的联系、符合市场需求的产品开发等等的理解纳入公司价值观，展开预先有计划的新文化建设，将新增加的核心文化要素植入员工的认识，并通过相应的制度流程引导员工的行为，发展和丰富原有的企业文化。

在因为外部环境变化引发的企业经营遭遇挑战的时候，可以通过在内部选拔在现有文化中成长起来的、对现有文化熟稔，同时又具有创新意识、在自己所负责领域曾推行一些更适应新环境的新理念的主管，也就是沙因所说的"文化融合者"，来推动公司的文化演化。这些人更容易被大家所接纳，深知新旧文化的异同，能够发挥新旧衔接的特殊功用，懂得如何既传承现有文化的精华，又引进新文化的要素，更有机会实现文化演变的平稳过渡。另一方面，在因为内部人际关系、身份认同、利益分配、权力关系等变化引发内部冲突的时候，往往是亚文化的出现引起的矛盾。这些亚文化一般体现了不同职能、不同地理区域、不同业务或产品的特点，跨团队之间的沟通变得日益困难。领导者需要正确认识亚文化，承认并接受亚文化存在的必然性，努力协调和整合各种亚文化，实现各种亚文化在公司整体企业文化的框架下共生演化、和谐共处。公司应举行各种跨团队交流活动，增进不同事业群、不同职能、不同地域团队之间的共同体验和感情，比如年度务虚会、季度交流会、不定期沙龙活动等。通过这些活动和会议，增加不同亚文化之间的相互理解，互相学习各种亚文化的优点，汲取各自养分，获得共同成长。

随着业务的扩张、地域的扩大以及员工人数的增加，无论是自然演化，还是有规划的企业文化建设；无论是由于外部环境带来的挑战，还是由于内部关系引发的冲突，都不可避免地会出现组织日益规范化、流程化和制度化，团队之间、员工之间的工作关系变得越来越政治化。各种制度、流程、内部联系已经无法不被有意识的利益和权力所影响。管理层、各业务模块、各职能部门、基层员工都在制度流程和工作关系中拥有各自不同的利益和权力诉求，并因此而产生政治行为，而这些政治行为也是企业文化的行为表现。比如由于营销在企业运营中的作用日益重要,企业文化突出客户为先,营销部门的权力就会逐渐加大,影响力就会不断加强,利益也同时得以扩大。在处理业务时,与营销部门有业务合作关系的其他部门的地位也会发生相应变化。一旦发生冲突,营销部门往往处于更有利的位置。企业文化的演化自然导致公司政治的变化。在文化演化的过程里,由于参与各方或各种亚文化的利益格局受到影响,往往会运用各自权力维护各自的团体利益和个人利益,这些公司政治行为也会影响企业文化的演化,影响各种亚文化的力量消长和利益进退,两者融为一体,最终达到某种平衡。公司管理层应在文化演化时,关注公司政治的动向,促进两者的良性互动。

(二)不良文化与帮派文化

估计很少有人会否定企业文化对经营管理的推动作用,大多数企业领导在有条件的情况下总是乐意在自己的公司建设良性的企业文化。但是,非常现实的问题是,多数企业的文化并没有达到理想的正向助推企业发展壮大的目的,甚至有不少企业反而被不良文化拖后腿和蚕食。比如被网友诟病的阿里破冰文化变质为黄暴文化。也许从如何建设优秀企业文化的角度来看,难以真正领悟到企业文化建设的真谛。不妨换个角度,从企业文化是如何一步步、一点点被损坏、被消残来观察,可能会有更真实更深刻的体会。

如果新员工从报到进入公司起,其亲身体会到的都是不好的感受,那么企业文化在他的身上反映的就是不良的文化,他很难在今后的工作中体现出优秀的文化特性来,最多是不受负面消极文化的影响,按他自身个人的职业修养来行动。这显然和企业文化就没有什么关系了。因此,入职报到甚至招聘面试环节就是影响文化传承的一个重要节点。办理报到手续的 HR 员工如果面无表情、态度生硬,第一时间就会让新员工觉得这个企业是冷冰冰的、人际关系淡漠、没有团队协作的企业,哪怕在员工手册或企业文化手册上用粗体印刷突出显示多少个"激情、协作"。到了工作的部门后,同事和主管的态度、内部沟通的方式和管理的气氛,以及在实际工作中起作用的制度流程,更是企业文化传播和生根的主要阵地。比如,某企业员工入职不久,发现同事在加班打卡时钻空子,打完加班卡后回宿舍休息,过了 2 个小时再来打下班卡,但是并没有被公司发现和处分。于是他就觉得公司制度都是虚的,公司在执行制度方面没有有效的措施保障到位,大家都可以钻空子。这个员工后来写了邮件反映给人力资源总监,这么看来他还是一个有正义感的员工。估计这个问题也有其他员工发现,但是他们大多选择了默不作声或者同流合污的做法。这显然才是真实的企业文化。

在文化演化中,要防范帮派文化的滋生。彼得·蒂尔[204]很明确地说:"每个公司本身就是一个生态系统,派别冲突会使其无力应付外部威胁。"他甚至把消极政治比喻成"自体免疫系统疾病",会致人死亡却无法一眼看到。一般而言,帮派指的是企业中存在各种不同利益和实力范围的小团体,这些小团体往往都有一位实权人物在背后支持,甚至往往是由这些实权人物所暗中组织起来的。帮派文化是个典型的公司政治问题,因为它的背后是利益和权力。帮派文化如果与公司的企业文化相对立,或者帮派之间的矛盾和冲突激化,往往会有损企业发展。

随着时间的推移和企业的壮大,早期创始人建立的企业文化慢慢地会变得僵化,会出现被教条的趋势。有时候是被员工的惰性和企业的弊端所要挟,并非完全因为文化的过时。"尊重个人"是 IBM 早期文化的主要信仰。但具有 80 年历史的企业文化,在郭士纳时代已经开始出现异变。他[132]意识到"尊重个人已经演变成了沃森当初并没有想到的一些含义,即首先它培育了一种理所应得的津贴式文化氛围,在这种文化氛围中,个人不需要做任何事就可以获得尊重——他仅仅因为受聘为公司工作,所以就可以想当然地获得丰厚的福利和终生的工作职位"。这种现象对于一个要持续成长的企业来说显然是一个巨大的挑战。员工个人对于利益的需求是正当的,但是需要建立在为企业做出贡献的基础上。如果员工把高额的津贴和待遇作为理所应当的事,自然也偏离了"尊重个人"的本意。不能让人打着"尊重个人"的旗号,提出过分的要求或钻企业的空子。比如对于不符合企业要求的绩差员工,如果企业处罚或解聘他就会被说成是不尊重个人;领导要求下属做某件工作,员工也以尊重个人为由予以拒绝;或者员工提出提高待遇的要求,企业不能满足,就会被指责为不尊重个人。

"企业文化的改变不是冲刺,而是马拉松。文化是很难被撼动的。"这是雅虎前 CEO Carol Bartz 离任后说的。Bartz 在 2009 年 1 月至 2011 年 9 月担任雅虎 CEO,最终董事会仅以一个电话将她解雇。这句话应该算是她的肺腑之言和切身教训。2012 年担任 CEO 的梅耶尔[131]则善于发动群众,她每周五召开员工座谈大会,鼓励员工提出各种小变革的创意,然后在内部网上发动员工对所有创意投票,排名最高的创意得以执行。2017 年因 Verizon 收购雅虎而辞职,5 年间她使雅虎的股价涨了两倍。雅虎的消极政治几乎众所周知。梅耶尔也曾高薪将其在谷歌的同事挖到雅虎以建立亲信团队。一些前高管批评梅耶尔的管理方式粗暴、不灵活。但也有人评论她具有一个领导者应有的强大个性和远见。菲奥莉娜[84]在刚担任惠普 CEO 时曾感叹，"这是个官僚作风严重的组织，组织文化根深蒂固，外来者不仅人数少还经常遭到排挤。如果目前领导层的绝大多数人不拥护改革，那么改革就难以为继。"

二、企业文化的变革，公司政治的洗牌

在企业初创期和成长期，企业文化建设的主要作用是将创始人的核心价值观和底层假设逐渐植入企业的管理制度和工作流程。这个时期仍由创始人及其家族主导经营管理。到了企业发展中期，企业管理已由职业经理人全权负责。企业文化由于种种原因不断演化。而发展到成熟期，一般已经经历了至少两代职业经理人的更迭，管理层成员中的职业经理人数量超过创始人家族成员的数量。由于经历的时间较长，经营环境的变化较大，企业如果遇到严重的生存挑战或者内部出现严重冲突，将不得不通过文化的变革来涅槃重生。文化变革与文化演化有本质的区别。

（一）文化变革的政治阻力

文化变革的到来意味着企业文化中的价值观假设与所处经营环境出现了重大的不适应。仅仅开展文化的演化已经不能解决问题。过去引领企业取得成功的核心价值观的某些部分已经成为阻碍企业在新时代继续发展的障碍。必须采取果断措施对现有文化进行重塑，对不适应新环境的过时要素坚决予以更新，对能够适应新环境的文化要素予以强化。当市场饱和或行业产能过剩导致企业陷入困境，产品同质化日益严重导致价格战，技术迭代导致公司产品被淘汰，政策变化和社会因素变化使公司经营受到负面影响，新领导不认同或不重视现有文化，就意味着文化需要变革了。

企业文化的变革不可避免地会遇到各个方面、各式各样的阻力。科特和赫斯克特[198]曾指出改变企业文化困难重重，既有来自企业文化自身的反弹阻力，也有来自组织内部各级机构相互依存关系的制约。变革无疑会引发一部分人甚至每个人的权力和利益的调整。处在当权位置的人会担心地位的削弱、既得利益的流失、内部关系的变化、对新文化的不适应和缺乏自信、对变化带来的不适感产生恐惧和恼怒，对于变革后的利益结果心里没底和担忧。哪

怕是普通基层员工,也会担心变革会不会造成自己失业或者需要学习更多的新知识而感到压力。总体而言,这是利益层面的失落感,也是沙因所说的"学习焦虑"。

另一个方面,当事者总会尽其所能试图阻挠变革的发生和进行。在这个反抗的过程中,总会不同程度地使用手中的权力。也可能为了阻止变革,与相同利益需求的人达成同盟。文化变革的过程将伴随着大量政治行为的发生。一般来说,企业文化的变革不可能依靠现有的管理层完成,必须引进或提拔新的领导者作为文化变革的领导者,同时更换旧的管理层。变革领导者应该尽量熟悉现有文化,充分了解对现有文化要素的改造将遇到的抵抗和风险,同时拥有足够的政治智慧能够管理好变革进程。

(二)政治助力文化变革管理

有人[205]指出,通过大规模的变革来改变现有企业文化、推行新的行为方式,结果会适得其反。因此,他们建议与其与企业文化相抗争,不如采取被称为"关键少数"的文化干预方式。发现现有文化中有利于你的部分并将其推广。首先,要找到关键少数非正式带头人,他们的行为方式符合变革的要求,是率先觉醒的部分,是新文化的种子,通常以无声的方式产生影响,是文化变革强有力的盟友。他们是榜样,而且乐意协助他人,但不一定是正式的管理岗位。其次,要发现关键少数情感共鸣点,包括文化故事、企业历史以及其他能代表与你所要建立的文化相关的物品中所蕴含的关键少数特质。最后,要形成关键少数值得推广的行为方式。通过非正式带头人以身作则地示范等行为方式,协助公司将这些行为的价值传达到企业的各个角落。这其实与沙因[200]所说的"并行学习系统"相类似。为了避免直接完全否定原有文化带来的阻力而造成混乱,建立一个变革管理团队推行新文化,由内部关键人员、外部顾问或"文化融合者"一起合作,共同诊断现有文化的优劣势,制定相应的文化变革方案,先在某些局部尝试这一变革方案,在局部获得成功后再将这种新的文化和工作方式推广到全公司。

比较可行的文化变革管理模型分为五个步骤:第一步,先确定实施变革的必要性和可行性。第二步,定义未来的理想状态。明确变革的具体目标和愿景,这些目标描述应尽可能清晰、详尽和准确。第三步,评估当前状态。第四步,对比分析当前状态和未来状态的差距,揭示潜在的障碍,确定需要做的工作,如何解决现实与理想之间的差距。第五步,进行过渡期管理。在试行新的工作方式时,一定会遇到各种各样的实际问题,变革团队需要对出现的各种状况及时处理,想方设法增加推行新工作方式的拉力,减少阻力。增加拉力的做法包括鼓励员工参与、提供培训、树立榜样、提供资源、奖励等等。变革团队需要对过程中的每一种力量进行认真考察,具体分析其必要性、可行性、成本以及重要性,对症下药,解决问题。文化的变革通过改变企业的管理制度和工作流程而实现,并不只是修改核心价值观、使命和愿景就可以完成。可以发现,高超的政治技巧有助于过渡期管理的成功。

第六章 公司政治与战略管理

微软中国惊现公司政治[206]

2003 年 6 月，微软（中国）公司的人事异动被内部人士冠以"地震"二字。

微软（中国）此次地震因市场总监陈国桂回台湾任职而起，接下来则是北方销售大区撤销，上海技术中心人员裁减，上海分公司总经理调离，以及市场部 7 名新任产品线总监前后到任和新增专门负责客户满意度的经理。 事实上，微软在亚太区的动作自 3 月份就开始了。 全球销售业务的主要负责人换成了 Kevin Johnson，日本、韩国总裁被撤，原亚太区总裁罗麦克左迁至日本。

在这一系列调整结束后，"地震"的中心又转移到微软在中国内地的组织机构。 除了微软（中国）大幅变动以外，微软还准备把原来由上海技术中心支持的一些项目移到印度，在那里，微软刚刚宣布成立了又一家全球技术支持中心。 而微软（中国）的机构变动主要有三方面：第一，在直接汇报总经理的管理层增加了一个专门负责客户满意度的经理；第二，原来的市场部根据全球的产品线进行重新划分，新市场部将加大中国区与总部的每一个产品线的直接沟通；第三，大企业客户部根据行业进行划分。 其他部分都基本保持不变。

对于具体的人事变动，唐骏给予记者这样的解释：陈国桂是因合同到期而回台另就新职的，这没什么可说的。"机构调整是为了更好地实现我提出的'军乐团计划'而实施的管理层内部调整。"唐说，"我们微软管理团队内部已经进行了三个月的沟通和协调，最终提出了最合适的组织架构。"

表面上看，这场震波剧烈的地震源于微软全球战略计划的重新构思，但是，重组故事的背后还是可能酝酿着新的人事斗争和权力再分配。在此次调整中，波及最深的是微软（中国）市场部，而这种疼痛，并没有发生在微软全球的其他分公司里。所有的变动都必然有借口。微软（中国）对销售业绩负责的部门和管理者似乎正陷入不安和紧张之中。每年的 4 月到 6 月，是微软全球的分公司向总部汇报业绩的时候，据微软（中国）内部人士透露，上一财年的业绩并不十分理想，微软（中国）又一次面临来自上级的不信任票。

仅仅在几个月前，唐骏在接受媒体采访时，还曾经蛮有信心地说过这样的话："我不认为换掉一半高管就能把业绩做上去。"为了保证走马上任之初的团队稳定，唐骏曾在第一次的全体员工大会上公开宣布，半年之内不做任何人事和机构的调整。在那次著名的"广州会议"上，唐骏运用自己的公司政治手腕，和微软（中国）的 12 位高管达成默契：今后公司的重要人事任命、提案必须经过 12 名"常委"的一致通过，实行一票否决制。微软在中国的业务，一直由多个垂直管理体系管理，本地一些副总经理虽然名义上归唐骏领导，但直接汇报的却是亚太区领导机构，甚至是美国总部。微软公关部负责人否认说："所有微软中国事务最终都需要经过唐总的审核！"但此次人事的大幅变动，是否真正出于唐骏内心的自愿，就不得而知了。

从高群耀时代开始，微软（中国）与微软大中华区的分裂就日益显现。后者单独组织了一套人马，开始插手微软（中国）的具体市场运作。矛盾的集中表现，就是微软在北京市政府采购案中落马，随后，"一连串的单子莫名其妙丢了，一个月之内损失数百万之巨。"高群耀事后回忆道，"我必须承认，这个案子在微软的实施过程，以及由此反映出的大中华区与中国区的关系，特别是其后果及人为的后期处理过程，是诱发我辞职的诸多原因之一。"

高群耀时代的微软（中国）在公司政治上的裂痕，是否在唐骏的任期内得到很好的修补了呢？在那片美丽的红杉树林包围着的美国微软雷蒙德总部，是否了解万里之外的远东，曾经发生的所有分歧和争执的细节呢？作为第一个非空降兵的微软（中国）总裁，唐骏的机智和善于交流是公认的，和鲍尔默很深的私人感情更是众人皆知的秘密。但有业内人士指出，唐骏一年来履新的失误在于，制订的销售方案没有迅速见效，特别是在面对企业级市场时下手不够快。而微软（中国）的销售业绩，又直接影响到大中华区甚至亚太区高管在总部的面子。

高群耀亦承认，在微软（中国）和大中华区，一直存在着大陆、台湾和香港籍员工之间的派系斗争，在烦琐的管理体制之外，这成了另一个让微软（中国）几任总裁头痛的问题。这些隐性的组织力量，在公司的日常行为中通常是潜藏不见的；但在重要的人事变动时期，就可能会成为左右公司领导人去留甚至战略走向的重要因素。

唐骏的"广州会议"曾经试图解决这一问题。"如果两个副总发生矛盾又彼此不愿意调和，那么他们两个都必须离开""每一个人事任命必须得到常委会成员的一致同意""如果非要拉帮结派，那么我希望所有的人能够是一派"。但是，这样的"团结"，一旦遇到外界压力——比如上层领导机构的干涉，又常常会在顷刻之间分化瓦解。在微软即将进行的全球组织变革中，包括将业务单位重新划分为 7~8 个事业集群，实施矩阵式管理。从某种意义上说，这种变化似乎只是加强了微软（中国）总裁作为一个最有权威的"销售代表"的作用。管理学大师斯蒂芬·P.罗宾斯在批评矩阵式管理时说："它造成了混乱，并隐藏着权力斗争的倾向。当你放弃了统一指挥的原则，也就在相当程度上增加了组织的模糊性。这种混乱和模糊性反过来又培植着权力斗争的种子。"

任何相信公司里不存在政治较量的企业经营者，其结果只能有两种：一种是永远陶醉于主仆二人式的小朝廷里；另一种则是被排挤出局。唐骏曾经希望自己在离开微软之后，能够领导一个千人规模的国有企业——无论是知识、技术还是管理才能，唐骏无疑是佼佼者，但是现在，他还需要在微软（中国）总裁的位置上，让自己磨炼出高度成熟的政治智慧。

从这个案例可以看到消极政治的故事同样出现在家喻户晓的微软公司。微软成为杨杜[201]所说的"高层领导的工作效率被企业内部权力之争大大削弱，争权夺利成为众多在京大型跨国公司的亚文化"中的跨国公司。事实上，微软公司中国区的消极政治现象已经成为媒体司空见惯的老话题。从杜家滨、吴士宏时代，到高群耀、唐骏、陈永正、梁念坚等，早期的总裁走马灯般地更换，映射出微软中国早期内部复杂微妙的关系，微软中国因此被称为著名的"职业经理人的泥潭"。

吴士宏[207]曾经详细回顾了她刚上任不久发生的一件被同事设局丢脸的事情。一天快下班时，她被告知第二天要和邮电总局签订合作意向，请她出

席,不需要做任何准备,只要坐在那儿被介绍就行。第二天一到会场发现有
50 多位记者,没想到会议一开始她就被邀请上台介绍来宾。这是她第一次以
微软中国总经理身份在媒体前亮相。结果因为人员不熟悉,且得不到任何帮
助,自然无法介绍下去。谁也不会想到一个总经理连念念名字的活都做不来。
这时候总裁还大度地拍拍她的肩表示安抚,这一举动把她衬托得十足的低能。
她还总结到,在微软换个"天子"就得洗牌,不管是不是"真命天子",先得把亲
信"群臣"换成"自己人"。

　　上面这一发生在 2003 年的故事正好印证了这一说法。高群耀承认了微
软中国和大中华区存在香港、大陆和台湾籍员工之间派系斗争的事实,而且影
响到战略管理。唐骏虽然当时被有些人评价为政治手腕高明的人,但他也被
不少负面新闻所困扰。他极力解释机构和人员调整是为了实现他提出的"军
乐团计划",但是这个雄心勃勃的"军乐团计划"最终并没有得到实现,由此可
见消极政治对于战略管理的影响。他曾经说过,"如果大家都以任期长短来判
断我干得好坏,那我一定设法使我的任期超过前面任何一任。既然我已经出
任这个职位,我就是最好的。"很遗憾,事实证明他的任期最短。

　　文化关注基础。战略关注长远。战略要为企业定义想要达到的未来目
标,并规划好从现在到未来的路径和资源。战略管理不只是单纯的专业技术
活,无论是战略制定,还是战略实施。从公司政治角度来探讨战略管理显然是
一个有意思的现实问题。试图忽视或排除战略管理中政治因素的做法不仅是
幼稚的,更是危险的,充斥着理想主义者的一厢情愿。这种做法往往导致战略
的失败。如何使公司政治为战略管理所用,正是公司管理层需要认真思考的
课题。

　　包括菲佛在内的众多管理学家认为,企业是不同的人和利益集团的联合
体。联合体内的成员在价值观、信仰、信息、利益及现实观念等方面存在着持
久的差异,企业内部决策及其执行结果是谈判和妥协的结果,最终几乎不会完
全反映企业任何群体或亚单位的意愿,企业内部那些拥有最大权力的利益者、
亚单位或个人,将从公司政治的相互作用中获得最大回报。战略管理作为企
业最重要的决策之一,自然也是政治协商的结果。

　　企业战略决策需要大量的信息,但主要决策者往往只选择接受符合他们
自身利益的信息。企业内部的信息收集者出于政治方面的考虑,也往往会收
集、提供主要决策者所乐意看到的信息。另外,主要决策者还会利用他们的优
势地位使其战略方向得到他人的认可,这样,企业战略决策者所理解、主张的

现实就成了"真"的现实。也有观点直接认为企业战略决策反应的不是理性，而是占优利益集团的利益，这样企业就真正成为一个政治实体、一个欠文明的小社会。当然，更多的企业应该是处于一种适度的公司政治状态。

不论是在战略形成阶段，还是在战略实现阶段，战略管理都与公司政治息息相关。政治既是战略变化的抵制因素，又是战略变化的重要促进因素。公司政治是战略管理的内部环境因素之一，它限制并指导战略的制定、选择和执行。在快速多变的时代，企业战略更加需要柔性化和适宜性，而公司政治很多情况下是企业运行的润滑剂。成功的战略管理必须充分认识到公司政治的影响并加以有效利用。

与此同时，战略管理对公司政治也产生固有的和持久的影响。在战略管理的全过程中，由于取得竞争优势和核心竞争力的手段和途径是必不可少的重点内容，因此就自然不可避免地涉及计谋和权力的运用。对于企业发展方向和处理局势的大原则，也成为公司政治的一部分。而高层管理者在经营理念和具体行动模式的选择方面，更是公司政治争夺的重要领域和聚焦区。因为对资源配置和资源利用的分歧在所难免，而资源日益成为企业竞争和战略管理的核心要素，战略对公司政治的作用日益突显。

第一节　战略制定：政治平衡下的决策

公司管理层希望通过战略管理获得超额利润和持续竞争优势。贝赞可等人[208]指出，咨询师和流行的商业出版物都在照搬业绩出色的企业和它们的管理者的行为，认为企业成功的关键就是观察并模仿成功企业的行为。这显然是徒劳而又危险的行为。因为成功的原因是复杂多样的，有时还取决于运气等特殊因素。成功的企业可能会同时执行几种战略，而其中只有一些对它们的成功起到了作用。因此，贝赞可等人以及不少管理学者认为成功的战略应该最有利于抓住当时的潜在获利机会，或者最有利于适应变化的环境。

制定战略需要最高领导与管理层团队建立结构性对话的机制。鲍勃·弗里奇[209]专门研究了战略制定过程中面临的公司政治问题，提出企业决策并非由全部的高管成员共同做出，而是由最高领导（如老板、首席执行官等）根据自己的领导风格组成机动的幕后参谋团来做出的，幕后参谋团的成员包括部分高管团队成员,也包括某些核心专家和外部顾问。往往是在已经做出了决策后,再召集全部的高管团队一起开会、讨论。因此造成了决策者和高管团队的某些隔阂。决策者认为有些高管本位主义严重,高管则认为决策者只是把他们当作摆设和背书人。但是高管团队是战略执行的重要组成部分。为了消除隔阂,充分发挥高管团队的资深经验、专业智慧、胜任能力和丰富资源,结构性的对话机制就显得有必要。结构性对话的议题包括价值观与愿景、资源配置、战略性项目执行等。

战略制定的主要任务包括:(1)明确愿景:对外部世界的变化达成共识;组织拥有哪些能力可以抓住外界变化引发的机会;组织需要开发哪些能力并积累哪些资产以满足未来发展的需要;界定组织的边界,比如为了抓住某个特定机会,需要改变或剥离某些业务。(2)资源配置:从各单位推荐的众多项目中筛选出最重要的项目;确定需要得到资源支持的项目以及支持的力度和时间;找出那些没必要立即开展,但却是下一波发展浪潮重要组成的项目;确保项目的数量和水平能够有效推动战略目标的实现。(3)为成功执行战略设计好机制。让高管团队跳出自己职能的小范围,设立机制让大家充分了解从其他职能角度考虑问题,真正站在公司整体利益而非部门局部利益角度。对组织的行动能力、依赖关系、执行水平等基本问题进行整合分析,高管团队成员深入了解战略的利害关系和潜在影响,并做出全力协同、提供关键资源的承诺。

因此,在战略制定的过程中,最高领导应该通过结构性对话让每个高管成员为战略执行做出协同资源的承诺,在所有执行团队之间建立强的依赖关系,明确每个部门的责任。这样,战略执行就不只是最高领导一个人的事情,而变成整个高管团队的事情,从而也成为整个公司全体员工的事情。

一、战略制定是理性政治过程

战略管理的奠基人 H.伊戈尔·安索夫[210]认为:"战略选择是通过有不同偏好并有权力支持这些偏好的集团和个体的相互作用做出的。"这是一个被他称之为所谓"理性政治"的过程。不同权力格局的企业就会相应地出现不同的战略决策模式。只有一个权力中心的企业会出现相对独断的模式,决策者的权威不够或权力中心分散的企业就会在不同的利益集团或个体之间以谈判的模式进行战略选择。中国现阶段不少企业还是处于创一代时期,创始人是唯一的权力中心,所以对此感受不深。而国外不少企业已经进入职业经理人管理时期,往往不只有一个绝对权威的权力中心,战略选择不再是一言九鼎。"谈判过程是寻找利益各方都可以接受的方案的互相迁就过程。"安索夫认为:"各方得到的满意程度与其相对权力成正比。"事实上,除了相对权力之外,政治谈判的结果还受到利益格局、政治能力、政治环境等因素的影响。

理想的战略制定过程最好应该是从最单纯的商业角度审视企业定位和市场变化,评估资源和能力,而不应该被商业之外的人为政治因素所干扰。被"理性政治"因素干扰的"互相迁就"的战略,很可能偏离了正确航道,不是企业原本应该选择的方向和道路了。由于有些利益冲突的不可调和,谈判的结果是各方妥协的产物,并不是战略计划学派看来的最优方案。即使创始人掌控企业或决策者足够权威,也难免会受到其他核心高管的影响。因为未来具有不确定性,在定力不够绝对坚定的时候,很少有人在决策层存在不同意见时仍然能够完全坚持自己的个人意见,确信只有自己的判断是正确的航道。兼听则明、从善如流的观念也可能影响决策者的决定。因此,虽然独断模式可能才是正确的,但谈判模式更常见。从决策的时效性来看,谈判模式比独断模式更费时间。此外,由于企业领导层的更替以及权力格局的异动,有些决策者刚上任,就急于改弦易张、推行新政,企业的战略可能出现不连贯和不延续的问题,这会给企业发展带来一定的影响,除非是环境和企业状况的变化需要重新制定战略,否则会造成战略实施的障碍。

战略制定中的政治观点得到不少管理学者的认同,Allison认为绝大多数战略决策过程最终都是政治性的,包括决策结果的不确定、决策者们所持的冲突的观点以及使用权力的解决办法。Pettigrew对英国一家零售企业的研究发现决策包含大量的诸如控制议程、截留信息、游说以及私下联盟等政治活动。Eisenhardt和Bourgeois[49]建立了一个快速环境下的战略决策政治模型:通过对美国8家计算机企业的实证研究认为,政治因集权而来,CEO们主导、高层管理者追求控制权导致政治的产生。冲突是政治的必要而非充分条件。小阿瑟·汤普森等人[211]认为,如果一名经理不能对公司的政治学有所知觉,并擅长于政治手法,他就不能有效地制定和实施战略。

明茨伯格等人[93]就权力学派对企业内部战略管理过程中的政治问题做了较为系统的描述。权力学派认为,战略制定是一个政治过程,是不断协调组织内部个人、集团之间利益的过程。由于环境的不确定性、竞争、观念冲突和资源缺乏等,导致了在战略制定中相互冲突的个人、集团以及联盟之间的讨价还价和折中妥协。因此,权力学派认为:个人和联盟的竞争目标使人相信,任何拟议中的战略在前进道路上的每一步都会受到扰乱和歪曲。人们在组织中玩弄各种各样的政治策略,如叛乱策略、反叛乱策略、联盟策略、预算策略、告密策略等等。由于不同的参与者和参与者联盟都在追求自身利益并各行其是,因此在各方利益参与下产生的战略未必就是最佳的。他们可能反映了组织中最有实力的集团利益。

拟议中的新战略不仅是行动的指南,也是权力关系转移的信号。战略的意义越重大,组织的权力越分散,政治手段伴随其中的可能性就越大。这些手段会使组织更加难以完全实现其战略目标,不管是深思熟虑的战略还是应急学习的战略。深思熟虑的战略意味着组织上下要对战略意图达成共识,当认识和利益存在冲突而非达成一致时难以实现集体意图。而当谈判的随意性取代战略决策的理性过程时,应急学习的战略也不能很好地做到与执行步调一致。西尔特与马奇更是认为,一个组织有能力做出决策,但似乎无法形成战略。[93]

任何时候的企业战略总是受主导者联盟团体的决策和企业运作环境的影响。我们不能回避战略可能确实受到政治过程的影响。有时一个简单的决定就导致企业经营模式的改变,引起战略变化。有时在战略制定时更像是"谁获得胜利谁就制定战略",即"谁拥有权力谁制定战略"。当战略产生于政治过程时,他们往往是应急的,而不是深思熟虑的,因为受到政治因素协商的影响。权力学派认为,战略形成由权力和政治决定。但正如明茨伯格等人所总结的,战略形成与权力有关,但它不仅仅与权力有关。

二、抢占资源,增强政治实力

丹尼尔·卡尼曼[212]在研究决策与判断的问题时发现,"高管们为了抢占资源很容易会提出过于乐观的计划"。这是一个常见的现象。卡尼曼的研究还发现,"高管们很容易会掉入规划谬误的陷阱。在规划谬误的支配下,他们根据脱离现实的乐观心态来做决策,而不是根据对利益得失以及概率的理性分析做决策。"可见,一方面,高管们往往会掉入过度乐观的陷阱,因为乐观心态的影响,往往对事件的未来做出偏乐观的预测;另一方面,人们往往对自己做出的决定更加自信,对于已经决定的事情,会更觉得做得对。因此他们也会更加坚持自己提出的计划。而且从公司政治的角度,他们还会出于利益考虑,以乐观的计划来抢占公司资源。

预算是公司政治的靶子和导火索。预算是对于企业人、财、物等资源的具体分配，预算管理是战略实施的重要环节。但现实中很多企业的预算管理并不成功。研究表明，60％的年度预算与企业战略之间缺乏有效关联。预算管理存在的问题一方面是预算与战略无关，一方面是成为公司政治的牺牲品，成为各方博弈的标的物。

迈克尔·波特[213]的战略定位理论重点对企业在行业中的定位进行研究，五力模型的分析离不开企业自身所拥有的资源和竞争优势。传统的SWOT分析需要对企业内部的资源、优势、劣势进行深入全面的研究。资源基础观的战略理论更是基于企业所拥有的资源、能力来进行战略管理。因此，资源是战略管理的主要话题，也是战略规划考虑的重要因素。而公司政治的主要目的在于通过权力获取利益和资源。资源是公司政治涉及的主要内容。菲佛[157]指出，特别在企业快速变革时期，各种利益和观点严重冲突，现状受到挑战，未来发展的方向、资源配置以及其他重大决策很可能被权力和政治问题所左右。战略和公司政治通过资源利用或获取资源形成相互作用和影响的互动关系。

战略是对企业资源的整体规划、利用和开发，企业将资源和环境因素结合起来制定战略，对企业内部各方利益集团的资源拥有状况必然进行重新洗牌和整合。权力/政治因素会影响战略决策，利用权力扩大个人或小集团利益在组织生命周期中是常见的情况。各个利益方基于各自所拥有的资源不同和所处的位置不同以及各方的目的不同，会在企业的总体战略部署下尽力获取各方利益。战略方案的设计、讨论、选择阶段，既是企业各方政治势力积极博弈的过程，同时也是对各方政治利益重新分配的基础。

汤普森等人[211]认为，战略制定受到以下因素的重大影响：颇具影响力的下属，强大的职能部门，或者某些由多数人组成的联盟，其中这种由多数人组成的联盟对战略有着他们自己的共同利益。如果对应该采取何种战略没有很强的一致意见，政治因素和权力就很可能会起很重要的作用。建立战略一致性所体现出来的政治性以及为使所有的经理及部门集中在对整个公司最有利（而不是对其部门或职业生涯最有利）的层面之上所作的斗争，常常是协调统一不同层次的战略和目标从而产生必需的合作和协作程度过程中遇到的一个大障碍。如果反对观点和异议的空间很大，那么在公司内取得广泛的一致性就很有难度了。讨论公司的战略展望和业务使命、长期发展方向、目标体系和战略时，通常会有激烈的辩论和很大的意见分歧。职能经理有时候更倾向于做那些对自己这个领域最有利的事情,建立他们自己的王国,加强他们的个人权力和组织影响力,而不是同其他的职能经理进行紧密合作,统一在整体业务战略的周围。

根据菲佛关于权力的资源依赖观点,通过减少对他人资源的依赖,或者增加其他人对自己的资源依赖,就可以增加自己的权力。在战略规划中,高管们通过影响决策者,或者建立各种联盟,抢占预算、内部流程控制点、权力结构中的位置等,以公司政治的手段强化自己的政治实力。

第二节　战略的本质在于行动

菲奥莉娜[84]曾经被《财富》连续 3 年评为全世界最有权的女执行官,也被公认为是一位极具战略眼光的优秀 CEO,然而最终却因为战略实施的问题被董事会解雇。在公司发布解雇的消息时,菲奥莉娜说:"很遗憾,在公司的战略执行上,董事会和我本人之间存在着分歧,但是我尊重董事会的集体决定。"Mark Hurd 则被外界广泛公认为也许战略规划不是他的强项,但正是因为他擅长于执行而成为菲奥莉娜的继任者,得以执掌惠普这一全球著名的高科技巨头。这个案例被作为经典写入世界顶尖的《战略管理》教材[214]。战略实施的成败已经直接影响到高层管理者职业生涯的沉浮。

一、战略实施是比战略制定更棘手的管理挑战

近年来企业界和战略顾问们对战略实施给予了越来越多的关注。[215]战略实施不同于战略制定。汤普森等人[211]认为,战略实施是战略管理过程中最复杂、最耗时的工作。这项工作实际上包含了管理的所有要素,必须从组织内的多层次着手。制定战略比实施战略要容易,之所以战略实施成为一个更棘手、更费时的管理挑战,主要包括以下因素:不得不参与范围更广的各种行动,大量的管理性活动,可选择实施道路的多样性,对人员管理技巧的要求,使各种不同措施得以执行的毅力,各种混乱问题的数量之多,各种必须克服的抗拒力量,把许多不同小组的工作综合起来使之平滑运行的困难等等。

(一)参与人员不同

战略制定更多是高层和核心团队的任务和职责,相对而言是小范围的管理活动。虽然在制定过程中,可能会大量征询部分关键员工意见、寻求外部专家或顾问的支持,或者开展大规模的市场调研,但最终的决策还是集中在核心管理层。而战略实施则是全员的概念,必须全体员工准确理解、全力支持、全心投入,在企业经营管理的各个环节,在组织的各个层级,都需要不折不扣的执行。任何实施过程中的缺失都可能造成既定战略的落空。

(二)对人员素质要求不同

战略制定需要的是良好的分析判断能力,强调对环境和竞争态势以及趋势的敏感度和对未来变化的洞察力和远见。但是战略实施则重在行动,需要抓铁留痕的执行力度和深度,需要迅速有效到位的行动能力。两个阶段对人员的素质要求相差很大,对于领导者和各个层级的执行者在能力、个性、风格、经历等方面的需求相异。战略制定的高手未必是战略实施的能人。慎重物色和选择战略实施的负责人对于已经制定的战略的执行成功与否至关重要。

(三)侧重点不同

战略制定更看重的是创造力,需要的是在开拓、创新、革故鼎新方面出类拔萃的人才。而战略实施则追求效率和效果,强调执行力,需要脚踏实地、埋头苦干。

(四)耗费的时间不同

战略制定一般短则一个月,长则半年,很少超过半年。而战略实施则至少一年,有的长期战略需要 5 年以上的实施时间。时间的拉长极大地增大了执行的风险和不确定性。在漫长的战略实施过程中,一招不慎,满盘皆输,一个关键环节的偏差很可能导致整个战略的失败。

(五)战略实施更加依赖于情境

战略实施没有现成的可遵循的步骤清单,也没有具体的准则,是战略管理中最没有凭据可依、最不固定的部分。做什么和不做什么的最佳依据来自不同管理者的经验,这些经验在其他企业不一定见效。不同的经营活动、竞争环境、文化、政策、激励制度、组织历史以及企业个性等使得战略实施不得不采取一种基于单个公司的方式,依赖于单个公司的形势和环境,以及领导者的最佳判断和领导能力。

二、打造企业战略实践力

战略实施是将战略思想、战略规划转化为组织日常行为、实现战略结果的行动过程。然而事实上战略实施却成了战略制定和企业绩效之间缺失的一环。L. Johnson[216]的研究结果显示,66％的公司战略从来没有得到实施。所以战略实施首要的问题不是实施效果好不好,而是有没有实施。博西迪和查兰[217]指出,"人们往往只是同意执行一项计划,但随后却没有采取任何具有实质意义的行动。"德鲁克[134]说:"管理是一种实践,其本质不在于知,而在于行。"波特[213]认为,战略的本质在于行动。缺乏行动意识是企业界战略实施中存在的最大最根本的问题,而这个问题并没有获得大家足够的认识。只有坚持去做去落实,战略实施才会获得效果。战略实施最关键的就是要实施战略。其次才是实施效果的问题、有效执行的问题。再好的战略如果得不到有效的执行也是空谈[215,217,218]。战略实施的具体行动与否是一个实务问题,而不是一个理论问题。有的战略制定出来后,被束之高阁或锁进抽屉。有的战略被分解到各业务单位和职能单位,并且制定了进一步的详细行动计划,但是最终还是没有付诸实际行动,半途而废。德鲁克[219]说:"开刀或不开刀,不能只开一半。同样地,有效的决策者会采取行动或不采取行动,而不会只采取一半行动。"而实际上战略实施半途而废的现象比比皆是。

管理文献中关于好的规划和战略形成的理论和建议很多。多年来大量的规划模型和技术层出不穷,而大多数管理人员能够理解它们并且知道如何有效地运用。管理学者们和咨询顾问们也乐于研发和推出一个又一个眼花缭乱的战略管理模型或工具。理论上的新概念和新名词应接不暇,不管疗效如何,总是能引起企业界的没有节制和分辨的欢迎和追捧。由此也可见企业界对于真正有效的"灵丹妙药"的需求和渴望。然而,与糟糕的绩效真正相关的典型问题是执行,而不是规划;是实实在在的行动,而不是花花绿绿的新名词和新工具。问题不是工具太少,而是工具太多以致"见树不见林"。没有实践的战略、没有战略的实践都是愚蠢的。必须打造实践性和实效性都很强的"企业战略实践力"。

战略实施的行动性之所以被如此忽视，有多方面的原因：(1)企业家因为误以为制定了战略，各业务单位就会自动执行，从管理意识上对战略实施没有给予足够的重视，甚至有些企业的战略原本只是摆设。(2)缺乏行之有效的实施手段。当前五花八门的战略管理工具虽多，但真正能系统指导企业有效实施战略的方法很少。学者们因为不能深入感知和体认企业运作的内部真实细节和真相，而难以发现症结所在，因此不能对症下药。(3)战略被有意搁置和阻碍实施。出于利益考虑、政治因素或环境影响，战略被有意忽视和雪藏。(4)管理人员被训练成去规划，而不是去实施。赫比尼亚克[196]说："非常遗憾的是，大多数的管理人员对制定战略知道得多，而对实施战略行动得少。"

战略制定的基础是对企业外部环境和内部资源、能力的综合分析。而战略实施的过程则主要是对内部资源、能力进行整合使之产生实际作用。企业由于受人才、信息或时间所限，可以将战略设计委托专业咨询公司来完成。而战略实施则一般由企业自己组织完成，无法外包。

学术界已有很多战略实施的研究成果。汤普森等人[211]综合了前人的研究，认为战略实施的主要任务包括：(1)建立一个有竞争力、能力和资源力量的组织，以便成功地实施战略；(2)建立预算以便将足够的资源投入到对战略成功至关重要的价值链活动中；(3)建立支持战略的政策和程序；(4)对价值链活动进行最佳运作，并不断提高其运作水平；(5)建立信息、沟通、电子商务和运营系统，使公司的人员日常能够成功地承担其战略角色；(6)将报酬和激励与达到业绩目标和很好地实施战略相联系；(7)创立一种支持战略的工作环境和公司文化；(8)发挥带动战略实施所需的内部领导作用，不断提高实施战略的水平。

赫比尼亚克[220]指出与成功的战略实施有关的八个方面是：指导实施工作的模式，战略本身，有效处理变革，权力和影响，组织结构，有效的控制和反馈机制，支持实施的文化，领导方式。在这影响战略实施的八大因素中，权力结构是第一次在研究战略实施的文献中得到比较完整深入的研究。但是赫比尼亚克对于战略实施中的其他政治因素并没有研究。

普华永道思略特公司的研究团队[205]针对如何跨越战略与实施间的鸿沟，提出了五大非凡的领导力行为：(1)忠于企业形象。以自己最擅长的领域为出发点实现差异化和增长。制定使自己脱颖而出的价值主张，根据独特的能力来打造和丰富产品与服务组合，只进入自己有制胜权的市场。(2)将战略落实到日常。打造能够实现战略意图的跨职能部门能力并将其相互联系起来,这些能力是指流程、工具、知识、技能和组织架构的跨职能部门高度结合。(3)发挥企业文化的作用。(4)削减成本、发展壮大。摒弃无关紧要的事务,加大对重要领域的投资,减少一切不必要的开支。(5)塑造未来。反思能力,创造需求,按照自己的方式改变行业。

第三节　战略实施的内核及其内在一致性

企业实施战略的主要内容是在企业内部通过有效的运营体系在高素质人力资源的支持下将制定好的战略计划转化为高绩效的产出,赢取竞争优势。从组织协同的观点出发,战略实施的具体落实是企业内部各种要素、流程、系统的良好匹配和积极平衡。相对于外部因素而言,企业内部多个关键因素和行为的内在一致性是战略实施成功的核心。

自从德鲁克提出目标管理(MBO)这个得到广泛应用的战略实施方法以来,管理学界对战略实施方法进行了持续深入研究。

1992年罗伯特·卡普兰和戴维·诺顿[221]开发出平衡计分卡作为组织和员工绩效评估的工具,此后不断完善、演变为战略实施的管理工具。平衡计分卡运用综合与平衡的思想,将企业的战略目标分解为财务、顾客、内部运营流程、学习成长等四个衡量维度,在管理实务上较好地解决了企业组织协同和战略实施一致性的问题,包括企业短期运营目标和长期战略目标的关联和一致,过去经营业绩和未来经营业绩的关联和一致,内部运营管理能力和外部市场竞争能力的关联和一致,财务控制和战略控制的关联和一致,股东满意度、客户满意度以及员工满意度之间的关联和一致,员工的激励与学习、竞争优势的利用和财务指标达成情况之间的关联和一致。平衡计分卡的四个衡量维度不仅相互关联,而且存在内部驱动的逻辑关系。学习成长维度关注企业变革、创新、员工发展等企业基础建设,是战略控制的重点,它直接影响内部运营流程维度。内部运营流程维度则直接影响财务指标和顾客感知价值的实现。财务维度则直接依赖于顾客维度,企业的财务目标达成必须透过对外销售产品和提供服务。

1996年卡普兰和诺顿[222]在平衡计分卡的基础上创造了战略地图。战略地图在一张图上描述了四个衡量维度之间的战略因果逻辑关系和组织如何实现战略目标的关键路径,可以使组织明确地阐述它的目标、关键绩效测量指标KPI、目标值及其驱动因素、具体行动计划以及相互之间的联系,使各级管理者对战略有清晰的认识。普通员工可以从中看到自己的工作是如何与组织的战略目标相联系的。企业通过这种方法可以纠正战略实施中的偏差,保持内在逻辑关系的一致性。

平衡计分卡和战略地图是一个用来描述企业价值定位,并协同企业资源去创造更高价值的管理机制,促使公司、业务单元、支持单元、客户、供应商等与其战略在组织内创建协同关系。平衡计分卡和战略地图的核心思想在于对战略实施的各种作用因素和驱动因素及其内部逻辑关系的合理关联和协同。只有当员工、管理流程和资源配置与战略相一致时,战略才有可能得到成功实施。

博西迪和查兰[217]提出战略的有效实施依赖于战略流程、运营流程和人员流程这三大相互联系的核心流程。(1)战略是否能取得成功首先基于战略本身,包括战略计划的合理性,与外部环境的适应性,对企业所在市场和客户的准确理解,企业发展所面临的主要障碍,竞争格局,企业内部资源和能力,战略实施过程的阶段性目标等等。(2)战略实施不能取得预期结果的原因并不是管理人员能力不足或不够努力,而是公司管理体系的崩溃。所谓“管理体系”,是指公司用于制定战略并将战略转化为具体运营措施的一整套综合流程。他们提议公司建立一个闭环式的管理体系,将战略和运营更紧密地结合起来。运营系统就是其中的核心,包括目标分解和制定具体的运营计划等。(3)所有的战略任务均需组织中的人来完成。高层管理者对整个实施过程的强有力领导尤为重要,他们必须有效地将战略传达给组织中的成员,取得一致的行动基础,督促并授权下属推进整个过程,建立衡量标准和奖惩机制,重新配置资源等等。中低层经理则需要将所需的实施行动落实到一线,做好战略实施所需的日常工作。因此,人力资源的规划和配置、骨干人员的培养和使用、核心团队的建立等成为战略成功与否的重要影响因素。他们特别强调“一个企业运营的核心就在于人员、战略和运营这三个环节之间的相互配合。”领导者需要将其作为一个整体加以把握。

赫比尼亚克[220]经过20多年对战略实施的专题研究,通过对443位经理人员的实证调查分析,在博西迪和查兰的逻辑基础上形成了一个完整统一的以行动为导向的指导战略实施的系统模型。该模型由两部分结合组成,处于核心位置的第一部分是有内在逻辑关系的五个关键基础因素,包括公司战略、公司组织结构及其整合、业务战略与短期运营目标、业务结构及其整合、激励与控制;作为第一部分关键因素运行的背景环境,第二部分包括变革管理、企业文化、权力结构、领导力,这四个组织背景因素会影响战略实施的过程和结果。

通过对战略实施领域的主要模型和理论的综合研究可以看到,战略实施的成功不单是某个环节、某个因素独立作用的结果,而是战略系统、运营系统、人员系统等三大核心要素系统共同结合形成有机整体,并且基于内在一致的逻辑关系协同作用的结果。三大系统作为战略实施内核的组成部分,它们之间相互作用,相互依存,相互制约。三大系统的双向关联,内在逻辑的一致,实施过程中的动态耦合是企业成功实施战略的核心因素。

一、战略系统:好的战略计划就是行动计划

在博西迪和查兰[217]看来,一份符合实际的战略计划实际上就应该是一份行动计划。优秀的战略计划必须考虑到以下问题:对外部环境的评估如何?对企业现有市场和客户的理解如何? 什么是发展企业的最佳方式,目前企业发展的主要障碍是什么? 竞争对手是谁? 企业是否具有实施该项战略的能力? 企业短期利益和长期利益是否平衡? 执行计划过程中的阶段性目标是什么? 企业如何保持持久的盈利?

战略实施成功首先要有好战略,战略在制定的时候就要考虑到实施。赫比尼亚克[220]强调战略实施是一个内在一致的逻辑流程和协同系统。公司战略和业务战略必须清晰,并且通过战略审查实现公司战略和业务战略的一体化。业务战略对公司战略的实施非常重要。公司战略和业务战略相互依赖、相互影响。比如公司战略的组合理论。现金牛产生现金,公司从现金牛"挤奶"养育其他业务比如有增长潜力的明星。公司需要现金牛来使组合的其他业务增长,这与公司战略是一致的。如果现金牛不配合公司的期望会怎么样? 公司战略指定了业务单元的角色和目标,业务单元的业绩又影响公司战略的执行。此外,为了执行战略,业务战略必须转化为短期营运目标和衡量标准。在复杂组织中的绝大多数经理面临和处理的是本地的短期的问题。重点在于经理每天、每周、每月、每季都要面对的与顾客、竞争者、员工相关的日常的问题和机会。这个转化过程是战略实施的整体和至关重要的部分。

一般而言,一个完整的战略系统主要包括:在充分的环境扫描和全面环境互动分析后,结合企业自身资源和组织的能力形成的战略规划,或者为了应对

环境变化或公司经营突变而形成的应急战略；公司战略、业务战略和职能战略的关联和协同；战略规划的正确假设前提；战略规划与短期阶段性运营目标的关联和协同；执行战略所需资源的配置和关键资源的选择；战略实施过程中的风险分析及应对策略；在实施过程中的战略回顾、战略评估、动态调整和战略转换。

二、运营系统：在运营整合中执行战略

博西迪和查兰[217]指出，战略流程通常只是定义了企业的发展方向，人员流程定义的则是战略实施过程中的人员因素，而运营计划则为这些人员开展工作提供了明确的指导方向。在运营计划当中，领导者的主要任务应当是监督计划的实施工作。一份运营计划应该体现一种责任，应该是一条将整个企业的人员、战略和运营流程连接起来的线，而且它通常的表现形式是分配目标和预定计划，为战略实施提供组织基础平台。

赫比尼亚克[220]认为，战略决定公司结构的选择。相应地，公司结构对战略的实施至关重要。公司实施战略必须把握分权与集权的适当平衡。尤其重要的是，需要对跨组织结构的各个组成部分进行协调。结构选择能够在差异化的业务单元之间创造相互依赖以便整合产生效益。同一公司中的不同业务会面对非常不同的竞争情境，因而会有不同的结构需求（如强生、通用电气）。因为处在同一公司中而简单地对所有业务或事业部门强加同样的结构是不合逻辑、不适合的组织设计方式。公司结构会约束业务结构。由于规模和地域分散给有效的沟通和协调带来挑战，知识的传递、信息的共享和有效的整合协调非常重要。此外，业务内部的各个不同的营运单元和职能单位在目标、认知、行动的时间表、文化等方面各不相同，因此对它们之间的横向整合和协调以实现出类拔萃的业绩也是挑战性的任务，这是业务战略成功实施的核心。可见，运营系统的构建和协调对于战略实施的成功非常关键。

运营系统主要包括：企业组织结构的设计、重组和运行；生产制造、品质管控、物流、市场营销以及客户关系管理等基本价值活动的运行和协调；产品研发、供应链管理、资金运作以及投融资管理、行政后勤等辅助价值活动的运行和协调；各运营子系统的具体行动计划的实施、领导、跟进、评估、调适；各运营子系统内部及相互之间的作业与协作流程；运营系统与战略系统和人员系统的联系和协同。

三、人员系统：行动由人来实现

CEO 的领导力和合适的、受到良好激励的管理人员和员工是战略实施的重要影响因素。博西迪和查兰[217]特别重视领导层的培养和作用，认为人员流程应该为公司提供完善的领导层培养渠道；妥善处理那些表现不佳的人；将人力资源管理与实际效益结合在一起。至少完成三方面任务：对个人进行深入而准确的评估；为了在整个组织范围内更好地实施战略，为培养新的领导层提供指导性框架；填充领导输送管道。

赫比尼亚克[220]则强调激励和控制的重要性。他指出，战略、目标、结构、协调机制并不能确保组织中的个体使自己的目标和组织目标相适应。规划的决策和行动计划会因为负责执行的个体缺乏承诺而夭折。业绩反馈是必要的，这样组织可以评估在战略实施过程中正确的事情是否真正完成。在长期的组织变革和组织适应中，反馈尤其重要。激励驱动绩效表现，控制对是否取得期望的业绩目标进行反馈。当期望目标没有达到时，控制允许对包括激励在内的执行要素进行修正。实施成功时，激励必须强化"做正确的事"。控制必须及时提供、有效反馈组织业绩，以便在实施中进行变革和组织适应。

高层管理者的领导力和中低层经理的执行力是战略实施的重要保证。战略实施的人员系统主要解决以下问题：关键领导和关键经理人员的发掘、选择、培养、评估、分流和运行；整体人力资源的评估、规划、配置和运行；人力资源的持续改进；不合适人员的培训、转岗、退出；人员继任和人才梯队建设；骨干人才的获取、培养、保留、激励；人力资源与战略系统和运营系统的联系和协同。

第四节　战略实施的组织适应性

要使战略真正发挥作用还必须考虑战略实施的决策和行动发生的组织背景。[196]战略实施是一个导向组织学习的动态的、适应的过程。任何企业的战略实施必须在一定的组织背景和环境中进行。企业要获取持续竞争优势，需要在外部环境的变化中有效地实施战略。企业内部生态的多种因素通过影响战略实施的内核而对战略实施的过程和结果产生影响。战略实施内核的三大核心要素战略系统、运营系统、人员系统不可能在真空中运行，它们不仅自身需要保持内在一致，而且需要适应企业的内部生态和组织环境。组织背景包括四个主要因素：战略领导力、企业文化、变革管理、公司政治。这四个因素之间并非彼此独立。它们以多种形式相互关联、彼此影响。四个因素配合一致，战略实施的成功才可以预期。

一、战略领导力：执行是领导者重要的工作

根据 Hitt 等人[214]的定义，战略领导力是指预想、保持战略柔性并且授权他人以便必要时创造战略变革的能力。战略领导力对于战略实施的重要性近来得到高度重视。[220]作为战略领导者，高管必须引领企业制定使命和愿景，同时以目标为导向强化员工不断改进绩效，推动制订合适的战略行动计划并且确定如何实施，才能使企业赢得战略竞争力和超额回报。最为重要的是战略领导者如何营造整个组织实施战略的氛围以及员工对这种氛围如何反应。不同战略对战略领导者的知识、价值观、技能及个人特质等方面有不同的要求。战略要发挥出最大的功效，需要与领导者特质的匹配。高层领导在主导战略实施时需要注意避免一些问题：（1）无暇顾及，反应迟钝；（2）思想麻痹，应付了事；（3）不和谐的公司政治。

领导者总是喜欢自己制定战略，然后把执行落实的任务交给手下的经理们。因此很多人认为战略实施关键取决于中层。博西迪和查兰[217]提出："许多人认为执行是一种过于细节性的工作，企业领导者一般是不屑为之的。""执行应当是一名领导者最重要的工作。""组织的领导者必须是积极的执行者，他不应该把所有的执行工作都交给下属。""对于一个组织来说，要想建立一种执行文化，它的领导者必须全身心地投入到该公司的日常运营当中。"

赫比尼亚克[220]也同样强调高管人员对于战略实施的重要性："另一个问题是有些高层管理人员认为战略实施是在他们之下的事情，最好扔给低阶员工去做。他们觉得战略思考和规划才是高层管理人员的角色，而简单地完成高层管理人员的要求则是低阶普通员工的角色。聪明的规划者从事创新性的挑战性的工作、制定战略，不那么聪明的普通员工则只要简单地亦步亦趋去完成工作。执行比规划要求更少的能力和智力。这是对实施过程的贬低。"

战略领导者所面对的挑战就是要使组织成员和外部股东们面对变化能形成一致的承诺，保证战略以预期的方式实行。这就要求 CEO 有能力应对变

化、明确战略动向、构建新组织结构并且塑造企业文化。同时领导者还要善于不断发掘、招募和培养能完成企业战略任务、有潜力的执行经理人员，以使企业具有处理因频繁变化而产生的各种复杂衍生问题的能力。[223]亲自物色高管团队是 CEO 的主要工作。没有找到优秀的执行团队往往是战略失败的陷阱之一。战略领导力是成功执行战略的重要保障条件。普华永道的调查[205]显示，仅有 16% 的高管在战略或实施方面做得十分出色，两个方面做得都很好的只有 8%，至少在一个方面做得一般或糟糕的为 63%。

　　高层领导对于战略实施的意义体现在多个方面：(1)高层制定战略，对于战略的认知最深最准确。(2)高层拥有最高的权力和最多的资源。中层不具有相应的资源，在需要其他单位协作的方面会出现扯皮和不配合。(3)高层的身体力行对于公司上下具有示范意义和表率作用。(4)高层对战略实施的最终结果负责。(5)中层的执行需要高层的督导和管控。(6)高层能够对实施过程中出现的问题及时作出应对的决策。显然中层不具有这样的决策权。(7)高层领导只有亲自实施战略，才能对实际情况掌握最真实准确的信息，才能更好地激励奖惩，领导企业。(8)高层能够协调解决不同功能之间的冲突。(9)高层要宣传和推广组织文化，恰当地教育中层管理者以消除组织的障碍。

二、企业文化：应适应并服务于公司战略

　　沙因[200]认为，"战略是文化的一个组成部分"，因为关于企业的基本假设会限制战略选择，而且只有战略与基本假设相一致才会被实施。科特和赫斯克特[198]指出，企业战略所需要的信念和经营实践可能与这一公司的企业文化相吻合，也可能不相吻合。如果它们的确相互抵触，公司就难于成功地贯彻实施这一经营战略。他们经过 4 年研究发现：能够领先于其他企业而适应市场经营环境变化的企业文化对企业长期经营业绩有着重大的作用。企业文化影响事业单元之间、职能部门之间的相互沟通和协调。经理人员对战略的成功实施所具有的责任意识和主人翁意识会极大地促进战略结果的实现。

　　钱·金和勒妮·莫博涅[224]说，"对于既定的战略，公司需要营造一种忠诚和奉献的文化，从而激励员工对战略的内在精神，而非字面上的意思，加以执行。"如果经理人员拥有重视利益相关者、重视战略领导力和激发变革的共同价值观念，能够采取与外部环境相适宜的、与战略实施内核相匹配的行为方式，这样的企业文化就能够极大地促进战略实施的成功，使企业获取超过竞争

对手的长远业绩。

　　企业文化能够降低不同部门和员工之间沟通的成本，减少对员工监控的成本和讨价还价的成本，一定程度上解决委托代理问题，促进合作，降低消极政治的负面影响。加强企业文化建设，使企业使命、愿景、理念、目标得到员工的准确理解并行之有效，是企业战略实施成功的重要保证。领导者通常利用奖惩机制、薪酬体系、强调核心价值和竞争优势、传播关于核心价值的故事、改变组织结构等方法来改造和培养企业文化。通过企业文化的导向、激励和凝聚作用把员工统一到企业的战略目标上有利于战略实施。因此企业文化应适应并服务于公司战略。

　　旧的企业文化常常会阻碍和抵触新的战略实施。不合时宜的企业文化如果不能支持战略实践活动就必须变革。Mark Hurd 在上任 CEO 时为了实现惠普的新战略，就曾经重新引导惠普文化恢复"创新"之路。但由于企业文化的刚性和惯性，且具有一定的持续性，当公司战略要求企业文化与之相配合时，企业原有文化的变革会非常困难。

三、变革管理：实现战略的动态管理

　　变化在本质上是一种经常存在的推动力。[223]成功的企业不可能总在他们起初出发的方向上持续前进，需要在产品、市场或管理模式上持续创新。战略是在不断变化的内外部环境下实施的，环境变化的某些不可预测性会使企业的战略意图和战略行动之间产生不一致。因此战略实施过程中要求战略随环境的变化做出相应的调整和变革，即战略的动态管理。同时战略的实施也要求工作职责、组织结构、协调方式、人员、激励以及控制等方面的变革，这些变革对战略实施的成功起着关键作用。

　　科特[225]说，发动变革是领导行为的首要职能。但是人们通常会抵制变革，因此不参与到实施过程中来。他们很可能试图破坏变革而导致与战略实施相关的努力付诸东流。显然，有效地管理变革对于顺利达成战略目标尤其重要。赫比尼亚克[220]的调查研究表明，不能有效管理变革或克服变革中的内部阻力是战略实施的第一大障碍。

　　赫比尼亚克认为，变革的规模大小和实施的可用时间是战略变革的本质，而这两个问题还没有得到大家的充分重视。变革的内容显然会与组织面临的战略机会或威胁相互影响。变革过程中的资源配置和任务分解取决于战略机会或威胁的规模大小。面临的问题越大,变革的内容就越复杂,管理变革就越困难。与此同时,时间期限越紧,意味着更多的变革内容和关键因素必须立即同时考虑,增大了变革过程的复杂性,增加了实施变革的成本,降低了战略变革的成功率。此外,成功的变革管理还需要管理好企业文化及其变革,需要深刻理解组织中的权力和政治。

四、公司政治:政治能力是一项确定的管理资产

权力学派[93]认为,战略实现从政治的角度讲,一般是通过协商过程及类似方法一步一步达到目的。战略实施中的一些参与者可能怀有深思熟虑战略的意图,但结果却可能出乎组织意料之外,不能完全符合事先设想。因此战略作为一种整体和共享愿景的观念在政治环境下似乎是不可能的。在每一次战略实施过程中和战略实施后,各方的政治利益出现新的局面,相互作用的状态和关系进行了调整,其中最主要的就是所拥有资源的调整。由于在战略实施过程中各方所获得的实惠不同,因此表现出不同的参与姿态和努力程度,从而对战略实施的效果产生影响,进而影响最终的利益调整,也就是公司政治活动的最终产出和结果。

从规律来看,实施战略的过程甚至比制定战略的过程存在更多政治的影响。典型的,内部政治方面的考虑影响着谁的责任区域将被重组,谁向谁汇报,谁对下属单位有多大的权限,应当将什么样的个人放到重要的职位上并领导具有战略关键性的活动,哪个单元在预算上将会得到最大的增加。经理人员必须明白一个组织的权力机构如何起作用,谁在领导的等级上施加影响,哪些集体和个人是政治的积极分子,哪些是现状的维护者,谁将对工作有所帮助,谁在关键决策上不会掉链子,在某件事上政治风向是朝向哪个方向的? 当不得不做出重大决策时,战略实施者们需要获取联盟和其他管理者的支持,在决策时应该先咨询其他决策层成员的意见。要使组织中的各种力量支持一项战略的实施,负责战略实施的经理人员就必须对潜在的支持和反对的主要力量进行评估并与之打交道,要保证获取关键人物的支持。在必要的时候和场合,与重大的反对、抗拒力量进行合作或者使之保持中立,建立尽可能一致的共同意见。政治能力是一项确定的,甚至是必要的管理资产。

公司政治不仅影响战略的制定,也影响战略的实施。赫比尼亚克[220]提

出,对抗组织权力结构的做法显然是有效实施的主要障碍。调查表明,建立联盟和获取组织中有影响力的人的支持有助于战略实施。变革是每个战略的核心。如果战略制定和战略实施者之间产生了分歧,变革就会中止,战略执行就会遭受损失。分歧主要是由于战略制定根据信息来行动,而战略实施则根据影响力来行动。如果被政治驱动的人拥有影响战略实施者的权力或能力,他们就会尽力运用这些权力和能力。

金和莫博涅[224]指出执行蓝海战略存在四大障碍:第一个障碍是认知上的,要唤醒员工,让他们意识到战略转型的必要性。第二个障碍是资源有限。第三个障碍在于激励。最后一个障碍就是公司政治上的。"在我们公司中,你可能还没来得及站起来就被撂倒了"。他们提出蓝海战略的第五项原则:克服关键组织障碍,推动蓝海战略的落实。为有效地达到这个目标,必须采用"引爆点领导法",以快速克服这些障碍,并在低成本地突破现状,赢得员工的支持。

在跨越政治障碍方面,他们认为即使最聪明的人也常会被政治手段和阴谋诡计所吞噬。公司政治是企业和员工生活不可回避的现实。即使一个组织已经达到了执行战略的引爆点,仍然会有强大的既得利益者会抵制即将来临的变革。变革越有可能发生,这些来自组织内部和外部的反对者,为保护其地位和既得利益,反对得就会越猛烈。这种抵制会曲解、严重损害甚至颠覆战略实施的进程。为制服这些政治势力,引爆点领导者需要将精力放在三个具有影响力的因素上:发挥天使的力量,使魔鬼沉默,并为其管理团队找到一个谋士。天使是从战略转型获得最大利益的人,魔鬼就是从中失去最多的人。谋士是政治老手并在内部受人尊敬,他事先知道所有的地雷,包括谁会跟你斗争,谁又会支持你。

首先,管理团队需要一个谋士。多数领导者把精力集中于打造具备市场营销、运营操作、金融财务等专业技能的高层管理团队,而缺少对政治因素的考虑。然而,引爆点领导者还会安排一个其他领导人很少安排的角色:谋士。谋士能给领导者出谋划策,提供高质量的睿智的政治方略,预见到可能出现的政治障碍和陷阱并采取老到的对策。其次,应发挥天使的力量,让魔鬼沉默。争取最忠诚、最高级别、最广范围的支持,形成共同的认识,统一思想,一起并肩战斗。找出攻击的人和支持的人并重点对待,对中间状态的那些人可以少花精力,努力为处于两端的双方创造双赢的效果。掌握好时机,行动要快速,在战斗开始前就与天使们建立广泛的同盟,孤立敌对者。这样才能掌控战略实施的进程,不战而屈人之兵。

从本章的开篇案例可以看到,虽然唐骏为了实现"军乐团计划"进行了组织结构和人事调整,采取了一系列的政治手段,但是由于微软亚太区在消极政治方面积重难返,以及唐骏的政治能力修炼不到家,微软全球战略计划在中国的实施最终遭遇失败。

克里斯·奥拉姆[226]重点强调的"管理的阴谋论"其实就是政治手段的运用。他在访谈了全球116位顶级经理人,并结合咨询公司80位合伙人的经验后总结道:"CEO若想全身心地执行战略,最好要和直接执行团队中对自己深信不疑的那几个人密切合作。这几个同事或同谋的人数以三到四位为佳,其必须:坚信战略,力挺CEO;忠诚于CEO及公司;按照战略行动;愿意向怀疑者解释战略及其深层含义。"为了战略顺利实施,建立核心的亲信圈不仅必要,而且价值怎么高估都不过。CEO通常非常寂寞。这个亲信圈的几个人可以实事求是地向他反馈没有过滤、没有加工的信息,私下里能够直言不讳地提出反对意见,彼此心意相通,休戚与共,在形成共识后义无反顾地执行到底。除了组成小亲信圈外,对于反对新战略、对新战略持怀疑态度、不能坚决执行的人,则必须换人,而且有时候为了杀鸡儆猴,还要高调地清除这些人,以确保战略得以顺利实施。

政治技巧有助于减轻执行压力。在一次调查中,大约53％的被访者暗示公司政治增强了组织目标实现的可能性,约44％的人认为会使个人把注意力从组织目标分散开。麦克米伦和古斯对战略实施中的政治手段进行了总结:认识政治现实并把握它;认识到中间管理层的职责的重要性;学会使用传统的政治工具;控制联盟行为,把握好组织的联盟结构以削弱来自对立联盟的影响;采取直接行动反对对立联盟,构建一个先发制人的联盟或者试图改变对立联盟领导人在组织中的地位等。[93]

事实上,不管是蓝海战略还是红海战略,不管是深思熟虑的战略还是应急学习的战略,在战略实现的过程中都自然地存在政治的问题。由于消极政治的原因而产生战略执行的障碍,而消除这些障碍又需要运用政治的手段。由于多数的战略总是对环境的适应和对公司策略的动态调整,因此战略实施中不断出现的政治、权力障碍,对管理者来说就是一个不可回避的问题。为了使战略顺利实施,运用政治能力成为一项必要的管理活动。

(一)内部边界为公司政治埋下种子

战略实施强调整体性,强调内在一致性和外部适应性。尤其在事关全员、

历时漫长的背景下,必须依赖于组织内部各个组成部分的相互有机配合。特别在环境动荡不息的时代,需要企业内部价值链的各个环节动态协同,而不仅仅是静态的组合。战略追求的整体和全局最优,需要相互协助,而不是局部最优和各自为政。战略实施是对于战略定位、战略意图、战略思想的逻辑分解和逻辑延伸,是对于企业经营管理各个职能的有机整合。而客观实际上的组织内部各职能,相互之间职责不同、边界清晰,因此,跨职能的协同就变得尤其重要。各个内部构成之间不可避免地会形成各自关注的重点和本位利益,这种本位利益使各个构成之间以及局部与企业整体利益之间会产生矛盾和冲突。这种边界的存在和利益的差异为公司政治埋下了种子。

(二)战略调整的不确定性为公司政治创造机会

因为战略实施过程中的人是充满了个人利益和个人目的的人,不是执行战略的机器人,因此战略的曲解需要引起重视。由于受信息、决策时限、认知能力、个人经验和判断力等方面的限制,在战略制定时对于未来的预判未必很准确,在实施过程中受环境变化影响,内部情况也会发生各种变化,局面日益复杂,幻想战略制定一劳永逸是极其不现实的。所以战略必须在实施过程中不断调整,在企业经营发展的过程中,必须坚持的、可以事先设定的只有主营业务、远期目标、核心经营理念、企业使命等,想要设定太多的设想越来越不现实。事实上,战略实施就是一个不断发现问题、不断解决问题的过程。由于这种客观实际,参与战略实施的各方势力弱肉强食的自然生存法则显得尤其见效。这种不确定性也给公司政治提供了温床和土壤。

(三)领导者政治能力可以发挥重要作用

高层领导是企业战略的制定者和决策者,掌握的信息最多,宏观把控的能力最强,对战略的理解最准,对组织的情况最熟,对企业经营的体会最深。他们在战略实施中的重要性不言而喻。在领导者的各种能力之中,协调、平衡各方的政治能力最为关键。资源的配置、组织机构的调整、企业文化的建设、重要信息的沟通、核心人员的任免、内控机制的设计、激励奖惩的权力运用等等,都需要领导者高超的政治艺术。

新的战略行动不会自行发起,管理者不能天真地期望公司内部上下自动配合战略的执行。可能有些经理人员和员工对于战略的价值存在怀疑,甚至认为与组织的最佳利益是相悖的,认为新战略不可能成功;有人会认为新战略会威胁到自己的职业;不同的员工对战略会进行不同的解读,对于战略实施后企业内部的各种异动也会有不同的设想和预估。长期存在的各种态度、既得利益、惯性力量和组织惯例会在战略实施过程中发挥作用。这样,必须运用熟练的政治能力将新战略令人信服地与人们充分沟通,还要克服大量的疑问和异见,确保获得共识、拥护和合作。最理想的状态就是领导者能唤起人们对于战略足够大的热情,将战略的实施过程演变成一场全公司的同心运动,这些都需要高超的政治能力。

(四)战略评估和战略控制也与公司政治相关

战略评估的四个标准是:(1)一致:如果组织内部出现冲突或部门之间存在争执,可能是管理失序,也可能是战略方案里出现了不一致的目标和政策。(2)协调:在评价战略时对外部环境和内部变化既要考察单个趋势,也要考察总体趋势。(3)可行:好的战略应该不会过度耗费可利用资源,也不会造成无法解决的派生问题。检验战略的可行性,要看依靠企业自身的人力、物力、财力等能否实施这个战略。财力既是首要的制约因素,也是比较容易考察和判断的因素。真正影响更大的、但却难以考察评估的是人员和组织能力。(4)优势:竞争优势在资源、技能、位置等三个方面体现优越性。资源的合理、科学配置以及好的位置优势等是需要重点评估的因素。

在这四个标准方面,公司政治都不可回避。在"一致"方面,必须看清楚组织内部的矛盾是来自政治原因,还是战略政策的前后矛盾,否则就会迷失方向。在"协调"方面,既然政治因素是战略制定和实施中的重要力量,在对影响战略的各种因素的综合评估中自然也逃不过政治因素的影响。在"可行"方面,政治因素本来就是组织因素和人的因素中的主要组成部分。在战略评估中,过去往往忽视和忽略对政治能力的评估。在"优势"方面,资源的配置同样不能忽视政治的作用。

信仰系统和禁区系统有助于战略控制。战略控制除了在安全经营、风险以及竞争力等控制指标方面进行预警的诊断型控制外,还需要建立信仰系统以使得员工行为得到正确的引导、与企业核心价值观相吻合,也需要明确禁区系统使得员工明白公司里绝对不可触碰的红线和高压线。这两个系统对于公司政治的规范都可以起到很好的作用。

第五节　整合模型：内在一致性和
组织适应性的动态协同

　　组织协同在企业管理中的重要性一直以来得到理论界和实务界的普遍认同。明茨伯格[69]认为，有效组织应"实现内在特征的一致性、工作流程的协调性以及与外部环境的适应性。"企业是为实现共同目标而由相互联系相互作用的若干要素组成的有机协作系统，同时在与环境的相互影响中取得动态平衡并且不断演化。企业管理不能只侧重其中的某一个方面，如战略设计、生产运行、研发、营销、财务或者人力资源等等，而必须注重各要素和各子系统之间统一在共同目标之下的组织协同。成功的企业，在外部必须同其所处环境一体化，其内部之间也必须是一体化的，行动必须步调一致。[19,32,225]

　　汉迪[118]指出，现代社会的普遍不确定性以及快速变化已经成为企业组织赖以生存的环境的基本特征，企业必须发展一套共同的沟通方式、基本行为规则和衡量标准，而且在组织内建立起相互依存关系。在竞争加剧、变化加速、复杂性加大的超竞争时代，企业的成功越来越依赖于组织整体，而不是仅靠某个或某几个方面的运作。成功的难度越来越大，侥幸成功的机遇越来越小。只有组织目标一致、组织功能强大、各个组织部分良性互动、各项组织活动相互协调、组织体系协同运转，组织才具备旺盛的生命力。由于各个组织要素相互之间广泛存在的依赖性和关联性，组织内部的结构失衡和运作失调对组织机体都会造成损害。

　　战略管理建立在对企业整体和全局把握的基础之上。纽曼和萨默[227]认为，战略的一个极为重要的方面就是把企业中多方面的活动努力配合在一起，而组织的协同行为是实现这种目的的有力手段。波特[213]指出，企业战略不仅仅是追求最好的管理实践，还包括构建一个必须高度集成的价值链，使公司能够提供独特的价值。当公司的各项活动彼此匹配，形成一个自我加强的系统时，任何想进行模仿的公司必须复制整个系统。组织因而得以维持持续运作竞争优势。战略涉及对相互联系的整个价值链进行决策，公司的所有活动必须彼此加强。适配性不仅加强了竞争优势，同时使战略很难被别人模仿，而且还决定了战略实施的效果。卡普兰和诺顿说，组织协同可以清除组织内部战略实施的障碍,并在组织内部创造跨业务和跨部门的战略协同效应,营造竞争优势。[228]正如 Collis 和 Montgomery[229]所言:"一个优秀的企业战略不是随意地将组织中独立的部分拼接在一起,而是精心地将这些独立的部分组成互相依赖的一个系统。在一个伟大的战略中,所有的要素(资源、业务和组织)是互相协同的。"

波特[213]指出,战略就是在公司经营活动中创造适应性。一个战略的成功取决于做好很多事情并保持一致性。在战略实施的不同阶段,实现战略规划中的一系列计划活动的内在一致性才能够带来竞争优势和持续能力。卡普兰和诺顿[228]经过对数以千计的战略执行明星企业的研究发现,成功执行战略需要四种要素之间的协同:战略、组织、员工、管理系统,而强有力的领导是成功的基础。每一种组织协同的因素都是成功的必要条件,但不是充分条件。只有组织整体的整合才是最终的成功。

战略实施是一项庞大的系统工程。战略的有效实施需要战略系统、运营系统、人员系统等三大要素系统内在一致性和战略领导力、企业文化、变革管理、公司政治等四个组织背景因素组织适应性的契合和统一。这种契合和统一是一个企业的组织能力的动态协同。动态协同说明这种契合不只是某个时间段的静态的状态,而且在战略实施的过程中也要处于组织能力协同的状态。三大要素系统的内在一致性和四个组织背景因素的组织适应性是一个统一的相互作用的整体,它们相互作用的系统运行效果最终形成战略实施的结果。战略实施的内核在组织背景因素的影响下运行的整合模型如图 6-1。

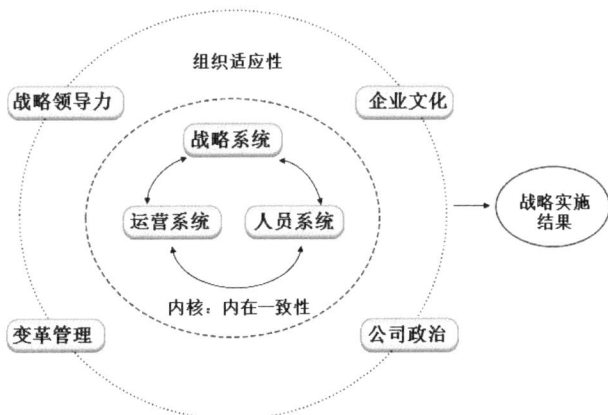

图 6-1　基于组织协同的战略实施整合模型

　　战略实施的整合模型关键在于整合必须以战略为中心。一旦战略被明确界定了,就可以通过对战略实施全流程的有效管理来实现战略实施内核的协同及其与四个组织背景因素的整体协同。然而在竞争环境瞬息万变的状况下,战略实施要素及其相互作用的复杂性,系统运行过程的不确定性,造成内在一致性和组织适应性的协同相当困难,难以形成协同的动态能力。这也许是大多数战略不能得到有效实施的现实原因。

　　有人[205]把这种组织能力的动态协同称为"连贯性"。他们认为企业的价值主张、独特的能力体系、产品和服务组合这三大战略要素的统一就实现了连贯性。正是这种连贯性,能够跨越战略与实施之间的鸿沟,是实现长盛不衰最关键的因素。无连贯性的企业难以获得持续的成功。

　　随着行业、竞争对手、政策法规、宏观环境、技术、客户以及员工等因素的不断变化,战略和战略的执行措施也必须做相应的变化。一个原先上下协同一致的企业可能在转瞬之间变得不再协调。根据耗散结构理论,为了保持系统的协调和一致,必须不断地向系统内注入新的能量。因此战略实施的实践不仅要保持内核要素和组织背景因素的良好适应性,而且要在实践的过程中动态调整,保持良性的开放适应状态,达到组织能力的动态协同,这样才能打造实践性和实效性都很强的"企业战略实践力"。

第七章　公司政治与人力资源

实例 >>>>

考验 HR 政治能力的时候到了

业务经理：快被上司整疯了

梅英是一家大型企业在广州分公司的中层经理，该企业业务多元化，设有北京、上海、广州、成都四个分公司，分别负责各区域的业务。梅英在广州分公司担任其中一个业务模块的经理已经三年。她今年 30 岁，毕业于国内 985 名校，有不错的专业能力，人际交往能力和沟通能力尤其突出，很想在公司干一番事业；已婚，家庭幸福，有一个 5 岁的儿子，目前又怀了第二胎，丈夫性格特别好，对她很体贴照顾，对她的工作也很支持。在外人看来，梅英的生活过得有滋有味，工作也让人羡慕，应该是每天都偷着乐的吧。可是，不为人知的是，梅英最近有点烦，而且已经烦了一段时间了，差不多有一年，近来更是越来越无法忍受下去了！甚至已经到了想要辞职走人的地步！

原来她的顶头上司吴总监不喜欢她，不仅不喜欢，而且还故意整她。他们所在的业务模块体量相对比较小，公司高层不是很重视，领导的关注度也不是特别高，基本属于维持状态，当然如果他们能够把业务做大对领导来说也是乐观其成的好事。不过短期内看起来公司不会投入更多的资源。这位上司也是和梅英差不多同时提拔起来做经理的，后来才被提拔到总监的位子，成为她的上级。

梅英逐渐发现，吴总监把业务都分给了其他同事，没有分给她，这在他们行业是很痛苦的事情，没有业务怎么活啊？如果只在办公室做研究分析写报告，抛开写报告不是她的长项不说，这样对她以后的晋升也非常不利。

这就不得不逼得梅英自己出去外面找业务。 可是现在开拓业务谈何容易，
虽然梅英在广州也算有不错的人脉了，但是一年下来，拉来的业务量也不过
一百来万元，这对于一个经理而言显然是不够的。

梅英性格好，平时和同事们相处不错，在公司里也有几个关系铁的闺
蜜。 她不喜欢钩心斗角，因为她认为那样活着真是太累了。 她做事干脆、
泼辣，也不愿被人欺负。 虽然她是个忍耐力很强的人，但欺人太甚的话，
她也不是可以随意捏来捏去的软柿子。

梅英感到压力很大，偏偏上司还总是找茬。 部门一起出去吃饭的时
候，吴总监经常把她"忘"了。 有的时候刚好是她没空或者不在的时候。
这让梅英和同事们的距离也越来越远。 她有时候感觉越来越难以融入这个
集体，工作上和大家的交集也越来越少，毕竟工作安排的权力在上司手上。
虽然她是经理，但是手上其实没有什么下属，也就是一个光杆经理。 按公
司规定应该给她配几个下属的，但是她向吴总监提了几次也没有效果。 她
还听到一些风言风语，说总公司的领导不喜欢她，因为她业务能力不行个性
还很强。

梅英也思考过为什么吴总监要这样对她。 她觉得最主要的可能是怕她
业务做大了会有一天取代他。 吴总监每次考核都给她低分。 她现在只想一
门心思离开，再也干不下去了。 再这么下去，真的快要疯了！

她偶尔听说吴总监有一些严重违反公司规定的行为，而且在工作上有些
重大失误。 如果是真的，吴总监很可能会被公司开除。 到底该怎么办呢？
走，还是不走？

业务总监：不能让人对我构成威胁

吴鹏是梅英的上司。 他比梅英早进公司一年，虽然晋升比她快一点，
但是两个人似乎总有点暗中较劲的样子。 吴鹏是个很强势的人，他对自己
的职业发展有清晰的规划，他相信自己可以在公司里不断成长，当然不愿意
输在和梅英的竞争上，幸好上次公司晋升的时候选择了他。

他听到总部有一些对他不好的议论和评价。 有人说他过于激进，在开
发客户的时候风险管控意识不强，有一次差点惹出大事。 现在市场竞争激
烈，如果完全按照公司规定，那业绩指标怎么完成？ 他会以业绩优先，风
险是动态的，他不做别人也会做，先抢到自己手中再说。 最近有件事也让
他烦恼，有个下属经理对政策解读不对，在一个业务单子的处理上出现重大

错误，他自己当时太忙了，也没有对政策认真研究，这件事已经快瞒不住了，他正在焦虑该如何向公司交代。

梅英以前和他抢过客户，虽然不是明面上的，但他心里一直觉得不太舒服。而公司领导对梅英的印象似乎还不错，她在领导面前总是表现很积极的样子。梅英是接任他的强劲人选。如果把梅英挤走，公司可能会顾忌没有合适的人接他的位置而对他的工作失误网开一面，不至于让他走人。

现在他几乎不给梅英任何支持，而且在几次部门会议上公开批评她，她的业务达不到经理的业绩要求，而且业务报告被他挑了很多毛病，他狠狠地借机发挥了一下，有一次梅英差点当场就掉眼泪了。同事们都知道他不喜欢梅英，就不敢和她走得近。他还暗示几个和他走得近的下属在公司放风，讲梅英的一些坏话。有机会和领导在一起的时候，他也特别重点提到梅英的表现很不好，工作积极性和业绩都很差，和同事的关系也不融洽，没有团队精神。他还单独找梅英谈，直接告诉他再不做出业绩就让她走人，还特意带着羞辱的口气强调，做经理这么久了表现根本就不合格，能力太差不适合做这个行业。他给梅英的绩效考评都是不合格，还专门找人资经理投诉，让人资部启动对梅英的劝退评估。

人资经理：借我借我一双慧眼吧

林晴是这家公司的人资经理。她硕士一毕业就进了现在这家公司，做人力资源已经 5 年了。原来的经理今年离开了，她就接手了人资经理的工作。

刚做了 2 个月，感觉不太顺。原来只是处理某个模块的工作，相对比较单纯。但最近遇到一些棘手的事，让她不知道怎么办。她是个很单纯的人，虽然工作几年了，但是只是一门心思做事，按照公司要求和领导安排把本职工作做好。她的工作投入度很高，加班加点从无怨言。领导和同事们都喜欢她开朗活泼的性格，有人调侃说她没心没肺。她特别不喜欢复杂的人际关系，从无害人之心，也希望别人这样对她。

梅英找她聊过，说做得不开心，吴鹏有点针对她，想离职。吴鹏也找她谈，要人资评估梅英是否还适合做这个工作，他建议另外提拔一个晋升经理。她听了两人的描述，不知道该相信谁。梅英今年的业绩确实不好，但是她一个人确实也不好开展业务，以前的绩效还是不错的。而且梅英在公司这么多年，过去大家对她的评价都不错。公司培养一个业务经理不容易，真的离职了很可惜，而且目前只有梅英一个业务经理。 公司这几年业务发展很快，管理有些跟不上。 文化建设方面更是几乎空白，内部培训也没怎么开展。 大家都忙于开拓业务做业绩，领导也不太重视人力资源的工作。

吴鹏的强势在公司是出了名的，他的业绩也是响当当的。 自从升为总监后，更是受领导器重。 虽然他做事有点冲，也有员工议论他做业务有些出格。 不过上次公司对他的评价结果还是优。 林晴也觉得吴鹏的业务能力很强，其他下属对他的评价也很高。

林晴有点纠结，她希望吴鹏和梅英能够互相理解，和谐相处，她不知道怎么化解他们之间的矛盾，也不知道下一步该怎么办。

曾担任阿里巴巴首席人力官的邓康明说："HR要做的，就两件事，怎么分配利益，怎么决定权力。"这是对人力资源管理的透彻理解和极致要求。利益和权力的工作不仅是人力资源要做的，更是公司最高领导和管理层要着重考虑的。

人力资源部门是管理公司政治活动的归口职能部门。Conner[35]研究认为，人力资源管理人员负责制定公司政治管理的政策，帮助实施，并为遭遇政治问题的员工提供帮助。很明显，他们所说的是消极的公司政治行为。人力资源管理只有在充分了解员工各种积极与消极的思想动态和行为表现的前提下，才能调动员工的工作积极性；也只有在处理好员工之间或团队之间的良性与不良冲突以及因此引起的不良情绪之后，才能使组织效率趋向所需的目标指向。人力资源管理者要练就明辨非法小动作的火眼金睛，要建立能够发现这些信息的有效网络。人力资源管理者要成为公司政治网络中的参与者和感知者、监控者，而不是局外人或旁观者。就如这个案例，梅英、吴鹏和林晴的政治动机各不相同，吴鹏采取了很多消极政治的手段，如果人资经理没有足够的政治能力，是很难处理好的。

科特[17]认为强大的、称职的人力资源部对解决领导者的权力和影响力问题大有帮助。首先招聘和选拔有政治能力的优秀人才；接下来帮助他们适应企业内部复杂的多样化和相互依赖的环境；然后帮助他们建立权力基础，培养领导特质，确保他们从事与自己能力相匹配的工作。因此，人力资源部的管理人员既不能天真，也不能世故。

核心是，人力资源管理者要修炼公司政治能力，设计好公司中利益和权力相关的机制,引导公司中的利益格局和权力格局有利于企业的长远发展,包括从公司政治层面考虑的薪酬福利、短期长期激励、绩效考核、员工关系,以及员工对于权力的正确认识、政治能力和领导力的培养与评价、组织中权力的结构、平衡、控制等。

第一节　结构与规划

很多企业在人力资源管理方面存在的问题起因都可以归根于人力资源规划没有做好。优秀的企业是少数,大多数企业和少数优秀企业在人力资源管理方面的差距体现在人力资源的各个环节,其中人力资源规划是最根本的。招不到合适的员工,追根究底是由于没有人力资源规划或者人力资源规划只是做做样子的。培训工作难以开展,也是因为没有规划,不知从何着手。对于很多中小企业来说,薪资、招聘、培训、绩效、员工关系,这些具体的工作都会做,但是规划不一定做;具体工作不得不做,但是规划似乎可做可不做。做规划,不仅需要人力资源主管的能力,还需要投入更多的人力、财力、精力,更需要领导和其他部门主管的认可、支持和配合,这些都可能成为没有做规划的障碍。尤其重要的是,人力资源规划还是做好公司政治管理的基础,是利益和权力的管理源头。

在外部环境、人才状况和竞争关系如此快速变化的时代,有必要至少每年对公司的组织架构和人力编制进行检讨,重新审视是否适应公司发展需要、是否适应外部情况变化,将人力资源规划与公司业态紧密结合起来。变化快的行业应该更频繁地重新审视企业的人力资源规划。组织架构和人力编制的重新检讨和调整,也是企业变革的重要内容。

一、组织结构的设计与调整,也是利益和权力的调整

工作分析、工作评价和职位分析是组织结构设计与人力资源管理的基础,也是公司政治管理的基础。工作分析的主要内容是进行工作描述和制定工作说明书,主要包括对工作活动、职责和程序、工作环境、工作报酬、工作人际关系、工作权限、绩效标准、企业文化要求以及从事该工作所需要的知识、经验、

能力和技能要求的描述。工作分析所需要的数据包括工作任务、绩效管理、责任、所需知识、技能、经验、工作背景等。工作分析对企业里的利益和权力做了基础性的界定。工作报酬与工作的价值和重要性紧密相关,知识、技能要求高、工作贡献度大的薪资更高。职位的晋升、工作调动、人员淘汰也需要以工作分析为基础。工作职责和流程以及上下左右关系也明确了工作的权力及其关系。工作说明书越详细清晰准确,在招聘、培训、任用、考核等方面的模糊空间越小,权力的博弈和寻租空间也就越小。

根据工作分析的结果,需要进一步开展工作评价,对工作的性质、强度、责任、重要性及所需资格条件等关键因素的程度差异进行综合对比评价,确定职位等级,建立职位管理机制,设计薪酬体系。工作评价的结果可用于薪酬设计、奖金分配、人员晋升、职业生涯发展和人员开发等,与员工的利益息息相关。企业通过科学公正的工作评价,可以减少由于公司政治、员工压力、人际关系、机会、组织习惯等导致的薪资不公平现象,建立基于价值创造、贡献和合理分配的薪资支付结构。

在工作分析和工作评价过程中,通常会遇到各种阻力。这些阻力很多与公司政治因素有关。比如有些领导和主管会担心失去权力或权力削弱,有些员工担心自己的工作会被裁减或重要性降低而被降级降薪。此外,人力资源部门在企业中的地位高低和权力大小也会影响工作的开展。有时候在工作分析实践中还会出现员工恐惧的问题。员工由于害怕工作分析会对其已经熟悉的工作带来变化或者引起自身利益的损失而采取不合作或敌视的态度。员工恐惧的深层次原因在于个人利益,包括担心工作内容调整、薪资减少、工作权力缩小,甚至被辞退。

组织结构的设计与公司政治直接相关。在严谨的科层制结构中,每个员工只有一个上司,员工的考核主要由上司说了算,这样员工可能会花比较多的心思和精力来讨好上司,从而出现消极政治行为。上司也可能利用手中的考评权来寻租或制约下属,产生某些不公平的行为。因此跨部门的矩阵组织结构能够在一定程度上抑制这些现象。比如IBM曾经按照地域划分区域,又按产品体系划分服务器、软件等事业部,同时还按照银行、电信等行业划分,也有销售、渠道、支持等职能划分,这样形成一个多维的立体矩阵结构。处在这个结构中的员工个人可能不止一个上司,需要很好很多的沟通协调,员工的业绩表现由不同的上司一起评估,不再是哪一个人说了算。这样员工就会更加用心在工作上,而不是去讨好某一个上司。但是矩阵结构也存在其他的问题。

不同的组织结构各有利弊。

结构调整在企业内部不是一件轻松的事,实质是变革。操作不当,往往大伤元气,如果调整不顺再反复折腾,甚至很可能造成企业一蹶不振。高明的企业会有高明的做法。华为1996年市场部集体大辞职,也是一次公司政治事件。任正非以一篇"目前形势和我们的任务"的演讲为事件奠定基调,指明方向。所有市场部的正职干部都要同时提交两份报告:一份是1995年工作述职报告,一份是辞职报告。此后整训工作会议持续了一个月,然后再通过竞聘上岗答辩,重新选拔任用。华为内部对此事件给予高度评价,认为开创了华为"干部能上能下"的先河,实现了转型时期的新老交替,特别是奠定了华为新陈代谢的文化基础,为华为今后的持续变革立下标杆。

今天回过头来看,市场部是华为的核心部门,这些干部都是从战场上拼杀出来的,立下了汗马功劳,业绩和能力都很突出。市场是最好的考评者。难道坐在办公室里面的竞聘考评比市场实战更有效吗?经过了市场检验的战将难道不是最优秀的吗?问题的关键在于通过这次运动,市场部的这些战将的功臣心态会消除掉,让大家不敢居功自傲。大战归来,权力一瞬间就可以消失于无形,没有谁能够躺在过去的功劳簿上过安稳日子,没有既得利益的沉淀。可能有不少人未必是自愿交权的,但是在这种运动的模式下,大家知道胳膊拧不过大腿,这是任正非的高明之处。如果采取温情脉脉、以人为本的参与管理模式,让大家放开讨论,广泛征求意见,逐个做思想工作,这个事情就不可能办好。

2007年底在《劳动合同法》实施前夕华为推出的7000人集体辞职事件,也有异曲同工之妙。包括任正非在内的所有工作满8年的员工都要在2008年元旦之前主动辞职,再与公司签订1~3年的劳动合同,工号归零重排,自愿离职者可获得N+1的补偿。此事曾引起轩然大波,后来华为做出调整:员工可以退出N+1补偿,领回原来的工卡,使用原来的工号。但是事实上,最终并没有任何员工反悔。任正非也提出退休申请并得到董事会批准,但董事会又返聘他为公司CEO,另有93名各级主管自愿降职降薪聘用。总计6581人重新签约,38人自愿退休,52人自愿离职,16人因绩效及胜任原因离职,公司付出10亿元。这是华为再次采取运动方式激活员工激情、保持企业活力的成功公司政治举措,这一举措直接改变了大多数干部和老员工的利益,包括待遇、职位等,消解了华为的工号文化。过去工号早的员工意味着资历老、地位高、股票多,就是订机票时也会得到服务人员的另眼相看,员工凭工号判断邮件的重要性。少数老员工因获得较多的物质积累而少了进取之心，华为通过买断归零的方式使大家重新站在同一起跑线。

二、战略性配置人力资源，牢记帕卡德定律

宝洁前 CEO 雷富礼（2000—2009 年第一次任期，2013—2015 年再任）在谈到如何平衡企业的现在和未来时强调要做到三个关键点：确定切合实际的增长目标；设立灵活的预算编制体制；以战略性眼光配置人力资源。人力资源的配置不仅需要立足于已经了解的情况，还要着眼于目前尚不存在但未来会进入的业务。干部是企业执行力的骨架和树干，高层的决策和企业战略都需要这些骨架和树干来传递和落地。为企业的未来培养人才是 CEO 的主要职责，必须亲力亲为。雷富礼认识宝洁公司最优秀的 500 名员工，并且亲自参与其中 150 人的职业发展规划，还至少每年一次审查他们的工作计划，评估他们的优势和不足，并让他们在公司董事会、午餐会和其他重大场合出头露面。

只要有可能，企业就应制订 3～5 年的人力资源规划，包括人力资源发展目标、策略，人力发展需求和配置计划，组织发展与人员培训计划，薪资发展计划及薪资策略等。有些规模比较小的企业或者领导不太重视人力资源的企业，实在不会制定人力资源规划，HR 部门就必须练就一身灵活应变的高超本领，在企业发展突然加快或者企业突然衰落的时候才能够应付得了新的形势。

有些中小企业突然要求 HR 部门短时间内招聘数十倍于平常招聘量的员工，而且薪资待遇、食宿条件、工作环境等缺乏竞争力和吸引力。这种临时突击招募大量员工的窘况，受到太多条件的制约。企业必须承受不能提前做好战略规划的代价。通常的解决办法要么在资源上超常规投入，要么就是提前做好规划，包括业务发展的规划和人力资源规划，未来 3 年公司业务将如何发展，需要配置什么样的人力、资金、技术等资源。提早做好人员配置的准备，同时需要付出一定的人力储备的成本。这就是战略性配置人力资源的意义和价值，也是人力资源规划的意义和价值。如同"帕卡德定律"所指出的，一家公司收入增长的速度，不能超过人才增长的速度，否则不仅无法成为卓越的公司，还会走向衰落。

三、提高政治意识,防范规划失真

由上可见,人力资源规划是战略性配置人力资源的工具。通过有统筹设计的规划,可以从公司全局梳理目前的人力资源现状,包括员工队伍的数量、质量、结构、能岗匹配、人才梯队、缺编与冗余、人力成本等多个方面;更重要的是可以以企业战略为指引,重新全面设计人力资源布局。在这个梳理现状和布局未来的过程中,利益和权力问题是重点。规划对企业中的组织、团体、个人利益需求和利益关系,权力位置、权力范围、权力基础和权力关系进行了界定。由于利益和权力在其中千丝万缕的关系,规划工作中的公司政治不可避免。关键是如何化解消极政治,实践积极政治。处理不好,人力资源规划就可能演变成一个各方势力提前争斗的场所。

在现有人力资源状况的梳理中,对员工的评估非常重要,要能够比较真实地反映出每个员工特别是核心关键员工在公司的价值。但是由于公司政治的存在,人力评估这一工作难以做到绝对客观。因为利益格局或者关系格局的影响,能力和业绩一般的员工有可能被评估为优良,导致绩差品劣的人员不能淘汰,潜力平平的员工得以重用;能力和业绩突出的员工有可能被打压,因而丧失培养和晋升的机会,从而造成人力现状评估的失真。公司领导应该努力提升自己的政治能力,站在积极政治的高度,使人力评估最大限度地接近真实状况。

在未来的人力布局中,公司政治的行为一般更激烈。其中人力成本预算、编制、人员任用与培养、后备人选等是重点关注区。在这个政治过程中,参与动机的主管比中立动机或排斥动机的主管拥有明显优势,政治能力强的主管往往占得较大好处。政治能力弱的主管不仅不能保护下属的应得利益,还常常被政治能力强的主管欺负或占便宜,从而逐步丧失自己对下属的领导力。

某企业的技术研发总监是典型的技术人才,其政治动机属于排斥动机,他对各种政治行为非常讨厌,也没有兴趣了解公司政治,因此在讨论编制的时候,对于研发团队的人才结构、人员层次、人员数量以及人力成本等都本着相信公司领导的想法,没有把部门的现实困难和实际人力需求充分表达出来,没有积极争取更多的资深研发人员编制,在人员到岗时间上也没有按预期提前,尤其在其他部门主管对其建议提出反驳的时候,内心里懒得和别人争执,最后通过的编制和人员需求其实是不能满足未来发展需要的,以至于后来随着研发项目的快速进展，其部门的工作跟不上整个项目的进度，甚至严重影响了项目计划的开展，致使项目交期一延再延，给公司带来很大损失。也有些公司的销售、研发等关键部门，由于部门主管老谋深算，善于运用政治手段，为自己部门争取到了更多的编制和更多优秀的人才，或者在企业缩编的时候为部门保留了更多的人手。这样有时候会促进工作的开展，有时候也会造成人力的冗余。

第二节　招聘与任用

招聘是人力资源管理中极其重要的工作。其重要性意味着企业领导必须亲自参与重要岗位的招聘，包括招聘计划、面试、录用、试用考核等各个环节。企业领导必须有清晰的招聘理念，而且能够洞察招聘人才的核心目标。招聘中最核心的就是要招到合适的人，所谓合适的人就是要符合公司文化、具备任职能力。简单地说，就是要看是否具备胜任素质。每个岗位都有其最核心的胜任素质。到底是看能力、看知识，还是看态度、看业绩，有时关注点太多，反而会有点雾里看花。虽然要考察的因素很多，但是不能忘记的核心是候选人是否具备岗位所需的胜任素质。每个人因不同的核心胜任素质而区分，每个岗位也都有带着企业文化、战略需求、岗位职责烙印的核心胜任素质要求。招聘的任务就是要使两者最大限度地重合。很多企业招聘时由于缺乏规划，临到用人时才急着找人，面试时也无法严格按要求考察，待遇也没有竞争力，最后找到的人往往勉强接受，双方的"心"没有靠到一起，这其实并不是最合适的人选，给后续工作带来诸多问题。

招聘与任用的核心是适应企业战略需要来实现人力资源的配置。招聘工作应该聚焦于人力资源的战略性配置。考核招聘工作的绩效时，应该明确把握住这个目标。常见的企业KPI过于强调具体数字，比如招聘完成率、平均到岗时间、转正通过率、人均招聘成本等，往往失之于散乱，一叶障目，而使人力资源工作者忽略了招聘工作的核心任务。人员招聘到岗了，不等于招到适合的人才。这里面有人力资源部门和用人部门各自的原因，有些是公司政治的原因。有时候为了完成招聘任务，对于不是合适的候选人降低标准、勉强通过的情况在招聘工作中很常见。转正的考核也一样存在这种可能性。从招聘成本的考虑来看更是如此，为了节省成本，缺少招聘渠道，人资部门没有更多更有效的人才信息来源，候选人的范围很局限，不能在更广泛的候选人资源库里挑选，不能运用先进的专业考察工具对人选进行专业的甄别，而是更多依赖于面试官的主观判断。人力资源负责人应该重点思考如何确保人力资源在数量、质量、文化方面如何适应公司战略需要，如何提升人力资源配置对于企业发展战略的支撑。

招聘时，待遇重要吗？尽管蒂尔[204]谈到招聘的时候，强调要找到由衷地喜欢共事的同事，有两个可能的好答案，一是以激动人心的使命来吸引，一是是否喜欢共事，他明确表示"不要打福利待遇之战"，意思是不要以高薪来招人。这种说法是建立在那些薪酬已经很高、已经不是问题的企业的前提下，对于国内的绝大多数企业而言，这是空中楼阁。

从公司政治的角度而言，这种说法似乎并不完整。共同的理想和相互看对眼固然重要，但福利待遇是双因素激励理论中的保健因素，在人的个人利益里面是最基本的利益。待遇福利必须达到与公司相称的一定水平，才可能使"第20个员工要加入你的公司"，否则空谈理想只是画饼难充饥。也许初创企业凭借强烈的创业意识和创业理想，创始团队可能不计待遇，但是后续要补充的员工对于物质的需求应该还是最基本的需求，尤其对于靠工资生存养家的普通员工。对于大多数的企业和大多数的员工来讲，员工们毕竟要生存，一定的物质保障还是一个很大的保健因素。在实际招聘中，很多公司常常打待遇牌，用高薪吸引人才。[230]这是现实，也会是中国未来相当长一段时间的常态。当然，蒂尔针对的主要是创业型公司，也有一定道理。或者也许有所保留，并没有全部说出真相也未可知。

外部招聘中存在一些公司政治问题，比如：老员工对于新进员工的接纳和帮助，是否会排斥、抵制、不配合，甚至设置障碍等；现有员工在心理上感到公司不给予他们机会而对公司失去信任感等等。积极政治心态的员工和领导会从正面引导老员工做新员工的师傅和伙伴，指引新员工熟悉公司环境、熟悉工作、融入公司，并将企业文化主动正面传承给新员工。而消极政治心态的老员工则会通过各种手段给新员工制造麻烦，带来压力，尤其是工作上存在竞争关系的时候。比如违反规定私下打听新员工薪资待遇、向新员工散播各种损害公司形象的不实流言、在新员工面前故意诋毁或捏造事实贬低他有意见的主管或公司领导、挑起新员工和与他有过节的其他员工之间的矛盾等等。也有一些新员工，尤其是刚毕业的大学生因为没有公司政治的意识，不小心踩到了公司政治的地雷,因而卷入内部政治的漩涡。这些都是新员工和人资部门以及公司领导要注意的问题。

刘强东在用人和权力制衡方面有独到的做法。京东在聘任、提拔或辞退员工时,必须由这个员工的直接上级和该直接上级的上级共同决定,人力资源部门一般不能拒绝,除非人资部门发现有不合规的地方。这既是对业务部门用人权的尊重,也是对业务主管和人资部门的权力制衡。此外,京东还规定引进的管理干部最多可以从原单位带两个下属过来,以避免在公司内部形成派系。

一、招聘计划:把好进人第一关

制订招聘计划,明确招聘需求和资格要求是招聘工作的第一步。有时候为了把有关系的人招进来,按照内定人选的情况设定招聘任职资格,或者随意调整任职资格;没有编制和需求规划的可以临时根据特定对象提出修改需求,而领导对此又无力辨别,人力资源部门的处境左右为难;用人单位的领导希望提拔自己属意的人选,但是人力资源部门认为不符合用人需求而建议从外部引进;或者人力资源部门从内部激励的角度建议内招而用人单位认为内部没有称职的人选而坚持外招。

因此,廖泉文[230]提到,"企业进行内部招聘时,常常反复研究,讲究人际关系的平衡。""企业领导常常任用和提拔身边熟悉的人,导致 B 级的人做 A 级的事。""关系网对招聘工作产生很大影响。现实中,内定或将招聘条件随意修改、度身设计的现象大量存在。于是,招聘工作失去了其应有的科学性、合理性、公平性和规范性。"

任职资格的设定是应对关系户的一个办法。有时候企业管理者不得不面对一些社会关系户推荐的人选,比如当地的政府官员、管理者的同学同乡、公司重要客户等,都是不好直接拒绝的对象。如果人选素质符合公司需求,当然乐得做顺水人情。问题是走后门托关系的往往都是不符合任职要求的人,这就让管理者很为难。有些企业就通过设定明确的任职资格来设一道挡箭牌,比如某岗位要求 985 高校毕业的硕士或者博士,某岗位要求在海外工作的经验,某岗位要求在某类企业某类岗位多少年的任职经历,外语水平要求六级,持有会计师、高级工程师等资格证书等等。

二、面试录用：不由一人说了算

　　面试评判的标准和人选选择的依据是什么？企业一般都有职位说明书，对每个职位的职责、任职资格以及工作条件等有详尽的描述。职位说明书是否合格，最基本的要求就是在招聘的时候是否能够直接用于发布招聘信息。比如用人部门提出机械结构设计工程师的招聘需求时，在人员增补申请单上就应该依照职位说明书中机械结构设计工程师的岗位职责、任职资格要求等直接引用，而不是部门主管或者部门主管交代一个下属随意根据个人的想法临时填写。但是现实操作中，还是有不少企业存在这种招聘需求与职位说明书无关的现象。

　　但是职位说明书编写得再完美，其中关于任职资格的描述也只是文字描述出来的一个人物素描，即使有一些量化的指标，也免不了会有定性的描述。不同的人对这些描述的理解会有差异，不同的主管对需要增补的职位也有不同的理解。在描述模糊和理解不一的情况下，公司政治就有发生的土壤。所以，面对多个应聘者，不同的面试官会有不同的喜好和选择。如果面试官存有私心，或者其中某个应聘者和他有关系，面试官很可能不顾公司利益，选择不是最合适的人选。还有的用人部门主管在选择关键岗位人选时存在武大郎心理，喜欢选择比自己能力差的人，以免被取代或竞争。

　　录用决定还有一个很重要的政治因素，就是"关系"。决定录用的面试官会把录用的人当作自己人，而被录用者也会在感情上认同最终决定录用他的面试官。这种关系在旧时科举制度里体现得最直接。主考官就是考生的恩师，金榜题名的考生就是主考官的门生。在政治上就被归为一路人。虽然现代企业中这种现象没有那么明显，但是企业主管如果持有这种心态，就会有意识地争取决策权，或者在最终录用时通过各种手段影响最终结果，而这种结果也许不是对企业最有利的。他所录用的人越多，他的势力范围就越大，权力基础越扎实，在企业中的政治能量就越大。有一次某企业缺岗招聘时，人力资源部推荐了多个优秀的人选，但是用人部门的主管却始终不满意，最后主管自己推荐了一个人选，人力资源部认为此人有明显的缺点、比他们之前推荐的人选差很多，但是主管却坚持要录用此人。后来大家才发现，此人是用人部门主管的亲戚。

　　录用决定中存在的消极政治行为会给企业带来损失。一般可以采取一些措施予以消解，甚至引导到积极的一面。比如认真制定有效、可用的职位说明书，对任职资格尽可能界定清晰，在录用决策时严格对照执行；在面试评估时，设计标准一致的结构化评估表单，不同的面试官都按照一个评价标准体系来评估候选人；对面试官进行实操培训，通过大量的案例和模拟招聘，让面试官熟悉评估工具和任职要求，增加评估的客观性，减少主观个人偏见；制定明确的面试录用流程，严格按流程执行，确保人力资源部门、用人部门以及领导层的多方把关，以免有人跨流程或变流程作业、从中作祟；委托第三方专业评估机构、招聘公司或猎头完成招聘任务，提出最终的录用建议人选，全过程屏蔽公司内部政治；将录用决策权分散，首先由人力资源部门把关，人选必须由人力资源部推荐，关键岗位由管理层集体讨论；核心人才和高级职位由总经理或董事长亲自面试决定，等等。对于确实因公司需要而不得不接收的关系户人选，推荐人应该明确向公司领导提出并在招聘表单中注明，把情况摆在桌面上，而不是私下运作，这样就是一个正常的管理问题，而不是变成一个公司政治问题。

为了尽可能减少面试中不专业考官带来的问题，减轻其他人为因素的影响，对面试官实行资格认证制度是一个不错的选择。人力资源部门和用人部门参与面试的人必须事先取得面试官资格认证，具体认证条件、流程和标准等以及需要组织的专业培训等，均需制订详细方案。华为就实行了这样的制度，而且每年对面试官进行资格年审。

三、薪资核定：权力让位于规则

一般而言，薪资由人力资源部门提出建议，由有权限的公司领导如总经理或董事长最终决定，一般不经过用人单位的主管。人资部门在核定薪资的时候可以征询用人部门主管的意见，主要是参考录用人员的胜任能力以及在部门团队中的对比参照。薪资核定有如下技巧：根据职位性质，设计相应的薪资标准（如销售、研发、生产、行政等各有不同）；多个候选人之间的对比参照；先了解候选人的意愿水平；与市场水平对接；与企业内部薪资水平匹配等。薪资待遇是影响员工工作表现、敬业度、忠诚度的第一因素。虽然上级主管、企业发展前景、企业文化、工作吸引力等等因素也很重要，但是在绝大多数情况下，薪资始终是第一位的。吸引人才或者保留人才，在薪资待遇上多做文章，一般错不到哪去。如果薪资待遇没有解决好，其他的办法想得再多，也可能是隔靴搔痒。如果一味强调文化,强调员工要奉献、忠诚,抱怨员工太看重物质、太看重眼前,而在薪资待遇上缺乏实质吸引力,结果可能适得其反,从而招致员工的反感。

薪资核定的关键是和应聘者的薪资谈判。不管内部如何作业,首先要获得应聘者的认可。薪资谈判最关键的是要准确把握应聘者的真实需求。高水平的应聘者会在整个应聘过程中多渠道搜集公司信息,从而获得尽可能多的薪资信息,包括从公司的招聘广告、公司网站、公司新闻、招聘渠道、招聘面试人员的沟通以及到公司面试的实地了解中获取信息。人资和应聘者的薪资谈判过程就是博弈。招聘人员也要尽可能多、全面地获取应聘者的薪资信息,包括他过去的薪资水平、家庭负担情况、薪资的态度、期望薪资、个性、在谈判过程中透露出的相关信息等等。有经验的招聘人员会对应聘者的薪资要求做出准确的分析,判断出其要求是比较客观,还是漫天要价,从而判断谈判的空间有多少,除了薪资是否还有其他的方案可以弥补等等。一般而言,招聘人员应该想办法让应聘者先开出条件,而不是先亮出公司底牌。在准确摸到应聘者的薪资需求后,就是如何说服的技术问题了;同时依照公司的薪资制度提出可接受的薪资方案,还要根据招聘岗位的性质不同采取不同的薪资策略,比如岗位的重要性、需求紧急度、招聘难易度等。对于某些特聘岗位,还需要量身打造个性化的薪资方案。在设计薪资方案时,应该尽可能降低公司用人成本,当然前提是可以满足应聘者。单纯以高薪或简单的高薪方案来满足应聘者,都不能算是优秀的招聘人员。

由于薪资核定是人资部提出建议,所以人资部的公正性和公心就非常重要。如果人资部在薪资核定时存在消极政治行为,比如因为和该候选人有某某关系、和用人部门主管关系较好、个人对候选人印象好等等原因而定高一些,作为决策者的领导应该注意。从尽量减少主观故意的可能性角度考虑,应制定量化的薪资核定的标准,在薪资结构的基础上,明确薪资核定的具体规则。

举例来说,如果是采取宽带薪酬结构的公司,职级和职等工资都是有明确高中低值的。一般而言,能够胜任该职位的员工应该核定为中值。在综合能力的差异方面,可以征求用人部门主管的面试意见,请用人主管评价新员工和哪位现有员工属于同等水平,而以该同等水平员工工资作为参考。如果是以低值为起点,将同岗位经验作为增加值计算,那么对于同等经验的时长确定就要制定明确的规则,比如完全相同行业相同规模企业相同岗位的与公司现有

员工同等对待，而行业相关度、企业规模对比以及岗位相关度等因素可以折算时长。如有企业规定，机械工程师职级工资高中低值分别为 6000、7000、8000，中值需要的同等工作经验是 3 年，某候选人在规模同等行业相关度50%的岗位工作经验 6 年，则可以核定为中值（6×50%＝3）。即使不是采用宽带薪酬制的公司，也要制定非常详尽的核定薪资的规则，尽可能减少人为不公正因素，减少消极政治行为产生的机会。同时，人资部应该利用核定薪资的机会，从积极政治的角度，借机宣扬公司的利益观，引导新员工了解、适应、接纳公司利益观，让新员工了、熟悉公司的薪资制度和薪资理念。

薪资核定中可能产生公司政治的还可能在用人部门和人资部门的意见不同时，尤其在人员不稳定、流失严重或者招聘困难的时期。人资部门更多维护现行薪资制度，站在既有薪资制度的角度来依规办事，人资会站在全局考虑公司的用人成本和内部平衡，既有不同部门之间的平衡，也有同一部门内部不同员工之间的平衡；而用人部门则更多站在本部门工作任务完成的角度，目标是招到合适的人员而较少考虑成本问题，一般站在员工角度替员工争取更高工资更多福利，当然有些企业以部门为单位考核经济效益的除外。在人员流失或者招聘困难的时期，用人单位就会把薪资待遇低作为最重要的原因而给人资部门甚至公司领导施压。

在消极政治盛行或管理不够规范的企业，就会出现用人部门直接找老板定员工薪资的情况。对管理或者人力资源不够重视的老板就会迁就重要部门。这种情况也会出现在员工调薪或者晋升的时候。

绝大多数企业都会要求员工对薪资保密。新员工的薪资保密尤其重要。因为薪资泄密往往从新员工开始。老员工会好奇新员工的工资是否超过自己，而新员工由于刚进公司而对老员工打听工资的要求往往不敢拒绝，尤其当老员工是公司给新员工指定的师傅时。由于薪资本身的特殊性，薪资没有绝对公平。人们一般总是认为自己的薪资比别人低。老员工在打探到新员工的薪资后，如果新员工的薪资比他高，就会在公司内部散布谣言，夸大事实，一方面影响员工士气，一方面给新员工造成压力乃至被孤立的可能，出现消极政治行为。如果新员工的工资比老员工低，新员工的心理也会受到影响，认为自己没有得到公司认可，从而产生相应的消极后果。因此，公司领导和人资部门应该在薪资保密方面采取有效措施，尤其把好新员工这一关。

四、选拔任用：岗位胜任还是领导信任？

人才任用中的公司政治现象比较集中和突出。我们真的能慧眼识珠，选拔到那些该选拔的人才吗？

似花还似非花。

人事异动在很多企业里都是高层领导亲自把控的要事。在不同的领导心中可能有不同版本的候选人名单。最高决策者在决定最终人选时不得不考虑到除人才自身情况之外的因素，如派系平衡、对其他员工的影响、未来的组织发展等。

IBM 创始人沃森曾经这样描述他的用人理念："对于重用那些我并不喜欢却有真才实学的人，我从来不犹豫。然而重用那些围在你身边尽说恭维话、喜欢与你一起去假日钓鱼的人，是一种莫大的错误。我寻找的是那些个性强、不拘小节，以及因直言不讳似乎令人不快的人。如果你能在你的周围发掘许多这样的人，并能耐心听取他们的意见，你的工作就会进展顺利。"但现实是，不少高管都喜欢重用身边人和那些陪他们吃喝玩乐的人、那些逢迎溜须的人，敢于启用意见不同者的领导还不够多。是重用意见总是和你一致的人，还是意见和你相左的人，对于企业领导而言，是一个现实的难题和挑战。

（一）晋升：公司政治高发区

人事任免是企业的核心工作之一。人力资源部门在年度或不定期考核评价的基础上根据公司战略所需，策划发起相关的人事变动，和用人单位主管沟通商量后，提出异动建议方案，呈报企业领导讨论、审批，领导经过相应的酝酿、征求意见和深思后做出最终决策。强势的企业负责人应该注意避免越俎代庖，把本该人力资源部门做的事情揽到自己身上来，造成人力资源部门的缺位和失效，同时也使人力资源部门第三方客观、公正的考核、监督作用形同虚设。人资部门要勇于承担起这一重要职责，拿出有价值、有分量的综合方案，以充分翔实的、现实可行的、有数据支撑的、政治积极的职业态度和专业能力，让领导欣然接纳人资部门的意见，发挥人资核心职能。

有学者[36,231]指出，企业出现晋升机会的时候，也是公司政治行为高发时期。企业内部的政治权谋行为对晋升决策会产生影响。尤其是企业没有制定详尽的晋升标准和明确的晋升决策程序，采取暗箱操作来做晋升的决策时更是如此。Ibarra[179]的研究认为,企业内部关系网也会影响晋升。员工之间的关系网能够提供职务晋升的信息。决策者会从关系网物色潜在的晋升候选人,并使用他们从关系网获得的信息来评估候选人的业绩。关系网中职位较高的成员会向决策者传递对晋升候选人有利的各种信息。罗宾斯和贾奇[18]指出"晋升决策一致被认为是组织中最具有政治性的行为",这一点得到了实证研究的支持[36,231]。

20 世纪 60 年代,韦尔奇[27]当时还在负责塑料业务时,只是通用电气一个业务部门的总经理,就多次遇到公司政治。每次他想要招募一些关键人才,总部的主管总是跟他说我这里已经有候选人,那时候韦尔奇不想硬碰硬,所以不得不采取回避的态度,但也不得不为自己希望招募的人尽力争取。当年他想提升一位年轻人做塑料业务的总法律顾问,但是通用电气的总法律顾问认为这个人的年龄和阅历还不够合适,然后把自己的亲信塞给韦尔奇。韦尔奇想了一个变通的办法,让他看中的人负责塑料业务的战略发展工作,这个职位不需要总部批准而韦尔奇可以直接做主。

廖泉文[230]认为,竞聘上岗等内部招聘模式存在的主要问题包括:(1)由于关系以及利益群体的影响,非正式组织有动机推荐自己小圈子和派系的人选;(2)因为最终竞聘成功或晋升的结果与权力分配和个人威望等相关,用人分歧会给高层领导之间造成不团结的隐患;(3)领导重用身边人的现象容易发生;(4)不可避免会出现托人情、找关系、徇私情、官官相护、利益联盟等消极现象;(5)一人异动带来一串人异动的涟漪效应,牵扯更多的人卷入;(6)近亲繁殖使得缺乏变革和创新。这些情况在国有企业里更容易出现。当然政治行为的出现与企业性质、企业生命周期、企业效益与企业文化等密切相关,也与员工的政治认知有关。员工对于公司政治的认知是积极的,就会踊跃参与内部竞聘,并且施展自己的政治能力来获得最后的胜利。如果员工对公司政治的认知是消极的,可能就不会对内部竞聘感兴趣,也可能运用一些消极的政治手段来获取竞聘成功。

张秀娟和汪纯孝[232]对企业内部人际关系与员工感知的职务晋升公正性之间影响的研究结果表明,功利性关系对员工感知的晋升结果公正性、工作满意感、对上级领导的信任感、对企业的归属感都有负面影响,而且会增大员工离职的可能性。他们提醒企业管理者应公正地晋升员工职务,坚持任人唯贤,从而可以有效增强员工的工作满意感、对管理人员的信任感、对企业的归属感,降低员工的离职意向。(1)制定职务晋升的标准和程序,包括任职条件,对员工能力、资历和业绩的要求，并向全体员工公布；(2)全面了解员工的能力和贡献，公正评估员工的业绩；(3)与员工保持有效的双向沟通，特别关心未晋升者的情感；(4)建立员工申诉制度；(5)防止拉关系、拉选票、送礼行贿、造谣诬告、搞小圈子和裙带关系等消极政治行为。

蒂尔[204]认为他在管理PayPal的时候，做得最棒的事是让每个人只负责做一件事。每名员工只专注于一件事情，界定角色可以减少矛盾。他说："公司里绝大多数矛盾是由同事竞争同一岗位引起的。"所以他对于员工的工作分配，强调分工，强调角色职能清晰、边界明确。否则就会引起内部矛盾。但现实中很多企业很难做到这一点。

任正非[233]说，"华为选拔优秀管理者要站在公司的立场上综合地选拔，而不能站在小团体、小帮派的立场上选拔管理者。"这是华为选拔管理团队的原则之一。华为选拔管理者的标准和原则有好几条，任正非特意把政治考量列为其中之一，自有其深意。很多企业不承认内部存在公司政治，在公开场合总愿意标榜说自己企业的人际关系很简单很和谐，没有政治，实际上是鸵鸟心态。如前所述，公司政治不是有没有的问题，更不是有就不好的问题。作为一个拥有15万高素质高学历员工的超大型跨国企业，华为从来不忌讳内部的公司政治现象，而且任正非作为一个卓越的企业政治家，对于公司政治的理解并非很多人所认为的那么局限和狭隘。公司政治是企业管理的底层逻辑，实际运行好与坏的关键在于主事者如何看待、如何面对、如何利用。华为通过制度化、显性化来抑制消极政治，弘扬积极政治。华为实行对事负责制，而不是对人负责制，以此避免封官许愿、偏袒、以人划线等毛病。华为规定管理者只能以个人名义表达自己的意见，不允许使用联合签名的方式。不管是正面意见还是负面意见，未经批准，在华为都是错误的。

华为在2009年展开了组织结构及人力资源机制的改革，从过去的集权管理过渡到分权制衡管理，让听得见炮火的人来呼唤炮火，加强一线的决策权。过去20年为了资源的整体使用，华为形成了一个庞大的集权控制体系。但后来，一线为了解决特定问题，要花2/3的时间向上面争取资源，抑制了前线将士的创造力和冲劲。所以，华为将决策中心向一线转移：派遣大量的CFO到作战前线；坚持从实践中选拔干部，坚持"猛将必发于卒伍，宰相必取于州郡"；坚持三权分立的干部监察制度，通过威慑使他们既可以自由工作，又不越轨。

华为还通过制度化、程序化和透明化来增强干部选拔的公正性，减少干部任用过程中的消极政治。华为不搞民主推荐和竞争上岗，而是通过一系列成熟的制度选拔干部,包括职位体系、任职资格体系、绩效考核体系、干部的选拔和培养原则、干部的选拔和任用程序、干部考核等。首先,公司根据任职职位要求与任职资格标准对员工进行认证,主要认证员工的品德、素质和责任结果完成情况。认证后再进行360度考察。考察后进行任前公示半个月。任命后进入适应期,为其安排导师,适应期结束后导师和相关部门进行评价,合格后予以转正。这样就尽可能消除了员工可能会设想的暗箱操作、领导指定、拉帮结派等消极政治现象。

优秀的企业在人员任用中总有创新的办法来处理好利益和权力的问题。海尔的"海豚式"升迁制度就是一例。海豚下潜得越深,跳得就越高。海尔的员工如果是在生产线成长起来的,从班组长做到分厂厂长,如果要培养为事业部部长,就需要补上市场系统的课,去市场系统必须从事最基层的工作,然后再一步步干上来,如果干不上来,就地免职。从某个部门的高级职位调到其他部门的基层岗位,会是很大的变化,在利益和权力方面都会存在巨大的反差。但是通过这种方式成长起来的干部,就会得到全面的锻炼,自我价值会得到最大的实现,成就感也会很强,同时还能使他们对基层和一线有更全面的了解,决策时更切合实际、更具可执行性。

华为也非常重视基层工作经验,强调没有基层工作经验不提拔。曾经有位北大计算机博士,在联想做了柳传志的秘书,在朋友劝说下到了华为,原以为可以谋个一官半职,没想到到了华为后去做电焊工,因为这是华为的制度,所有的人都要从基层开始做。他太太已经辞去了新华社记者的工作,没想到来深圳做的是电焊工。很多人离开了,但他坚持下来了。后来他很快被调到总部,又调到新疆办事处,再调到南通办事处。

晋升管理中还要注意彼得原理,防止"在一个等级制度中,每个员工趋向于上升到他所不能胜任的地位"。由于员工在现有岗位表现优异时,往往会被晋升到更高一级的职位。如果他表现一直优异,就会一直晋升,直到他在该岗位的表现平平而不再获得晋升。因此,员工停留的最终岗位总是表现一般,也就是说,员工总会趋向于被晋升到一个表现平平的职位,这就是"彼得高地"。当然这种现象并不说明组织中每个职位的主管都是不合格的,因为优秀的人才一直存在,他们也许都能够胜任该组织的最高岗位。在人才济济、僧多粥少的组织中,难免有人才会被埋没,出现怀才不遇的情况。

如何能够快速地提升到彼得高地?一种是上面的拉动,即上面有人提携,朝中有人好做官;一种就是自我推动,依靠个人的自我训练和业绩,一步一步前进。在现实生活中,前者往往是更普遍的。也就是说,彼得原理的推手主要是上级领导,包括公平公正的领导,也包括存有私心的领导。公正的领导完全根据下属的业绩表现来选拔人才,但一旦出现彼得高地现象,就会面临被攻击为识人不准的境地,甚至被对手攻击为怀有私心。而真正有私心的领导有意拉拢培养自己的党羽亲信,也会顾忌到影响而不得不依赖下属的过往表现,如果表现不佳也不会冒险提拔。这样,业绩不佳的员工晋升的机会就会少。这是彼得原理的另一面。

(二)管理空白:对政治动机和政治能力的评价

无论是新招聘人员的面试,还是内部选拔任用的决策,有一个在企业实践中几乎空白的就是对于人选的政治动机和政治能力的评价,很少有企业在制度上对人选政治动机和政治能力的评价进行规定。可能有些面试官会考察人选的某些涉及政治动机和政治能力的地方。

政治动机的考察和评价比较容易。通过一些常规问题或案例分析即可做出基本判断,比如询问他对上级管理、同事关系以及管理风格等的叙述。参与动机倾向明显的人,本身并没有好坏,这些人的事业心和上进心强,在公司政治活动方面比较主动。公司应考虑是否适合企业文化、职业道德以及人品等,还要做好背景调查,如果人品端正,应该在试用期重点考察,考核通过后重点培养。对于排斥动机的人选,如果应聘的是基层作业岗位或者技术类岗位,则问题不大,如果应聘管理类、营销类岗位,则应慎重。因为这类人大多"只扫门前雪""不问窗外事",不适合做与人打交道、需要处理复杂人际关系的工作。对于中立动机的人选,属于比较理性的人,则应根据企业实际情况灵活考虑。在本章实例中,林晴这种排斥动机的人并不适合 HR 经理这个岗位,而吴鹏虽然成就需要和权力需要很强,却过度依赖消极政治行为。

对于不同层级的人选来说,需要考察不同层面的政治能力。高层岗位需要全面考察政治理念、政治风格、政治经验、政治敏感性、政治技巧,中层岗位重点考察政治风格、政治敏感性和政治技巧,储备管理岗位可以考察政治敏感性,基层作业类岗位可以不用考察。领导力是高层岗位或者接班人、后备梯队等的首要考察点,而政治能力是领导力不可缺少的组成部分。高层岗位必须有正确的政治理念,即正确的利益观和权力观,能够站在公司长远和大局的角度看问题。政治风格则需要与企业特征和团队结构相匹配,亲和型、强力型、权变型、理智型的管理者各有优劣,也都有成功的代表人物。政治经验是实践历练的感性体验的累积，对于每个人选来说，都是既定的事实存在。政治敏感性更多基于个人特质，而政治技巧是可以通过培训和锻炼来提升的。大公司或者中小企业的核心岗位应该注重政治能力的考察评价。新招聘人选的评价比较难，内部选拔的人选则比较好判断。首要的是，不要忽略了对于政治能力的考察。

诸多案例表明，政治能力已成为领导力一个重要组成。尤其对于接班人的选择和核心高层的聘用，应该进行政治能力的评估和考察。具体可以根据公司特征和实际情况，按照政治能力的五个方面来设计测试问卷或设计案例分析及文件筐测验的素材，最终选择对公司政治有正确客观理解、对积极政治行为有丰富经验、对消极政治行为也有充分了解的人选，以便能够驾驭企业管理的复杂局面。

识人用人是企业领导的一项重要能力。除了具有基本的面试理论修养外，丰富的实践经验是重要基础。优秀的领导者甚至能形成一套自己的识人方法。然而，要想成为一位出类拔萃的领导者，除了识人的专业能力和丰富经验外，高超的政治能力更是不可缺少。领导者不仅要懂得在众多的候选者中间挑选出最合适的那个，还要洞察在企业的招聘、任用过程中，如何避免消极的政治行为，使招聘工作能够顺利达成人力资源战略性配置的核心任务。

第三节　培训与发展

一、培训：实现公司利益和员工利益的双赢

培训是企业重要的造血功能，是提升组织能力的长远投资。人才培训和组织发展的关键是要最大限度激发员工的潜能，使组织人力资本不断增值，使人才的能力随着技术的进步和时代的变迁而动态成长，从而促使企业能够适应环境的变化，增强企业的动态能力。要使培训取得良好的效果，企业领导需要能够在公司政治层面激励员工认识到培训的重要性。

任正非[233]经常会亲临华为的员工培训班，为学员们做一些煽动性的、鼓舞斗志的讲话。这样学员们对于培训的认知程度就有很大提升，同时领导层

也很好地宣传和阐释了企业的文化和理念,这些讲话的作用要远远大于一次技术培训或管理技能培训的效果。柳传志也会参加联想"入模子"培训,给新员工讲老联想的创业故事,很容易打动员工。韦尔奇的大部分时间和精力都用于培养各个层次的领导者。

职业发展和自我实现是员工的重要利益需求。而培训为实现这一目标造血赋能。个人专业能力和综合素质的提升是职业发展的铺路石。学习和发展是一种自我需要。企业培训管理者需要做的就是要激发员工的这种内在需要,将员工从培训变成学习,从被动变为主动。如果只是被动地接受公司组织的培训,除此之外自己不再自学,这远不能满足现在时代的需要,不可能取得事业成就。成长和成功不能把希望寄托在别人身上,应该寄托在自己身上,学习培训也是如此。

除了从思想认识上让员工们自愿接受公司进行的文化传导和业务培训,企业更需要设计相应的激励机制来保障培训和发展工作的有效进行。比如华为在推行全员导师制的时候,每月就给导师一定数额的补助。华为的导师是进入公司两三年的员工,与新进员工同龄,易打成一片。公司还规定晋升行政干部需要具备导师资历。

同时,也要防备有人利用职权笼络人心。某国有控股上市公司的人资经理就曾暗箱运作,将公司的培训资源作为私下交易的利益,把公司选派员工到高校攻读 MBA 和管理课程班的名额直接给和她关系好的某几个员工,没有在公司内公开选拔,除了参加学习的员工和个别领导,其他人都不知道。

成功的企业总是有很多相同的地方,比如重视培训。京东通过互联网模式开展分布式培训,以语音、视频、脱口秀等生动有趣的方式吸引员工,让培训成为员工喜闻乐见的活动。华为大学则以训战结合为特色,使命是成为将军的摇篮,培养出实干家。华为大学总占地 27.5 万平方米,能同时容纳 2000 多人培训,有 170 多专职员工,讲师主要是 1500 多名一线的优秀经理人员,每年培训 3 万人次。海尔的培训工作尤其重视技能培训,强调"急用先学,立竿见影"。重点通过案例,以日常工作中发生的鲜活案例进行剖析,到现场进行"即时培训"。中高层人员必须定期到海尔大学授课,否则不能升迁。

"关心员工成长"是腾讯[234]的管理理念之一。重视员工的兴趣和专长,为员工提供良好的工作条件、完善的培训和职业发展;重视企业文化建设,倡导简单的人际关系、畅快透明的沟通方式;激发员工潜能,追求个人与公司的

共同成长，个人要有先付出的意识，甘于为团队奉献智慧。腾讯学院的潜龙计划和飞龙计划就输送出很多核心管理干部。

企业在培训上的投资既是打造公司造血功能，为解决眼前难题和基业长青持续输送人力资源，也是对员工的福利，是吸引和保留人才的重要手段，一举多得，何乐不为？

二、入职引导：公司政治让新员工快速融入

新员工刚进入公司需要进行入职引导培训。这项工作不能省略、不能马虎、不能简化，不仅因为一个外人进入一个陌生环境需要引导和帮助，而且更因为这是一个宣导企业文化的最佳时机。

新员工进入公司对现有员工总是一种冲击，不论这种冲击的程度多大。他们之间有一定的利益关联关系，有的还有权力的竞争关系。这样公司政治就变得不可避免。普通员工进入一家新公司后面临的公司政治问题主要是，同岗位同事的利益竞争与合作关系，比如销售部的销售员、软件开发部的程序员、保安、餐厅服务员等等。

入职引导要有意识地让新进员工唤起和企业文化相匹配的利益观和权力观。要重点强调公司对于不同利益矛盾的处理原则。主管可以和他沟通其工作行为表现的重点是做好本职工作，不要介入他人的恩怨矛盾，遇到纠纷和问题要从工作职责和公司利益出发，遇到自己难以接受和理解的疑惑和问题要向主管报告。同时，还要消除新员工对新环境的陌生和不适应感，尤其是对于人际关系和公司政治的担忧，为新员工配备经过考验的优秀指导老师，让指导老师陪伴他们在初入企业的那段时间不受歪风邪气的侵蚀，让他们接受公司正式的文化熏陶而不是小团体变了调的文化熏陶。

三、人才梯队与团队建设：建立在积极公司政治机制之上

企业的人力资源规划不只是着眼于当前，而是要瞄准未来。从人才培养和成长的角度来看，至少需要 3～5 年的规划。而从企业经营环境和竞争环境变化的角度来看，1～3 年的规划比较现实。所以综合而言，3 年的人才发展规划是可行的，也是必要的。很多企业在扩张和新兴业务启动时，因人力补充跟不上而贻误战机，就是因为缺乏人才梯队建设的长远眼光。人才梯队建设由

于产生的效益比较滞后,往往得不到企业领导者的重视,尤其是满足于眼前既得利益的获取,或者是疲于应付经营困难的窘况时,两种状况下,领导者都有可能没有心思来操心人才梯队建设。

人才梯队是企业生命力的未来。除了公司重视外,有些政治能力突出的领导也会体会其中的价值,因而对此极其热心。在未来的领导者梯队中培养自己人,是一件一本万利的事。所以有远见的领导者就会在人才梯队建设中精心谋划,尽量使自己的嫡系部队有更多的人选进入后备梯队。在人才培养的过程中也会倾注极大的心血,亲自参与培训和培养的全过程。同时在后备人选的确定、培养方案的制定以及培养过程中的人选调整等等,都会运用自己手中的权力进行干预。

团队建设也是组织发展的重要内容。领导者必须以企业文化为纽带和平台,将员工凝聚在一起,这其中利益的激励机制尤为关键。华为的"利出一孔,力出一孔"深得其妙。同时,团队的权力制衡也是领导者需要引起重视的关键问题。本章实例中的吴鹏之所以耍了不少黑手段,是因为公司领导缺乏对权力问题的监管。引言中的卢观是一位难得的优秀人才,但在政治上还不够成熟。公司领导应该从权力的角度为他的进一步成长设计路径、创造环境,为团队的和谐权力关系设计好机制。比如第三章提到的美的的权力机制。

四、别忘了政治能力需要培训

在培训内容方面,很少有企业会培训公司政治方面的课程,这当然是因为管理层没有认识到这方面培训的价值,也与大家普遍对公司政治误解有关。企业发展到一定规模,利益和权力的问题必须面对。Ferris 等人[41]指出,为了巩固政治行为,组织具有"学习和教育"政治行为的能力,组织中的故事以及各种关于政治的神话传奇会强化大家的政治意识。与其在放任自流中被动应付或者视而不见,不如在系统规划中主动引导,为我所用。

关于公司政治方面的培训和教育,需要涵盖从理论到实践,从思想、逻辑到技巧、实例分析,目的是树立全面、客观、正确的公司政治观,为企业的长期健康发展培养优秀人才,奠定坚实基础。通过培训和教育,塑造公司员工对于公司政治的正确认知,有利于公司更好地处理利益和权力等根本问题。尤其在企业变革和经营遭遇危机的时候,积极的政治认知能够促进企业发展。而放任不管的企业政治认知一般都是消极的,小道消息和流言蜚语往往有损于

企业经营。在人才培养方面,领导力培训如果没有政治能力的培训,总不免受
鸵鸟心态的影响,总有隔一层的感觉,难成大才。

第四节　绩效与考核

绩效管理在管理实践中有点盲人摸象的感觉,每个人都认为自己的理解
是对的,但实际上有可能都不见得是对的,至少是不完整的。

绩效管理的初心是帮助员工成长,实现公司业绩。而在实操中,很多企业
做着做着就变味了,忘了最初的目的和最终的目标。有的被公司政治所绑架,
有的流于形式,形同鸡肋,有的最终做不下去,不了了之。真正坚守初心、在促
进公司业绩上取得实效的并不多见。即使管理上不断创新、为人称道的谷歌,
2013 年也只有 55% 的人认为绩效管理满意。更多的公司就有一半以上的人
不满意了。如果绩效考核的标准和指标体系比较模糊,主观评价的成分多,主
管平时不对员工的表现进行记录,在考核期超过 1 个月时,由于间隔时间太长
导致实施考核打分时缺乏具体业绩行为表现的支撑,公司政治行为发生的可
能性更大。

一、绩效管理:工具服务于目的

绩效管理难,举世公认。所谓"不做会死,做是找死"。其中有人性的因
素,因为人有不少偏见:(1)过度自信偏差——对自己的判断过度自信,认为
70% 的判断是正确的,其实只有 50%;(2)可用性偏见——喜欢用容易获得的
信息做判断,比如近期效应;(3)选择性感知偏见——人们会选择性地选取某
些突出信息做判断,情人眼里出西施;(4)确认偏差——找那些可以证实自己
判断的信息来强化你的判断,而忽视那些会否定原来判断的信息。先入为主;
(5)晕轮效应(光环效应),突出和放大优点或缺点;(6)相似效应——喜欢和自
己相似的人。

(一)领导重视,才做绩效管理

其实更主要的原因是领导的认知和决心。虽然绩效考核是非常非常重要

的人资职能,但是遗憾的是很多企业领导并没有看到这一点,并没有给予足够的重视,没有认识到推行的难度和复杂度。他们往往是一时兴起,没有内心认可、下死决心。如果高层不重视,中层经理处在被考核和考核的双重角色,见风使舵,也不会沉下心去推。很多管理者要求对下属有考核和管控的权限,但并不想在人资部门的主导下来做。在团队业绩出现问题或对下属工作不满意时,又不愿意直接处理做坏人,这时候就会想起人资部门。好人自己做,坏人人资做,这种现象在很多企业司空见惯。这也是消极政治的一种。

解决的办法就是制度化的绩效管理,让各级管理者承担起应该承担的奖励和处罚的双重责任,既做好人,也做坏人。很多主管并没有做好团队管理,包括工作安排和目标设定,没有承担起主管的责任,更不用说业绩辅导。还有的只会替员工和小团体争利益,只会护着员工。还有一种不良心态,认为绩效考核浪费时间精力,并没有什么用。很少有主管在工作中会记录员工的工作表现,考评时大多凭印象、记忆打分,缺乏事实依据和数据。有一些主管只愿意花时间在业务处理上,对绩效管理、员工关系等工作并不关心,把这些业务工作之外的管理工作视为最不优先项。被人资部门跟催之后,往往应付了事。而这些问题的根源在于最高领导的以身示范,如领导敷衍,下属则上行下效。

企业对绩效管理是否重视,从资源配置上就可以看出来。如果按企业数量的比例而言,因为中国绝大多数企业都是中小型企业,可能80％以上的企业是没有配备专门的绩效考核人员的。甚至某些大型企业,都没有设置单独的人力资源部门。

厦门某大型国有企业集团,曾位列厦门市十大国有企业,业务横跨贸易物流、房地产、科技园区建设、工程建设以及投资等多个领域,下辖全资和合资企业30余家,年经营收入近百亿,居然在2013年前的组织架构中没有人力资源部门。按照其领导的说法,国有企业根本不需要人力资源部门,因为光是拒绝各种关系硬塞进来的人都忙不过来,根本不需要招聘职能。培训可有可无,绩效考核就更往后站了。唯一不能缺少的就是发工资,而发工资可以由财务来做。倒是有一项职能是不能少的,就是应付上面的各种文来文往,写各种毫无意义的报告。这个职能倒是专门安排了一个人。人力资源的职能就放在总办里面。可见,我国企业的人力资源管理水平是多么参差不齐。很多企业即算有考虑到考核这个职能,也只是由薪酬人员或培训人员兼任,只是看起来有这个职能,实际上没有配备相应的资源。

考核和员工评价职能的重要性在于为员工的任用、培养、激励等持续管理提供基础数据。比如干部队伍的建设，缺了考核就成了无米之炊。没有完整的员工绩效表现的记录、各级主管的评价以及人资部门的专业评估，选拔干部就只有拍脑袋，就会出现许多公司政治行为。考核有一个要点是最终的考核结果和评语应该是由人资部门完成的，而不只是由员工自评、主管评价、工作总结报告等资料的简单罗列和汇总。人资部门必须出具最终的评估意见，除了有 A/B/C 分等外，还要有全面的、有具体案例支撑的、专业的评估意见，要提出未来的培养方向、任用方向、激励建议等。这个职能类似于政府的组织部门。所以任正非在 2016 年战略预备队建设汇报的讲话"华为三十年大限快到了，想不死就得新生"中明确提出"我们要有很好的组织部门，这个组织部门要给人写档案。要写得具体点、准确点，准确评价他，在分配工作时，推荐到困难项目中去、大项目中去。我们鉴定、推荐是很重要的。"

(二)360 度考评，对管理人员的行为评价

360 度考评是绩效考核中受到推崇的一种常见方法，但是在实际实行中却常常沦为走形式。其实，在 20 世纪 80 年代 Edwards 和 Ewen 整理出这个方法时，只是把它作为一种绩效信息的反馈机制，主要适用于管理人员。360度的角度可以比较全方位地了解到被考评者在不同的观察者视角来看的不同表现，对于全面地了解管理者的情况是很有帮助的。

但是由于不同的考评者站在各自的利益角度，而且同事以及下级对于管理者的考评意见所涉及的利益关系比较复杂，又主要是主观的评价，因此不能简单地把 360 度的考评结果应用于薪酬以及晋升等，不能简单地认为 360 度考评是最好的考评方法，更不能在整个组织中在所有人员层面全面推广。360度考评被认为适用于评价员工的行为，而不适用于考核员工工作的结果。360度考评可以获得大家对于被考评者的各种意见建议，能够发现被考评者本身难以发现的一些问题点，可以通过这些问题的反馈来开展有针对性的培训和发展。

通用电气的做法也许对大家会有一定启发，在通用电气也不是普遍使用360 度考评，主要用于领导和员工的自我发展和自我提高，参与考评的上级、下级、同事和客户是由被考核者自己挑选的，考核的结果也是委托第三方的专业机构来分析的，这在一定程度上也能够弱化内部的消极政治。华为则重视通过 360 度评估来发现优秀人才，寻找他们的成绩和亮点，寻找贡献者和奋斗者。

(三)强制排序与末位淘汰:因企制宜

很多大公司在绩效考核时采用强制排序和末位淘汰,通用电气的"271考核"就是典型。华为每年都有大批员工被强制淘汰。很多小公司也在模仿和照搬这些做法。但强制排序是有应用背景的。员工规模太小、人力资源配置本来就紧张的企业不能照搬。即算是大公司,效果也不见得就好。

有人把微软在移动领域的落后归咎于"员工排序"管理系统,讽刺他们本来想找出并奖励最好的员工,却得到一个截然相反的效果,从而导致了优秀人才的流失。据微软离职员工说:"如果你的团队有10个人,你开始工作的第一天就会知道,无论大家有多优秀,其中的2个人会得到优秀的评价,7个人得到中等评价,而1个将得到差评。"强制排序迫使每个部门都要评出一定比例的优秀员工、良好员工、合格员工和差评员工。"员工本应作为创新的最宝贵资源,微软却在他们之间制造了紧张和竞争的气氛。"

二、没有政治意识,做不好绩效管理

绩效管理可以说是人力资源管理乃至企业管理的中枢功能,人力资源的其他职能比如培训发展、薪酬福利、奖惩、人员任用与人才盘点、补充淘汰、招聘等等均与绩效管理紧密不可分割,而营销管理、技术研发、生产运营管理等等业务管理也无不与绩效管理息息相关。

但是在很多公司的实际运作中,绩效管理往往成为公司政治的角力场。老板有自己的想法,管理团队成员各怀心思,中层主管每个人有自己的盘算、惦记着所在部门的一亩三分地,员工则站在自己的立场,只想着自己的利益。因此,人资部门推动绩效管理时就会遇到各种各样的阻力和不配合。最后绩效管理没有成效,板子还是打在人资部门,大家不会认为是业务部门的问题,业务部门也不会承担责任。

绩效管理计划和实施过程中遇到考核部门的不配合或捣乱,原因复杂。除企业文化、领导层的决心和支持力度外,从部门层面而言,根源还是在利益;而各级主管利用手中的考评权力维护部门团体利益或个人利益。

在计划阶段,部门和员工的考核绩效目标、指标如何设计直接关乎主管和员工的利益,因此往往是一个政治角力的重点区域,乃各方必争之地。被考核部门和员工总是希望目标低一些,指标和数据来源对自己有利些。宋曒[158]

说华为做 PBC(个人绩效承诺)时,"很多聪明人就在承诺时尽量弱化自己的能力、夸大可能的风险、多要一些资源、增加对周边的要求。"承诺变成了一种博弈。

在评价阶段,考评者除了实事求是地客观评价外,多少会受到事实之外的因素如利益、关系、平衡、公司需要等的影响,从而使评价具有政治色彩,政治化的程度与考评者的个人政治理念、政治能力等有关。而且,中国人向来倾向与人为善,不愿得罪人,在考评中很难打低分、给差评,不想做坏人。主管不敢给员工负面评价,觉得我的下属表现都很好,并因此跟人资部门争执。

在反馈阶段,对大多数的考评者和被考评者而言都是挑战,大多数的表现是不及格的,这一方面和公司文化以及个人的沟通能力有关,另一方面也是因为评价时不可避免的政治因素给面对面的绩效沟通增添了难度。此外,人性中的一些弱点也给绩效反馈带来挑战,比如人们都倾向于将成功归功于自身内部因素如能力或努力,而将失败归咎于外部因素如运气;员工倾向于高估自己绩效;员工缺点被指出时更有防御性;管理者不愿意与员工讨论缺点;等等。研究表明,一个不可否认的事实是,很少有管理者喜欢绩效考评。而最不喜欢的,就是绩效反馈。给员工差的绩效表现打低分,指出员工的缺点,主管要冒得罪人的风险。因此,要做好绩效反馈,不仅需要勇气,更需要能力。

在绩效结果运用阶段,无论是奖金、调薪、晋升,还是处罚、评优、人才培养、末位淘汰等等,由于都是直接的利益,参与各方不惜动用手中职权,以及各种非正式权力,各显神通。公司政治行为比比皆是,有积极政治,也有消极政治。

也许会出乎你意料,成功如韦尔奇,也不能坦然接受对自己的负面评价。韦尔奇[27]回忆说,总部人力资源主管罗伊·约翰逊差点阻止了他的一次晋升,他几年以后看到了约翰逊给他的评价。在公司考虑将他提升为主管化学和冶金部门的副董事长时,约翰逊的评价是:韦尔奇应该得到这个提升的机会,因为他有天生的企业家素质,富有创新精神和进取心,是一个天生的领导者和组织者,而且还有高学位的技术背景。但是,约翰逊同时指出,韦尔奇还有许多重大的局限。他多少有些武断,容易情绪化,特别是面对批评的时候;对于复杂情况,他更倾向于快速思维和直觉,而不考虑团队合作和员工的支持来走出困境。

运气好的时候挡都挡不住。通用电气的副董事长支持他,韦尔奇如愿晋升。韦尔奇说,幸好是事后才看到这份评价,否则他当时可能做出蠢事。他可能不能接受约翰逊的批评。后来,韦尔奇不无遗憾地说:"尽管功劳赫赫,但我显然已经得罪了公司总部的一些强权人物。"像韦尔奇这么强势的人在翅膀不硬、还没有大权在握、没有成为"中子弹"的时候,也只能学会低头。

强势的领导者骨子里大多是极度自信的,他们很少看到自己的错误,哪怕是错的,也不会轻易认错。他们常常认定自己总是对的。客观地说,约翰逊的评价并不是刻意打压韦尔奇,站在人力资源的立场,他的评价是客观中立的,而且他的结论是韦尔奇应该得到晋升。但是韦尔奇并不这么看,他不能接受对他的批评。

在由上级主管对下属进行考评的时候,尤其是年度评优、晋升、调薪等涉及跨部门候选人竞争的时候,很容易出现消极政治现象。菲奥莉娜[84]曾详尽地描述了她在AT&T第一次作为部门经理参与对下属的考评以及第一次被上级考评时所遭遇到的消极政治。她发现在讨论会上对员工的打分与排名,30%是客观公正的,70%是一轮又一轮的讨价还价、对个人利益的争吵和利益交易。她还发现,获得晋升的人并不一定是业绩出众的,而是会作秀、与上司混得很熟、获取上司欢心的人。因为许多管理者往往喜欢那些使他们感到舒服的下属,包括相识多年、熟人推荐、志趣相投等等。而她自己被上级考评时,其中一位地区经理告诉她有一位地区经理在会议上讲她坏话,说她经常抢功以致菲奥莉娜只获得第二名。菲奥莉娜听完后,起身冲到那位地区经理的办公室当面质问,当时他予以否认,但第二天他主动向菲奥莉娜道歉。这次经历让菲奥莉娜懂得了,有人为了一己私利会捏造莫须有的事情来诋毁他人的人品。这种事情在她后来的职业生涯中仍然在发生。

有些公司在控制和减少绩效管理中的消极政治方面采取了一些措施。比如通用电气的"持续沟通"体系,确保跟进、沟通、反馈和提升的落实,不仅要求列出员工所有的短期目标,经理人员根据这些目标与员工进行沟通并根据实际情况不断调整工作,甚至修正目标,同时还对员工的工作进行实时记录,员工不仅从上级获得反馈,也可以从其他同事获得反馈。通过有记录的工作业绩和同事、主管持续的工作绩效评价,尽可能让绩效评估基于事实,评估者的评估更加客观,从而减少故意压分或者故意加分的政治行为。而随着管理信息化的广泛普及,越来越多的公司通过建立在线绩效管理,而使得暗箱操作的消极政治行为无以遁形,从而保障绩效管理的公正性和有效性。华为则通过设置具体、重大事件的监控点和绩效辅导,来解决绩效考评中的利益博弈。

当然,由于公司政治的隐蔽性以及种种原因,不能完全杜绝考核中的消极

政治。从公司来看,绩效考核关注的重点是组织业绩和合规性。只要员工业绩良好,没有出现违规违纪,领导往往很少会去关心更深层次的公司政治问题。因此,即算发生某些内部不良竞争行为或管理行为,也是难以避免的代价。对于当事员工而言,只能看他的运气和个人造化了。比如引言中的小柯,卢观对她的考核和处理都是冠冕堂皇的,公司无法判断这是卢观在故意整她。本章实例中的吴鹏对梅英的考评也都有数据支持。但对于不合格需要辞退这种考核结果异常的特殊情况,领导和 HR 应该介入,对考核情况进行复核,这在一定程度上会抑制主管的消极政治行为。作为组织绩效管理工作的职能部门,HR 必须深刻认识利益和权力在绩效管理中的作用,否则不可能做好绩效管理。

第五节　薪酬与福利

一、薪酬福利是最基本的利益

薪酬福利是员工最关心、最直接的利益。张瑞敏说:"我认为任何企业,不管是大企业、小企业,它的驱动力就在薪酬,如果薪酬没有做好,你就不能把人驱动起来。"从员工的角度而言,薪酬多多益善;从企业的角度而言,薪酬是人力资本的投入,应该产生更高的回报、为企业带来更大的财富。

薪酬待遇是保健因素,具有只能增加、不能减少的刚性特征。薪酬福利不仅仅是物质利益,同时也是职业发展、个人声誉等其他利益的侧面反映。一般而言,待遇越高,则职位越高,权力越大,在组织中的影响力也越强,甚至也反映出一个人的能力和价值越大,员工的工作积极性和组织荣誉感也越高。

薪酬福利的管理很重要的一点是让员工感觉到公平公正,所谓公正就是员工的付出与回报成正比,多贡献多得。薪资福利处理不好,会引发很多的公司政治问题。据调查,员工辞职 70% 是因为对待遇不满,待遇问题是第一大原因。处理好薪酬问题是人力资源管理最基本、最现实的需要,也是很多人力资源从业人员最早接触的业务。真正处理好薪酬问题甚至使薪酬福利服务于公司经营发展大局,需要政治智慧。

华为倡导"以奋斗者为本",在薪资报酬的设计上不断创新,这体现了华为管理层高明的政治智慧。在华为,新员工入职时基本工资按照学历、学习成绩、资历等因素确定,但是在入职培训正式上岗后即按照对公司的贡献和责任来评价。华为实行基于能力主义的职能工资制;奖金的分配与部门和个人的绩效挂钩;安全退休金等福利的分配则依据工作态度的考评结果;医疗保险按贡献大小,高级管理和资深专业人员与一般员工实行差别待遇,高级管理和资深专业人员除享受医疗保险外,还享受诸多健康待遇。这样的薪资体系考虑到了各方面的激励和保健因素,照顾到了不同类型的奋斗者,尽可能排除了人为可能存在的消极政治因素,很好地调动了员工的积极性。

Zhang 和 Yang[168] 的研究认为,在西方理论中,资源分配主要是一种理性的行为,人们根据公平法则进行资源分配。但中国人不只根据公平法则进行分配,还会依据人际关系的亲疏程度采用不同的分配原则。人际关系会影响中国人的公正感。他们采用情景实验法研究发现,实验者与合作者关系越密切,合作者分配到的奖金越高。其实,薪酬福利的分配,在西方也没有真正的公平。人资部门应关注其中的政治因素,尽量做到相对公平。

除了公正之外,待遇的高低是最基础的。华为的薪资特点是高工资、高福利、全员持股,亦被人称为"三高"企业:高效率、高压力、高工资。《华为公司基本法》第 69 条规定:"华为公司保证在经济景气时期和事业发展良好的阶段,员工的人均收入高于区域行业相应的最高水平。"华为几乎从公司创立起就实行了员工持股,并随着企业的发展多次进行调整。30%的优秀员工集体控股,40%的骨干员工有比例地持股,10%～20%的基层员工和新员工适当持股。在营业年度开始时按照员工的工作年限、级别、业绩表现、工作态度等确定符合条件的员工可以购买的股权数,可以用奖金认购,也可从公司无息贷款,可以选择购买、套现或放弃。股份配额根据"才能、责任、贡献、态度和风险承诺"等因素动态调整。员工离开公司可以套现。员工持股较好地解决了员工个人利益和企业组织利益一致性的问题,这从根源上抵消了许多消极政治行为。华为1997 年修订的《员工持股规定》明确其目的是"将员工利益与企业长期利益结合在一起,增强员工对公司的归属感、长远发展的关切度和管理的参与度,形成具有竞争和激励效应的科学的分配制度。"这充分反映了华为对于利益格局的洞悉和把控水平。

腾讯[234] 的薪酬福利体系拥有较高的美誉度:(1)固定工资。每年根据市场情况、员工绩效水平调整。(2)年度服务奖金。年底双薪。(3)绩效奖金。

以公司整体业绩和员工绩效表现为依据。(4)专项奖励。如"星级员工""星级团队"等,实物奖金结合精神激励。(5)股票期权。(6)安居计划。为符合条件的员工提供首套购房首付款的免息借款,为没有住房的员工提供租房补贴。(7)住房公积金。(8)社会与商业保险。包括法定社保、意外伤害保险、定期寿险、重大疾病、补充医疗保险等。(9)员工假期。(10)年度旅游。以部门为单位组织的集体旅游。(11)班车。截至 2017 年,腾讯在深圳运营 370 条班车线路,覆盖 1000 多个站点,从早上 6 点到 9 点、晚上 6 点到 10 点持续运营。(12)各种医疗健康关怀。(13)各种节日、庆贺礼包。

二、薪酬的调整与确定:"个人、企业、劳动力市场"三位一体

如何评价一个企业的薪资水平是否合理? 从实务操作的角度而言,与企业的规模、行业性质、发展历史、经营状况、地域等有很大关系。一般而言,主要是从个人和企业两个角度来考察,企业又可以分为内部和外部两个角度,企业外部主要是劳动力市场。因此,实际上可以从个人、企业、劳动力市场这三个维度来考察一个企业的薪资水平合理性。薪资关系到人力资源管理的方方面面,但是有不少企业的人力资源管理者对这个问题没有清晰的认识,在与企业所有者或领导沟通薪资问题时找不到有力的说服手段,尤其是不少企业薪资水平偏低,造成招聘难、留人难等伤脑筋的问题,却难以得到领导的理解和支持。这需要人力资源从业者有一个分析薪资问题的系统框架,"个人、企业和劳动力市场"三位一体是简单、有效的系统工具。

个人的角度包括个人胜任力素质、工作态度、专业技能、业绩水平等方面。企业有一套晋升及薪资架构体系,不同等级薪资水平对应不同的个人综合评价,薪资待遇与绩效考核结果直接挂钩。

企业的角度包括部门、事业单位、公司以及集团的内部平衡,行业特性,发展历史、企业薪资结构、经营状况以及发展前景等。不同企业的薪资构成不同,有的倾向于短期薪资,有的倾向于长期激励。一般而言,员工薪资应每年调整,根据物价水平、行业状况等适当增长。薪资标准也需要 3～5 年根据市场情况和内外部环境变化重新设计或修订。

劳动力市场则主要考察社会薪资变动水平,同行业、同职类、同资历劳动力的薪资对比,劳动力供需与竞争状况,区域劳动力市场情况等方面。薪资有竞争力的企业能吸引更优秀的人才,从而促进企业发展的正向循环,反之亦然。

很多小公司或者老板缺乏规范管理意识的企业,最高领导常常喜欢自己直接定工资,或者由部门主管提出员工的薪资调整名单、金额等具体建议,然后最高领导确定后交给人资部门发放工资,决策过程完全不需要人资部门参与。人资部门应该提高自己的政治能力,积极开展向上管理,在适当的时机以适当的方式说服老板,让薪资核定回归正常轨道。

第六节　员工关系

顾名思义,员工关系管理就是处理企业和员工之间、员工与员工之间的关系。那么,员工关系建立在什么基础之上?人资部门在其中应该担当什么样的角色?是站在企业和资方这边,还是站在员工这边?虽然说企业和员工是命运统一体,但是劳方和资方的利益并不完全一致,有时本身就是冲突的,比如薪酬福利。从公司政治的角度来看,人资部门应该服务于公司的长远发展、服务于公司整体利益。因此,人资部门不能简单地完全站在企业和资方这边,虽然不少企业老板骨子里就是这样的认知。人资部门也需要站在员工的立场,为员工争取合法的利益和该有的利益,而这些利益也许与老板的想法不符,也许会得罪某些主管和员工。尤其是法律规定的权益,必须据理力争。当然这样做的目的是促进企业发展,而不是为了员工利益而争利益。也不能因为怕得罪人或者小团体利益、甚至为了拉拢人去私下交易而损害公司整体利益。

员工与企业的关系基于双方的心理契约。随着时代的变迁和社会的发展,心理契约已经从过去的关系型契约转变为交易型契约,员工从过去对雇佣关系的高度承诺、愿意长期服务企业转变为更加注重个人利益回报和个人就业能力的提升。员工关系管理也要因应这一变化。

一、非正式组织关系:公司政治的敏感地带

非正式组织往往在性情相投、个人私交和共同爱好的基础上产生,是员工自发地在工作环境中为了满足社会交往需要而形成的。员工在非正式组织中寻找正式组织不能给予的关怀、情感空间和归属感,也因此出现民间意见领袖

和非正式权力。非正式组织对企业管理有利有弊。人资部门应该从公司角度对之加以管理，不能放任自流。

非正式组织的研究始自巴纳德[19]，他认为非正式组织是对正式组织的补充，在信息交流、内部团结和个人约束方面有积极作用。加德纳[149]也认为非正式组织对整个系统的运作是必不可少的，认为它们从事着大量的内部政治沟通工作。然而它们常常散布谣言、发泄牢骚，是阿谀奉承者和蓄意破坏者出没的地方。但是，它们也是普通领导人和权力说客所喜欢利用的工具。由于其灵活的和不定的活动范围，这些非正式的组织网络通常被那些精明的领导人加以利用，为达到他们自己的目的服务。

员工通过非正式组织传递和交流的小道消息往往是与组织和个人利益紧密相关的组织结构调整、人事异动、奖金分配、内部矛盾等敏感信息，而且大多数都是真的。他们对这些问题的议论也反映了员工的真实看法和态度。这些敏感信息的泄露源头往往来自高层领导或权威部门，有时候甚至是领导有意放风的试探行为。非正式组织不仅可以成为员工个人压力和不良情绪轻松释放的地方，也能够借助人情与私交关系化解正式组织无法解决的某些内部矛盾，成为企业内部人际关系的润滑剂。

但非正式组织也常常存在小团体、小帮派的消极现象，或者容易被别有用心的人所利用，如同加德纳[149]所说的那样。小帮派成员会相互偏袒成员在工作中所犯的错误，竭力维护小团体利益，这些无原则的行为违背和阻碍企业正常的权力行使流程和规范，削弱正式组织的领导权威，甚至暗地里和正式权力对抗。不同的非正式组织之间的矛盾也造成员工的角色冲突，导致在正常工作关系之外的人际压力，降低了组织效能。

公司政治行为既存在于正式组织，也存在于非正式组织。非正式组织中的权力关系更多依赖于意见领袖的个人因素，包括专业能力、业绩、讲义气、乐于助人、消息渠道广等等，也因此更容易获得成员的内心认可。非正式组织对于成员个人利益和小团体利益的维护往往高于企业利益，也成为吸引员工加入的诱因之一。非正式组织由于结构的松散性和随机性，缺乏正式的组织管理，消极政治行为更容易出现。

不管出现在正式或非正式组织中的消极政治行为，都会反映在员工关系上。员工与员工之间的关系直接影响员工工作表现和业绩，从而最终影响公司业绩。职场人际关系复杂而又隐蔽，利益和权力纠缠不清，公司往往得不到员工关系的全部真相。

引言中的卢观作为跨国公司的高管,虽然对公司政治有所了解,但还没有站在积极政治策略的高度,缺乏对公司政治的系统理解。他对小柯的处理手法主要是凭个人对常见政治技巧的主观认识。而小柯几乎是公司政治上的菜鸟,会很低级地投靠别的高管,却在与卢观的相处上犯了大错。胡娟对公司政治的认识一知半解,缺乏敏感性,不能识别黄云的政治伎俩。而黄云则沉溺于两面三刀的低劣政治手段,董事长也缺乏对公司政治的领导力。胡娟和林娜发生冲突,黄云不仅不调解,反而挑拨离间,最终只能靠胡娟的觉醒而和解。

第四章的惠萍在同事抹黑自己、向领导告黑状的时候,不是默默忍气吞声,而是直截了当反击。领导无法核实、也不想去核实事情真相,如何处理完全看个人能力。本章实例中的梅英遭到总监的打压,而人资经理林晴对此束手无策。这个案例最终的结局是,后来梅英联合闺蜜,抓到了吴鹏严重违规的证据,向公司举报,吴鹏不得不离职。

这些实例表明不少企业往往对内部发生的公司政治现象很少关注和了解。领导缺乏对公司政治的认识,不仅不能在文化、机制和制度上规范和引导,也不能在实际发生时干预和管控。人力资源管理人员也掌握不到真实情况,难以正确应对和处理。遭遇消极政治的员工只能依靠自己,如果没有公司政治意识和政治思维,不懂得政治技巧的运用,不能维护自己的正当利益,往往会沦为消极政治的牺牲品。

二、奖惩管理:雷霆手段易,春风化雨难

任何企业对员工的行为规范总有一定要求,员工需要在共同的规则和流程下开展工作,对表现突出的予以奖励以正向激励员工,对违反纪律的予以惩罚以警示约束员工,是纪律管理的主要内容。在实际操作中,奖优罚劣并非表面能看到的那么公正公平,自然会受到公司政治的影响。奖励权力和强制权力不一定能得到正确的运用。虽然制度中规定了奖励和惩罚的内容,但是针对某种现象,是否实施奖惩、实施何种等级和程度的奖惩、选择什么时机处理或宣布奖惩,需要综合权衡多种因素。有时候为了需要,公开进行了某种奖惩,但是还应该与当事人进行某些私下沟通或"交易",以补偿或安抚员工为了公司利益所付出的代价,或告诫当事人在惩罚背后隐藏的严重后果。

有些奖励基于明确的标准和实际数据,相对比较客观,比如业绩奖励;而有些奖励建立在主观的基础上,这就存在公司政治运作的空间,如各种评优活

动,每天的小红旗、每月的明星员工、年度的优秀员工和优秀团队、各种标兵、各类荣誉等等。虽然有一些量化的数据做依据,但由于评优是人为决定的结果,因此正是公司政治滋生的主要领域。拉票是评优中最常见的政治手段。轮流坐庄其实也是一种政治现象。评委的组成影响最终结果,评委一般倾向于给自己所在部门的员工评高分,甚至出现故意压低竞争对象评分的消极政治。在奖项和名额的设计以及最终结果的决定上,领导也会在各个部门、不同业务群、不同层级、不同地域等方面进行一定的平衡。所以,员工关系管理部门应该做好评优基础工作,尽可能提供翔实的量化数据和客观事例,采取措施,优化流程,公开透明,选择、培训和约束评委,尽可能使获奖者名副其实,真正起到弘扬企业文化、正向激励员工的预期效果。

在员工关系管理中,有一项工作是不可避免的,而且吃力不讨好。做好是必须的,做不好会对公司造成许多负面影响。这项工作就是对绩效不达标或违规违纪的员工进行处罚,包括降级、降薪、扣减奖金、停止晋升、行政处罚甚至辞退、解除劳动合同。虽然惩罚是权力的一种,但很多主管没有承担起这一角色。一味地袒护下属、不敢批评下属错误的主管不是合格的主管。有人戏言,没有辞退过员工的主管不算真正成熟的主管。有些公司把这个作为选拔干部的考察点。不是每一个员工都一直适应企业的发展,如果经过认真考核发现不适合继续留任的员工,主管应具备杀伐决断的能力和决心,在合法合规的前提下妥当解决处罚员工的难题。果断处罚不仅不会损害主管的名声,反而会提高其职业威望。当然,处罚必须建立在实事求是的基础上,而且主管不能意气用事,简单化处理。雷霆手段易,春风化雨难。

对于各种消极政治行为和违规违纪行为,公司应设立员工反映和举报渠道。大公司一般设有专门的机构行使受理投诉、纪律监察的职能,比如华为以党委行使干部的自律监察,内审部、HR协助,建立宣誓承诺、干部自检、独立监察的闭环管理机制。任何员工和干部对在职的干部的工作情况有不同意见,均可向党委组织干部部投诉;党委组织干部部接到投诉后,组织有关部门调查、取证。小公司可以设立总经理信箱接收员工的意见和举报。腾讯就曾设过"总办信箱",接受对违规行为的检举和投诉。有个入职不到一年的员工举报其经理不胜任,公司经过调查属实,那位经理被处理。

笔者曾经处理过多起举报事件,就是通过总经理信箱获取的举报线索,有些经过调查发现确有其事,比如采购人员收受供应商送礼。当然也有一些是虚构诬陷。

企业对公司政治管理应采用"积极政治策略",主动从利益和权力的角度,做好企业内部利益格局和权力格局的机制设计,并在运营管理过程中根据实际情况及时调整,鼓励员工和内部组织以积极的方式行使权力,尽量压制消极方式对权力的操弄空间。同时,对发现的消极政治现象也应及时发现并处理纠正。本章实例中的梅英除了向 HR 经理反映情况外,应该还可以向公司或总部领导投诉吴鹏对她的故意打压。胡娟也应该得到向董事长反映黄云不当行为的鼓励,而不是一走了之,黄云这样的人会破坏企业文化而使公司遭受损失。在网络时代以及权力不断衰退的背景下,企业应认真对待内部消极政治行为,不能敷衍了之,以免被网络曝光而不可收拾,给企业形象造成无法挽回的损失,比如第五章中厦门国际银行的新员工因不喝酒被领导扇巴掌事件。

三、离职管理:一别两宽存感念

离职处理是一门学问,不论对离职人还是公司都是如此,要创造良好的离职体验。从离职处理上可以看到一个人的政治智慧高低,也可以看到一个企业的文化好坏。从公司政治角度而言,企业和员工应尽可能创造双方利益的最大重叠区,寻找双方需求的结合点。

从员工的角度而言,如果被公司裁员或辞退,在争取合法经济补偿利益的同时,也要尽量站在公司角度换位思考,以可接受的条件和方式离开,尤其对于管理人员和技术人员,要考虑到今后的职业发展,新东家做背景调查需要老东家帮忙,做事留有余地。在离开公司后,不要散布对于原来公司的负面信息,这也是对自己职业生涯形象的一种管理。

从公司的角度而言,要尊重员工的基本利益,给予被辞退的离职员工合法的经济补偿。在现有《劳动合同法》的规定下,公司不得不承受经济补偿,几乎没有逃避的可能性。人资管理部门应该做好的是在规章制度的制定、制度的执行、主管的管理、员工违纪违约行为的记录和证据保存、经济补充金额的协商、手续的完整等方面做到位,避免企业不必要的经济负担。现实工作中,不少劳动纠纷和劳动诉讼都是因为管理不到位造成的,包括员工主管的不负责任、不敢担当、做烂好人、做个人交易,以及人资部门的程序疏失和不够专业。同时,要做好离职面谈。通过真诚的有效的离职面谈,可以发现一些其他途径无法了解的特殊信息,包括对主管评价、对公司管理意见建议、内部人际关系、企业文化等方方面面。

在解除棘手的"刺头"员工的劳动关系时，需要周密的计划和团队完美的配合执行。如果员工不接受合理的工作变动，或无理取闹不配合协商，或者在公司管理变革时不配合，员工关系负责人需要事先策划好行动方案，让"问题"员工逐步入局，最后不得不接受协商。在协商谈判时，关键要把握好对方的心理状态。首先要让对方感受到巨大的压力，造成心理上的羞愧感和负罪感；其次要让他感受到人资部门有理有据、合法合规的处理原则；再次要让他感受到人资部门职责所在，同时又替员工争取最大利益的良苦用心。在人资处理辞退员工时，最高的境界就是让被辞退的员工感激人资替员工着想，为员工争取利益，最终获得公司、员工与人资的和谐多赢。

为避免骨干人员离职给公司业务带来的中断和冲击，可以建立资源共享机制，要求重要的技术、业务和联络资源在系统中记录，不能把公司资源封闭在自己个人手上，从机制上解决人走技术、业务流失的现象。

好公司在员工的离职后管理方面有不少好经验。首先应建立离职员工数据库，并保持一定频度的联系。其次应结合公司战略对离职员工分类管理。一般主动辞职离开的员工都是能力比较强、表现比较好的员工，对于这类员工应重点关注，以便在未来公司需要的时候能够回炉或者合作等。研究表明，《财富》500强企业通过回聘离职人员每年节省成本1200万美元。对于公司辞退的员工也要分类对待，对那些因为公司原因而不是员工个人能力及表现原因而离开的员工保持联系。此外，还可以根据企业经营情况，举办离职员工欢送会、回娘家活动，这样不仅会促进在职员工的凝聚，也会扩大公司的影响。除非特殊情况，最起码要做到的是，不让离职员工对公司有怨气，离开后说公司坏话，甚至对簿公堂。许多知名企业都有离职员工圈，比如四大的"雁渡寒潭"、麦肯锡的"校友录"、腾讯的"单飞企鹅""南极圈"等等，成为一个巨大的信息和资源分享、互助平台。

四、把握双方核心关切，构建和谐劳资关系

要做好员工情绪管理。管理好了员工的情绪，员工关系想必不会太差。人是情绪动物，在工作中不仅要面临各种工作压力，还要面对复杂的人际关系，难免会出现情绪波动。积极的情绪会促进公司内部人际关系的和谐，有利于各种业务工作的开展。而消极情绪的作用刚好相反。有些人的情绪很容易被看出来，而有些员工的情绪则隐藏得比较深，需要比较仔细的观察或深入的

沟通才会发觉。影响员工情绪的因素很多,比如企业文化、工作开展、人际关系、个人原因等等,尤其在面临外部大环境的动荡、公司经营状况的变化以及突发事件出现时,员工群体性的情绪会受到较大影响。这时候对员工及时适当的情绪管理显得更加重要。此外,公司应该关注职场霸凌行为对员工情绪的影响。

　　员工情绪管理重要的是要能够及时发现情绪的变化,找到背后的真正原因,及时采取应对措施予以化解。很多不良情绪是因为没有得到及时疏解积压而成,导致员工牢骚满腹、小道消息满天飞、抱怨不断、相互指责等等。具有政治智慧的主管能够于细微处尽早察觉员工情绪的异动,尤其是群体情绪的不良倾向,并及时采取应对措施,既维护了公司的利益,也给员工留下了关心员工、照顾员工利益的好印象,因此建立良好的群众基础。善于安抚员工群体情绪、处理员工关系棘手事件的主管也会给公司领导留下在关键时刻敢啃硬骨头的"能将"印象。

　　沟通是情绪管理的重要手段。设计好内部沟通机制,建立体系化的沟通渠道,包括员工大会、总经理信箱、制度化的主管谈话、内部刊物、微信群等内部交流平台等,注重非正式沟通网络的作用并为己所用。领导以身作则落实这些管理沟通行为,让员工的情绪有一个释放、倾诉的渠道。尤其对于受到不公正对待、对公司或主管有意见建议、对公司管理有异议、员工权益受到侵犯、情绪消极的员工,应该建立申诉机制,防患于未然,把影响和损失控制在最小范围和最低程度。这是负责员工关系的人应该注意的。华为聘请一些德高望重的老专家以自己的人生阅历通过谈心来疏导员工的心理郁结,被员工评价为"神来之笔"。

　　员工满意度调查是一个很好的检视员工关系和内部管理水平的工具。通过满意度调查,了解员工对企业的认知,评估公司政策和制度的合理性、有效性,诊断公司经营及内部管理问题。某大型外资合伙制企业在满意度调查时,员工明确提出意见:"请高层尽快停止内斗。"这是值得高层警醒的信号。

　　满意度调查成败与问题设计有很大关系,可以在问题的选择和描述方面反映公司的意图倾向。首先要明确调查的主要目的,每次调查内容应根据实际情况和公司需求进行调整,针对不同对象设计问题结构和不同调查问题,可以针对调查维度进行预调查以使调查更加贴近员工需求。其次要运用公司政治思维,调查员工在非正式组织和非正式关系方面的意见,反映出在正式组织关系中体现不出来的问题。满意度调查还要做好宣传发动工作,不能简单地发一个问卷就了事。

调查结果出来后，应进行专业的全面分析。同时由高层在年度大会上向员工公布，并通过多种方式宣传。关键是制订有效的改进计划并认真落实。公司应该高度重视和充分利用满意度调查所收集的信息，并以此作为优化管理、改善员工关系、提升员工满意度和敬业度的契机。

华为对员工满意度的看法与众不同。任正非说："员工他要是不满意，你怎么办呢？现在满意，过两年标准提高了，又不满意，你又怎么办？……正确的做法是，我们辛苦一些，让客户满意。""我们不能提高员工满意度，因为员工不是客户，否则就是高成本。"其实华为不是不重视员工的感受，而是希望员工专注于本职工作，不要对后勤服务斤斤计较，强调提高员工收入，以市场化方式改善生活。

从公司政治的角度看，一方面，需要提高员工对自己的动机认识能力，树立正确的权力观和利益观，认识到人与人之间的个体差异，知足安分，寻求最合适自己的职业定位和职业路径，不要没有意义地给自己设定不切实际的目标而徒增烦恼；另一方面，公司要引导主管对下属多关心多帮助，而不是利用手中的权力打压、威胁下属，推卸责任，羞辱，与下属争利抢功。

任正非在多个场合以多种方式谈到，人是有差距的，要正确地认识和面对差距。他在给华为高层的一封信《要快乐地度过充满困难的一生》中写道："一个人对自己所处的环境要有满足感，不要不断攀比。例如：有人少壮不努力，有人十年寒窗苦；有人读书万卷活学活用，有人死记硬背，一部活字典；有人清晨早起锻炼，身体好，有人老睡懒觉，体质差……"他在优秀党员座谈会上说："不要做一个完人……要充分发挥自己的优点，使自己充满信心去做一个有益于社会的人。……大家要正确估计自己……要认识这个社会上差距是客观存在的……人和人的差距是永远存在的。"

总之，负责员工关系的人力资源工作人员以及各级主管，在分析和处理员工关系的问题时，要从公司政治分析的角度，深入了解员工的利益需求和权力动机，认识到人与人的个体差异，不要勉强自己去做不擅长的事情。员工则应多看自己的长处，利用好印象管理的政治技巧，发挥优势，扬长避短，提升自己的满足感；同时多交朋友，建立自己的联盟体系，这样在遇到困难和不顺心的事情时可以找到倾诉的出口和宽慰的途径，不至于走极端；遇事要能够秉持妥协平衡的政治原则，适可而止，不要对抗到底、一条道走到黑，让事情在圆融之中找到多赢的出路。

第八章　公司政治与领导力

CEO 因不懂政治而出局

雅克·纳瑟(Jacques Nasser)在福特干了 33 年，从公司的国际事业部一步步爬上来。 他所树立的威信是一位大刀阔斧的成本削减者。 这种威信以及他要再创福特的愿景和承诺，是他 1999 年 1 月被任命为首席执行官的主要原因。

但是，在他的监管之下，公司的业绩受到重创。 作为首席执行官，纳瑟的管理风格几乎惹恼了福特公司中每一个关键部门。 由于他关注削减成本，导致公司与工会、经销商、白领员工、供应商的关系都受到伤害。

2001 年秋，44 岁的公司董事会主席及福特公司创始人的重孙子小威廉·克雷·福特终于清楚地认识到，纳瑟缺乏统率三军走出困境所必须具备的政治技能。 纳瑟伤害了公司十分看重的关系。 他做出的决策致使公司众叛亲离。

最为重要的是，他远离了福特先生，而他的家族控制了公司 40% 有表决权的股票。

2001 年 10 月 30 日，福特先生把纳瑟叫到他的办公室并结束了他在公司长达 33 年的职业生涯。

正如一位财经分析家在评价纳瑟被福特辞退一事时所断言："这是一家老牌的工业公司。 你不得不使用外交手段。 这是一个庞大的组织，你不得不去处理很多政治活动。"雅克·纳瑟并不具备这些政治技巧，他未能守住给他提供位置的人对他的支持。

身为在福特内部深耕 33 年的 CEO,纳瑟没能做满 3 年任期,最终黯然离去。他工作经验丰富,对福特非常熟悉,在公司里具有很高的威望,他工作起来雷厉风行,在福特有一个非常成功的职业经历,因他设定的愿景和承诺而被选为 CEO,但是最终却栽倒在这个宝座上。他过于关注成本,却忽视了与利益相关者的关系;他努力在公司推行大刀阔斧的变革,却没能维持与能够决定他职场命运的人的良好关系,没能取得关键人物的信任;他具备丰富的企业管理经验,却被认为缺乏统帅三军的高超政治能力。

他是一名失败的企业领导者。而使他遭遇滑铁卢的正是公司政治。

菲奥莉娜担任惠普 CEO 时风头无两,睥睨群雄,最终也不得不凄然下台。她将自己被解职归咎于缺乏政治能力。[87]乔布斯和马斯克也都曾因公司政治而被迫离职。

处在企业金字塔顶端,位高权重如 CEO 这样的领导者,缺乏政治能力仍然是不灭的事实!

我们必须认真审视企业中领导力和公司政治的关系。

学术界关于领导力的研究长盛不衰。[87,137,141,149,160,235-248]大师辈出,经典著作备受追捧。企业界也始终保持高涨不退的热情。优秀企业家纵横捭阖,他们卓越的领导力让世人景仰。

但不少学者表达了对领导力研究的担忧。彼得·圣吉指出人们对领导力的真实含义有很深的误解。詹姆斯·马奇认为,大多数著作都"没有提供什么有说服力的证据,只是不停地做出一些同义反复的结论,其实没有什么意义。"[249]戴维·尤里奇[242]说 2009 年在亚马逊就有超过 50 万种与领导力有关的书,"领导力内涵的概念数不胜数,而各种各样关于如何提升领导力的研究,已经引起了很多人的困惑。"有研究指出关于领导问题的书籍大同小异,就像是一本书起了一大堆不同的名字而已。[239]批评者普遍认为领导学领域出版著作过多,方法不一致,令人困惑的术语泛滥,大部分研究相关性不高,执迷于细枝末节,缺乏完整的概念框架。有人说,关于领导学的研究产生了大量令人疑惑的成果,经验材料无穷无尽的堆砌并没有形成对领导科学的完善理解。[32]

而且,提出的方法有些有用,但大部分难有裨益。[239]基思·格林特指出:"研究结果能提供新的信息,但却不具备权威性。主要问题似乎在于研究的课题确实太复杂了。要想明确什么因素有助于成功地开展领导工作,潜在有意义的变量实在太多了,几乎不可能通过有效的实验就这一问题得出最终结论性的实证。"[239]欧文则直言"领导力是一个充满陷阱、流行趋势与理论的领域。"[160]但他又说只要运用得当，每一种领导力理论都会有所帮助，虽然它们阐述的不是普遍真理。

尽管如此，关于领导和领导力的研究仍然是人们感兴趣的重点话题。这里的讨论仍将主旨限定于企业组织。

第一节　政治能力是领导力的重要组成

一、领导与领导力：引领方向，主导变革

（一）领导者做正确的事，管理者正确地做事

曾经很长一段时间，人们大多将领导和管理混为一谈。

早期企业中的领导通常是年纪最大、最强势、最善表达的人，领导以命令为基础。早期的企业家通过其拥有资本、调动资本的权力享有领导权。

随着企业日益复杂以及职业经理人队伍不断壮大，领导的内涵日益丰富。甘特认识到了士气和团队精神的重要性。泰勒告诫领导要了解工人，建立一种符合人性的而不是非人性的制度。莉莲·吉尔布雷思则认识到了心理因素对工作的影响。人际关系学家试图通过建立团队的稳定性以及培养管理者/领导者的社会技能来克服产业化带来的问题。参与式、民主式的领导方法逐渐流行，人际关系技巧得到培养，敏锐的、有社会技能的领导者被认为是最好的领导者。

在现代管理时代，人们认为激励存在于挑战、责任以及具有自我实现意义的工作本身，与此相对应，出现了期望理论、公平理论、权变模式等众多领导理论。随着环境条件的变化，有关领导和激励的概念发生了显著变化，领导的角色更为复杂。

可以看到，以上观点并没有明确区分管理（者）和领导（者）。直到20世纪七八十年代，包括本尼斯、科特在内的学者才将领导与管理区分开来，认为领导者做正确的事，应对莫测的变化；管理者正确地做事，处理烦琐的事务。

科特[17]的研究指出,管理形成特定的秩序,但领导不会带来秩序,而是带来变革。管理的主要功能分为计划与预算、组织和人员配备、控制和解决问题三个过程。相对应地,领导的三个功能为:确定企业经营方向并制定变革战略,联合群众沟通愿景形成共识,激励和鼓舞战胜困难实现目标。两者有相似点,但也有显著差异。领导有方,管理有力,才能确保企业长治久安。

而明茨伯格[29]则强烈批评这种观点,认为理论上可以将领导和管理区分开来,但是实践中不能也没有必要去区分。他认为应该将两者合二为一,把领导能力理解成管理层的高效管理,领导应该是管理的一部分职能。

明茨伯格在综合整理了众多管理著作之后提取了管理者的四个主要能力:个人能力、人际交往能力、信息能力和行动能力。从结果看,关于权力以及公司政治活动等管理功能分别体现在人际交往能力和行动能力中。他还同时提出了一个高效管理者的能力框架图,其中包含五种管理能力,分别为反思能力、分析能力、练达能力、协作能力、行动能力。练达能力是指明察秋毫的感知能力和经验丰富的体认他人的能力。协作能力是指管理者帮助他人尽量发掘其潜力、实现员工自我管理自我领导的能力。行动能力指的是采取主动行动、规避障碍、掌控事情、引领变化的能力。最终,管理者还需要在企业经营的动态平衡中实现对前述五种管理能力的整合。就像玛丽·福利特在研究"领导力要素"时指出的:"把握全局的能力至关重要,领导者必须在混乱的事实、经验、欲望、目标中,找出统领全局的主线。"[29]

无论如何,企业主管在实际经营管理的日常工作包含了领导和管理两个方面的内容,需要正确地做正确的事,既要领导不确定性,也要管理复杂性。同时我们也不能否认现实生活的残酷事实,有些负责人更擅长引领方向,主导战略变革和组织变革,有些人更擅长管人理事,以最好的投入产出比、标准化的流程,高效率高品质地把确定的任务执行到位。在环境动荡、面临危机时更需要领导,在环境稳定、经营顺利时管理会发挥更大作用。从逻辑顺序来看,领导在先,管理在后,没有方向的指引,管理无从下手。领导必须带来创新性的改变,创建有价值的新事物,图变革新才算真正的领导者;管理则注重把事情做好,按照既有规范促进业务持续发展也是称职的,不必非要变革才是合格的高管。不一定要身居高位才可以领导,但管理则与职位紧密相关。从企业整体而言,领导和管理同样重要,两者的结合才是企业的成功之道。

（二）领导力：影响群体实现共享愿景的能力

20 世纪 40 年代前特质论处于主流，有一些研究支持外倾性和情商是领导力的重要特质。直到 60 年代，行为论成为主流，其将领导行为分为任务导向和人员导向两个维度来分析。后来又发展到权变论，其中费德勒的权变模型认为领导力的有效性与领导者和成员的关系、任务的结构化程度、职位权力以及压力有关；赫塞和布兰查德的情境理论认为最有效的领导取决于下属的能力和动机，应针对不同的下属采取不同的领导方式，但这一理论缺乏实证支持；领导成员交换理论指出，领导者与他信任的少部分人形成比较亲密的小圈子，圈内人得到更多关照，圈外人则基于正式的权力系统公事公办，领导者和下属为了建立小圈子都要在这方面投资。

当代领导力理论出现了魅力型领导、变革型领导、教导型领导和分布式领导等。魅力型领导的主要特点包括：清晰规划的愿景，为了实现愿景甘于个人冒险，对下属的需求和环境十分敏感，行为表现超乎寻常。魅力型领导理论与特质论不同，魅力型领导重视建立组织的美好愿景并激发下属的高绩效期望，在组织中以身作则推行新的价值观系统，并以不同寻常的个性化行为来传递他们的坚定信念并鼓舞追随者。[18]

伯恩斯[141]对领导的定义是，"领导者诱导追随者为了某些特定的目标而行动，这些目标体现了领导者和追随者双方的价值观念与动机——欲求和需要，渴望和期望。"他强调领导是为了实现领导者和追随者的共同目标，重视领导者和追随者的关系。伯恩斯将领导力分为交易型和变革型。交易型领导通过短期的经济、政治或心理的利益交换来领导，在讨价还价的过程中促进目的达成。变革型领导能够发掘追随者的潜在动机，试图去满足其更高需求，使追随者全身心为己效劳，并可能将追随者培养为领导者。

魅力型领导和变革型领导在实践中出现日益融合的现象，罗伯特·豪斯认为两者是同义的。[18]有学者试图对领导力理论进行整合。克劳森[130]提出三层次钻石领导模型。所谓钻石模型，认为领导包含四个要素：领导者、任务、追随者、组织，这四个要素以钻石形状组合在一起相互关联，且所有的领导情境都处于某个环境背景中。想要成为一个卓有成效的领导者，必须理解每个元素及其特征。这些元素的重要性和组合背景会随着时代变迁而变化。所谓三层次是指，领导意味着对人的行为产生影响，影响分三个层次：看得见的行为、有意识的思想、半意识或前意识的基本价值观与假设。第一层次是影响人们的言行举止，领导技巧包括命令、威胁、恐吓、奖赏等，在组织层面则体现为建筑、言行等有形事物。第二层次影响人们如何思考，领导技巧包括推理、解释、数据、逻辑、引用、论证、说服、操纵等，在组织层面体现为组织结构设计、惯例、制度、流程等。第三层次是影响人们的 VABE（values、assumptions、beliefs、expectations），领导技巧包括构建愿景、定义目标、开诚布公的沟通、讲故事等，在组织层面体现为企业文化。卓越的领导者必须考虑第二层次和第三层次领导。

奈[151]的观点与克劳森一致，他认为领导包括领导者、跟随者、互动环境三个元素，领导者是为帮助团队创建并实现共同目标的人。领导者要动员大家实现团队目标。他将变革型领导和交易型领导两者结合为巧实力领导，除了更加注重领导者与追随者的关系之外，也更加关注环境的作用。变革型领导注重激发追随者的高尚理想和价值观，而不是利用其恐惧、贪婪和仇恨等低级情感，来促进追随者的转变。领导魅力成为变革型领导风格的一部分，但并不是所有有个人魅力的领导都是变革型领导者，比如有些魅力型领导喜欢搞专制统治，就不是变革型领导。交易型领导主要通过迎合追随者的个人利益来激励下属，其手段都是基于奖励、惩罚和私利。变革型领导则通过团队或组织的整体利益来激励，更多依靠的是软实力的感召，而不是硬实力的威逼利诱。

罗纳德·海菲兹[244]的领导力定义是"动员人们实现适应性变革"，强调领导力是解决适应性问题，而不是技术性问题。吉姆·库泽斯和巴里·波斯纳[245]把领导力定义为"动员别人想要为共享的理想而奋斗的艺术"，强调了集体的愿景和价值观、艰苦奋斗、出于内心的意愿和领导力的艺术性。欧文[160]则认为基辛格提出的领导者是"带领人们实现他们自己无法实现的目标的人"，从实践奏效的角度而言最接近领导力的实质内涵。曼弗雷德·德·弗里斯[240]强调"区别平庸领导力和伟大领导力的决定因素始终只有一个：创造意义。"他认为领导者们让平凡之人做出非凡之事。

在总结众人研究的基础上，罗宾斯和贾奇[18]称领导力是一种能够影响一个群体实现愿景或目标的能力。这种领导力可以出现在企业中的不同层级，只要是企业内某个群体的主管。克赖特纳和基尼奇[184]强调，领导力是一个社会影响过程，在此过程中领导者寻求下属自愿参与到实现组织目标的努力之中。罗瑟尔和阿川[87]则定义为领导者和下属通过变革实现组织目标的影响过程，这个定义包含领导力概念的五个要素：领导者和下属、影响、组织目标、变革、人。

总之,领导力的概念已经从早期强调领导者实现个人意志的能力,发展到现在更关注领导者和跟随者之间的关系;从过去的取得下属信任、根据下属特征采取相应策略、为下属提供资源帮助其达成目标、建立领导者与成员的圈子关系,发展到现在给下属个性化关怀、提高他们分析和解决问题的能力、通过共享愿景鼓舞下属实现超出期望的高绩效、不断激发潜能且超越自我,找到自我且成为自己。

不同的人对领导力的不同定义和理解既反映了领导力本身的复杂性,也说明了每个人所站的不同角度。总体看来,不管在学术上如何定义领导力,我们对企业领导力的理解总不能脱离领导这个主题。领导力就是领导者实施领导行为需要具备的能力,这种能力是在众人对危机充满恐慌、对未来的不确定性充满迷惘时能够拨云见日、穿越障碍的时空穿透力,是在众人各怀心思、各有所求时能够让人心凝聚的团队感召力,是在行动中千头万绪、阻力重重时能够厘清任务、坚定推进的目标实现力。

二、没有政治能力就没有领导力

简单地说,政治的机制就是寻求共识、建立信任。企业领导者不仅需要在复杂动荡的情境下以高超的政治智慧超越问题本身,以更宽、更高、更远的视野来达成共识,化解政治难题,同时,超越不同利益群体的利益和权力冲突,让群体成员在短期和长期利益、局部和全局利益的矛盾中取得平衡,在群体内部以及领导者与成员和追随者之间建立信任,共享愿景,让权力为组织利益和目标服务,共同成就梦想。

(一)领导力与政治能力密不可分

Ammeter 等人[56]建立了一个关于领导力的政治模型。他们认为过去的领导力研究过于聚焦于下属,而忽视了同事、上级以及其他人的联系。过去的领导力理论比较局限,许多潜在的重要变量如情境、领导风格、其他相关者等被忽略,没有将公司政治与领导力联系起来。模型将公司政治引入领导力的研究中,是对领导力研究的重要补充。模型中的前因是指领导者参与政治活动的动机和能力基础,受到各种情境因素的影响。领导的各种政治行为在领导过程里发挥重要作用,对绩效评估、职位变动、薪酬、权力及声誉等产生影响。

欧文[160]提出当今时代聪明的领导者除了需要智商（IQ）、情商（EQ），还需要政商（PQ），否则就会在复杂的公司政治环境中郁郁不得志。所谓的政商，就是他们必须善于说服他人，建立影响力和人脉关系，感召追随者和拥护者，寻找合作盟友，获取各种资源支持。

中国科学院苗建明等人[246]的课题组经过课题攻关，基于领导过程构建了领导力五力模型，认为领导力包括目标和战略制定能力、吸引被领导者的感召能力、影响被领导者和情境的能力、正确而果断决策的能力、控制目标实现过程的能力，即前瞻力、感召力、影响力、决断力、控制力五个组成部分。其中感召力是领导特质论研究的核心主题，主要来自五个方面：（1）具有坚定的信念和崇高的理想；（2）具有高尚的人格和高度的自信；（3）具有代表一个群体、组织、民族、国家或全人类的伦理价值观和臻于完善的修养；（4）具有超越常人的大智慧和丰富曲折的阅历；（5）不满足于现状，乐于挑战，对所从事的事业充满激情。影响力主要体现在以下五个方面：（1）领导者对被领导者需求和动机的洞察与把握；（2）领导者与被领导者之间建立的各种正式与非正式的关系；（3）领导者平衡各种利益相关者特别是被领导者利益的行为与结果；（4）领导者与被领导者进行沟通的方式、行为与效果；（5）领导者拥有的各种能够有效影响被领导者的权力。这里的影响力和政治能力的关联度比较大，关注的是领导者对于权力、利益、需求、动机以及各种关系的把握和处理。

形成成熟的政治理念是政治能力的最高表现，包括对所有群体成员的内心需求和动机的理解、把握和唤醒，并让大家的个人利益和目的统一在企业利益和目标之上。同时，准确认识企业中的权力格局，在企业中树立协作的积极权力观，构建企业的共同愿景和基础价值观。这也正是领导力的主要内容。政治理念清晰的领导者对利益和权力有深刻的认识，能够为企业的长远发展设计长治久安的利益和权力机制。引言中的比特大陆和嘉楠科技的实例，正说明了其领导者缺乏成熟的政治理念，而导致控制权之争，给企业发展带来巨大隐患。

政治风格也往往对应着相同类型的领导风格。任正非和马化腾虽然都低调，但领导风格和政治风格也各不相同。张维迎[122]认为，个人的领导能力可能与其进攻能力是正相关的：领导能力较强的人通常也是更具进攻性的人；而更具进攻性的人通常也更有办法展示自己的才能（包括通过使坏的办法使竞争对手的才能表现不出来）。进攻性强的领导比进攻性弱的领导总是有更多忠诚的下属。经常威胁强迫的领导也能吸引他人，比如乔布斯就是如此。那么多天才级的精英愿意在苹果公司跟随乔布斯，并不是因为他是个好相处的人，而是因为他的独断专行、他的"扭曲力场"能够拨云见日、带领大家做出改变世界的奇迹。

政治敏感性强的人往往领导力更强。这一观点得到 Allen 等人[45]的肯定。弗里斯[240]指出，"领导者，正如他们能够成为领导者所表明的那样，特别擅长权力游戏。"他们对公司政治局势的任何风吹草动都很敏感。而且，领导者总要做一些艰难的决定，影响到别人的生活和幸福，有时是正面的，更多的时候是负面影响。不得罪人的领导不是好领导。这是成为领导者，所必须承受的代价，也是一种政治成熟的需要。纳瑟虽然敢于得罪人，但却对政治敏感性不够，所以才被迫离任。

张瑞敏说"做企业做来做去就像搞政治运动一样。"企业做大了，就会出现大企业病。大企业病的主要症状包括官僚主义、机构臃肿、人浮于事、决策迟缓、制度烦琐等等，当然还有隐藏的政治游戏。要使企业做大后仍然保持灵活性和速度，像韦尔奇[27]所说的"将大公司的雄厚实力、丰富资源、巨大影响力同小公司的发展欲望、灵活性、精神和激情结合起来"不是一件容易的事情。这种领导一个超级企业的组织领导力，自然离不开凝聚共识、建立信任的政治能力。

（二）领导力是对权力的恰当运用

Treadway 等人[248]指出政治技能是领导者能够拥有的、有益于组织效能的最重要的能力之一。领导必须熟谙权力运用之道。奈[151]认为，"没有权力就无法领导"。有的领导者拥有正式的制度权力，有些领导者没有正式权力，有些拥有正式权力的人又并非组织中的真正领袖。用奈的话说，"拥有正式的领导职务就像拥有渔业许可一样，并不意味着肯定能捕到鱼。"因此，奈强调指出："有效的领导要求综合采用软硬实力技巧。"他认为领导和权力密不可分，领导反映的是一种权力关系，强调领导是一门艺术，而不是科学。当权、掌权、用权通常是领导者履行职责的重要条件。

Mayes 和 Allen[14]把用于组织合法结果的政治行为当作是领导力的运用。研究表明享有威望的领导者擅长运用政治技能，引领团队创造更高业绩。[72]企业领导者是当权者，应该懂得运用政治行为，只要这种运用是促进组织利益的。安东纳基斯等人[241]认为，虽然领导他人的能力一般需要拥有权力，权力是领导者拥有的用来影响他人的潜在手段。但是，大多数领导力研究学者对于领导力的理解并没有给予权力特别的重视。本尼斯[137]特别指出，很多人忽视了权力对于领导力的重要性。他认为，权力和领导力是同一个硬币的两面。领导力是对权力的妥善应用。

有人认为领导力是超越于正式权力之上的能力，是关于正式权力和非正式权力行使的能力。权力是领导者重要的资源，但行使权力的人不一定是领导者。伯恩斯[141]明确表示，"所有的领导者都是实际的或潜在的权力行使者，但是并非所有的权力行使者都是领导者。"伯恩斯曾经说过，仅仅依靠胁迫威慑的人算不上领导者，充其量不过是权力操纵者。真正的领导者需要全面修炼自己的政治能力。达夫特和诺伊[81]认为，"使用权力达到个人目标并非领导，而仅仅是政治手腕。"然而我们不能否认，在领导过程中需要建立团队的权力模式，需要激发并满足群体成员的利益需求，协调群体之间的利益冲突，需要培养自己的追随者队伍。

奈[239]把适应环境的变化、根据不同的环境综合使用软实力和硬实力、对权力资源进行整合的领导称为巧实力，认为这样的领导具有环境智慧，他们不仅能够了解不断发展变化的环境，还能够利用这种发展趋势，同时根据环境和追随者的需求来改变领导风格。领导风格各有不同，每一种都有最适合的土壤。善于人际关系的领导者与善于处理工作任务的领导者，虽然管理手段不同，但是都应该找到与管理情境相匹配的领导方式。每个企业的文化不同，所拥有的资源不一，所面临的任务和难题的性质不同，组织内部的权力格局不同，员工及追随者的需求有别，时间的紧迫性和信息资源不一样，不同风格的领导者应该综合考量这些环境因素，施展政治能力，做出最合适的决策。

(三)领导需要政治技巧

"有效开展领导工作需要政治技巧。"[151]领导过程需要熟悉多种不同的政治技巧，不仅要深入了解企业中的政治力量，还要深入分析其中的利益格局、权力格局和关系格局，从而判断、选择运用最合适的政治技巧。充分认识环境对开展高效领导也极为必要。某公司新上任总经理就是因为没有搞清楚状况就风风火火地开始各种颐指气使的领导，弄得公司上下怨声载道，自己也灰头土脸。他以为自己是总经理，因而没把分管业务的副总经理放在眼里，结果吃了不少亏。

心理学家发现，领导者过于强硬会恶化上下级关系，过于软弱则会影响业绩。通用电气原CEO伊梅尔特曾说："就管理通用电气而言，一年里有7～12次你必须坚持己见:'你必须照我说的做。'如果18次都这样做,你就会搞得众叛亲离,变成光杆司令。要是只有3次这么做,那公司就会变成一盘散沙。"[239]

每个领导者的政治理念和政治风格不同,因此其所拥有的硬实力和软实力也不一样。从引言的案例中可以看到,乔布斯和斯卡利,马斯克和马丁,吴忌寒和詹克团,柳传志和倪光南,卢观和黄云,每个人都有自己的理念和风格。在巧实力的具体运用过程中,由于政治敏感性和政治经验的差异,所采取的具体政治技巧和最终结果也各不相同。柳传志是一位公认的企业政治家,他高超的政治技巧和丰富的政治经验使他在与倪光南的公司政治斗争中始终占据主动地位并取得最终胜利。

奈[239]所研究的领导者三种权力:威胁强迫(大棒)、金钱诱导(胡萝卜)、吸引感召,前两者是硬实力,第三个是软实力。奈所定义的软实力,是指"要让他人的偏好适应自己的需求"。这种权力往往来自有吸引力的个性、文化、价值和道德权威这些无形资产。他认为身为表率、沟通说服、煽情鼓吹、个人天生气质等都可以成为个人吸引力的来源。具体而言,软实力技巧主要有三种:情商、沟通和远见;硬实力技巧有两种:组织技巧和政治技巧。

科特[17]认为绝大多数企业在领导力的培养上都做得远远不够。他提出许多领导者必须重视的关系问题以及合作与抵制行为,大多与公司政治相关。比如,为了完成任务,必须得到哪些人的合作?可能性多大?谁会阻碍行动?与合作者之间存在哪些可能导致冲突和敌对情绪的分歧?在目标、价值观、世界观、利益关系上存在哪些重大分歧?导致这些分歧的因素是什么?是否有利益冲突?有何共同利益?他们凭什么敢抵制?我在这些关系中的影响力如何?我有哪些可以解决抵制行为的权力资源?能得到哪些信息?

海菲兹和林斯基[244]特别论述了实施领导力的政治思维。他们针对支持者、反对者和中间派提出了不同的政治策略。首先,领导者需要合作者的保护、协助、支持。但他们可能会提出自己的利益需求,寻求合作需要时间、会影响进度,还需要让他们相信你的领导力。其次,需要贴近反对派。不能因为面对反对派很艰难而逃避,那样会变得更糟糕。反对派也能让你反思自己的不足。最后,不要忘记决定成功的是争取摇摆不定的中间派。领导者要承担起变革的责任,体认变革给他们造成的损失,同时自己要在行动上示范,比如20世纪80年代美国很知名的企业家艾柯卡在拯救克莱斯勒时把薪水降到1美元,还要接受变革会损害某些人利益的事实。总之,领导不是孤身奋战,必须施展政治能力取得最大的支持。

我们必须重视中国企业中的关系格局，这种建立于人情基础之上的私人关系对企业中的权力和利益产生重要影响。可以说，不懂关系格局就不能很好地发挥领导作用。中国人重情多于重理，这是与西方企业里领导力情境的很大差异。张维迎和李其[247]认为中国领导一直是在建立自己的圈子。而建立圈子需要综合运用施恩、回报、利益照顾、关系、派别等政治行为来实现。金云义和杨昱[26]认为，"企业家如果过于光明磊落而不能对组织中的各类利益关系了然于胸，没有从容应对之策，那么再光明的事业也非常容易断送。每一个企业都存在或多或少的内部争斗，领袖人物必须深谙权谋之道。这不是提倡领袖人物把企业变成'权力场'，而是要抑制由于内部斗争给企业带来的消极影响。拥有政治智能是中国企业领袖的基本条件。"

有的领导具备某些方面的政治能力，但是在另一些方面的政治能力比较弱，最终也会削弱他的整体领导力。比如艾柯卡拯救了克莱斯勒公司，但是他在福特汽车却犯了致命的错误，导致最终被解聘。他很懂得宣传鼓动和形象塑造这些政治技巧，善于和媒体打交道，以及提高自己的领导形象。但这样会造成艾柯卡是福特公司唯一领导的错觉，忽略了董事会主席亨利·福特的重要性。[239]

可见，围绕利益、权力而体现的政治能力是领导力的重要组成部分。政治能力包括政治理念、政治风格、政治敏感性、政治技巧、政治经验五个方面。政治能力是一个人在政治活动中体现的综合性素质。作为领导力组成部分的政治能力，一方面体现了领导者洞悉人性和内在需求并善于基于此激发人心的能力。一方面体现了熟谙权力运用的策略，在核心团队组建、内部矛盾调和以及建立更广泛群众基础、扫除各种组织障碍方面的能力。

三、领导力的未来：追随文明和人性的脚步

奈[151]、纳伊姆[153]等越来越多的领导力学者和领导者认识到领导与领导力在发生新的变化。社会进入知识经济时代，民智得到前所未有的大开发和进步。普通民众的教育程度大幅提高。信息爆炸以及互联网、移动互联网的快速普及使员工很容易获取过去不可想象的信息。信息的可获得性增强和信息量的巨量增长，让民众掌握信息远远多于历史上任何时期。在信息流通中处于中枢位置或者能够控制网络中信息的流动以及处理大数据信息流的能力都成为权力的重要来源。上下级体系不断趋向扁平化。在过去管制严厉的体

制下个性被压抑的国家和地区,人们的个性也得到巨大解放。随着社会流动性增加以及人才流动的正常化,企业对员工的约束力也逐步下降,员工的忠诚度越来越难以建立和巩固,员工在工作中遭遇不公平对待或者感觉怀才不遇,就会考虑跳槽。

领导和员工建立良好的上下级关系需要花费更多心思,简单粗暴的领导方式越来越没有市场。领导者必须更好地尊重员工、关怀员工和培养员工。领导方式正在发生更多变化。以森严的等级权力来领导员工已经越来越失去效力。领导必须采用更好的方法来赢得员工的拥戴。有人甚至提出"女性化的领导风格"更容易取得成功,因为她们更注重协作、参与和融合,注意诱导跟随者的行为,注重改善与下属的关系,而不是男性化领导的武断、重视权威和强制命令。[239]员工的利益和需求也在发生改变。过去对基本物质生活的追求已经不是重点,年轻人崇尚个性、自由、尊重、平等已经成为主流。在网络环境下正变得更加独立、隔离和虚拟化,对于企业的归属感也越来越淡。企业和企业领导对员工的约束力日渐变弱。员工对权力、权威的尊重和重视正在日益弱化。

当今世界,权力和领导都在发生变化。甚至出现"领导危机",超过半数以上的民众对领导不信任。调查显示,人们对组织和领导权威的尊重程度正在下降。无论在政府还是企业,许多领导者没有适应新形势对领导提出的新要求。信息技术推动社会、企业的转型,包括权力、公司政治和领导力。社会环境发生巨大变化,企业员工所接受的激励机制和政治感染力与过去大不相同,员工知识化程度日益提高。谷歌的CEO说,现在的员工必须要哄着才行。

IBM原CEO彭明盛认为,命令控制型的上下级领导体系已经不管用了,其只会阻碍公司中的信息流,制约当前工作的流动和协作性。调查显示,在动态、复杂和模糊的网络商务环境中,认为领导者掌握决定控制权的观点已经难以满足当前需要。高效开展领导工作,就要根据具体决策和行动选择不同的领导者。就像赛艇一样,不同位置的人在不同的状况时分别承担领导责任。分布式领导意味着领导力不仅是有正式职位的人,而是很多人参与,强调合作而非控制,富有同情心,是集体的协同行动。领导力不再是某位正式领导者所有,而是整个企业的资产。

学者们也提出了不少新的领导理念,越来越强调非强制的、依靠领导个人魅力、鼓励员工参与、强调协作和包容、尊重下属员工、身份认同以及真诚等等。有人称之为新式温和型领导或者感召式领导。有研究认为,最佳领导者具有能自身调控的两大特点，一是更高的情感成熟度，有助于减少以自我为中心的意识；二是民主化的引导型管理风格。越来越讨好、迁就追随者似乎成为一种趋势。然而，从另一个角度来看，既然领导的作用力越来越减弱，不是正好说明需要更强的领导力吗？在越来越难以找到强势领导者的环境下，硬实力的运用似乎也正是时代的需要，尤其在危机发生的时候。2020年11月任正非在荣耀送别会上说"过去我们有些方法过于生冷"，他承认华为的管理近似严苛，这是处于快速成长时期且面临外部非正常打压背景下正确的选择。不过这种看似强硬的管理风格，需要高明的政治能力来掌控，才会起到预期的效果。

心理学的研究表明，人们对已故领导者的评价通常要高于在世的领导者。所以，难免会产生一代不如一代的感慨。但是，我们也应该记住，任何时代都需要强有力的领导。尤其在现代社会发展速度加快、转型力度加大、突发事件增多、处理难度更加复杂的背景下，强势的领导力更加稀缺，而且更加不可或缺。一方面，人们越来越不在乎领导；另一方面，人们又在期盼真正能够服众的领袖。

中国传统文化或许能为当今商业世界面临的领导力困境提供解决思路。"己所不欲，勿施于人"与基督教的"己之所欲，施之于人"反映了两种截然不同的文化。中国文化蕴含同理心，讲究感化和顺其自然，而不是强迫。儒家"天下大同"、大公无私的社会理想，追求和睦相处、各安其所的理想世界。老子"大者宜为下"的思想告诫领导者应该"善下之"。"以和为贵"的传统伦理思想反映了人与人之间相处的基本原则。现代管理学主要以美国的理论和实践为基础，虽然法律上不断对商业欺诈行为进行约束，但资本噬利的天性和企业高管对私利的过分追求仍然导致不少商业丑闻。虽然领导方式从早期的强制命令发展到现在的感召式、分布式领导力，但资本经济和商业实力快速发展的成功和张扬个性的文化导致领导者的霸道手段比较常见，习惯以强大的实力压服对手，喜欢向外输出自己的想法。许多学者开始反思，而中国传统文化智慧顺应了社会发展趋势，可以提供有益的借鉴。

人类文明持续发展。在物质需求不断被满足之后，人的发展日益突显其根本的重要性。人性也会随着社会环境和人的发展而发生变化。领导力的未来必然反映这些变化。

第二节　领导力的行为表现

企业领导者到底需要做什么？在哪些方面体现出他们卓尔不群的领导力？有一个调查显示，人们认为成功领导者的最大特征是激发和鼓舞他人的能力，但53％的人评价自己的直接主管这方面的表现为较差或一般。其他重要的领导特征还有：适应不断变化或竞争性的企业需求，分析和解决问题，建立互信关系，创造参与未来憧憬，创新和推动创造力等。

这个调查反映了大众对领导力的看法。调查使用的领导特征选项基本上涵盖了目前学术界对于领导力行为表现的大多数研究成果。

众多领导力大师对此有过专门研究。本尼斯和戈德史密斯[238]通过长期对很多组织、政府机构和社区领导者进行访谈、观察、训练和辅导时发现、总结了以下六种领导能力：驾驭环境，了解自己，建立未来愿景，通过意义来传达愿景，通过诚信来保持信任，通过行动来实现意图。

库泽斯和波斯纳[245]经过30多年的持续研究总结了卓越领导者的五种习惯行为：以身作则，共启愿景，挑战现状，使众人行，激励人心。

尤里奇等人[242]与领导学领域的权威专家讨论后，总结出五大领导力准则：勾勒愿景，主动变革，激励人心，培养接班人，自我修炼。

在前述对领导和领导力理解的基础上，结合现有的研究成果，我们从共享愿景（聚焦于方向）、感召团队（聚焦于人）、主导实现（聚焦于行动）三个方面阐述在企业经营管理中领导力的行为表现（如图8-2）。

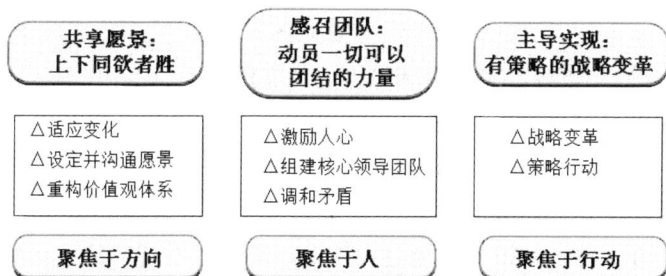

图8-2　领导力的行为表现

一、共享愿景：上下同欲者胜

企业领导者首先面临的就是在 VUCA 时代快速变化、充满不确定的复杂经营环境中要把企业带到哪里去，领导力聚焦于方向。企业与其他组织不同，受到盈利的强约束，如果出现一次重大的战略决策失误，可能就会面临灭顶之灾。尤其是那些进入无人区的行业领先企业，并没有清晰的发展路线图，就像任正非说的"华为已感到前途茫茫，找不到方向，华为已前进在迷航中。"

大多数处在竞争红海中的企业也一样面对未来充满困惑，暴利时代早已过去，该如何选择自己的发展战略和竞争战略？如何开发产品和市场？在规模、速度和效益的三角矛盾中如何决策？选择哪种商务模式？做什么？不做什么？亏损的企业为今天的生存而焦虑，微利的企业为明天的生存而焦虑，盈利较好的企业为后天的生存而焦虑。特别当经营遇到重大挑战、出现重大危机时，更是让企业领导者经受风口浪尖上的心理和身体双重折磨。出路在哪里？未来去哪里？领导者不得不站出来，背负巨大的压力，指明前进的方向，明确要去的目的地，设定并分享远期的愿景。

(一)适应变化

中国传统文化早已对如何应对变化做出了系统研究。《周易》就是专门论述变化的巨著，对人们如何从自然界的各种变化发现一些规则，结合天时地利与个人情境，从而趋吉避凶有很现实的指导意义。正是因为变化，才为改变现状提供了可能性和机会，《周易》试图总结自然规律，以此指导人的活动，"变则通，通则久"。翁君奕[250]则从《道德经》中研究发现了一套如何历变不衰的方法论。道是变化之道，商机蕴含于变化之中。领导者应该运用辩证思维、理性思维和边际思维，"无为而无不为"，弃旧而图新。在德的修养上"能容、能见、能干"，既有雄心、包容心和使命感等组成的宽阔心胸，也有具创造性思考能力和发现能力的远见卓识，还要敏捷行动。

第一，领导者拥有见微知著的识别力，能够率先识别那些将在未来影响企业前景的微小变化，驾驭环境。

任正非在 20 世纪 80 年代通过代理电话交换机看到程控电话交换机的市场机会，提前十几年预判到美国对中国高新技术的围追堵截而布局海思芯片，提前部署鸿蒙、麒麟、鲲鹏等自主操作系统的开发，显示了与同时代企业家相比更加杰出的未来鉴辩力。他说:"高级将领的作用是什么? 就是要在看不清的茫茫黑暗中,用自己发出的微光,带着你的队伍前进。"

佳能前董事会主席兼CEO御手洗富士[95]在分析为什么许多技术巨人纷纷倒下而佳能却能够巍然屹立的问题时认为,保持机敏,随着环境的要求对技术发展、产品体系和管理风格等进行变革,才能挺过难关,并保持事业兴旺发达,对变化及时做出反应正是佳能公司的特点。

在越来越开放的复杂经营环境下,不确定性和偶然性太多,很难有一个模型可以准确模拟和预测出未来的企业走势。如果要预测结果必须纳入、控制数量巨大的变量才有可能,而这实际上是不可能的。所以,鉴别可能机会的超凡领导力对领导者的考验是极其苛刻的。在信息爆炸时代,大数据分析和人工智能的快速发展虽然有助于决策,但到目前为止,还不能解决企业决策的难题。超级数据时代也是超级理性时代,虽然它们能分析海量数据,但不一定带来洞见,带来灵光一闪。欧文[160]指出,商业帝国不是建立在理性基础上,最优秀的领导者认为接受理性就是接受失败。领导力需要理性之外的顿悟。

成功的领导者总有成功的经验,正是这些过往的成功经验造就了现在身居高位的他,但同时也很有可能成为他日后走麦城的伏笔。因为经验的重要性产生于事件与环境的结合。每一次经验都有其产生的特定情境,成功的经验源自成功地解决了当时的实际问题。但值得注意的是,经验也只是产生于当时的那个情境,在外部环境发生变化尤其是巨大变化的时候,过去的成功经验不一定再适用,有时反而成为下一次决策失误的肇因。因此,优秀的领导者善于根据具体情境做决策。而且,在事件演变过程中的不同阶段,也需要做出适时的调整。

领导力就是要能够在复杂多变的环境中抓住格鲁夫所说的战略转折点,或者实现汉迪所说的第二次起飞。这些战略转折点不会自己贴着标签站在那,需要领导者付出巨大的努力,开展大量的调研工作,拥有开创性思维,敢于冒险,才有可能抓住。处于战略分叉口的企业,成败在于当家人的领导力。当没有既往经验可以复制,没有现有的权威可以依循,没有神的暗示,这时候就需要有信心、有创见的人,勇于承担风险,开辟出一条新路,这正是考验领导者价值的时候。

在外部形势复杂、变化多端、内部声音众多、对错难辨的重重迷雾中,最高决策者是否真正"不畏浮云遮望眼",能够找到正确的路,做出正确的决策,企业的命运其实最终系于一人之身。万众悠悠之口,不乏有识之士,但是最终拍板的只有一人。从这个角度，我赞同诺尔·蒂奇"从下到上的领导是胡说八道"的观点，每个组织需要一个组织顶端的最高领导者发挥领导力。[249]无论这个决策者是理性的还是非理性的，都有可能做出错误的决策。当然也有可能做出正确的决策。在那些决定企业生死存亡的关键时刻做出的决策，同样存在这样的风险。选择对了，企业之幸；选择错了，企业之命。

冒险是领导力的重要特征。不冒险意味着不敢挑战未来，改变现状。冒险就有失败的风险，也才有成功的机会。

有时候，难免有一点运气的因素。因为在对与错的选择中，并没有非常清晰、非黑即白的数据、信息、理由来支撑着最终答案，并没有一个能够预知未来、未卜先知的神灵在冥冥之中提醒和指引。错误的路也有很多有力的证据在支持，错误的路看起来似乎比正确的路更正确。只有在事后我们才能够肯定地知道哪条路是真正的正确之路。这是企业命运的不可知性和运气所在。马化腾对腾讯的成功很客观地总结道："初期运气占得比较重，至少70％。但是2001年之后主要靠自己，靠对用户价值的挖掘与尊重。"当初想都不敢想QQ注册用户会破亿，他并不拥有能够看见未来的特异功能。本尼斯等人[249]甚至认为"可以把领导者的成功大部分归功于超出其控制的力量——归功于不可预测的运气。"斯卡利在百事可乐很成功，但在苹果公司却很失败，虽然赢得了与乔布斯的权力博弈。然而本尼斯却依然认为斯卡利是伟大的领导者，因为他离开苹果后做风险投资很成功，这凸显了他优秀的适应能力。本尼斯认为苹果不是斯卡利的好选择。[249]这其中也许有运气的成分。

时来天地皆同力，运去英雄不自由。

在做重大决策的时候，有时候一个人的决策行为难免存在非理性的因素。因为人的理性是有限理性，会受到多种因素的影响。一般而言，团体理性要高于个人理性。重大决策通过团队来讨论，似乎是一个更理性的方式。通过团体的理性思维，尽可能降低个体的非理性思维，尽可能约束一个人的一时冲动而做出的错误决策。比如华为的集体决策机制。这也是公司政治的积极作用之一。

第二，领导者拥有明察秋毫的洞察力，能够敏锐察觉内部不适应企业发展要求的组织机能问题，挑战现状。

适应变化不仅要看到外部环境可能出现的机会和威胁，也要看到内部资源能力和组织关系不能适应变化的地方。企业是在内部资源能力与外部环境的持续互动中发展的。企业的核心竞争力和动态能力也处在不断变化之中，有些可能会随着时间的推移变成包袱和束缚,变得不再有竞争优势。领导者要清醒地看到这些动态的问题点。

　　企业是一个由多种不同内部组织、不同业务、不同背景的员工、不同利益需求的群体组成的复杂体。部门之间、员工之间、业务之间的内部关系看起来风平浪静,但实际上总是隐藏着冲突。有的员工不思进取,已经跟不上企业的步伐;有的员工业绩好又有冲劲,但是已经没有晋升的空间;有的主管热衷于维护自己的小圈子,对其他部门的协作视而不见;有的主管兢兢业业,但是管理理念已经过时。

　　领导者应该认清彼得·圣吉指出的组织学习的七种障碍。其中一方面争权夺利,一方面假装和谐的消极政治会导致"团队迷思"。[249]

　　外面的形势一日千里,挑战远远大于机遇,领导者并没有十足的把握一定能够保证自己的判断是对的,但是变革在所难免。如果企业内部的种种状况已经与时代脱节,继续维持现状,最后的结局很危险。所有不适应变化的现状都必须打破。只有重塑组织,革新不适宜的组织障碍,实施组织变革,才能为企业寻求一线生机。

　　华为1996年的市场部大辞职、2007年的7000人"辞职门"事件、工龄清零等行动,就是冲破现状束缚的典型案例。引进IBM管理模式,是为了在未来更好地为快速爆发的全球化业务服务。海尔推行自主经营体模式,也是因担忧未来而对内部组织形式进行主动变革。

　　在对外部环境的变化了然于胸并下定决心挑战内部的现状之后,一方面领导者需要将企业发展的愿景清晰化,一方面要对实现愿景所依托的价值观重新假设。

(二)设定并沟通愿景

　　企业领导必须聚焦于组织利益和企业目标,只关注自己个人利益和个人目标的人不可能成为领导者。正如伯恩斯[141]所强调的,天才领导者很重要的品质是不仅要察觉、了解潜在追随者的需要和动机,了解以何种方式来激发和引导那些需要,而且还要去满足他们更高的需要。而这样做的目的是实现领导者和追随者的共同目标。《孙子兵法》有道,"上下同欲者胜"。企业领导要在洞察员工利益和各利益相关者利益的基础上,激发其更高层次的利益需要,"与众相得",重视并践行利益共享理念,充分融合上下利益交集,凝聚企业利益,描绘企业共同目标。

不少企业因为在动荡变化的环境中迷失了方向、不能准确预见技术与商业趋势、没有设定顺应时代的战略愿景和实现策略而倒下，比如众所周知的柯达、诺基亚、摩托罗拉等，这些企业并非由于缺乏资金、人才、技术，或者爆出巨大丑闻而衰败。它们都有辉煌的历史，曾经取得巨大的成功，财源滚滚，人才济济。但是却不能凝聚企业上下的共同利益，不能制定出适合未来的正确发展战略。

公司愿景是由 CEO 和董事会决策的，失败的原因是因为他们——这些身处最高层的组织领导者为企业选择了一条错误的路。科特[237]强调"经营方向的拟定是领导行为的核心"，积极有效的领导行为经过仔细权衡利弊，要确定企业的变革方向。要广泛收集信息，回答所在领域的基本问题，确定远景目标，描述将来的发展动态，并确立实现目标的战略。同时通过大量交流以言行清晰地将确定的经营方向传达给员工，让他们理解和相信远景战略。如果不能确定方向，将使管理层疲于临时应付突发事件，短期计划变来变去，很可能变成高度政治化的游戏。

要想为企业找到正确的远期目标，并且设计好从现在到未来的路径，首先需要创新思维。乔布斯发明苹果智能手机，颠覆了大家脑海中诺基亚等传统手机厂商对于智能手机的定义。创新思维需要领导者突破自己，甚至否定自己。他们从自身之外、从企业之外探嗅新机会。他们汇集巨量信息，而且能够出其不意地在本来互不关联的事物之间创造新的关联，从而产生新的机会。他们善于质疑常规思维和惯性思维，常常把大家认为不可能的事串在一起，从一个大家想不到的角度理解和构思。就像圣吉所说的"系统思考"，看到一连串的变化过程，而非一个个单独的个别事件。[249]

不一定正确的路必须是自己新开的，正确的愿景也不一定必须多么标新立异。有时候在相同或相近的业务赛道上，采取独特的运作模式，在速度上制胜；或者把自有资源的优势发挥到极致，通过资源和能力的最优整合实现经营目标；或者聚焦于客户的需求挖掘，创造出客户意想不到的新需求，同样可以获得成功。

如何把脑子里的蓝图，变成员工行动的方向和可行的实际路径，或者说员工价值实现的梦想和途径，这就离不开领导力。而且并不是有先见之明的人总能征服他人。如何让人相信跟你一起把先见之明变成眼见为实，除了要有可操作的行动策略，还要有高超的战略愿景沟通能力。优秀的领导者善于将愿景和策略以简洁凝练的语言、用人们喜闻乐见的方式分享给团队成员，让大家准确理解,变成组织的共享愿景。领导者常常用讲故事的方式将愿景深深地印在员工的心中。本尼斯[238]把这称为"通过沟通管理意义",领导者不仅仅只是解释和澄清,还要创造意义,让大家专注在值得付出的价值目标上。公司政治有助于在内部更好地沟通愿景。

(三)构筑价值观体系

愿景的实现需要企业文化的支撑,同时也会发展和改变文化。沙因[195]认为,只有一件真正重要的事是领导者需要做的,就是文化建设。他曾说"摧毁某种被认为不再起作用的文化,是领导力的最高表现。"他提出,文化和领导力是一枚硬币的两面。在企业变革过程中,如果没有按照原定目标前进,领导者会引导团队。如果取得成功,这些行为就会被强化,领导者的期望就会被定义为文化。在沙因看来,领导者在领导企业实现愿景时,会出现组织学习的行为,他会提出一些新的想法,当变革成功后,领导者的想法和行为会转变为企业文化的内容,从而使企业文化增加新内容而发生演变。科特和本尼斯都认为领导应该重视企业文化。本尼斯说,领导者是改变文化的人。如果愿景是要把企业带到一个新的目的地,就不能再依靠旧有的组织能力和文化基础,而需要重新构建适应新愿景的价值观、经营理念,对原来的价值观体系进行修订、补充或再造。

以任正非 2008 年"开放、妥协、灰度"的讲话为起点,这三个词与"以客户为中心,以奋斗者为本,长期坚持艰苦奋斗,自我批判"共同构成了华为的价值观体系,他们是相辅相成、互为呼应的,也成为华为对外竞争与合作、对内进行组织批判与变革的理论指导,从而避免了在国际市场的恶性冲突和在企业内部的组织动荡。

宝洁前 CEO 雷富礼总结 CEO 的四个基本职责:界定并阐释外部的重大意义;时常问自己两个问题:从事什么业务和不从事什么业务;在短期丰厚收益和未来必要投资之间取得平衡;建立组织的价值观和衡量标准。在价值观的建立中,领导者需要注意的是不能忽略政治理念的假设。CEO 需要在不断变化、激烈竞争的环境下审视企业基于利益和权力的政治理念是否与公司的现在、未来和所从事的业务相匹配,必要时需要重新梳理和建立新的政治理念和贯彻方案,重新检视企业依赖于过去的政治理念建立的规章制度是否需要调整修正,持续给企业和员工带来正念和希望。

二、感召团队：动员一切可以团结的力量

在领导者面对内外挑战设定并共享了愿景、为企业指明前进方向之后，领导力需要表现的行为是聚焦于人，激发团队的内在动力，鼓舞团队齐心协力为实现愿景目标去奋斗。这给公司政治提供了施展的舞台。

（一）激励人心

人心齐，泰山移。领导学是"心"术，是关于如何驭心的学问。优秀的领导者很少通过强迫手段影响下属，而是通过激励使下属乐于付出努力和激情。本尼斯[137]认为，最成功的领导是那些不把自己看成领导，而是把自己当成促进者的人。他没有命令，只有激励。但现实情况不容乐观，有调查表明，虽然67％的领导者认为他们善于激励他人，但只有32％的追随者表示赞同。合益集团（Hay）的调查显示，只有9.8％的中国企业比较善于鼓舞人心。诺尔·蒂奇发现，领导者往往在商业战略上花费大量精力，却无法鼓舞员工团结在战略周围。[249]

有个年轻人问加德纳[149]："如果想成为一个领导者，最应该记住的是什么？"加德纳回答道："最重要的是应该记住领导者必须有追随者。"领导力就是影响力，体现了领导者被人追随的能力。所以，领导者必须考虑到他们的下属和支持者，而不是只学会如何表现自己。领导需要扩大群众基础，领导力的体现在于追随者。领导者需要掌握员工不断变化的潜在需求，想清楚员工支持或者反对你政策的背后原因，估算出最小获胜员工数量的规模，同时把握住不同环境下的员工思考和行动模式，以取得最佳的领导效果。领导者用自己对愿景的激情点燃追随者的激情。

德鲁克[134]说："领导力不是让人们去做不愿意做的事情，而是让他们去实现他们未曾实现的理想。"科特[237]把激励和鼓舞作为三大领导行为之一，提出要唤起人们成就感、归属感、自尊感等最基本的需求，激发出他们的巨大能量，相信自己能掌握命运，实现自己的理想，激励人们战胜经济、公司政治以及资源等方面的障碍。蒂奇认为领导者的主要任务是培养领导者，任何层级的领导者必须是一个老师。领导者不是发指令，而要有可教的观点可以教导他人，还要通过讲述三种故事来教导：我是谁、我们是谁、我们向何处去。[249]因此，企业领导者最首要的职责就是要能够激励下属发挥他们最大的潜能，开

发人才。教导、激励和留人很关键的一点是要让人才在组织中找到成就感,让员工在工作中实现自我超越,寻找到作为人的更伟大的宗旨和意义。

攻心为上。激励的本质是利益,从个人利益的五个方面着手,才可以根本解决人才的激励问题。始终站在利益的角度,才能真正做好员工和团队的激励。如果看不到利益这个最核心的激励动因,领导力就会欠些火候。很多主管由于受到大公无私思想的熏陶,很多企业也要求干部具有牺牲奉献精神,因此他们有时候也会这样要求下属。这是一个误区。对于中高级干部,尤其是高层领导,必须要求具有牺牲和奉献精神,但是对于基层员工和基层主管以及团队,必须从根本的利益角度解决激励问题,否则难免缘木求鱼。欧文[160]指出,关心每一位成员及其前程能够发挥最大的激励作用。

领导者需要正确评估身边小圈子和更大群体的忠诚度。如果整个组织的成员身份认同感强,领导者就要通过感召大家实现共同的目标来领导。如果是在一个新创的企业中或者并购的企业,成员的思想还没有统一,对领导者的认同感还不够强,或许施以具体的实际利益诱惑更有效果。领导者有没有自己的嫡系? 身边亲近的下属对自己的忠诚度如何? 这个亲近的小圈子范围有多大? 他们的动机、好恶、需求和弱点是什么? 这些基本的公司政治分析技巧需要领导者认真学习、思考。

领导也要尊重下属的智慧和能量。张瑞敏说过,"永远不要认为你比员工更聪明。"在他看来,员工才是公司唯一的资产,也是公司唯一的附加值。激励他们并授予他们更多权力的责任落在管理层身上。海尔多年来推行自主经营体模式,即让员工对负责的小微经营体拥有自主经营权、决策权和分配权,这充分激发了员工的活力,也正是这种理念的体现。领导者要真心欣赏与自己不一样的人,对不同的下属开展情境领导。尤里奇[242]指出"领导者的工作就是认识并减少不明智的要求"。这一点值得重视,领导不应是下属的束缚,而应尽力释放他们的自由,不要设立复杂的流程处理简单的事情,限制下属的创造性和积极性的发挥。

企业内部文化和环境的构造也很重要。现代企业的规模日益庞大、膨胀,企业的巨型化已经成为一个令管理层头疼的问题,其中的官僚问题尤其突出,损害了组织的活力。加德纳[149]认为,富于创造力的领导者会尽量减少企业的复杂性,精简总部的行政人员,撤销过多的管理层,设定便于管理的单位规模。有效的领导者必须营造一种气氛来鼓励领导与员工间的双向交流,培养员工的参与意识和归属感。他们应该尽可能多地与员工沟通,尽可能多地关注员工,能够帮助员工从沮丧、低落的情绪中走出来,为员工的发展创造条件,排除那些压制员工个性发展的障碍,同时积极培训培养员工增进技能。圣吉认为领导者的基本角色之一是老师,要培养人们以振奋的观点看待现实。最终,领导者与追随者之间建立牢不可破的信任关系。[249]

(二)组建核心领导团队

领导者不能做孤胆英雄,如何发挥领导团队的作用至关重要。领导者需要亲自挑选、建立一个核心的领导团队,就像奥拉姆[226]所说的亲信圈。吉姆·柯林斯[252]认为领导者的首要角色是人事决策者,先要选择正确的人,调整错误的人,把关键的人选在关键的时刻放到关键的位置上。他认为第四级领导者是一个天才带领 1000 个帮手,而第五级领导者是团队领导。没有完美的个人,只有完美的团队。领导者应认识到自己的局限,依靠团队来弥补自己的不足。应该选择那些与领导者背景和风格不同、但在不同专业领域有卓越能力的成员。科特[17]提出的"领导的非正规网络"是一群价值观相同、工作关系良好的人组成合作团队,能够不断包容和适应内部冲突。这种模式才能应对战略变革中遇到的公司政治障碍。

梅耶尔[131]担任雅虎 CEO 后迅速重塑了雅虎的高层团队。媒体甚至传说凡是在她之前进入雅虎且直接向她汇报的人均将离开公司。事实上,她很快更换了新的首席营销官、CFO,新设立了人力与发展执行副总裁,同时还热衷于"购聘"——通过收购新创企业获取优秀人才。郭士纳[132]在担任 IBM 的 CEO 后首先不得不重新寻找 CFO 和人力资源副总裁,上班的第一天就带来了助理和公关经理。欧文[160]称新任领导者常常彻底调整他们的团队,任用自己信得过的可靠人,这既是理性行为,也是政治行为。

最具挑战的就是能否任用比自己优秀的人才。有些创始人和企业领导,尤其不少中层经理有武大郎开店的潜意识,不敢起用比自己优秀的人才。钢铁大王卡内基的墓碑刻着"安息在这里的人,在他的一生中,起用过许多比他自己更优秀的人。"这句话诠释了他成功的真谛。雷吉·琼斯起用韦尔奇,延续了通用电气的辉煌。任用有能力的优秀人才除了要有宽阔的胸怀,还要有让这些人才能够为你所用的策略,让他们愿意和你一起打拼。

(三)调和矛盾

20 世纪 90 年代初 IBM 陷入困境,有人评论道,由于企业已经处于需要依赖共识来决策的状况,存在一系列致命的问题,比如高管彼此排挤、不合作、无暇顾及外部威胁。[132]很多企业和那时的 IBM 一样,倒在内部的消极政治冲突中。

企业领导者在必要的时候必须亲自出面处理和调解下属或团队之间的各种冲突和矛盾。不少领导者不喜欢介入团队的矛盾处理,不愿意做仲裁,即使被迫出面也只是简单地做和事佬,并没有真正从根子上解决问题。特别是受传统文化的影响,中国人不愿得罪人,担心在调解冲突时难免需要得罪其中一方,尤其是职业经理人,顾虑会多一些,认为多一事不如少一事。但是从企业的利益考虑,出现了冲突如果不及时调解,就有可能引发为更大的矛盾,或者怨气累积,从而影响工作的配合。一旦管理者之间心存芥蒂,难免在工作中有所体现,不利于企业营造和谐的文化和环境,也不利于工作开展。

三星为了提升设计水平,曾经下血本引进了一批外国设计专家。这些外国专家以适应市场需求为设计目标,设计理念领先,设计方案符合消费者需求。但是由于营销部等公司的高层经营者理念落后,认为专家们设计的产品卖不出去,双方发生重大分歧影响设计工作的进行。这些专家们最后不得不向李健熙投诉,抱怨他们的理念没有实现的环境。李健熙意识到问题的严重性,因此亲自介入,指示秘书室(三星非常重要的管理决策机构)立即了解情况并提出改善方案。在李健熙的过问下,三星确立了"设计师创意须得到尊重"的原则,从而使三星的产品设计引领业界潮流,受到消费者的青睐。

领导者在矛盾处理方面面临的问题有多个层面。首先要能够明察秋毫,有了解公司内部发生的主要矛盾的信息渠道。由于在思想意识上不重视调和矛盾,因此也就不会去思考和布局关于信息渠道的问题。领导不能眼观六路、耳听八方,不能获悉高层管理者和主要环节的矛盾冲突信息,自以为天下太平,有可能底下团队已经剑拔弩张,自己还被蒙在鼓里。在掌握信息之后,其次就是要深入调查。深入、翔实、公正的调查非常重要,没有调查就没有发言权,不掌握事实真相就很可能做出错误决定,颠倒黑白,不能扬善惩恶。再次就是要明辨是非。公司内部的矛盾涉及方方面面,来龙去脉纷繁复杂,是非对错隐晦不明,需要领导者对相关的业务、技术、人事、背景等特别熟悉,否则就容易出现葫芦官乱断葫芦案的笑话,不但于事无补,反而错上加错。李健熙处理设计师和营销部之间的矛盾时,需要判断清楚设计师的理念是否正确,这是一个不懂业务、没有主见的领导人做不了的。李健熙站在国际市场的角度和

公司战略全局的高度,对设计和营销业务都有自己的主见,因此可以做出自己的选择。

还有就是要有高超的领导艺术和调解手法。问题发现了,情况摸清了,选择做出了,如何平息矛盾、调解双方还需要艺术和技巧。如果双方都是单纯的政见不同和技术之争,没有掺杂消极政治和个人私利,就比较好办些。否则非常考验领导者的政治能力。而往往很多矛盾都是因利益而起。在最终调解的时候,不仅是就事论事,还需要注意参与各方管理者的个性和特点,综合考虑事和人,最好的结局就是让各方能真诚接受、统一在公司的大局之下。最后还要总结提炼。通过一件冲突事件的处理发现公司经营管理中存在的制度性缺陷,并且总结弥补,变坏事为好事。

"君子和而不同,小人同而不和",儒家传统智慧倡导人们在持有不同意见时保持和谐团结的关系,而不应表面迎合附和,内心却互不配合。"有容乃大,无欲则刚",领导者不仅要有宽阔的胸襟,而且不应有个人私利。奈[239]说,"追求良好道义、成就高效业绩的转型领导者能提供富有感召力的远见目标,超越一己私利,用共同理想把不同团体团结在一起。他们追求更高的集体利益,有助于避免组织和民族中出现狭隘的小团体主义。"这和积极政治的理念相吻合。真正的政治型企业家都努力践行积极政治理念,只有在特定的情境下才会使用消极政治手段,而且一般都是为了追求企业利益。

有些企业领导经常运用消极政治手段,甚至沉迷于消极政治,这迟早会伤害企业。政治能力越强的领导者,破坏力也越强。因此,必须在体制机制上建立起有效的防范体系。卓越的领导者应该发挥积极政治能力,系统提炼自己的政治理念并在企业文化的建设中加以贯彻,确保正确的规范和价值观得到员工最广泛的认同,让大多数管理者和员工能够自觉地通过正常途径获得职业成功,打击消极政治行为的投机心理。聪明的领导者还懂得发挥群众的监督作用。如果员工对上司的消极政治行为不满,他可能抗议,可能离职,也可能沉默。引言中的胡娟就是因为无法忍受黄云两面三刀的负面行为而离职。第七章实例中的梅英也是因上司吴鹏的故意刁难而萌生去意。向外泄露机密信息或者向上告密以阻止上司的错误行为,也可以成为员工的选择之一。企业管理层建立有效的信息流动机制,会有助于员工通过正当渠道反映问题、阻碍消极政治行为,而不是逼迫了解真相的员工沉默或者离职。

三、主导实现：有策略的战略变革

领导力必须聚焦于行动，能够将美好的愿景变成现实；必须聚焦于结果，给企业带来改变，创建一些新的事物。任何看起来最炫目的天衣无缝的战略愿景，如果最终没有实现，有人会认为这是优秀领导者的领导力表现吗？领导力需要结果导向。就像本尼斯所说，领导者的责任就是要把愿景变为现实。再完美的愿景规划，只要最终没有变成现实，只会被评价为失败者，而且还会认为原来的规划不切实际、领导力只是花拳绣腿。人们评判愿景是否好，是以最终的结果为依据的。因此，主导实现是领导力的终极表现。

愿景要成为现实，就是要将制定的战略予以落实。第六章对战略实施做了重点分析。这里简要讨论战略变革，因为战略变革在领导力的表现中作用突出。同时分析在推动愿景实现中的策略行为。

华为当年在引进IBM的管理模式时，任正非发挥了卓越的领导力。IBM的顾问给管理层人员培训时，许多员工并没把这些洋顾问放在眼里，有的人直接趴在桌上睡觉，有些人经常迟到早退。任正非反复宣导管理变革的必要性和重要性，强调"只有谦虚、认真、扎实、开放地向IBM学习，这个变革才能成功。"他预料到内部的反对声音，不客气地说"我最痛恨'聪明人'，认为自己多读了两本书就了不起，有些人还不了解业务流程是什么就去开流程处方，结果流程七疮八孔地老出问题。"同时，他也清醒地认识到变革过程中的实际困难，"我们在执行一个项目的时候，一定要给基层留出一个准备的时间，留出克服困难、扫除障碍的时间，留出给他们在执行中深入理解的时间。"他还提出用"改良主义"使变革顺利推进。

（一）战略变革

企业经营中遇到的日常性问题和技术性问题相对比较容易解决，但是对于未来不清晰、不确定和没有现成解决方案的挑战性问题，只能跳出过去的行为方式，创新思维，通过变革来解决挑战性难题。这种变革不是一劳永逸的，而是在企业的发展过程中需要动态进行的。有些需要大变革，有些只是小变革。当企业遭遇重大挑战、需要大变革的时候，尤其在危机、紧急时刻，员工更加期盼英雄式领导的出现。

战略变革发生在企业或独立业务单元的整体目标发生变化或者实现目标

的方式发生重大改变的时候。这种变化可能是由于原来或新来的领导者主动引入新的目标,也可能是面对环境威胁的被动适应行为。战略变革的结果总是在一定的外部环境下对企业的重组,同时伴随着对内部结构和流程的重构。

1.战略变革的领导

领导力充分体现在对变革的推动上。变革意味着对旧规则的打破、对新规则的创建。变革的内容有大有小,比如改变作业流程,调整人员岗位,开发新产品,调整营销模式,建立信息管理系统,并购另一家企业,开辟新业务等等。领导者不仅要投入大量时间,而且要抓住问题的关键,为自己塑造变革领导者的身份,树立榜样,保持定力,让变革团队感受到坚定的支持。

领导者需要厘清任务。在愿景明确之后,领导者和变革团队需要将战略变革的目标任务具体化、清晰化,在预算支持下配置好资源,制订可执行的行动计划。大的变革需要分解为短期可落实的任务。虽然这些工作更倾向于管理能力,但是领导者需要在管理团队提出方案后进行决策,并且做出全局性、原则性问题的指示。而且,在这个过程中,领导者要主导建立观察、反馈、问责、监控机制,确保变革的动态调整。领导者要主动掌控变革,而不是被变革被动挟持。

科特[225]在分析了组织变革的八种常见错误基础上,提出了领导变革的八个步骤:(1)增强紧迫感。包括在预见变化后创造新的危机,唤醒大家的危机意识,定期与不满意的客户交流等等。(2)组建领导团队。不能只靠一个人或某几个人。(3)确立愿景。愿景可以在 5 分钟内讲清楚。(4)沟通愿景。力求简单,多用故事、例子和传播媒介。(5)授权行动。及时清除关键障碍,包括调整组织结构,提供培训,修改管理制度,调整阻碍变革的管理人员。(6)创造短期效果。庆祝取得的小进展,反击反对派,争取更多支持。(7)巩固成果并进一步推进变革。不要过早宣布成功,以免功亏一篑。(8)将新方法融入企业文化。不要一开始就改变文化,而要先改变行为,再把经实践检验的新做法固化下来,融入企业文化。

2.战略变革的政治化

科特[225]很重视战略变革中的公司政治现象,并提出了一些应对措施。根据 Barbara 和 Sonny[71]的研究,由于以下四个方面的原因,学者们支持战略变革的政治观点,反对理性模型。

(1)以政治网络弥补有限理性

领导者只能选择性关注出现在他们面前的大量信息。对感知的研究认为人们关注的是他们想要看到和听到的东西,也就是那些和他们自身立场一致的信息。这种对信息的选择性关注会影响组织内的政治动态。菲佛[15]指出,组织内强势的人能够影响其他人并且通过推销自己的观点被别人接纳来获取个人利益。因此他们解决难题的方案很容易成功。高层的偏见也会左右人们对信息的搜集。由于他们自身认知的局限,战略制定者必须依靠专家型员工和直线经理提供额外的信息。因此这些人需要提供那些为高层所理解和想要的信息。他们必须在搜集的信息和决策者的兴趣之间建立政治一致,以免有用的信息被忽视或拒绝。这样,通过建立政治网络,战略制定者试图弥补自身和组织在理性认识方面的局限以提高对现实的认识。

（2）因价值观不同而产生冲突

战略选择绕不过价值观念。实证研究表明,高层领导者的价值观塑造了战略决策和战略行动。假如观念在组织内被广泛认同,组织使命、战略、策略等相对简单,目标明确,决策就趋于理性。Cyert 和 March 认为,假如观念不能形成广泛共识或者处于支配地位的团体联盟没有获得足够的权力去阐释他们的观念,代表不同价值观的联盟就会产生冲突。观念的隐性冲突公开化就变成政治。因此决定战略决策的是政治而不是理性分析。

（3）因维护个人利益而不愿变革

Culbert 和 McDonough 发现,一旦受制于某个战略,高管们在环境变化时就难以认识到既有战略的局限。时间一长,组织行为就会变成当权者自身利益的附庸。高管层将乐于保护自己的既得利益。菲佛[15]进一步指出,哪怕有迹象表明决策必须改变时,战略制定者也常常维护既有战略而不顾其是否还有效。即使战略已经没有生效了,决策者还会坚持维护既有战略,因为在一般的社会认知里,有效的领导者应该政策延续一致而不应该朝令夕改。他们为了保留面子或者维护自己是有效领导者的形象而不轻易改变。这样就会造成固守于既有战略,只会使更多的资源投向失败的战略。Miller 和 Friesen 提出,要扭转这种利益不断加固的局面需要一些关键的政治变革。

（4）利益和权力博弈影响变革结果

理性模型假设管理者能够拥有关于可选择项的完备知识,但是他们只定义一个单一的目标并且要使产出最大化。然而他们无法指出要使谁的产出最大化。他们不能界定不同的组织成员或外部利益相关者的多种目标或者相冲突的目标,也不知道如何协调这些目标。学者们指出,利益和价值观不同、权力不等的决策者之间的讨价还价形成战略变革的结果。第一章实例中的实达和第六章实例中的微软都是由于管理层的公司政治斗争而影响到企业的发展。

施炜[253]在分析战略变革时提出,企业战略转型必然涉及企业利益结构、利益关系的调整。如果转型损害(或者预期损害)了既得利益群体的地位和利益,必然招致干扰和阻挠。企业在战略变革时,必须着眼于企业共同体的长期、根本利益;同时增强组织内部横向、纵向流动,消除既得利益的藩篱,防止局部利益板结,使企业内部不同方面、不同层次、不同群体的利益真正融合起来;需建立理性、平等、宽阔、公平的利益博弈框架,基于长期、重复博弈原则确定各方利益均衡点;当利益结构必须调整时,既原则鲜明、态度坚定、手段有力,但又能适度注意平衡和协调;在无碍大局时,可以采取"利益换权力"的灵活方式。

(二)策略行动

领导力是行动的艺术。在将愿景变为现实结果的行动中,领导艺术起着重要作用。既然战略变革是一个政治过程,企业中由于利益格局、权力格局的不均衡互动,以及关系格局等因素的调节,在愿景实现时还存在外部环境、内部能力与时机三者之间的复杂匹配关系,领导力的表现自然成为需要精心筹划的策略行动。所谓"好谋而成"。

愿景实现是一个多方参与的博弈过程。虽然企业中的行为不是真正理性,按弗里斯[240]的说法,很多行为是在清醒的意识之外的,但迪克西特和奈尔伯夫[254]论述的博弈策略仍可以为如何主导实现提供指导。策略法则1"向前展望、倒后推理"是指先展望最初的决策最后可能导致什么结果,再利用这个信息逐步倒推确定自己的最佳选择。这也是领导者在实施行动时需要遵循的原则。同时,领导者需要站在愿景实现过程中众多参与者的立场研判参与各方的反应以及每一步行动的后果和影响,从而在事前分析后根据不同情况综合使用法则2"按优势策略办"和法则3"剔除所有劣势策略并逐步做下去",以达到最好的结果。

科特[225]明确指出,在努力进行重大变革时,即使是以最合理的目标方向组成联盟的团队总会遇到意料不到的严重阻碍,可能是经济方面的,但更常见的是公司政治或官僚主义的。可见,成功的变革需要高超的政治能力,从根本上而言就是要洞察权力和利益这一对核心要素并寻找到适宜的解决办法。

华为 2000 年推动的声势浩大的内部创业,就是一个很好的例子。2000 年华为刚刚引进 IBM 进行业务流程变革不久,变革必然造成管理层级的减少和中层管理干部的职数压缩。内部创业是一种有策略的消化干部的创新方式,可以比较温和地按预定计划可控进行。当时,为了顺利推行内部创业,华为免费提供相当于员工持有股权价值 1.7 倍的产品供创业者代销,希望以此形成一个合作群体,同时鼓励创业者在实现自我价值的激励下实现创业梦想。在企业膨胀之后冗余管理层的消化问题也是很多企业面临的难题。一方面要让这些管理层心甘情愿地放下手中的权力和地位,同时公司又在利益方面做出了一些牺牲和让渡,这些管理者就比较容易接受,最终实现了平稳消肿和双赢的局面。华为管理层的政治能力由此可见一斑。当然,当年通过内部创业离开华为的一些元老比如李一男、毛生江等,影响了员工的工作积极性和士气,这是另有其他原因的。后来,任正非通过宣传鼓动、个别劝说、物质激励等政治手法,又召回了李一男、毛生江等一批高管,这是后话。

策略行动首先要选择恰当的时机。很多企业的战略愿景得以实现,企业获得巨大成功,得益于当初所做的决策处于最佳的时机,这个时机是企业外部环境和内部资源能力的最佳匹配。2012 年腾讯微信的成功,华为 1993 年研发成功的 C&C08 数字交换机,都是这三者完美匹配的结果。柯达的失败固然有不敢挑战既得利益的领导力缺失,也与数码相机的市场成熟时机不到有关。

妥协是主导实现时领导力施展的重要策略,也是重要的公司政治思维。企业领导不得不在复杂的利益格局和权力格局下采取行动,不得不在残酷的现实和美好的愿景之间寻求平衡。虽然人们希望领导者遵守道德准则,但领导者有时候不得不做出一些艰难的抉择。这些抉择也许违背了他的做事本意和惯常理念,甚至出现本尼斯等人[251]所说的"非道德的事情"。比如在企业经营困难的时候解雇员工,为了公司整体利益牺牲掉某些局部利益,为了达成愿景与某些强硬的反对派进行某些交易。妥协有时候需要很大的勇气,尤其是涉及道德问题和个人声誉的时候,胆小畏缩和心胸狭窄的人做不到。妥协以求平衡是领导力的重要表现,需要足够的灵活性和适应性。

实现愿景还需要许多具体技巧。比如将宏大的愿景分解成为一个个可实现的具体任务,为完成各阶段目标配置合适的资源预算,在分解任务和配置资源时对各参与方的利益诉求进行妥当安排。在实施变革时照顾到被淘汰者的利益和出路。在开始变革时取得小的成果就举行庆功活动,在每一个进展的里程碑举行较大的庆祝仪式。欧文[160]提出要寻找那些符合公司政治现实、最有可能获得支持的解决方案，以免因相关利益团体抵制而失败。决策前先私下征询关键人物或利益相关者意见，比较容易获取支持。

策略行动还要注意识别并规避可能存在的陷阱。比如海菲兹[244]所说的"工作逃避"：抵赖，不承认有问题，不认为需要做改变；设计一个更容易的目标，寻找替罪羊，转移注意力；宣称不是内部的问题，把重点误导到组织外部；假装是技术性问题，因此只需要技术性的修修补补，而不是面对那些还不知道如何处理的问题；进行人身攻击，把焦点从要解决的事情转移到人上，阻碍问题解决。

第三节　领导力的提升

诚如菲佛[157]所言，我们所看到的绝大多数领导力著作基本上都是在阐述已经成为领导的人应该怎么做，而不是告诉我们应该怎么做才能成为领导。尤里奇[242]承认"有些领导者似乎天生就对自己有着敏锐的洞察力，具备个人素质，"但他也将"自我修炼"视为领导力密码之一，提出了许多提升个人素质的方法。

一、领导力是天生的吗？

中国传统文化宣扬人的发展和实现人的价值，"天行健，君子以自强不息。"儒家思想认为人通过个人修养的提升，可以增强自己的领导力，实现治国平天下的领导愿望。"身修而后家齐，家齐而后国治，国治而后天下平。"

现代管理理论基本形成共识，认为领导力既有先天遗传因素，也可以后天修炼提升。加德纳[149]明确指出，认为一个领导人的品质是天生的观点的确是错误的。有些特质无疑是遗传所决定的，比如精力充沛与否。但是遗传得来的天资不管有多优越，都不能左右未来领导力的发挥，领导力是由后天所经历的事件及其影响因素所决定的。大部分领导者所具有的领导能力是后天学得的。"领导力能否通过学习而得到"这一问题的答案，是肯定而又有条件的——说它是肯定的，是因为构成领导力的要素大多可以通过学习得到；说它是有条件的,是因为那些无法学到的要素可能相当重要。任何人的成功都需要动机、品质和机遇的完美结合。

奈[151]对这个问题的看法很明确。领导者比别人精力旺盛,更愿意承担风险,更加乐观,更具说服力,而且更能发挥移情作用,这些特性一部分来自遗传,而另一部分则来自促进特性后天养成的环境。他认为"基因和生理因素对人的领导能力确实重要,但并不像传统的英雄式领导风格理论所认为的那样具有决定性作用。"

管理实务中,认为领导特性来源于遗传的,更重视领导者的选择;而认为后天养成比天生更重要的,更重视领导者的培养。

事实上,选择和培养都很重要,因为有些领导力特性确实不是后天可以培养出来的,有些特性是可以通过后天的努力和环境的影响培养产生的。如果领导都是天生的,那么领导的祖先和后辈为什么不都是领导?为什么丘吉尔在二战前不是领袖,朱利安尼在"9·11"之前的表现平平?如果领导都不是天生的,那么为什么不是每个人都可以做领导?领导力培训课程铺天盖地而真正的领导者仍如此稀缺?

孙亚芳曾经说:"领袖是自己悟出来的,是在实践中磨炼出来的,是培训不出来的。"尤其在中国传统文化的影响下,更讲究悟的重要性。华为在干部的培养、选拔和考核方面有非常成熟的体系,特别重视自我学习、自我改造。对企业领导者而言,最核心的能力已经超越了培训所能涵盖的内容,靠的是自己的悟性、自我超越和千锤百炼。企业不能把培养接班人的任务交给培训来完成,必须意识到领袖的出现是自我超越的过程,是在不同的重要岗位上历练最终实现融合超越的过程。比如通用电气的CEO遴选。

领导力的培训课程可以提升和培养管理者的领导力,但是不能培训出领袖。戴尔公司重视核心人才领导潜力的培养,其核心人才管理体系囊括了一系列的人才培养项目和方案,包括"组织人力资源规划""人才规划""个人发展规划"等代表性项目。但是在移动互联时代,戴尔的领导团队并没有把握住时代潮流,从而遭遇了巨大的经营困境。虽然本尼斯[137]认为领导力不是天生的,而是后天造就的,但他也承认战略思考和共情能力是难以教授的。而且,真正的领导者是自我造就的,是必须由他自己完成的全面成长,而不是他人培训出来的。

可见,大多数的领导力是可以通过学习提高的。只有在最顶尖的领袖之间,领导力的差异才是天生的,何况还有机遇的影响。加德纳[149]也不得不说："至于那些最伟大的领导者们，我们应该承认，我们现在还不能完全——也许永远也不能完全理解他们伟大的原因。"这显然不会影响绝大多数普通人通过长期的学习和训练来提升自己的领导力。大多数人的领导才能尚处于未开发的状态。许多拥有潜在领导资质的人通常并没有取得他们可以取得的成就。当然，领导力的形成是非常复杂的，我们不应简单地认为通过几次培训就能培养出领导者。领导才能的发展是一个长期艰苦的修炼过程，这个过程需要很多年。

二、修炼政治能力，习得政治思维

既然政治能力是领导力的一部分，修炼政治能力自然是提升领导力的重要途径之一。

首先要树立并练习政治思维。企业领导者需要洞察人性，深刻了解员工的基本利益需求，并激发员工的高层次需求；同时精熟权力运用之道，慎重使用正式权力，尽可能通过建立共同的愿景和意义，以更多个人魅力的软实力、而不是低劣的权术来实现领导；应主动融入并发展关系网，吸取纳瑟的教训，和上司、同事以及下属建立良好的职场关系，获取上司的提携、同事协作及下属追随；应把握互惠之道，在不同的利益群体中，发现利益的需求点、共同点、差异点和冲突点，并实现各方利益平衡，通过互惠互利形成共同利益。如同本尼斯[137]所说的，领导者应理解利益相关者之间的平衡；应领会权力博弈的艺术，有策略地进行讨价还价的磋商，坚守基本原则底线，以退为进，以柔克刚。

领导者必须有不从众的独立思维，思考其他人没有考虑的，做其他人没有做的事情，不会轻易顺从于流行的、媒体宣扬或商业炒作的东西。同时，领导者又善于妥协，狭路相逢宜回身，有时候需要为了长远目标而对眼前利益、为了全局而对局部利益做出退让，寻求现实情境下的平衡。政治思维不是个人英雄主义，也不是愚弄员工，不是简单的利益交易，也不是玩弄权术，而是站在企业和员工各方利益相关者立场，动员企业中的所有资源，凝聚共识，建立信任，为一个共享愿景而努力。

其次要勇于行动。在政治思维的指引下，在日常工作中有意识地锻炼自己的政治能力。在实践中通过自身的努力不断锤炼，积累政治经验，增强政治敏感性。政治能力和领导力不是突然的转变，或者外部灌输给你的魔力，而是在大量的失败与成功历练中内在蜕变的结果。本尼斯[137]说，真正的领导者通常是自我造就的。领导者需要从自己的人生和经历中学习。政治技巧的练习相对容易,政治理念的形成则需要漫长的沉淀。千百次失败时没人知道你是谁,一次历史性的胜利就会让你的领导力脱颖而出。政治能力和领导力产生于你日复一日的实践行动中。

追随者造就领导者,这一观点已经成为现代领导力理论的共识。企业领导者需要培养忠实的追随者。有研究将追随者分为疏远者、旁观者、参与者、积极分子、死硬分子等几个类型。[239] 没有参与者和积极、死硬分子的领导者,就没有真正的领导力。没有追随者,领导就成了无本之木。这也是企业领导者政治能力的重要组成部分,领导者需要建立广泛的群众基础,拥有足够的民意支持。为此,领导者首先必须懂得去了解员工。加里·威尔斯曾说,"这是领导者要花大量时间来做的工作,也说明了为什么思想家和艺术家(尽管能向他人施加影响)很难成为他人的领袖。"[239] 而且这些人也不愿意根据受众的要求来改变自己的观点,缺乏相应的变通能力。真正的企业领导者不要只是想着让别人服从于自己的意志,而要让自己尽量满足员工的需求,获取更多人的支持。团结大多数人,建立各种联盟,夯实员工基础,是政治能力的重要内容。

根据领导成员交换理论,领导者需要建立一个核心的领导团队。变革型领导力虽然通过激发人的内在动机来领导,但是变革的过程必然会遇到阻力,企业战略变革的实施充满了政治化的冲突和博弈,领导者需要一个亲信团队,去击退反对势力,并争取最广泛的中间派。这个政治过程需要利益满足、互惠、回报、激励、妥协和相互依赖。在西方的权力和影响力研究中,互惠是最基础的原则。比如科恩—布拉德福特的影响力理论就是建立在交换和互惠的基础之上的。西方的互惠是等价交换,这与东方文化中的人情有很多区别,东方文化的人情是施恩与回报,回报往往比当初的恩惠要大,所谓"受人点滴之恩,必当涌泉相报",这样就形成了一个不断强化的人情链。其实,共享愿景的激励也是一种交换。

斯特罗奇尔和奥弗[255] 的心理传记学研究认为,优秀领袖的心理特征始终存在三组相互作用的变量:领袖本人的性格、追随者的需求和愿望、二者所处的特定社会文化历史时期。领袖不应该耻于公开表达自己的雄心,雄心是健康的心理品质,领袖应该骄傲地承认这一点。而追随者们对领袖无所不能的渴望,拔高了领袖的形象,抬高到了不切实际的高度。一个社会越是复杂多变,具有领袖魅力的领袖脱颖而出的可能性就越大。稳定、繁荣、正常运行的社会似乎缺乏极具魅力的领袖。心理传记学家把自我分为身体的自我、性的自我、家庭的自我、社会的自我、心理的自我、适应环境的自我六个部分。其中社会的自我强调"与他人融洽相处的能力对大多数执政者都很重要。领袖必须学会与他人协商、激发同僚身上最好的一面。为了有效地与形形色色、常常带有敌意的群体合作,他必须学会运用人际沟通技巧。"雄心反映了强烈的政治参与动机,而社会的自我则强调了领导者的政治能力。企业领导者要挖掘和激发社会的自我中的政治能力。

纳瑟在福特的失败并不是他不懂领导力,他给福特的未来设定了愿景和承诺,但可惜的是却因为缺乏政治技能而下台。

三、适应力:在不确定中发现确定性机会

唯变不变,君子豹变。

未来是不确定和难以预测的,我们也许不能改变外部环境,最好的领导力是适应不确定,在不确定中寻找有利于企业的机会。面向未来、应对不确定也许需要一些天分和运气,但适应力可以通过训练来提高。

伊迪·韦纳和阿诺德·布朗在《前瞻思维》中告诉人们突破性的思维技巧能够帮助你跳出老旧的假设和惯性思维的限制,让你敏锐地察觉到变化来临的早期信号。在无法预知的未来面前,保持清醒的头脑固然重要,但前瞻思维才能发现其他人还没有发觉的机会。要站在后天看明天,而不是站在昨天和今天看明天。

战略思维需要站在远处看眼前,站在最高处看世界,而不是在平地看四周。离开你身处的局,不要被眼前和细节所迷惑,到更远处、更高处,从宏大的视角观察和分析问题,对企业所在领域的机会和风险进行战略性扫描。在大量杂乱的无序数据中准确地捕捉到关键核心问题,透过数据看本质,透过现象看规律。如同海菲兹[244]的"走上看台",在处理具体问题时能够抽身而出,站在局外观察整个局势。

创新思维让人突破大多数人的思维定式,迸发解决问题的新创意。格物致知,始终保持好奇心,并愿意探索事物背后的意义,坚持开放心态,从多种渠道学习新事物,多换些角度看问题,不拘泥于过去的经验,训练挑战现状和质疑定论的勇气,包容失败,在机遇面前敢于冒风险。当你变得不再冒险时,你的领导力已经基本丧失了。

适应力基于超凡的专业能力。本尼斯[137]说，领导者是精通业务的大师。杨壮认为，专业主义精神是领导力的重要源泉。[250]企业领导应本着对专业技术精益求精的态度，保持对专业钻研的热忱，努力成为所在领域专业性最强、专业技能最突出的人，从而成为员工最服、最愿意追随的人。

决断力是智者与领导的重要区别。可能智者比领导更聪明、看得更清楚，但是勇于做出决定才是领导力的表现。犹豫会错失机会。很多看起来很优秀的领导在关键时刻下不了决心，也有很多看起来很有决断力的领导只是盲目决策。真正的决断力正是因为要在有限的信息、有限的时间内做出正确的抉择才显得难能可贵。

有时候可能是直觉在起作用。直觉依赖于个人的本能反应，这种本能反应可能基于生理、职业、阅历、知识、习惯的综合刺激。它让人迅速识别、敏锐洞察突然出现在面前的事物、新现象、新问题及其关系，并给出直接的本质理解和综合的整体判断。领导者应该善于在直觉和数据分析之间找到结合点，捕捉不一样的机会。

四、个人修养：中国传统智慧锻造领导魅力

领导的人格魅力还来自个人修养。只做到应对不确定和动员内部组织仍不足以赢得人们内心的尊敬。应该努力做一个伯恩斯所说的"变革型领导者"，本尼斯所说的"慷慨领导者"，比尔·乔治所说的"真诚领导者"，蒂奇所说的"教导型领导者"，扎莱兹尼克所说的"健康"领导者，巴斯所说的"纯粹的"领导者，珍妮弗·贝格所说的"内观自变"的领导者。[141,243,249]人们对领导提出了越来越多、越来越高的要求，让人尊敬的企业领导者似乎成了人们脑海中想象的、笔中描绘的全能型虚构英雄人物，这种被人为塑造的形象在现实生活中很难找到。

其实，即使伟大的企业领导者也不是完美无缺的圣人和神，每个人都有自己的软肋。那些取得了一点成绩就忘乎所以、不可一世的企业领导，在自视如神、颐指气使的时候，似乎忘记了小时候也曾经尿过床。

领导者的个人修养是一个长期的过程。领导力的源泉在于人自身的发展和成熟，而不是依赖于外在的职权和技巧。领导者塑造自己，成为自己，而不是别人眼中的自己，坚守本色和赤子之心。中国浩瀚的传统文化智慧给我们提供了无穷无尽的宝藏，让我们在自身的进步和发展上永无止境。

(一)率先垂范,以身作则

孔子曰:"子帅以正,孰敢不正?""其身正,不令而行;其身不正,虽令不从。"领导者必须身先士卒,才能为他人带路。领导者善于通过榜样来领导,他们应该说"大家跟我冲",而不是"大家冲啊"。格鲁夫说:"最好的领导方式就是率先垂范。"[29]库泽斯和波斯纳[245]特别强调领导者"以身作则",强调人们跟随和尊重领导者是因为领导者的为人而不是地位。领导者要有值得认可的价值观,并在行动上树立榜样。领导他人所需要的权力和尊重,是领导者通过以身作则来赢得的。领导者以自己的实际行动彰显自己坚守信念,并以此感召追随者,获得他们的信任。

公正和平等是一个领导者非常重要的品质。郭士纳[132]说,"一个伟大的领导人如果拉帮结派、赏罚不均,他就会有违道德标准和同事的尊重。"领导人要建立组织的规范,首先需要以自己的行动树立榜样。但这也是一件说来容易做来难的事。郭士纳曾说过他在 IBM 任职 10 年,数不清有多少次出现这样的情况,某些高级领导到他这里来说情,希望在原则和公司政策之外开特例。在说情的时候总能说出一些理由,这些理由的目的就是绕开公司制度和规定,给自己的手下或自己开特例。而且,"在一个接一个的案例中,在每一种情况下,高级经理都会以他自己的名誉破一次例。"这种破例和特例如果成为一种常态,必将给公司的管理带来极大隐患。

(二)聆听内心,坚守理想

中国传统文化强调"故知之始己,自知而后知人也。"孙子曰:"知己知彼,百战不殆。"卓有成效的领导者必须认识自己的长处和短处,重点是强调并培养、发挥长处,弥补那些对领导力重要的短处,比如人际技能、外倾性格和情商,同时要善于通过组建团队来扬长补短,虚心听取对自己的有益批评。但是,这并不意味着领导者必须通情达理。欧文[160]说,世界从来不是由通情达理的人改变的。领导者要带领大家实现人们自己实现不了的目标,必须行事果敢,带头向理性挑战,制定大胆的战略目标并培养实现目标的核心能力。领导者必须挑战员工的极限,对于跟不上变革步伐的必须下决心让他们下车,对于阻挠变革的行为毫不留情进行反击。

弗里斯[240]强调内心舞台对领导力很重要。内心舞台是指如何从内心深处认识、理解自己:哪些事物激励你? 哪些事物对你很重要? 你对哪些事物充满激情？你对某些特定的事物是如何感受的？你对你是如何影响他人的懂得多少？

　　克特纳[147]曾以美国大学生为对象研究了大五性格特质和权力的关系，发现对获得权力影响最大的性格特征是外向，虽然其他的四种性格特征也会影响。克特纳强调领导的意愿，指出有些有能力成为领导者的人因为各种原因选择不施展自己的领导力。也许是因为成为焦点、让他人理解、接受或者拒绝自己的想法和信念让他们感到不自在。还有一个原因是害怕被拒绝，或者是觉得自由意志高于一切的道德观。

　　但是尤里奇[242]认为，内向的人一样可以拥有领导力，他分享了一个性格内向的企业领导在充分了解自己的基础上带领公司取得成功的案例，这个人聪明，分析能力很强，有激情。梅耶尔[131]2008年还在谷歌工作的时候对记者说"我本是非常腼腆的人。"从她早期参加活动视频中也可以看出她是一个内向的人。但是她在高中的时候却是辩论队的队长和美少女啦啦队的队长。她的分析能力和思考能力强，能够编排啦啦队的舞蹈动作、利用数学模型分析报考大学以及找工作。而且她非常用功。这些是内向性格的优势。她虽然腼腆，但并不孤僻。

　　郭士纳[132]说"本质上我是个内向的人，而且坦率地说，我也不善于和媒体打交道。"任正非也不喜欢抛头露面。马化腾曾说过："20岁之前我是一个非常内向的程序员，可能管几个人，小团队的头……我周边的人，我父母，包括我自己都不认为我会开一家公司，管一个企业，因为怎么看我都不像这样的人。"带领金伯利创造辉煌业绩的前CEO达尔文·史密斯低调、腼腆、性情温和，被柯林斯[252]称为"第五级领导者"，执着又谦卑。这有点类似小约瑟夫·巴达拉克[256]所说的沉静领导力，克制、谦逊、执着。

　　但内向的人应在工作中锻炼自己的表达能力。表达是个人领导力的重要来源之一。特里·培根认为，害羞、文静或内向的人应该尽量站出来说话，否则可能会丧失某些领导和影响他人的能力。加德纳[149]也强调，演说是一个领导者必须具备的技能。

　　领导者不仅要认识自我，更要发展自我，超越自我，尽最大努力追寻作为人的终极意义。领导者明心见性，以自我的觉醒唤起更多人的觉醒。领导者"择善而固执之"，以理想信念吸引追随者。他们不仅要发现自己的理想并清晰地表达，与追随者分享，而且在长期的实践中始终坚守自己的理想信念，把这种坚定的信念传递给团队成员。领导者不仅自己有梦想，还要把它变成团队成员和企业的梦想。愿景就是朝理想不断靠近的轨迹,是内在的驱动力。

(三)诚信领导,人格魅力

"人而无信,不知其可也。""巧诈不如拙诚,惟诚可得人心。"诚信的重要性不需要多做解释,只需要一次失信就可能断送所有。不仅要对别人诚信,也要对自己诚信。Mayer 等人[257] 提出,员工对上级领导的信任感主要由三个因素决定:(1)善意,指上级领导在管理决策过程中考虑员工的利益和需要;(2)诚信,指上级领导有强烈的正义感,信守承诺,言行一致;(3)才能,指上级领导有能力领导团队完成工作任务。比尔·乔治认为菲奥莉娜和甲骨文的 CEO 拉里·埃里森都不是真诚领导者。

诚意正心,方可平天下。

翁君奕[250] 解读老子"天长地久。天地所以能长且久者,以其不自生,故能长生",指出企业要成为永续创造型组织,领导者应该"把自己的位置摆在民众之后或得利者圈子之外,才能成为事实上也是最终获得长远利益的领导者。"行道建德的组织行为不会损害个人的利益。领导者的内修包括不留杂念、谦逊戒骄、持重冷静三个方面。科特[17] 强调领导者"不能只追求短期利益,不能只追求个人升迁,不能只为其中一方的利益服务。"格林特[243] 把领导者为了集体利益牺牲个人利益的行为称为"献祭",并称没有献祭就没有领导力。

美国企业界的一大现状是很多大公司,尤其是历史悠久的大公司如通用电气、通用汽车、惠普等,股权非常分散,已经没有真正的全体股东大会,也就没有真正的董事会。苹果的董事会成员人选可以由乔布斯一人决定,强势的 CEO 可以掌控公司。在 CEO 和董事会之间往往爆发残酷而激烈的公司政治活动,不是董事会撤换 CEO,就是 CEO 重组董事会。很难判断管理层的决策是出于公司组织利益。这不是简单的委托代理问题。纯粹用经济手段未必能彻底解决。近年来美国企业界爆出的各种欺诈丑闻让人们不得不警醒和反思。中国传统文化关于个人修养和道德品质的理念,对解决这些问题具有很好的借鉴意义。

孙子曰:"将者,智、信、仁、勇、严也"。智者不惑,无信不立,仁者不忧,勇者不惧,严以律己,可以对应为领导素质:(1)智,超常的思维和专业水准,能力、知识、经验、信息及其运用的能力等;(2)信,诚信、取信于民、言而有信、重然诺、自信、信任他人等；(3)仁，宽厚、仁爱、胸怀、体谅、包容等；(4)勇，勇于拼搏、敢冒风险、勇于担当、勇于行动、果断决策、正视缺点等；(5)严，严于律己、严格约束下属、对社会负责、严格管理、做事严谨等。能做到这五点的人，就能成为员工队伍拥戴的统帅。

克劳森[130]认为领导包含非常明显的道德维度。道德基础有四个：说真话、守承诺、讲公平、尊重人。他提出的第三层次领导是要影响人们的信念、感受、基本假设和价值观。但是他又反对以强迫或欺骗来操纵权力。他认为操纵是假冒的领导，没有领导能力的人才会用它来掩饰自己的不足。克劳森强调领导尤其第三层次领导就是管理能量，首先是管理自己的能量，然后是管理周围人的能量。他所谓的能量是能让自己把时间和才能投入到一件事情上的能量，也就是要热爱这件事，自愿、自由、有意识地关注自己的能量来促进能量循环。

本尼斯认为应对失败的能力是领导力的基石，他把失败的考验称为熔炉。[249]愿意去冒失败的风险会极大地释放自我，为自己带来好运气。如果害怕失败，为了避免失败而出现胆怯、猜疑，就会导致最终的失败。在领导者的经历中往往失败多于成功，也许经历了一千次失败，却只有一次成功。他们从失败中成长和崛起。面对失败，成功的领导者具有超强的复原力。他们大多天性乐观，而且往往将失败归因于外部原因而不是自己。就像海菲兹[244]所说的"把冲突外部化"，把别人的指责挡在企业外部，不至于影响自己的工作。他不会让自己沉浸在挫败中不能自拔，反而会从失败中学会成长。人们不会看到卓越领导者垂头丧气的样子。他想赢的意志远远大于恐惧，他对成功的渴望远远大于对失败的担忧。专注在赢，而不是输。丰富的历练铸就卓越领导者的人格魅力，比如任正非。

第九章　公司政治与职业发展

　　绝大多数人都会经历职场，工作持续大约 40 年，这段时间正是人生历程的黄金时段。劳动是一种需要，更是一种谋生的手段。罗素说："很多人所从事的工作本身并没有多大的乐趣，但这种工作也包含着某种好处，因为他无须决定什么，工作便可以让他消磨掉一天中的好多时间。"在罗素看来，工作除了能让人们消磨时间，还使得节假日格外充实愉快，工作也给了人们获取成功和展露雄心的机会，很多工作能给予人们施展抱负的快乐。他指出使工作变得有趣的因素主要有两个：一是技能的运用，二是建设性。所以，工作虽是生存之计，但工作是否带给你乐趣则更多取决于你自己。显然，职业发展的规划和管理就显得更加重要。

　　职业生涯的现代理念在二战以后基本定型。国人对于职业生涯的认知则始自改革开放从计划经济转变为市场经济以后。杰弗里·格林豪斯等人[258]把职业生涯管理看作个体对职业生涯目标与战略的开发、实施以及监督的过程。他认为职业生涯管理是一种个人的——而不是组织的——活动，是个人管理自己职业生涯的责任，组织在这方面的角色日益淡化。格鲁夫说过："无论你从事哪一行，你都不只是别人的员工，你还是自己职业生涯的员工。"菲佛[157]也认为人们要为自己的职业生涯负责，这是当前社会的一个重要变革。可见，职业发展更多的是劳动者或职场人自己的事，需要自己花更多的心思，做更大的投入。

　　我们身处的职场环境持续不断变化。国际局势复杂、动荡，贸易争端此起彼伏，全球一体化遇到严峻挑战，国家间竞争和跨国企业间的竞争日益激烈。网络化、数字化、智能化技术快速发展对劳动者提出了更高的技能要求，也对某些职业岗位造成威胁，给商业生态带来诸多挑战，传统商业形态遭到打击，不少职业岗位在消失。移动通信和移动互联网的普及让工作的渗透度更高，工作压力漫延到生活。企业内部变革压力增大,组织日益扁平化。外部竞争压力迫使企业持续技术创新和降低成本,事务性工作大量外包,对员工的要求更高、索求更多。同时,产业新旧更迭加速,昔日巨头日渐没落,大公司倒闭、大规模裁员消息不断,工作稳定性和安全感越来越低,职场压力和焦虑感越来越大。终身雇佣的可能性几乎消失,没有永远的工作,只有永远的就业能力。失业正成为一种常态。就业形态更加多样化、动态化、自主化;临时用工、短期用工、兼职就业现象增加。心理契约从对雇佣关系高度承诺的关系型契约转变为更加注重就业能力提升的交易型契约。随着社会进步和个人对生活品质的需求提升,工作与家庭、个人生活的平衡也面临更多挑战。总而言之,不确定已经成为当前职业发展的一大特点。

本章基于公司政治角度,阐述关于职业发展的全貌(图 9-1)。

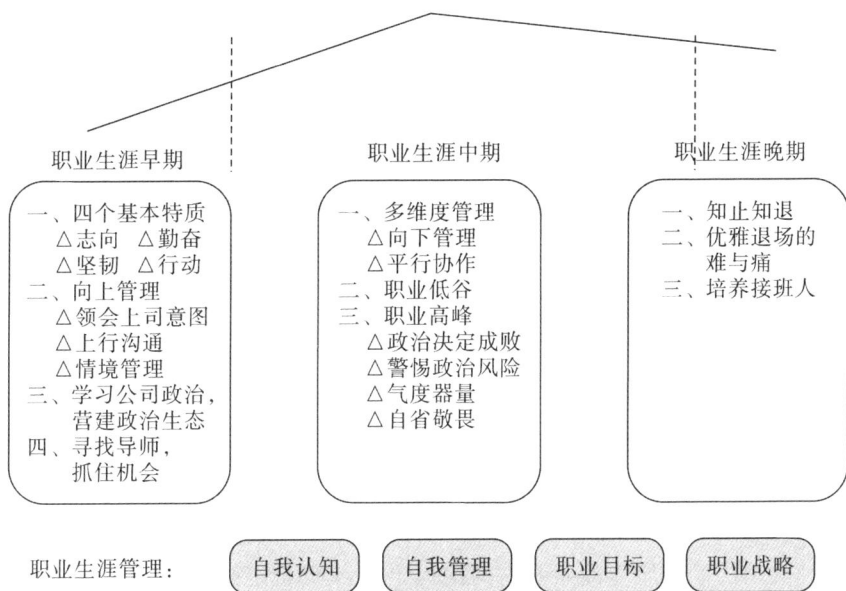

图 9-1　职业发展的全景图

第一节　职业生涯管理

每个人都可以让自己的职业生涯更精彩，这取决于如何对职业生涯进行管理。

一、自我认知：人贵有自知之明

首先人们需要对自身各个方面的情况有清醒的认识，包括价值观、个性、需要、能力、知识、经验、兴趣、优点、缺点以及向往的生活方式等等；也需要对工作环境进行各方面的评估，包括地域、行业、企业类型、雇主、岗位性质、能力要求、收入、家庭等。不仅要清楚自己是怎样的人，还要了解在别人眼中自己是怎样的人，以及自己的行为对他人造成的影响。不敢直面自身不足是在自我认知方面需要克服的认知障碍之一。很多人对自己的认知并不是真实的，与其他人眼中的你有很大差别，有时候则是不愿意承认和面对自己的缺点和弱点，有时候则是放大了自己的优点和长处。优先施展自己的特长才会成功，没有人靠改正缺点而成功。

很多常用的测评工具有助于人们加深对自己的认知。霍兰德兴趣倾向测试将人的基本职业兴趣倾向分为六种：现实型、研究型、艺术型、社会型、企业型、传统型。大五人格测试则将人的个性分为五种：外向型、附和型、诚实型、情绪稳定型、闯荡型。MBTI 个性分类指数测试对动力、信息收集、决策方式、生活方式这四个关键要素的各自两种不同行为方式进行组合，将个性划分为十六种类型。沙因研究的职业锚理论提出八种职业定位：技术或职能能力定位、总体管理才能定位、自主权型定位、安全稳定型定位、企业家型定位、服务奉献型定位、纯粹挑战型定位、生活平衡型定位。此外还有各种能力测试，也很常用。

实证研究发现，态度源起于认知，即你对事情的判断。要解决态度问题，就需要端正自己的认知，全面准确地分析和看待问题。自我认知重点体现在智商、情商、自省三个要素。要养成良好的心态，以积极的眼光看待和分析问题。

二、自我管理：宝剑锋从磨砺出

在自我认知的基础上要做好自我管理。菲佛[157]把"自知之明和反省心态"作为领导者获取权力的一项个人特质,广泛阅读和结构性的自我反思有助于职场成功。德鲁克[219]认为自我管理需要问自己五个问题：我的长处是什么？我做事的方式是什么？我的价值观是什么？我该去哪里工作？我该贡献什么？基于这些问题才可以做好对自己的管理。

儒家文化所倡导的修身,就是现代意义的自我管理,如"君子求诸己""自胜者强","君子慎其独"。德鲁克[219]说："有伟大成就的人,向来善于自我管理。然而,这些人毕竟是凤毛麟角的。但在今天,即使是资质平庸的人,也必须学习自我管理。"杰克森·布朗也说过："缺少了自我管理,就好像穿上溜冰鞋的八爪鱼,眼看动作不断,可是却搞不清楚到底是往前、往后还是原地不动。"自我管理是有意识地运用个人内在力量调节,优化自己的情绪和行为,提升生活和工作品质,提升幸福指数。具体而言,自我管理是指通过对目标、时间、活动、行为、心态、身体、情绪等方面的管理,提升个人综合职业素养的过程。

三、职业目标：众里寻他千百度

职业发展是一条由各个阶段的不同目标所组成的职业成长的路线图。没有目标就没有职业发展的方向,随波逐流很可能在遇到意外或变故的时候让人慌不择路。有些人可能从来没有思考过自己的职业目标,有些人也许有模糊的想法但没有清晰化。事实上,制定 5 年以上的长期目标是比较不现实的,但是有意识地考虑未来的职业方向和可能结果,有助于明确短期目标和实施策略。多个短期目标的延续构成了最终实际运行的职业路径,在实现短期目标的过程中也使长期目标更加清晰和可行。职业目标的设定也可以遵循SMART 原则。

职业目标中的很多内容事关个人利益。职业目标包括工作性质、人际关系、物质条件、工作生活家庭平衡、个人感受等概况目标,也包括职位、待遇、权力、成就感等具体目标。我们知道,利益是公司政治的根源。企业里不同员工之间的职业目标有些是冲突的,有些是和企业利益相冲突的。制定职业目标需要综合考虑自身和所在组织以及同事的情况,适合自己的目标才是最好的目标。

四、职业战略:职场何处不江湖

职业生涯战略是指实现职业发展目标的方法、行动和路径。有研究提出七大类型的职业战略:保持在当前工作中的竞争力;加班;开发新的技能;拓展新工作的机会,懂得推销自己;寻找导师;树立形象和声誉;参与公司政治。[258] 除了取得突出的工作业绩和持续提升工作能力之外,其中几种职业战略都与公司政治行为相关。加班除了创造更好的绩效,完成更多的工作,还能够给公司和领导传递出你积极向上、努力拼搏、渴望成长的信息。拓展新机会包括有意识地提高在领导面前的曝光率,提高在组织中的能见度;向上级领导推销自己的优点和事业心,获取上级领导的赏识。找到一个好的导师对一个人的职业发展非常重要,有贵人相助是人生大幸。印象管理是一种自己可以掌控和修炼的职场政治技巧,对于积累社会资本很有帮助。有意识地为自己的职场形象进行投资,让人们相信你是一个有职业抱负、有能力承担更大责任、有过辉煌历史业绩的职业人士。有学者把讨好逢迎、主动表现、威胁恫吓、自我吹嘘、主动示弱等五种行为视作印象管理的常用策略,而这些策略都是常见的政治技巧。

格林豪斯等人[258]指出,参与公司政治具体包括"多种战略,如迎合或者吹捧你的上级,为公司的各种做法辩护,不抱怨组织的规章制度,与组织的其他人员建立合作或联盟关系。更极端、也更不能令人接受的政治性做法则是对别人的工作搞破坏,或散布流言蜚语中伤他人。在很多组织中,'下海'参与组织政治,运用印象管理的种种伎俩,都算是为了职业生涯进步所必需的职业生涯战略,尽管其中某些行为被视为不道德的、应该谴责的。但不论你是否接受,参与组织政治都是一种经常用到的职业生涯战略。"

实际上,8 种政治技巧在实际工作中都可以派上用场,而具体运用则取决于个人行事风格、工作性质、企业文化以及具体的情境。研究表明,建立关系网、印象管理、政治技巧的运用有助于职业生涯的成功。当然,最根本的还是工作业绩和工作能力。我们鼓励职场中积极的政治行为,而消极政治行为则应当限制在防御状态时被迫使用。个人既要天天向上,为实现个人抱负而不断获取更高职权;同时又要防止被恶性政治行为所伤,沦为消极政治的牺牲品。

第二节　职业生涯早期

一个刚毕业的学生参加工作进入社会成为一个职场新人,首先要面对的就是如何快速社会化融入组织、在组织中站稳脚跟。社会化是指一个人完成从学生到雇员的角色转换,在组织中学会基本规范和如何做事的过程。从一个懵懂新人到独当一面的合格职场人,一般需要几年时间。新人需要习惯日复一日的例行公事,需要学习工作技能并向人展示自己的学习成果,努力让同事和领导接受和赏识,逐渐释放自己的生产力,为企业做出一定成绩。

根据佐治亚·T.曹等人的研究,社会化包括六个方面的内容:(1)业务熟练;(2)人:个体与组织其他成员建立起活跃人际关系的程度;(3)政策:个体成功了解正式或非正式工作关系及组织内部权力结构的程度;(4)语言:个体掌握专业术语及本组织特有的缩略语、俚语和行话的程度;(5)组织目标和价值观:个体对组织文化的了解程度,包括非正式目标,以及组织成员特别是各级领导所信奉的价值观;(6)历史:个人对组织的传统、习惯、故事和仪式的理解程度,包括了解组织中重要成员或有影响力的成员的个人背景和工作经历。[258]可见,具体工作只是社会化的六个内容之一,其他五个方面都与公司政治相关,而现实中很多人都只关注第一个方面,这需要引起大家的注意。

除了入职培训、导师引导等正向措施之外,组织也常常采取一些政治手段让新人社会化,如:给新员工安排有难度、折腾人的工作又不给予指导和支持,分派一些琐碎的或者无法完成的任务让他经受挫折、明白组织的规矩,让新人做跑腿或端茶送水、打下手的粗活等,以便组织规范其行为。新员工必须做好准备经受住组织的这些考验。

对大多数人而言,服从是入职半年以内的职场新手社会化的最好工具。刚从学校出来的新人往往思维活跃,喜欢自由,不爱拘束,蔑视权威,充满主见,对物质条件要求高,但由于没有工作经验,不熟悉工作环境,在工作上往往很好奇,想做好但又难免出错,从而被主管训斥;或者自以为聪明,觉得主管的做法不如自己的好,从而不服主管的管理;因为公司的住宿、饮食、交通、工作环境等不够舒适、不如预期从而对公司种种抱怨。新人想法太多,喜欢对公司提要求,提各种意见建议,希望得到重视,但由于缺乏服从意识,在工作中对主管的指令往往打折执行或者按自己的想法去做,这些都是错误的行为。

工作2～3年以后,多数人基本具备了独立工作的能力,有些成长快的开始走上管理岗位带团队。但总体而言仍处在职业发展的早期,一方面要对自我认知和公司的了解更加深化,另一方面也逐步树立起自己的职场形象,通过业绩和态度来显示个人能力的提高和对成长的需要,逐步积累并建立权力基础。同时企业也在考察新人的表现,对于业绩突出、有培养前途的新员工会加强锻炼,提供有挑战性的工作,进行全面的绩效评价,给予更多的指导,适当扩大其职责范围,开展制度化的职业生涯管理。

随着环境的动荡,企业竞争加剧,就业难度增大,个人自我意识增强,年轻人频繁跳槽已成为很多企业头疼的问题。毕业3～5年是个人职业发展的关键时期,需要根据个人的工作实际情况对职业规划重新审视,找到合适自己发展的最佳方向,明确自己的职业目标,制定出更加合适的发展策略。频繁跳槽既不利于个人专业能力的提升和人脉的积累,也会导致"习惯性跳槽"的弊端出现。跳槽应该是对职业发展审慎评估的结果,而不是一时冲动。

一、四个基本特质：成功的基因都是相似的

新入职场的人,总是希望从知名人士身上学习成功之道。21世纪以来,成功学蔚然成风。学习成功者的经验教训,最重要的是带给我们启发和思考,既不必不屑一顾,也不能全盘照搬。松下幸之助的经营之道并不能保证松下长盛不衰,盛田昭夫的索尼时代止于他离世之际。世界上只有一个任正非、乔布斯,成功从来只有被学习,不能被复制。成功具有很强的个性化特征。我们要学习成功者写在传记和著作中光鲜的一面,也要看到他们背后没有披露、鲜为人知的一面,有时候往往是那些不能言、不敢言、不会言的真相,才是成功真实的注脚。

概而论之,在职场取得一定成就的人,总逃不出以下四个共同的特点：

(一)志向

君子不器。在职场取得一定成就的人通常心中有目标,有理想,有成功的强烈意愿,不愿做一个庸庸碌碌、无所作为的人。努力成为更好的自己。有志向的人不会在意眼前得失和蝇头小利。有志者事竟成,世上没有无缘无故的

成功,内生的意愿才是最终的驱动力。有内心的渴望就会用心去工作,在工作中寻找意义。

(二)勤奋

花比别人更多的时间在学习、工作上,把别人用在娱乐、休闲、闲聊、玩游戏、胡思乱想、睡懒觉的时间用在工作上;不浪费时间,效率高,注重结果。

(三)坚韧

能够专心致志、日复一日、持之以恒地努力,意志坚强,在困难和打击面前不退缩,不轻言放弃,愈挫愈勇。

(四)行动

马上行动。不幻想,不空谈,不观望,不畏难,不拖延,把计划付诸行动,一步一步落实。

最后,运气也是不可缺少的因素,但这不是自己可以控制的,运气最多只能作为暂时不成功的自嘲点;而前述志向、勤奋、坚韧、行动四点是自己能够决定的事情。能够做到的人离成功会越来越近,而一事无成的人一定是在这四个方面某一点上有所欠缺。

二、向上管理:搞定上司有策略

处在职业发展早期的人,尤其是职场新手,需要认真思考和学习向上管理的技能。随着职业成长,职位不断升高,向上管理越发重要。人在公司,不得不与各级领导共事。你的工作业绩和资源都取决于上司。直接上司只有一个,你和你的同事在竞争上司这一资源。和上司的相处,不只是被管理,优秀的职场人一定懂得管理上司。

(一)领会上司意图

在科层制组织中,每个人的工作都需要对上司负责。上司对下属的业绩承担责任。下属的工作表现如何、在上司的评价中是哪个等级、在晋升的时候是否被推荐,都与下属自身对上司意图的领会和把握有很大关系。光有业绩还不够,要尽量使自己的工作和上司合拍。有时候因为忽略了上司的工作要求和领导意图，即使花再大力气，做了再多的工作，结果也是徒劳无益，或南辕北辙，或弄巧成拙。

在中国，由于文化的影响，领会领导意图显得尤其重要。东方文化强调悟性，点到为止，不明言，不说破，禅宗推崇顿悟。领导培养、接班人选择，都很看重悟性。悟性高的人，一点就通，甚至不点就通，所谓"不用扬鞭自奋蹄"。悟性差的人，怎么教也教不会，总觉得笨到极点，常常让人发出"孺子不可教也"的感慨。即使领导有意识培养你，也是旁敲侧击，稍微点一下，然后再暗中观察你是否按他喜欢的套路去走。几次考察下来，觉得你尚可雕琢，他才会慢慢地花更多的心思在你身上，交给你更重要的工作。曾仕强说，中国式管理中的沟通以不明言为基础。中国的企业领导一般不会很直白地教育下属如何成长，因为传统文化讲究的是悟性。如果能够获得领导的赏识，建立比较亲近的关系，有些领导会在关键的时候对你点拨，这个时候还是要看你自己的悟性。领导会在你做的过程中冷眼观察，然后判断你是否是他值得培养的对象。东方文化讲究"意会"，"一切尽在不言中"。

（二）上行沟通

"70％观点"认为企业管理者70％的时间在沟通，企业中70％的问题出在沟通上。沟通是工作中的家常菜，随时随地都在进行。仔细观察以后，可以发现工作场所的很多沟通都是因为处理手上的某个工作任务需要同事的协助才去沟通，有些甚至是迫于工作需要不得不和别人沟通。如果不是因为工作交叉、前后衔接、流程的流转、反馈、业务的配合等，很多人可能不会主动去找别人沟通。有些则是因为有共同的兴趣爱好，比如打球、爬山等，在下班时间一起活动，或者在工作间歇时在公司休闲吧喝咖啡或抽烟时闲聊。不管是基于工作原因还是非工作原因，很多的员工间的交流沟通并不是有意识地经过事先酝酿的。但是，从公司政治的角度看来，有意识的主动沟通在职场非常重要。沟通的好坏不仅影响领导成员交换关系，也影响同事间的人际圈和关系格局，最终影响个人的职业发展。

在上下行沟通中，存在"沟通的位差效应"。地位的不同会使人形成上位心理与下位心理，具有上位心理的人存在优势感，具有下位心理的人会有自卑感，这样就造成上下级在沟通时心理上存在事实上的不平等。上级容易居高临下，觉得下级的话带有片面性、虚假性。下级容易产生"服从心理"，表现出不同程度的不安和不自信，他们往往会看上级眼色行事，投其所好。有研究发现,由于"位差效应"的作用,信息每经过一个层次就失真 10%~15%,上级向下属传递的信息平均只有 20%~25%被正确理解,而平行交流的效率可以达到 90%以上。因此,无论是上级还是下级,都要有意识地避免"位差效应"。

作为职场中人,如何和上级主管沟通好是一门大学问。第一,主动沟通,坦诚相待。主动才有机会,坦诚赢得信任。克服"找领导就是巴结"的阴暗心理。第二,做好准备,把握机会。练就电梯里 3 分钟推销自己的技能。领导的时间比你宝贵。有的机会错过就不再来。第三,注意场合,选择时机。心情好则耳顺,情绪差时倒霉。第四,注意尺度,维护权威。尊重领导,不是因为他比你优秀,比你正确,而是因为他是领导。以理服人不是与领导沟通的最好方式,唯唯诺诺更不是赢得赏识的好方法。第五,不要顶撞,巧妙说"不"。领导错误的和自己实在做不到的,要学会策略性地说"不"。虽然专家们总是建议下属要敢于抵制领导的错误行为,做"有责任的追随者",但也不得不承认方式方法很重要,否则适得其反。

工作汇报也是上行沟通的一种,是职场人最常见的工作行为。(1)给领导选择题,而不是问答题。(2)完成领导交代的任务要及时汇报。(3)领导不嫌汇报多。实际上很多下属向领导汇报的信息远远少于领导想要的信息。不能以你的标准来决定是否向领导汇报。(4)遇到解决不了的困难或犯错时必须及时汇报。不少员工害怕领导,躲领导就像老鼠躲猫;相反,政治能力强的人则会主动创造机会和领导见面,不仅获得领导对工作的要求和评价,也让领导了解自己的工作表现和能力,特别是拉近和领导的距离,在领导心目中留下好印象,因此获得各种利益和机会。

(三)情境管理

不只是领导对下属的管理要针对不同的下属和事件背景,采取对应的管理方式,下属对于上司的上行管理也要根据不同的上司和事件背景采取不同的应对方法。

做好情境管理的前提是要了解上司。上司的长处、短处是什么?应该如何帮助上司发挥其所长,避免暴露其所短?上司不是神,也不是猪。他的短处正是你帮助他的机会,而长处正是你学习的地方。上司的工作风格是什么?喜欢正式开会研究,还是泡茶聊天讨论?喜欢看报告,还是听汇报?关注结果,还是过程和细节?喜欢亲力亲为,还是放权授权?喜欢早上班,还是熬夜?是哪种职业兴趣倾向的人?他的担心和压力是什么?他希望什么结果?只有了解上司的工作风格和需求，做起事来才不会南辕北辙。

在了解上司的基础上，作为下属的你需要针对上司的不同情况采取相应的行动，尽量去适应上司。做好上行沟通，让上司了解你，了解你的需求、你的工作计划和绩效，获取你需要的资源，得到他的帮助和评价。千万不能自以为是或者以理想的上司标准对上司求全责备或一意孤行。曾担任华为控股的莫贝克公司总经理的李玉琢在向上管理方面是一个失败的例子，任正非曾当面对他说："李玉琢，你应当经常来汇报莫贝克的工作呀。"李玉琢则认为只有重大问题才需要汇报，他知道任正非对下属不断请示报告更感兴趣，但是并没有改变自己的行为，后来被迫离开莫贝克，最终不得不离开华为。李玉琢错误地以教科书上的理想管理模式来要求任正非，而不是积极适应老板的管理风格，自然只能出局。要有策略性地管理上司，包括与上司周边的人建立良好的关系，不仅把上司当作一个人，而要当作一群人。

如何管理不太对付或不称职的上司对很多人来说是个难题。赵玉平[259]把不好相处的领导分为五种类型，并提出了和这些领导相处的基本行为策略：和责任意识不强的领导相处，要"当闹钟"，不断提醒，直到领导不耐烦；和爱表现的领导相处，要"搭台子"，把表现的机会让给领导；和缺乏洞察力的领导相处，要"造声势"，让领导看得到、感受到你的努力和贡献；和重私情的领导相处，要"多参与"，主动制造和领导碰面接触的机会；和爱嫉妒的领导相处，要"讲弱势"，在领导面前展示弱点、困惑和烦恼。当然不好相处的领导类型不只这五种，还有要求太高的领导、脾气暴躁的领导、过度自信的领导、能力欠缺的领导、心胸狭窄的领导等等，都要对症下药，看人下菜。韦尔奇[27]曾经说过："糟糕的老板有各种类型，有的缺乏能力，有的笑里藏刀，有的欺凌弱小，有的喜怒无常，有的吝啬小气，有的言而无信，有的任人唯亲。"

根据彼得原理，上司有可能是不胜任的。面对不胜任的上司，让人惊诧的是，彼得反转原理告诉我们，让上司满意比让顾客满意更重要。不要因为上司不胜任，就不把上司当回事。道理很简单，因为他现在还是你的上司。同时你可能需要另辟蹊径，寻找公司内部其他的职业发展通道。如果在公司内部没有机会，而你的上司又不会走人，且没有其他的领导会赏识你，也可以考虑离职。

上司犯错时怎么办？本尼斯[137]说"大多数组织的一个悲剧，就是人们即使知道领导是在犯错误，也会听之任之。"可见，明哲保身是一种职场常态，因为很多领导听不进批评。除非你确定上司是一个听得进批评的好领导。一般情况下,服从和顺从会有更好的回报。IBM 的尼科尔对创始人老沃森就是言听计从,小沃森这么形容尼科尔:"如果父亲说要修个塔通到月亮上去,他会说他下午就去订购钢材。"此人后来成为 IBM 的副总裁。仔细观察,你会看到身边有很多尼科尔。

三、学习公司政治,营建政治生态

在一次调查中,60％的人认为公司政治有利于职业发展,39％的人认为将导致权力、地位和信誉的丧失。我们需要学习公司政治,建立权力基础,才能赢得职业发展。

(一)熟悉政治环境

职场人很重要的一点就是要了解你所在的企业是一个怎样的政治环境,以及你在参与一个什么样的游戏。而职场的复杂性和不确定性往往超出了职场新人的想象。认知环境是在职场中生存发展的基础,了解游戏规则是提高工作效率的重要法则。不要只盯着手中的活,也不能只把任务看作单纯的任务,在看见"事"的同时还要看见"人",看见"环境"。了解你的公司领导、直接上司、部门同事以及同期加入公司的其他部门同事的个性、资历以及他们关心和担心的问题,了解同事们在公司的非正式角色,了解组织中真实的权力格局、利益格局和关系格局,了解你所在公司、部门以及其他部门的办事规则以及未正式颁布的行事方式,了解什么是公司、部门和他人的忌讳和敏感问题等,能够在工作中帮助你完成任务,避免踩到地雷。

(二)提升政治能力

从进入职场开始,有事业心的职场人就要着手学习,提升自己的政治能力。从政治能力的五个方面来看,作为职场新人,首先要修炼的就是政治敏感性和政治技巧。在经过漫长的职场历练积累了丰富的政治经验之后,人们通常就会逐渐形成自己的政治风格,天分高的人就会形成自己的政治理念。

不少学者在 Ferris 等人[185]提出的政治技能四个维度的基础上研究了政治技能的测量维度以及对职业发展的影响。[260-265]研究表明,政治技能有助于减少员工的角色冲突,降低工作压力,改善上下级关系,提高工作绩效和个人声誉,促进员工的职业发展,通过实践练习、替代学习等方法可实现政治技能

的培训和开发。刘军等人[264]认为："政治技能是一种可以习得的个体能力，具备学习效应。政治技能促进员工的职业发展，该作用是通过促进个人声誉和个体权力实现的。"高政治技能的员工往往能在华人组织情景中与领导建立和维系良好的关系，成为领导的"圈内人"，而领导往往也更愿意将晋升或职业发展的机会提供给处于"圈内人"地位的员工。[260]

形象塑造是一种很重要、也很容易学习的政治技巧。管理学中的印象管理是其中之一。前面理论部分提到，例证、自我拔高、逢迎、粉饰自我或隐藏自我、说假话等等都是印象管理的具体手段。这些手段能帮助自己在众人面前树立起一个形象，这个形象未必是真实的你，只是众人眼中的你、心目中的你、记忆中的你。这些手段能不断帮助你强化这种形象，同时在你的行为与这种形象相悖时及时修补。

情商高的人政治能力更强。丹尼尔·戈尔曼指出了情商对于政治能力的重要性，他说："大量证据证明，擅长支配情绪的人，即能够很好地了解和管理自己的感受、有效地读懂和处理他人的感受的人，在人生的任何领域都会占据优势，不论是谈恋爱、建立关系，还是掌握组织政治斗争中决定成败的潜规则。"欧文[160]则认为政商独立于情商之外，企业领导者必须具备优秀的政商，否则容易成为别人的垫脚石。菲佛[21]认为很多创业者比如乔布斯之所以在公司发展后被赶走，真正的问题在于不懂得在公司内建立权力基础的重要性。

（三）化解政治难题

新入职场的人因为缺资源，没经验，没靠山，易出错，很容易遇到消极政治，被欺负。人在遇到不公正对待或者遭到诬陷、委屈时，第一反应往往是报复，而且常常会反应过度。这显然不是最好的应对办法。最好的办法是，先退后一步，冷静下来，再计划反击之策。切忌在冲动和带情绪的状态下做出过激行为。

实例

被同事恶意中伤

最近小曾所在的部门业务突然出了一个大纰漏：一个大客户不知为何突然停止了合作。

经理把他和另外一个做同样工作的同事叫去询问原因，同事口才很好，很快，在其巧妙的暗示下，领导就把矛头指向了小曾，认定是小曾不负责任、业务不精、说话得罪客户才让客户流失了。 小曾顿时面红耳赤、瞠目结舌，恨同事胡说、推卸责任，更恨经理不分青红皂白地冤枉！

工作五年来，小曾自认为从来没有给别人留下任何的话柄，也自认为尽职尽责，在工作态度上无可挑剔。"他们凭什么这样对我?!"他心里非常窝火，但他的性格又不是那种擅长辩解、吵架的，所以有火发不出！ 他非常不能接受别人冤枉、看不起，甚至恶意中伤！ 小曾心里极度不平衡："我怎么才能发泄心中的火? 怎样才能扭转他们对我的态度? 我甚至梦中都在骂那个同事、报复他！ 更觉得领导实在是不公平、不讲道理！ 不配当领导！"

（《厦门晚报》20130927C12 版）

心理咨询老师给小曾的答复主要有三点：(1)过于在意别人评价代表缺少"主心骨"；(2)不要因别人的毁谤放弃自己该走的路，应专心走自己的路；(3)不要纠结于"为什么"，而要想办法"怎么办"，把不愉快的事当作有益的机会。

心理咨询师的分析和建议似乎有道理，但并不能真正帮助小曾解决现实问题。在心理上回避、不在意、忍让，特别是把坏事当好事，说起来容易做起来难。站在公司政治的角度来分析和应对，才是明智的解决之道。小曾所碰到的问题是一个典型的消极政治现象。人在江湖，现实的做法应该是面对，而不是逃避。

首先，小曾应该冷静地剖析自己，包括优点、缺点、行为风格和动机等，认真思考最适合自己的应对之策。其次，认真了解经理和同事的特点、行事风格、个性等，经理和同事是他工作中非常近、非常重要的关系，需要花时间和精力去了解，这有利于今后工作的开展和矛盾的化解；如果有确切的证据，可以另找适当的机会，做好充足的准备后向经理解释；再次，有针对性地训练提高自己的政治能力，比如强化自己的表达能力，逐步树立柔中带刚的形象，日后不至于被人随意欺负；同时有意识地和经理、同事建立良性的互动关系，多向经理报告自己的工作和想法，让经理了解自己所做的贡献、责任心和行为方式，增强彼此的信任感。最后，要把握妥协的原则，不要在一件事上吊死，超越眼前的争执，想办法把失去的客户拉回来或者开拓新的大客户，要知道，业务才是部门、经理最大的利益，才是矛盾的核心，能够为公司获取利益才能证明自己的实力，有实力才有底气。

职场上的政治难题不时会出现,除了学会有策略地处置外,在委屈和挫折面前迟钝一些,反应慢一些,显得木讷一些,未尝不是一种好的对策。有人把它称作"钝感力"。钝感力教会人们把挫折和敏感慢慢吸收、转化成积极的力量。比如在面对嫉妒的时候,不仅不要急于回应、正面冲突、争执和反驳,而要反过来想一想,人们不会去嫉妒一个无能的、无关紧要的人,被人嫉妒,说明你是一个有亮点的人。当然,从另外一个角度,也要认真反思是不是自己哪里做得不对、做得不够好才会让人嫉妒、让人不服。

(四)营建政治生态

除了个人政治能力的培养,职场人还需要对企业的整个政治生态全面考量和布局,利用并营造对自己有利的企业内部政治生态。企业的政治生态包括公司政治模型中的各个要素:利益格局、权力格局、关系格局、政治动机、政治环境等。

做事先做人。要遵守职业道德,秉持优良品格,洞悉公司政治,懂得从权力和利益的角度观察、思考、处理人与人之间的问题,能够摸清楚公司的非正式体系,明白什么人对你的去留升迁起关键作用,想办法结识这些关键人物,与之建立"关系",布建自己特有的人脉网络,要懂人情世故。成为领导信任的下属、同事合作的对象和下属跟随的上司。学会主动沟通,韬光养晦,成为组织中受欢迎的成员,建立个人良好的职业声誉。

做事与做人是动态的。业绩虽然未必是晋升的充分必要条件,但是业绩肯定有助于晋升。从基层一步一步成长起来,最基本的是工作要做得好,任务完成得漂亮,让领导放心。经历过各种艰难复杂任务的考验,才可以放心让你挑起重担。如果在职业起步阶段就热衷于务虚、搞关系,很可能让人觉得是个没有真才实干的混混。而如果做到了中层干部或者高层领导,还是埋头于具体事务,忽略了社会资本以及人的关系的经营,可能就会阻碍职业发展,或者遭遇意想不到的困难,甚至遭遇职场滑铁卢。

左右逢源的人脉关系对于实现个人利益、获取和运用权力、进入和建立关系圈、调适个人政治动机、利用公司的政治环境等都有明显帮助。职场人脉关系和其他人际关系存在明显区别,因为在企业内部,存在公司政治。员工个人有个人利益,每个团体和非正式组织有各自的团体利益,不同利益体之间的利益需求相互冲突,人与人之间难免有利益的关联,很难在公司里发展纯粹的友谊。公司的权力格局错综复杂,领导与被领导、支配与被支配,复杂的权力流动和运行让员工之间的关系因之而动,每个人都自觉或不自觉地被裹挟其中。人脉关系直接影响关系格局,除了从公司外部带进来的关系类型之外,内部发展建立起来的人脉关系也很关键,而且这种关系的强度几乎完全取决于个人的人际行动,亲疏有别,上下有别,内外有别,不一而足。

处理职场人脉关系,需要突破在个人能力和年龄这两个方面的局限。突破个人能力的局限,就需要广泛结识有益的朋友,建立自己的关系格局。人的本质是社会关系,个人的能力总是有限的,存在能力局限的边界,而宽广的人脉是扩大社会关系、延伸社会触角、外拓能力边界的基本途径。一般来说,一个人会有 250 人的人脉圈,其中大约 50 人会对你的人生有关键影响。社会关系的培养和积累是从小就开始的,包括儿时玩伴、邻居、同学、同事等,有些是无意识中就有的,有些需要有意识地去培养。进入职场后,就更需要有规划、有目标地做好关系格局的搭建,比如参加各种对外活动、行业会议、论坛等。这个任务贯穿职场的整个过程,尤其在开始承担管理职能、进入职场中期以后更加重要。

突破年龄的局限包括两个方面,一个是在年轻的时候主动结识比你年长的人,虚心请教,懂得低头弯腰,从他们身上学经验,学技能,学你没有的一切。在这个过程中,总有机会结识到赏识你的领导,他们就会成为你职业道路上的贵人。只要你懂得做人,至少可以拥有一些在工作中支持你的同盟。职场同盟总会在你意料不到的地方和时候给你惊喜,力挺你,给你温暖。还有一个是在年长的时候发现、培养比你年轻的人。尤其是进入职场中期和衰退期以后,需要有人支持你的工作,拥护你的决策,延续你的政策,这就需要有实力的新生力量在你精力不济、能力退化的时候挺你一把,帮你一把,同时你也可以从年轻一代身上学习到新知识新技术,让你的心态和精神也能保有年轻和青春的激情。当然,无论是能力还是年龄的突破,关键是要开放,懂得合作。

职场人际交往需遵循三个法则:(1)刺猬法则。在寒冷的冬天,刺猬们彼此找到一个合适的距离,既可以相互取暖,又不会刺伤彼此。公司里的人际关系也如此,要找到一个合适的人际心理距离。太近了,一叶障目不见泰山,灯下黑;太远了,彬彬有礼公事公办,人情淡。通用电气原总裁斯通在工作场合和待遇方面对下属们关爱有加,但在工余时间从不要求下属到家做客,也不接受他们的邀请。"20 世纪最伟大的 CEO"艾尔弗雷德·斯隆为了使自己保持公正,刻意与高管团队在个人关系上保持距离。(2)跷跷板法则。职场中讲究利益的平衡。不能一味要求自己得利最多。有时低,有时高,高低轮动;有时

得,有时失,得失皆宜;有时进,有时退,进退有道。(3)白金法则。你希望别人
怎样对你,你就要怎样对人。始终尊重人,时时讲规矩。我敬人一尺,人敬我
一丈。

四、寻找导师,抓住机会:好风凭借力

(一)寻找导师

寻找导师、建立师徒关系是一个人青年时期非常关键的环节,是职业生涯
早期发展的一个主要任务,当然,导师的作用贯穿职业生涯的全过程。导师可
以是公司安排的有经验的有责任心的老员工,也可以是刚参加工作时的第一
位上司。格林豪斯等人[258]说,一个有意思的现象是,个人从正式的师徒关系
中得到的益处,比不上他从非正式关系中得到的益处。

优秀的导师是职场新人崇拜的偶像和奋斗的榜样。能否找到一个赏识
你、乐意辅导你的导师,对职场人的职业发展尤其重要。理论的学习很重要,
但是实践的历练更重要。从书本上学习很重要,但是从成功者身上学习更重
要。我们不仅要学习他们在顺境下如何夺取更大的胜利,更要从他们的失败
中汲取存活的力量。加德纳[149]重视导师的作用,他认为这样一来,年轻人就
可以感知和理解那些难以用文字描述的领导力方面的诸多内容。领导的言传
身教、亲身示范可以更加直接、更加感性地让人学到经验。

作为新人,作为下属,要主动积极向包括导师、上司、领导等学习。要学会
把握高层和领导意图,在工作接触中多观察和模仿导师、领导分析处理问题的
思路和手法,养成领导思维和行为方式,站在比自己实际职位更高的位置和更
宽广的角度来看问题、做事情,所谓"身在兵位、胸为帅谋",假以时日,就能够
累积自己的领导意识和领导艺术。

有人把生命中遇到的好导师称为贵人,如何遇见并结识职业发展的贵人
对不少人来说是个难题。首先,让自己成为优秀的人。其次,要有强烈的向上
进步和寻找贵人的愿望,不要抱有"万事不求人"、靠自己单打独斗、只凭实力
闯江湖的幼稚想法。同时,寻找贵人还需要策略性的行动,要物色目标,制订
计划,坚持不懈地努力,承受不被理解,承受被拒绝,承受世态炎凉,遇到机会
就紧紧抓住不放松,没有机会要能够去创造机会。

公司里的贵人熟悉公司政治生态,可以为你提供指引和保护。有可能帮

助你获得好的工作机会,避免被分配到难做且没有成就感和回报的任务;有可能支持你获得更多的资源;甚至在你不小心冒犯某些大佬时帮你圆场消灾。当然,他们也需要得到你的支持和协助,包括了解公司内部的真实信息,协助处理一些他不方便出面的事情等。关键是,你应该努力成为对他有用的人。

(二)做好分外之事就是抓住机会

有些年轻人认为只要做好自己分内的事就够了。做好分内之事是天经地义的,不会给你的绩效加分。上司欣赏的是那些在做好本职工作之外,还能够积极地主动做好分外之事的下属。不要在接到分外工作的时候勉强,觉得是上司欠你的,应该把它当作一个难得的机会,当作上司重用你而不是他人的一种激励。拒绝分外工作就是拒绝机会,做好分外工作才能抓得住机会。根据宋暾[158]在华为的经验,在华为发展要敢于抓事情去做,要多做事情。别人不做你做了,事情就属于你,时间长了形成惯例,就成为你的职责,就可以匹配更多资源,从而做更多事情,形成良性循环。不愿意抢事情做,个人发展就会停滞。

菲奥莉娜[84]大学毕业后第一份工作是在一家房地产经纪公司做前台,主要负责迎来送往,转接电话,打字。她决心把这份工作做到最好,因此全情投入,天天早出晚归,并没有考虑过以后的职业发展。她很用心地从接电话中体会到其中的价值,有一次一个客户说因为他在给公司打电话时菲奥莉娜非常友好而且给了他很多帮助,所以决定和公司做生意。她积极主动地帮助别人,因此获得更多机会。公司的经纪人慢慢让她起草计划书,参与财产审查和评估,与潜在客户接触,后来她终于成了一位职业经纪人;她甚至还对办公室的权力斗争感兴趣,并且介入其中帮助斗争中的人找到利益的汇合点。阿里巴巴资深副总裁、首席人力官童文红也是从前台接待做起,最终成为阿里最励志的逆袭员工。

第三节　职业生涯中期

随着业务能力的提升和工作经验的增加,职业发展进入成熟期,有些人晋升到了一定的管理岗位,有些人成为某个专业领域的专家,有些人取得了良好的工作业绩,他们大都成为公司的骨干和中坚力量。处在职业生涯中期的人,心智成熟，经验丰富，是企业的业绩贡献者，是年轻的职场新手的榜样，是家庭的顶梁柱。他们希望承担更多的职责，期待更高的职位和收入。同时，他们也承受更大的压力，需要面对工作、家庭和生活的各种冲突，体会到工作和生活的艰难，感叹韶华易逝，壮志难酬。有些人会面临职业发展的瓶颈，遭遇中年转型危机，到了职业生涯的高原，甚至会面临失业的威胁。哪怕是看似位高权重的成功经理人，在权力的有效运用上也会遇到很多痛苦的难题，其难度和复杂度往往超出人们的估计。[17]这个时期的职业发展策略比早期更加复杂。

一、多维度管理：左右逢源路自宽

职业生涯中期不仅要做好向上管理，还要做好向下管理和平行沟通。

（一）向下管理

担任中层或高层管理干部需要带队伍管人。管理下属不仅是管理单个的下属，而是要管理好一个群体，关注这个群体里面的关系。要使这个群体能够团结做事，又不至于失去控制；既不是一盘散沙，也不至于铁板一块。

联想著名的"带队伍"原则包括三个方面：一是如何充分调动员工积极性；二是如何提高员工能力；三是如何使员工队伍有序、协调、高效。这一原则形象地说就是如何让员工队伍爱打仗、会打仗、打胜仗，其中第一点和第三点都和政治能力相关。

尊重下属是对主管的基本要求。尊重是人的一种基本需要。要从内心里真正尊重他人，把他人看成是和你平等的人。不仅尊重他人的人格，也要尊重他人的辛勤劳动。要认知到你的成绩是通过下属们实现的，要对下属心存感激之情。

菲佛和科特强调主管对下属的依赖，正是这种依赖性增加了管理难度。第一，下属的技能难以被替代。第二，下属掌握重要的专有信息或知识。第三，下属间关系良好，责备或替换他们会招致其他人的不满。第四，下属的绩效对上司的绩效影响大。第五，下属与其他重要人员关系密切，工作重要性高。[15,17]

管理下属的诀窍包括：（1）真心帮助下属成长，传授知识、技能、方法；（2）花时间了解下属，了解新生代员工的特点；（3）多交流、沟通，关心下属的生活；（4）确保完成任务，在过程中关注下属工作进展，提供应有的帮助和资源；（5）

以身作则,做下属和团队的榜样;(6)多表扬,常感谢;(7)为下属争取应得利益;(8)批评下属时控制好情绪,切忌发怒。不要求全责备。对于下属的错误,要明确指出,也不能推卸责任。

领导的不少时间都在和下属沟通,包括指令的下达、过程的监控、矛盾的调解、结果的评估。下行沟通体现领导艺术。第一,春风化雨,润物无声。让下属心悦诚服才是最高境界。第二,沟通是交心。让下属把心交给你才是最大的成功。第三,利益共同体。你和下属是一条战线。第四,倾听比训话更有力量。不会倾听和滔滔不绝是许多领导的通病,而领导们往往意识不到。柯维说:"听比说难上百倍,因为人们常常是以自我为中心的。"第五,专注于赢得尊重,而不是发展友情。领导不能一味迁就下属。要勇于承担领导责任,对下属的不当行为敢于说不,指导改进。

要做好向下管理,需要提升在正式职位权力以外的影响力。建立良好的职场人际关系,掌握充分的信息,精通业务并做出出色业绩,树立出众的职场履历和声誉。科特指出,优秀的领导善于根据不同场合灵活运用强硬管理、温和管理、间接管理、直接管理、参与式管理、独断式管理等方法。他们在行动之前必须至少考虑以下公司政治因素:(1)预计会有多少抵制行为?(2)你的职位与该行动所需要的影响力尤其是权力相比,状况如何?(3)从何处得到实施改革所需要的信息和力量?(4)涉及哪些利益关系?[17]

向下管理需要注意被下属越权和架空。越权包括以下现象:(1)先斩后奏,本不该由他拍板的事做了才跟你说,逼你就范;(2)挖坑设套,只报告部分情况,隐瞒真实信息,甚至故意使绊设圈套,让你出错出丑;(3)斩而不奏,做了不该他做主的事,而且不向你汇报,封锁消息;(4)越级请示,向你的上级汇报请示,利用更高领导忙碌、无暇了解细节、距离一线更远等状况,取得间接上级的支持。越权是职场禁区,不仅会得罪领导,也会给其他同事留下坏印象。但是总有些人会闯雷区,有些是无意造成,有些则是蓄意为之。作为下属应该谨守本分,作为领导则要睁大眼睛。

(二)平行协作

不管处在什么位置,职场人都需要和同事沟通、协作。身在中层,部门与部门之间的协调沟通、相互协作非常重要。平行沟通需要注意:第一,主动帮助,建立信任。寻找机会帮助同事纾难解困,分享信息,替他们解围圆场。及时完成协作任务,说到做到。第二,放低姿态,主动登门。遇到和同事工作上的障碍，主动和对方沟通，寻求帮助，消除误会，不要等对方来找你。第三，换位思考，不设立场。换一个角度看问题，有可能发现新大陆。不先入为主下结论，给自己留一点下台阶的机会。第四，对事不对人，求同存异。抓住双方的一小点共同点，扩大共识区，逐步消解分歧点。第五，虚心学习，开放协作。看到同事的优点和长处，向同事学习讨教。以开放的心态吸纳新的信息和意见，拆除内心的篱笆，拥抱协作，联手解决问题。第六，寻找盟友，建立私交。兄弟感情好，让你三尺又何妨。第七，谦逊有礼，令人愉悦。在同事面前避免自我炫耀和咄咄逼人，不轻易得罪人，沟通以让对方心情愉快为目标。

科特[17]提出了如何处理好横向关系的建议：（1）确认哪些是重要的横向关系。了解工作的目标和进度、需要谁的配合、谁会阻碍等。（2）预估合作或阻碍的原因和程度。其中他们从合作中获得的损失或利益可能是最重要的原因。而人们常常低估各方存在的共同利益。（3）尽可能通过沟通、谈判等减少或克服阻力，建立良好关系。（4）必要的时候采取巧妙的、强硬的政治手段。

二、职业低谷：风也萧萧，雨也萧萧

职业之路不会一马平川，遭遇挫折的时候，不只是"醒也无聊，醉也无聊"的空落，还有"风也萧萧，雨也萧萧"的凄楚。

人到中年，在职场上会出现中年期转型的问题。引起中年期转型问题的原因很多：青春已逝，对生命流逝和日益衰老的恐惧；年龄增大，精力下降，工作效率下滑；当初的很多理想还没有实现，而且似乎以后也没有实现的可能；缺乏成就感，跟不上新形势，对个人能力的否定和信心的丧失；不得不与年轻的同事竞争，而在新技术、精力和进取心方面又处于下风；经济负担、子女叛逆、工作家庭难以兼顾带来不少压力。

一帆风顺的职业发展要看运气。在今天复杂、多变、激烈竞争的商业环境中，事业难免遭遇波折。如何面对职业低谷体现出不同的职业素养。愈挫愈勇、砥砺前行是职场人的华山一条道，除此之外别无选择。遵循职业生涯管理的过程：客观地评估个人和环境，承认个人的能力短板，找到职业受挫的真实原因，挖掘自己的优势，并集中精力专注开发个人优势，以此作为职场振兴的资本和个人事业新生的根基；重新评估、设定现实的可行的职业目标，不要勉强自己一定要做超出自己能力的领导岗位或得到超出自己贡献的收入回报；制定切实可行的个性化的职业行动策略，扬长补短，针对自己的短板制定补救措施,提升自己的政治能力;一步一步朝设定的目标努力,根据实际情况及时调整。关键是保持乐观、平和的心态,不要被世俗的成功和外在的因素所压抑,与自己比,只要尽力了,有进步,做到最好的自己就是成功。

很多优秀的成功者在事业低谷期显示出超乎常人的品质。在挫折下显现的品质也许才是他们真正成功的原因,是人们可以学习借鉴的地方。任正非曾经说:"我理解了,社会上那些承受不了的高管,为什么选择自杀。问题集中到你这一点,你不拿主意就无法运行,把你聚焦在太阳下烤,你才知道 CEO 不好当。每天十多个小时以上的工作,仍然是一头雾水,衣服皱巴巴的,内外矛盾交集。2002 年,公司差点崩溃了。IT 泡沫破灭,公司内外矛盾交集,我却无力控制这个公司,有半年时间都做噩梦,梦醒时常常哭。"他失眠严重,还患上了抑郁症,但他依靠顽强的意志,在医生和家人的帮助下,终于治好了抑郁症。马斯克在 2008 年特斯拉和 SpaceX 濒临破产时,又结束了十年婚姻,半夜醒来,枕头上沾满泪水,最后不得不卖车卖房砸上全部家当,终于挽救了公司。经历过波折的人堪担重任。梅耶尔[131]参加工作后一直在谷歌工作,直到 2012 年中被选为雅虎 CEO,她在谷歌的职业生涯一直很顺利,曾担任 5 年的搜索产品主管。2010 年她受命负责一项组合业务,有人认为这是降级,因为她原来负责的是谷歌重要的搜索业务,在 Larry Page 担任 CEO 后,梅耶尔被从谷歌重要的运营委员会除名。但她在工作中表现出韧性,通过策划一个并购案提高了她部门的地位。

每个人或早或晚总会出现职业生涯高原的状况。职业生涯高原是指职业生涯中再晋升的可能性非常小的那一时刻,包括在岗位晋升通道上无法升职,以及没有机会扩大工作职责。造成职业生涯高原的原因有很多,从客观上来说,企业的管理岗位是有限的稀缺的,越高的职位机会越少,而且随着组织扁平化趋势,管理岗位更加稀缺;经济不景气或企业经营不善,没有新的投资和新的岗位供应;老员工占据了位置,年轻员工得不到机会;或由于技术变革造成某些岗位消失,这些都会导致职业生涯高原出现。主观方面,可能受到公司政治的影响。因为缺乏政治意识,政治能力低下,在职位晋升的竞争中被淘汰。应对职业生涯高原的对策,理论上和应对职业低谷的一样。首先,进行自我评估非常重要,重新考察个人的价值观、兴趣、能力和想要的生活方式,与实际工作状况的匹配情况。其次,想清楚自己的目标。再次,加强政治能力的培养,在职业发展的过程中积极运用政治技巧为自己争取更多的机会。

弗里斯[266]提出了职场经理人中年危机的应对机制。建设型风格职场经理人接受并主动适应变化,他们用积极的态度学习新知识,再造自己,重新构建工作意义,迈上新的职业台阶。他们还会分享资源和技能,支持、帮助下属和下一代经理人的发展,找到在企业中新的位置。有些人则反思职业之路,变换职业轨道,在企业之外寻找新机会。知足型风格的职场经理人满足现状,没有太高的理想,被动应对挑战,会平静地度过职业生涯中期。防御型风格职场经理人会主动寻求挑战,但能力支撑不起梦想,他们往往高估自己的实力和期望,而能力却已经跟不上需要。他们会嫉妒、为难、挑剔、迁怒年轻经理人,或者以伪装、放纵、作践自己的方式逃避现实、麻痹自己,或者表现出异常活跃、狂躁的强迫症状。抑郁型风格的职场经理人面对危机既被动又扭曲,丧失信心,怀疑自己,导致工作出错和身心疾病。经理人在职场中年危机袭来时应该建设性地应对,主动积极地管理自己的职业低谷。应保持终生学习的心态,对组织变革、职业倦怠和技能落伍保持警觉。企业也应该重视中年危机和职业低谷问题,开展针对性的培训和职业指导,帮助员工顺利走出低谷期,开启职场第二春。

三、职业高峰:一日看尽长安花

在春风得意的职业高光时期,以下几点是需要引起重视的。

(一)政治决定成败

在职业生涯的关键点,要懂得发挥政治能力抓住难得的机遇。当年惠普选拔 CEO 就反映出政治的重要性。

1999 年,惠普公司遭遇诸多挑战,错过了个人计算机和互联网两次大的技术革命,曾被奉为硅谷 DNA 的惠普之道也陷入迷失。董事会决定更换领导层。当时的 CEO 和董事会主席是普拉特。他说:"迪克(注:董事)到处找人交谈,尽可能多地找到批评我的意见。"他并不是反对迪克的调查,那是董事的权力。但他对于迪克从来不告诉他结果表示不满。"我够成熟了,我可以经受任何事情。我唯一不喜欢的就是那些神秘的会议和不直率的人。"[121]此时,董事会选拔委员会正在选拔 CEO。

除了比尔·盖茨和杰克·韦尔奇之外,猎头公司几乎联系了所有能够想到的人,包括 IBM 的 CEO 彭明盛、微软的 CEO 鲍尔默、思科的 CEO 钱伯斯、戴尔公司的老板戴尔、甲骨文公司的前总裁、英特尔的候选继任人、太阳微系统的前总裁、惠普的前 CEO 等企业界如雷贯耳的超级大腕。朗讯的副总裁——菲奥莉娜也是第一批人选之一。大多数人都没有接受，但也有一些候选人进行了面试。而菲奥莉娜在这次过程中表现出了高超的政治能力。她自从决定要争取这份工作时就精明地出每张牌，表现出要赢的决心。她和选拔委员会的每个人接触并以良好的推销和沟通能力留下深刻的印象，她尽力不让董事会与她的批评者对话。最关键的是她很快就摸清了惠普董事会里的政治氛围。她提出要迪克担任董事会主席才过来，这是个一箭双雕的高明之举。迪克是董事会里的实权派和惠普元老，取得迪克的支持，成功的机遇就增加了大半；同时由迪克取代前 CEO 普拉特的董事会主席之位，也使得普拉特能够从董事会体面退休。

在中国的企业情境中，还有一个很常见的重要话题：职业经理人高管如何与老板相处。老板是企业的所有者，职业经理人是老板聘请的高管。在企业经营管理中，难免存在不同意见。有时候老板是对的，有时候职业经理人是对的。但是对当事人的双方而言，如果出现争执，当时并不能判断谁是谁非。老板的对错不是讨论的关键，关键是职业经理人认为老板是对还是错。经理人觉得老板是对的，自然皆大欢喜。问题是当经理人觉得老板是错的时候怎么办？是坚持己见，还是屈服老板？这是个历史性的难题。曾经有人为此付出了生命。秦将白起的死就是源于此，秦昭王让他攻打邯郸，他认为这是个错误的决策，因而称病在家，不予配合执行。结果秦军果然不出白起所料连连失败。秦昭王并没有因为白起的意见正确而回心转意，反而赐剑让其自杀。商场中职业经理人败走麦城的案例俯拾皆是。

不论是高管面对老板的错误决策，还是普通下级面对上级的错误指挥，当与领导的意见存在分歧时，需要高超的政治技巧才能妥善处理。首先，要主动积极向上沟通，不要以为真理在自己手上，天真地等领导幡然醒悟来找自己认错；其次，要展现出对老板、对企业的情感认同和感恩之心，善于寻找合适的机会和场合，展开非正式的私下沟通，不能在心底里排斥领导、老板和企业；再次，要在实际行动上，把企业的利益和自己的利益紧密结合，真正把企业利益放在首要位置，而不是被老板否决后意气用事、置身事外、眼看着公司利益受损而不顾、甚至拆台。以事实证明你的忠诚和正确，以此获得老板和领导的肯定。即使不得不执行老板的错误指令，也要收起自己的牢骚和抱怨，哪怕明知会遇到失败，会担责任，也要先去认真执行，在执行的过程中及时向老板报告进展状况,提醒雷区,以事实和数据与老板一起调整计划,及时纠偏。最后的办法,就是无论如何也只能自己受委屈,把失落、牢骚、抱怨吞到肚子里去,千万不能看到老板的决策遭到失败后说风凉话,彰显自己的正确。

关于上司出错时怎么办的问题,有专家明确表示要记住"上司永远是对的"。(1)先说 yes,等你到达他的位置后再考虑说 no;(2)在上司的想法中寻找合理的细节,将你认为不合理的先搁一搁,但可以在执行时尽量朝你的方向走;(3)将自己的结果与老板的目标相结合,尽量达成上司的预期;(4)对伟大远景说 yes,对具体行动说 no;(5)曲线救国,想办法搞定上司的贴心哥们和亲信,通过他们为你说话解围;(6)趁早适时给上司洗脑,尽可能早地找合适的机会跟上司说明实情;(7)提出"冰块问题",让上司在一瞬间清醒过来,醒悟自己的错误,明白真相;(8)学会巧妙说 no。职业成功必须有自己的独立思考和独特思想,不说 no 做不到高层。

(二)警惕政治风险

高处不胜寒,身在企业最高层的成功人士也不得不时刻对公司政治保持警惕。菲奥莉娜[84]在其自传中写道:"我心里一直隐隐有这种感觉,说不好哪一天我就会丢掉饭碗。我身边都是一些有钱有势的大人物,各自都在追逐巨大的利益目标,我和他们共事风险之高是不言自明的。"

人性是复杂的。绝大多数的员工和同事都是具有良好品行修养的人。但是不幸的是,人们在职场总会碰到有些品行不端的人,或者是在某些压力之下,有些人的劣根性被逼迫出来,有时候是经受不住利益的诱惑而丧失好的品格。那些由于业绩突出获得公司重点培养、快速升迁的后起之秀,难免在得到大多数人夸奖和钦佩的时候受到个别人的嫉妒和攻击。这些处于上升趋势的精英分子往往会专注于工作,或者有些沾沾自喜,或者一时蒙蔽而不能察觉到背后的这些人性的阴暗面,因此遭到暗算。所以,在一门心思做好工作、做出业绩的同时,在得到领导、同事青睐和称许的同时,在职场道路看起来一帆风顺、平步青云的时候,也要小心可能存在的背后黑手。

菲奥莉娜在 AT&T 的职业道路一直很顺,晋升速度比她自己预期得更快,而与她的晋升之路相伴而行的,是一起又一起的消极政治行为。据她在自传中描述,她在网络系统公司担任国际战略与发展部主管时,负责营销的副总裁经常使些小手段在背后诋毁她。这位副总裁在看到菲奥莉娜实现了他达不到或是没能力达到的目标时,就会在背后挑拨是非。他跟菲奥莉娜手下的一位女经理说菲奥莉娜不支持她,在领导面前没有替她说好话。他承诺调她去他的部门工作,并要求她保密。副总裁还跟菲奥莉娜的直接上司说菲奥莉娜在背后说上司的坏话,对上司不忠诚。这位上司本身对自己的位置忧心忡忡,对菲奥莉娜和公司领导的关系心存嫉妒,后来干脆就和这位营销副总裁联合起来对付菲奥莉娜。他们在每次会议上对菲奥莉娜的工作数据提出质疑,让她有口难辩。然而,菲奥莉娜却一直蒙在鼓里,并不知道营销副总裁和上司的这些桌底行为。后来,多亏了她的几个有正义感的好朋友告诉了她真相。在一次公司老大找她谈话时,她道出了心中的愤懑。此后,她找女下属经理长谈了一次。从此她在上司面前仍然保持谦虚,但再也不相信他,对那位营销副总裁也视而不见。几个月以后,网络系统公司老大告诉她,上司调走了,营销副总裁退休了,菲奥莉娜升为合并后的战略与营销部副总裁。

与此同时,从其他人的角度看,看法却有天壤之别。伯罗斯[121]的描述是这样的:"假如说她厌烦了朗讯,朗讯也有人厌烦了她。朗讯公司一些元老开始怀疑她是不是真的应该享有这么高的地位……很多人觉得她太过于追求个人的发展了,像朗讯其他的高级管理者一样,菲奥莉娜有自己的公关宣传班底……有一个最好的例证,1998 年 10 月美国《财富》杂志把她称为美国最成功的高级女主管。正是这篇文章和好些类似的关于她的文章使惠普公司的董事会开始关注菲奥莉娜这个人。有的朗讯高级管理者觉得,菲奥莉娜夸大了自己在朗讯那一段成功中所起到的作用……'不要跟卡莉作对,不然没有好果子吃。'一位前朗讯经理说。'她对人好的时候,好得让人难以相信,对人狠的时候,狠得也让你不敢相信。''她为了保证公司业务进度往前赶,可以轻易开掉长期以来对她无比忠诚的一个人。'"

真相无从知晓,但菲奥莉娜的故事告诉我们,企业中确实存在着种种难以察觉的幕后黑手,值得时刻警惕。

(三)气度器量

在公司政治的过程中,肚量是非常重要的指标。眼光放长远,不争一时之短长,在大场面中是真正的"忍"的功夫。由于各种原因,不可能每次政治博弈的赢家都是你,即使算你赢,也不可能是 100% 赢,总需要付出一些牺牲或者让步。因此,气度和器量就显得特别重要,是组织考察高层干部的重要指标。器小往往成为通往高层之路的一大障碍。得饶人处且饶人,不要赶尽杀绝,给对手一个台阶,给对手留点面子,也是器量的体现。肚量大,在自己失意的时候也会更容易找回自信,提高自己的复原力。

对组织利益最高原则的维护也是器量衡量指标之一。如果一个高级干部只盯着自己的部门利益或个人利益,特别是在与组织利益冲突时,这样的人缺乏大局意识,不仅不能晋升重用,反而需要慎用。

真正的企业政治家深谙妥协交换之道。他们不会轻易得罪人,不会把人逼到绝路,不会和对手撕破脸皮。他们能够真正尊重对手的不同意见,内心非常清楚为了达到目的总是需要付出一些代价,他们总是能够找到和对手在任何情况下的相处之道。作为高层,很多事情都是极其棘手的,甚至无解。这个时候,需要的是化难题于无形的腾挪和化解功夫。就像曾国藩在晚年所说的,他自诩是个老实人,需要回归平实,以浑含和诚愚的手法来应对各种机巧。这种以简化繁、以拙化巧的功夫不是一两天可以练成的,需要无数磨炼才可以修成"化骨绵掌"和"无影腿",所谓大智若愚、大巧若拙。没有足够的器量是做不到的。

器量还体现在对对手的宽容和尊重上,在竞争的同时深刻认识到合作的意义。高层之间在理念上的差异是大多数矛盾产生的原因,这和物质利益的差异有本质区别。源自理念差异而产生的高层不和应该控制在最小的范围内,比如只在当事人之间。除了当事人,外人并不知道他们之间存在矛盾和不和。如果当事人的矛盾公开化,被其他人所获悉,就会对公司运作产生不良影响,这显然是一个高层领导所必须时刻注意和警醒的。为了控制信息外流以及引起不必要的误会和猜疑,当事人应该避免在公开场合和其他人存在的场合进行过度激烈的争吵。更重要的一点是,认识到理念差异的必然性了,就需要将重点放在如何合作上。高层之间竞争重要,合作更重要。不能够领悟到"竞争—合作"重要性的管理者,不适宜担任高层领导职务。所以,政治能力卓越的领导人,即使和政见不合者意见分歧很大,但是外人一般看不出来,他们相互尊重,惺惺相惜。为了组织的利益,他们能够摒弃前嫌,真诚合作,甚至牺牲个体的利益,做出让步。这种"竞合"的团队运作模式是比较现实的优秀团队模式。所谓一团和气、没有任何矛盾的团队,在现实生活中已经绝迹,也许从来就没有出现过。

(四)自省敬畏

在西方企业的治理中,企业的决策权在董事会,而董事会一般由 CEO 和董事会主席掌控,很多大公司的 CEO 兼任董事会主席。在企业经营顺利的时候，CEO 自然风光无限。但是在经营遭遇困境时，华尔街和媒体就会质疑 CEO 的能力、挑战他的权威，如果一段时间后仍无起色或亏损加重，甚至会出现换人的呼声，这对于一直处在权力中心、受惯了人们追捧的 CEO 们来说自然是一件很不省心的事。是留是走？何去何从？这时候就要看 CEO 们的自觉性了。很多的 CEO 们会主动让贤，提出物色新的能人来挽救企业。比如在埃克斯时代的 IBM 请到郭士纳。他们有对自身的深刻内省，对命运和生命自然规律的敬畏，对企业和社会责任的敬畏，就算内心里不情愿，但是仍会主动请辞，交出权杖。

自知自省的领导者懂得自我批判和持续学习。领导力的发展是一个终生的过程，处于职业发展中期的人需要持续努力。加德纳[149]认为，如果领导每 5 年不在大学进修学习两周，或每 7 年不参加一次定期的业务学习，那么他的领导工作将不会有所发展。任正非在华为干部后备队结业证书上的题词是"只有有牺牲精神的人，才有可能最终成长为将军；只有长期坚持自我批判的人，才会有广阔的胸怀。"华为长期坚持在公司推行批评和自我批评，尤其对于高层干部的自我批判精神非常看重。高层干部由于都是身经百战、业绩煊赫的能人，如果没有自我批判的精神，很可能陷入过度自信的危险境地。环境、技术和竞争对手都是不断变化的，过去的成功已经不能成为未来成功的依赖，有时候还会成为包袱。只有始终自觉坚持自我批判，保持敬畏之心，持续学习，才能适应变化甚至预知变化。

自省的人懂得包容，作风民主，听得进不同意见。身处企业的最高层，领导者如果刚愎自用、听不进不同意见，企业的危险性就大。因为最高层的决策往往都是影响深远、牵涉全局的大事，如果不能吸收多方意见，考虑不够周全，很容易一着不慎，满盘皆输，这是最高领导的一大风险。戈尔曼总结为 CEO 病，那在患者周围形成了一个巨大的信息真空。CEO 不知道企业内以及环境的真实情况，以及企业内其他人对自己的真实看法。企业内的各层领导都可能得 CEO 病，层级越高越容易得。

领导者大权在握，员工大多倾向于只说领导者喜欢听的话。研究表明，这是许多领导者失败的原因。因此，弗里斯[266]建议领导者应该有人对他敢于提出不同意见，勇于指出领导者的错误。这样的人最好与领导者或企业没有太深的利益关系，比如久经考验的、信得过且有独立思想的老臣，或者深交的朋友。领导者应该有预见性、有警觉性地为自己设置这样的"反对派"角色，防止自己退化或被捧杀为只爱听好话、只听得见好话的昏庸领导。

任正非很清醒，"我知道自己的缺点并不比优点少。"曾经说他的优点就是比较民主，愿意倾听大家的意见，有错能改，没有面子观。所以他说接班不难，只要比较民主就行。

但是我们在日常生活中常常见到的很多企业领导是强势、独断型的。有些是主观上不愿意听取不同意见，喜欢那种凡事自己一个人说了算的感觉。觉得有人提不同意见就是反对他、不支持他。有些是客观上认为别人的意见都不如自己，水平比自己差，因此存在一定程度的武大郎开店现象。有些是一种错觉，其实是他自己错了，但是他偏偏认为是别人的错，因而责骂、错怪他人。领导者失去了自省的功能，也就不会有民主。有些人忘乎所以，犯低级错误。华为有一段时间引进大量空降高管，有些人德不配位，居然在下属提意见的时候说："我是任正非请来教你们管理的""华为有什么管理""华为的高级干部有懂管理的吗"，事实证明这些人很难服众，最终不得不离职。

第四节　职业生涯晚期

进入职业生涯晚期，职业退出是一个无法回避的问题。一方面要保持正常的竞争力和工作产出，做好本职工作，避免自己落伍；另一方面要以积极的心态做好退休的准备。这对于企业领导者尤其重要。

弗里斯[266]把CEO的生命周期分为进入期、巩固期和衰退期三个阶段。进入期最主要的是努力熟悉新职位，处理前任的遗留问题，寻找推动组织前进的主题。一旦巩固了权力，理解了所处环境，确定了关键主题，新CEO就开始进入巩固期，为企业的发展做贡献。如果CEO开始对新事情失去兴趣、短视自满，变得偏执，害怕失去权力，就标志着他进入了衰退期。如果不能很好地度过衰退期，不仅个人的职业生涯不完满，而且还可能会威胁企业的命运。其他身居高位的领导人或不同层级的管理者，也会在其最终所处的职位层级面临同样的问题。弗里斯指出，优秀的企业领导，一般会设法通过认真的准备来缩短进入期、最大限度利用巩固期、通过及时退出来缩短衰退期。在现代社会，对准备充分、非常能干、适应力强的CEO而言，七八年的任期近乎是最佳的。因此，无论是创始人，还是职业经理人，都不可能无限期地掌管一家复杂的现代企业。再优秀的企业领导，也必须面对职业退出的问题。

一、知止知退：看庭前花开花落

风流总被雨打风吹去。

职业生涯总有终点。任何再怎么成功的企业领导总有谢幕的那一天。有远见、知进退的领导会提前培养接班人，安排好退休之后的公司大当家。韦尔奇、郭士纳均在 65 岁前退休并选好了优秀的接班人。所谓"人事有代谢，往来成古今"。但也有些要退休的领导一直不放心，担心选的接班人靠不住。有的领导退下去后，不甘心寂寞的退休生活，总是想办法回到公司刷存在感，给新当家的造成不少困扰，也给公司带来不少麻烦，甚至影响到新旧领导个人之间的关系。

某世界 500 强公司在中国北方区的老大退休了，继任者是退休老大曾经的下属。不知什么原因，董事会又返聘了这位老大回来做顾问。退休老大个性活跃，行事强势，在公司内门生遍布。新任老大个性温和，儒雅实干。听说这位新老大上任后有些郁闷，因为他搞不定旧老大的旧部。旧老大还成立了一个微信群，将原来的老部下"一网打尽"，而且还经常组织一些活动。

这一年北方区举行年度活动，邀请了新旧两位老大参加。结果旧老大在晚会召开之前召集区域会议训话，给全体员工讲如何在公司做得更好、传道解惑。结果还拖了时间，又被新老大看到了。在晚会上最重要的抽奖环节，主持人邀请新旧两位老大同时上台抽奖。新老大从晚会一开始就紧绷着脸，一个晚上没有放下。该区域的管理层找他聊天，他也不怎么搭理；找他合影，他也很不情愿；甚至有人跟他打招呼，他也爱理不理。晚会一结束，他就早早退场了，剩下旧老大和区域员工们继续卡拉 OK。

从这个案例可以发现，即使已经位至高层，未必懂得进退。案例中的旧老大就是一个代表。而新老大又不够强势，性格温和，缺乏匪气、霸气和江湖气，难免被旧老大抢了风头、压了气势。退休了就是退休了，哪怕被返聘回来做顾问，也千万不要以为自己还是主事的老大，更不要要求属下们仍然围着自己转。毕竟你的时代已经结束了。

有的领导做得就很睿智。在正式退休后，不对公司的事情发表任何意见，虽然在位的时候，一言九鼎，绝对权威，但仍能够在退下来后划清界限，约束住自己的手和嘴，这样的领导深谙领导力和权力之道，深得进退之法。

有的领导者恋栈，尤其是对公司有重大贡献、事业成功的领导者，会有一种非他不可的错觉，即便当初他上台时完全凭真才实学、没有使用任何消极政治手段，在即将退休时也难免会自满，想搞特权，搞腐败，偏听偏信，特别是有些想保护自身利益的下属怂恿他续任或垂帘听政的时候，他更是容易迷失自己，难以看清真实状况。在自身和外部因素的影响下，恋栈的领导者有可能晚节不保，或者给自己辉煌的职业生涯划上不完美的句号。

二、优雅退场的难与痛：挥一挥衣袖，不带走一片云彩

在职业退出方面，我们应该学习古人的通达与潇洒。"谁解乘舟寻范蠡，五湖烟水独忘机""将家就鱼麦，归老江湖边""红颜弃轩冕，白首卧松云""君问穷通理，渔歌入浦深""几时归去，做个闲人。对一张琴，一壶酒，一溪云""元龙老矣，不妨高卧，冰壶凉簟"。退休是另一种新生活的开始。

但退休对有些领导者而言是恶心、难听的词。相当一部分人很难从容地放弃权力。[17]他们会采取种种手段延迟退休，甚至采取消极政治行为消灭一个又一个可能的继任者，最终给企业带来不可挽回的损失，乃至使企业遭受灭顶之灾。迪斯尼的前CEO迈克尔·艾斯纳就解雇了潜在的继任者。这被称为组织中常见的代际嫉妒，即嫉妒下一代，高级经理人打压年轻的经理人，设置障碍，制造麻烦，设下陷阱，使尽各种不堪手段。甲骨文公司的创始人拉里·埃里森就非常强势，曾经有多位接班人被他提起来，又被他废黜。并不是因为这些接班人选能力不济，而是因为他们与埃里森发生冲突或者抢了他的风头。1993年埃里森聘请知名经理人Ray Lane做总裁和COO，埃里森好几年不过问日常管理，因为Lane表现非常出色。但是控制欲很强的埃里森不可能一直忍受Lane的成功，他重返权力中心，削弱Lane的权力，迫使其2000年离开。几个月后，另一位很有可能继任埃里森的执行副总裁Gary Bloom也辞职了。

弗里斯[266]认为，CEO这种处于极大压力职位的最佳状态期只有8年。而且现实情况更加残酷，CEO的任期越来越短。因此，CEO这些领导者的优雅退位就显得更加重要。然而要让一生叱咤风云的领导人承认自己老了、需要让位了，实在是一件残忍的事。有些领导人会以其他方式来证明自己雄风不减当年。当年华逝去、身体衰老、思维迟缓时，玩弄权术成为某些人的替代品。亨利·基辛格说"权力是最好的春药"，似乎在暗示权力对性能力的补偿作用。著名传媒Viacom的老板Summer Redstone曾经说过："我会永远活

着……我觉得我仍然活在 20 岁，各个方面，甚至是性。"1923 年出生的 Redstone 娶了一个比他年轻 40 岁的女人。

弗里斯给到龄或者进入职业衰退期的领导人提出了优雅退场的三个建议：暂停、禅位、改变时刻。暂停就是休一次长假，重新焕发活力。禅位就是做年轻经理人或接班人的导师，让他们独立做决定、担风险。改变时刻就是要清醒地意识到自己已经到了该改变的时候了。

欧文[160]为该退休的领导者提出处理离任问题的五个建议：（1）去墓地看一看。墓地埋着许多自以为不可或缺的主管。（2）为下一个行动做好准备。领导工作只是一个历程。维护好社会人脉、井然有序的生活和意义。（3）发挥董事会对 CEO 的平衡力量。（4）给自己设定任期限制。（5）安排好接班人。

站在公司的角度，也应该认真规划经理人的退出机制，帮助进入职业衰退期的经理人顺利地退场。既能够最大限度地利用这些资深经理人的价值，又能够减轻退休阴影给团队士气带来的负面情绪，帮助退休人员预防退休综合征，最终顺利实现经理人的良性迭代。比如分阶段的逐步退休机制，逐步减轻工作量；返聘有特殊价值的专业人才；让即将退休的资深经理担任年轻经理的顾问；指导他们制定退休生活的规划，并培训各种各样的兴趣爱好，辅导他们开展退休后有意义的生活，融入社会关系。

三、培养接班人：雏凤清于老凤声

有位领导者说："权力这种东西感觉一辈子都能握在手里，但其实某天会突然像风一样消失。"总有一天，你所拥有的权力会离开。如何把权力平稳地传递给正确的接棒者，是考验所有企业当权者的难题。培养和选择接班人是卓越企业领导在职业后期的最重要工作。就算中层管理者或者经验丰富的资深员工，在职业生涯中晚期培养和辅导年轻员工也是很有意义的工作。众多学者以继任者的业绩来衡量一个领导者的业绩，这是一个很有趣、也很靠谱的角度。这也是德鲁克[134]的观点。哪怕自己在位的功劳再大，如果选错了接班人，导致企业衰落或者消亡，那也只能证明他的失败，而不是证明他的成功。

沙因[195]从组织文化和领导力的关系指出，"新领导人不仅应该有能力使组织变得成熟，而且应该具有与文化相容的信念和态度。"不少企业领导喜欢挑选和自己相似的人作为继任者。一方面是因为相似的人拥有共同语言，便于沟通。心理学研究表明，人们真正喜欢的其实是自己。挑选和自己相似的

人，其实挑的就是自己。还有一个深层次的心理原因，选择像自己的接班人，无意识地在复制自己，因此延长了任期。而很多时候，企业需要的是一个不同风格的继任者，需要敢于和过去检讨、变革。因此，有种说法叫作"内部局外人"（inside-outsider），他们被视为有效的接班人。因为他们既对所在的企业有深刻了解，同时又能以局外人的心态来客观、独立地运作企业，其领导行为不会受到前任的约束和干扰。科特[17]认为顺利接班是董事会最重要的职责，应该由董事会而不是 CEO 来挑选接班人。

培养和选择接班人是个难题。2021 年 6 月 17 日下午，港股万洲国际发布消息称"万先生近期对本公司的财物作出不当的攻击行为"，免去万洪建的董事会副主席及副总裁的职务，即时生效。一石激起千层浪。双汇系的接班人问题引来万众瞩目。万洲国际是 A 股上市公司双汇发展的间接控股股东，而万洲国际与双汇发展的掌舵者皆为 81 岁的万隆，他是肉类加工行业的传奇。目前是双汇发展董事长，万洲国际董事会主席兼行政总裁。万洪建 52 岁，是万隆的大儿子，自 2018 年 6 月 4 日起担任现职，为期 3 年。2021 年 4 月，万洪建成功连任，却仅仅 2 个月即被免职。7 月 16 日万洪建接受采访称，他找万隆说："最近你要提 CEO，我想先私下与你交流，谈谈我的看法。"万隆说："你听谁讲我要提 CEO，我没有跟任何人讲过，谁告诉你的？"万洪建气急之下以头撞击万隆办公室玻璃墙柜。8 月 17 日，万洪建又撰文指控万隆与秘书姘居 20 年、偷漏税、向境外转移资产等"七宗罪"。

至少 80％的家族生意在第二代手中结束，只有 13％的家族生意成功地被第三代继承。家族企业的传承是企业创始人天字一号的大事。每一个创始人都期待能够打破"富不过三代"的说法。他们对于接班人的培养耗费了巨大的心力和漫长的时间。为了权力交接成功，创业者用不同的方式选拔、训练他们的接班人，用心良苦。万向集团的接班是成功的典范。创始人鲁冠球出生于 1945 年，2017 年 10 月逝世。1971 年出生的鲁伟鼎是鲁冠球独子。作为国内最早的顶级"富二代"，被委任为总裁时，他才 23 岁。接手万向集团之后，鲁伟鼎在企业运营、金融及资本运作上长袖善舞，尤其是金融投资板块，成就甚至超过鲁冠球。鲁冠球的传承布局，有比较清晰的脉络，即协作接班模式，儿子掌舵，女儿女婿们齐上位共同接班家族庞大的产业，在解决接班人问题的同时，又能维系骨肉亲情，避免兄弟姐妹争权夺利。

不少企业在培养和选择接班人方面有很多创新的做法。华为用最优秀的人培养更优秀的人，是培养下一代领导者的重要创举，还通过轮值 CEO 的方式在岗位上长时间地锤炼和考察领军人才。联想曾经将业务一分为二,分别由杨元庆和郭为负责。何享健选择了职业经理人方洪波而不是自己的儿子接班。通用电气为了挑选到最优秀的接班人,提前7～8年开始采用系统性方式规划接班人问题,在多个候选人之间"赛马"。

培养接班人,首先要有意识地观察和物色有潜力的苗子,然后放手给他们提供具挑战性的锻炼机会,给他们授权,允许他们冒险,包容失败,并在失败中学习成长;还要做好接班人的辅导教练,扶上马送一程,通过长时间和多任务的考验,养成他们的利益观、权力观、大局意识和高层意识。

江山代有才人出,雏凤清于老凤声。领导者应该多相信年轻人,培养年轻人接班。

总结：应对之策

通过前面的讨论可以看到,公司政治是企业中不可避免的行为。站在全局高度,正确认识公司政治,并根据企业的实际情况采取正确的应对措施,是值得广大企业管理者认真思考并积极落实的。

一、实现透明运作是公司政治问题的理论最优解

公司政治在管理不当的时候会带来很多负面问题。公司政治的消极影响是过去学者们关注的要点和已有研究中最主要的内容[16,119]。我们始终不能忘记,企业最首要的是业务经营和盈利。正如明茨伯格[69]所言:“组织的目的,在于提供产品和服务,而不是提供一个人们彼此争斗的大舞台。”寻求企业组织内部的政治清明成为企业上下的一致需求,一种完全透明、所有利益与权力问题都能通过严密的制度和流程来解决的企业运作机制成为大家的终极期望。人们试图寻找抵制、消除恶性政治的良丹妙药。但是由于历史约束、组织特性、人性局限、制度缺陷、组织能力有限以及环境影响,公司政治不可能彻底消除。因此,无公司政治的状态虽然是公司政治的理论最优解,但也只是一种理想化的乌托邦。

二、实现良性运作是公司政治问题的现实满意解

公司政治在企业经营管理的诸多方面存在积极作用[15,17,29,51,56]。虽然公司政治不能从根本上完全消除,但是可以不断引导、规范、约束公司政治行为,限制消极政治的产生和发展,鼓励朝积极政治的方向进行,防止权力的滥用和腐败,保障权力为组织利益服务,使公司的政治活动凝聚人心,化解矛盾,有利

于企业长远发展。因此,在现实世界中,在有限的组织能力约束下,采取积极政治策略,寻求公司政治的良性运作成为公司政治问题的满意解和现实解。

在公司政治的实际运行中,如何阻止道德败坏的"坏人"以违法乱纪的方式攫取权力位置、控制权力范围,保护那些正直善良的人不受道德败坏的人的打压和排挤,保证那些"好人"不需要通过违法乱纪的方式来获取合法权力、发挥影响,保证"好人"不会被"坏人"腐蚀、同化,是一个关键课题。在管理人员的招聘、培养、选拔、任用的过程中,必须制定一套科学严谨的人事任用管理体制,从人才的进入到任用全过程把关,确保优秀的人才任用到合适的岗位,有效防止烂苹果腐蚀好苹果、良才被劣才所排挤的坏结果出现。在干部任用时,通过公正科学客观的业绩评估、领导力测评以及综合考核,经过慎重研究,杜绝任人唯亲,弘扬任人唯贤。在管理人员的培养、培训过程中,强化职业道德、职业精神和正确权力观的养成,倡导各种健康的管理沟通,反对不良政治行为。对于违规违纪行为,设计严密的惩罚体系并真正落实执行。从最高管理层做起,率先垂范,以身作则,树立一种积极向上、开诚布公的良性政治氛围,始终坚持以公司利益为最高利益。总之,权力腐败和政治腐朽不仅仅是个人道德品质问题,更是一个制度体系和管理体系问题。因此,从根本而言,首先必须从制度设计上寻找解决方案,同时在制度运行时加强管理。

制度设计和运行管理需要成本。一个企业组织的资金、人才、时间、空间等成本是有限的,组织在处理权力利益和公司政治方面的资源和能力也是有限的。在企业的经营管理过程中,管理层需要面对的问题层出不穷,且随着环境的快速多变,竞争日益激烈复杂。公司政治虽然是企业经营管理中至关重要的核心问题,但也只是企业经营管理众多问题中的一个方面的问题,企业只能在有限的能力之内以有限的成本处理一定范围、一定层面、一定程度的公司政治。

企业管理正呈现出从控制式管理向参与式管理演变的趋势。这种演变趋势也给公司政治消极问题的化解带来启发。就像明茨伯格[29]所说的,管理者的权力逐步向非管理者下放,管理风格相应地从控制到信服、从领导到联络、从授权到鼓励转变。因此,淡化权力意识是化解公司政治消极影响的一个有效途径。管理者应顺应这种趋势,认识到管理和领导的本质目的在于挖掘和激发员工的潜力和积极性,应该通过启发、协助、教练的方式,而不是通过监督、控制、强迫的方式。这样,管理者所拥有的职位权力或者其他形式的非正式权力不用来命令、迫使他人做事,而是发挥辅助、鼓励、协调作用。当管理者做到不需要对下属发号施令的时候,管理就达到了它最初的目的。看一个管理者的领导能力如何,不是看他多么擅长发号施令,而是要看他如何避免发号施令。当权力意识发生真正转变,权力使用的方式和目的发生根本性变化的时候,公司政治也会相应转变,会更加有助于推动员工工作投入,促进企业产出,提升组织绩效,从而减少公司政治所带来的消极影响。

三、权力和利益集中区是公司政治的重点区域

利益和权力是公司政治的核心因素。从公司政治活动的表现及其活动领域来看,公司政治现象比较激烈的地方往往是权力或利益相对集中的领域。这些活动和领域也是组织成员最容易感知的公司政治,因而在组织内造成的影响较大。在企业发展的某些特殊阶段,比如组织变革或战略调整的时候,由于权力格局和利益格局的大幅度洗牌,往往成为公司政治的多发区。在财务、人力资源、采购等权力和利益集结的职能领域,也常常集中了大多数的公司政治。在新业务开拓或新组织成立的时候,由于面临权力和利益的原始分配或重新分配,或者由于缺乏历史经验的指导,公司政治也相对盛行。对于这些公司政治的多发和频发区域,企业最高决策层必须予以高度重视,事先研究应对策略,形成预警方案,以免猝不及防。

利益相关者理论的影响日益扩大。从公司层面,考虑公司、股东、团队、员工、供应商、客户等各方利益需求,做好各方利益相关者利益的顶层机制设计。要实现各方利益体各安其所,关键是做好利益增量的文章,做好利益预期的沟通,调适利益分配的规则,发扬人性利他的作用。分析企业内部的权力结构和流程,结合业务实际,对权力的获取和运用做好制度安排,为权力的积极使用创造良性制度基础。在实际运行过程中,加强对利益和权力相关行为的监管。

根据 Michael Segalla 的研究,在企业中存在权力格局的三种情况值得重视:未尽其用之才;危险朽木;分支机构的权力。他根据权力持有者的责任感和权力层级这两个维度来分析,责任感和权力层级相匹配的是最理想的状态。但是实际生活中,有些人责任感强但是层级不高,即所谓未尽其用之才;有权力但缺乏责任感的管理者会满腹牢骚,可能会破坏公司的战略与运营,他们是危险朽木;还有一个被忽视的值得注意的问题是有些分支机构拥有与其地位不相称的权力。

针对权力和利益的问题,菲佛[15]提出了四个建议:(1)用绘制地图的方法

来评估政治，找出问题的关键人物；(2)建立一个权力基础；(3)通过各种各样的战术来应用它；(4)推动企业变革中政治的角色。Newman[76]认为企业的高层管理人员应该警惕政治活动可能给企业带来的危害，采取措施积极引导那些擅长于政治的管理人员的努力方向。首先，要明确企业的目标。政治活动的危害往往是从它偏离企业目标开始的，防范、疏导政治活动，首先应从明确企业目标开始。其次，要将资源分配及奖励与企业目标联系起来，使企业的资源分配及奖励与企业的目标分离是政治活动有效的关键所在。因此，必须制定明确的规章制度，使那些对企业目标做出了实质性贡献的人得到奖励，防止那些损害企业利益的人得到奖励。第三是要对扩张个人权力的管理人员进行惩罚，使他们回归到正确的轨道上来，或将他们开除。

理论上，鉴于企业的政治活动可能造成损人利己，因此，应该由那些利益受到损害的人来约束企业的政治行为。从逻辑上看，企业的所有者及企业普通员工一般是公司政治活动的受害者，企业管理人员一般是公司政治活动的获利者。因此，可以从企业的所有者及企业普通员工方面，来考虑建立相关机制以约束企业内部源自权力和利益的政治活动。

四、公司政治值得企业领导者予以关注和引导

公司政治是一种被企业成员普遍认知并客观接受的事实。公司政治对企业发展的作用是辩证的和多维的，不能简单地认为公司政治是消极或负面的，因此避之唯恐不及；也不能简单地认为公司政治是正面、积极的，因此大肆宣扬和推广。从组织的视角而言，应该像有些访谈者所谈到的，"正视公司政治的客观存在，因势利导，使之为企业发展而服务。"从个人的视角而言，也应该采取有些访谈者所说的态度，"积极学习政治技巧，提高政治敏感性，为了保护自身的权益，或者为了公司的利益，正确地运用公司政治，做一个优秀的公司政治家。"

Ferris等人[185]认为，政治技巧和策略是可以通过学习、实践和培训来提高的。王育琨[267]指出，无论是普通员工，还是公司经理人，抑或公司老板，都可以运用公司政治的力量实现个人和企业的成功。能否驾驭公司政治，是职场人士和企业家们功力高下的关键指标。Gandz和Murray[36]的研究表明89%的经理认为成功的企业高管必须是优秀的政治家。

腾讯曾经在手机游戏产品开发中遇到消极政治的问题，"团队中11个基

层组长中的 10 个来自同一家公司(跳槽到腾讯)。很多员工抱怨,这些组长形成小集团,被称为'亲友团',相互偏袒,不与这些人走得近就会受到排挤。"这个问题被腾讯负责手机游戏业务的总经理视为当时一系列严重管理问题的第一个。幸运的是,腾讯负责该业务的管理层及时发现并且很快解决了这个问题。他们实施组织扁平化调整和重新分组,将原来的 5 个层级减到 3 个层级,取消了原来的组长层级。同时将不合格的项目负责人撤职,逐步导向绩效驱动型文化。

Buchanan 和 Badham[117]极力主张公司政治存在具有合理性。他们认为彻底清除公司政治的观点极端地简单化及不现实;管理本身就是一种碰撞游戏,不准备受伤,就别参与;忽视政治就会在现实中碰壁,抱怨政治,就跟抱怨英国的天气一样,毫无意义。他们鼓励管理人员积极从事政治活动,并从中获得乐趣。

Al-Tuhaih 和 Fleet[73]对科威特的研究结果表明,在科威特,公司政治也是组织生活中的事实,管理者绝对有必要去理解公司政治以使组织达成目标。组织中领导对政治知识的了解有助于他们更好地了解不同风格以及绩效表现的优势和劣势。对公司政治更好的认知有利于领导者变得更加高效,尤其在面临危机和变革时,他们对于公司政治的知识能够帮助他们快速建立有助于其成功的联盟。除了懂得公司政治的重要性之外,领导者还必须有效评估可利用的各种政治策略。许多的政治策略被认为是可接受的和积极的,包括在组织中发展网络和联盟,运用逢迎策略以与重要的和有权势的组织成员建立友好关系,理性说服,自我表现,利益交换等。当然,背后议论、散布流言、匿名举报等行为则是消极和不可接受的。

Dhar[63]认为工作情绪在企业管理中的作用得到越来越多的重视。既然消极的公司政治会使员工产生焦虑、不安、恐惧、威胁、愤怒、悲伤等不良情绪,而这些情绪会造成工作压力。这些负面的工作情绪会导致员工在工作中的消极态度,甚至引发身体健康问题,而且还会传染,从而对员工之间的工作配合和绩效产生消极影响。而积极的情绪则会促进分歧的公开讨论,导致建设性的冲突管理。因此,管理层应该在企业营造一种公平、透明的组织文化,强化劳资关系,激励员工聚焦生产性的活动,促进企业增长。而对于公司政治的积极作用方面,则要善于利用它们来提高员工的生产率。

Brouer 等人[268]的实证研究表明,下属的政治技能有助于搞好和上级主管的关系,从而有利于工作绩效的提升。因此他们建议,公司在招聘时应挑选政治技能高的员工,应该通过培训提高员工的政治技能。领导应该有能力辅导和培养下属,增强他们的政治技能,从而提高组织的工作效能和效率。Atinc 等人[42]在对公司政治研究文献的元分析基础上,提出了一些管理建议,如管理层应该推动员工参与管理,改善管理者与下属的领导成员交换关系,加强人力资源管理,不断推进自主管理、工作反馈和技能多样化,重视职业生涯规划和培训,更加谨慎地处理人员招募和选择流程,提高企业的整体经营水平和效益,这样有助于降低负面的公司政治现象。

Baum[50]认为可以实现一种双赢的政治。鉴于权力是不同团体一起达成他们不能单独完成任务的能力,这种权力会产生关注创造新的可能性的政治:在资源稀缺的世界,由于一些利益的加入,原来不存在的新资源会被创造出来。这种情况下,胜利者只有集体,个别的团体会失败。这种双赢政治能够为当前的组织规范提供一个可选方案。

随着时代变迁,公司政治也呈现出新的变化。某些传统的价值观念在快速蜕化。诚信、助人、集体等观念受到巨大挑战。人际关系受到金钱、利益关系的冲击。关系在当代社会变得更加重要,关系能改变人们在集聚财富、获取利益方面的结果。互联网的迅猛普及和对人们生活的渗透也给人与人的关系带来诸多变化。传统的人际关系模式受到挑战,人情因素的作用在某些时候有所降低。对正式组织的不信任日益导致人们对非正式组织的依赖和寄托。高科技的快速发展也造成文化的变异和价值观转变。高科技企业的经营、竞争等业态使人们更注重短期行为和马上兑现的激励,更加急功近利,企业需要更多的物质利益来吸引人才,人们更加注重契约,劳资双方呈现出更加严格的交易型契约关系,专业能力的作用更加突出。因此,人们可能在职场为了短期利益发生更多的政治行为。这些需要引起企业领导者的注意。

五、以整合的视野来观察一个企业的公司政治活动

Mayes 和 Allen[14]曾指出,由于政治过程的动态变化的本质,政治的概念化需要系统方法。无论是作为对企业经营管理的研究者,还是身在企业现实中的局中人,以第四章的整体框架来观察、评估和参与企业的政治活动,就会对该企业的公司政治现象形成一个比较全面、客观、有效的认知;同时能够以此为工具,破解公司政治现实生活中的迷局,抓住实际公司政治的实质和核心要素,在公司政治的复杂局势中走得更好、更远。

而过去缺乏这样一个有效观察、评价公司政治的全局性框架和工具。过去的研究更多地关注局部和细节,比如具体的政治技巧,感知公司政治与员工满意度、绩效、离职率等之间的关系等等。对于公司政治存在、产生、引发的原因分析,也比较分散,没有一个系统模型。第四章整合框架所揭示的权力格局和利益格局的互动模型,让我们对公司政治的内在形成机制看得更加清晰。而关于个人和组织对于公司政治的影响作用,则聚焦在关系格局、政治动机、政治能力以及政治环境这几个要素。显然,这些要素之间的作用是统合的、交互的、复杂的非线性关系,并不是它们作用的简单线性排列和叠加。[269]

六、掌控消极的公司政治,走向积极的公司政治

Gotsis 和 Kortezi[65]对过去关于公司政治的研究进行综合分析后,越来越达成一个共识:有效的应对之策应该是尽量消除消极的政治,发展积极的政治。汉迪[118]说:"凡有积极权力的地方,便不需要发挥消极权力。在消极权力当道的地方,积极权力通常不受欢迎。"

在应对之前,可以先对企业的公司政治状况进行评估。有学者提出了测量公司政治化程度的五级量表:(1)决定一个人升迁的因素是个人偏好而非绩效。(2)组织里没有唯唯诺诺者的市场,只要是好建议,就算和上司的意见冲突,也会被采纳。(3)不管你的工作质量如何,如果你是个老好人,那么你也能待得下去。(4)鼓励员工大胆发表言论,即使这一言论与组织现有观念相悖。(5)存在妨碍工作绩效的小集团或非正式组织。

不同的公司政治行为需要不同的方法来处理,比如散布流言、溜须拍马、拉帮结派、直接对抗等,均应根据具体情况具体分析,采取针对性的应对措施。比较典型的具有积极效应的政治行为比如印象管理、结盟、理念传播、信息控制等,则应根据实际环境和条件充分运用。当企业内出现各种政治现象或者个人面对各种政治行为时,应根据具体情况、区分不同性质来采取相应对策。

比如打小报告,当一个员工向其上级反映其同事的问题,或者向直接上级以上的上级反映其直接上级的问题,或者向企业外部如媒体、政府等反映企业或企业领导人的问题,由于这种行为会影响到其同事、上级或者企业的利益,各级接受上告的人必须慎重处理。这种上告行为存在两种可能情况:一是上告者所反映的问题是真实的,这些问题如果不及时处理会损害企业的利益,上告者具有很强的正义感,但是又不具有直接解决问题的权力或能力,出于维护

组织利益的目的而向上报告，这种政治行为是良性的、积极的，必须予以保护和鼓励。二是上告者所反映的问题主要是虚假的、片面的，与事实有很大出入，上告者不是出于正义或维护组织利益，而是出于个人私利等不正当目的，不能在公开场合公开提出，因此采取暗地里告状的方式试图捏造事实、诬陷好人，这种政治行为就是破坏性的、消极的，必须予以坚决制止和严厉打击。

(一)消极政治的抑制

真正热衷于消极政治活动的人也是少数，但往往是这少部分人在公司里兴风作浪。大多数人对此一无所知，往往在不知不觉中吃亏、上当。

对于热衷于消极政治的人，应该坚决清除。有学者提出了如何使组织政治保持在合理范围内的建议：在招聘时将过度政治化的个体剔除；建立开放式的管理机制；确保每个员工了解企业的运行方式，并确保员工负责的可衡量目标与组织的关键业绩一致；让非财务人员向所有员工定期讲解财务和会计状况；建立正式的冲突解决和申诉程序；作为一种道德过滤器，只做那些令人愉悦的你上了电视会做的事情；公开认可和奖励那些不靠政治手段而获得真正成果的人。[184]

虽然马基雅维里式的领导手段在某些情境下能取得成功，而且也不失为一种可行的政治技巧，但是采取震慑的、强压式的、威胁、谩骂的手段来驾驭或控制下属或打击对手，并不是唯一的政治技巧，也不是在任何场合都适用的最佳技巧。有不少管理者似乎只懂得这个手段，这限制了他们的发展和成长，也是其政治能力低下的一种表现。这些手段用得太多，往往会削弱领导者的实力和影响力。戈尔曼也曾经提醒过，如果对这种极端型领导不加以改善，其行为及性格最后必然会引发大问题。权力欲强的人应该时刻提醒自己并控制好自己使用权力的内在欲望和手段，才能提高其领导水平。真正有水平的领导者不是通过威胁、拆台、背后攻击、经常乱发脾气等消极政治技巧来证明自己是强者，有时候这些行为往往是弱者的体现。但是，在企业离职员工中有30%～40%的员工是因为被这样的上司或遭遇职场恶霸而离职。

关于应对破坏性政治行为的问题，达夫特和诺伊[81]整理的研究结果表明，可以通过鼓励建设性行为、识别破坏性行为、结束破坏性行为三个阶段来处理：首先，管理层应通过正面的奖励积极行为、支持合作、分享信息和实现组织目标来防止过分的消极政治行为，在整个组织中形成鼓励建设性、道德性的行为的风气，在组织中传播积极的、向上的、围绕组织目标的员工行为导向。

这样通过建立和发展鼓励建设性行为的结构和系统,能够限制破坏性政治行为的使用。其次,当消极的政治行为出现时,组织必须能够尽快识别这种行为。这就要求管理层必须了解知觉、交流和冲突管理等人际过程,同时在平时能够区分、辨别和注意到组织中的正式和非正式群体,并意识到和关注到其间的依赖关系。如果破坏性政治行为比较活跃,群体或者个人的目标不明确或与组织目标冲突时,管理层能迅速识别。然后,在识别出破坏性的政治行为后,管理层能够运用自己的职位权力来阻止。组织成员也可以通过不予配合或者孤立消极政治行为者的方式来限制负面政治行为。管理层也可以使用同化的策略来化解政治行为。同化是使不同的派系在一个目标的基础上合作来消解政治争斗的策略,原来相互争斗的派系在发现面对新的任务时处于同一个目标之下,就会从敌对变成联盟。

(二)积极政治的建设

企业需要认真、周密地筹划建立积极的组织政治氛围。华为就在战略管理、人力资源、企业文化等多个方面全方位地引导建立积极的公司政治。比如在管理者的选拔方面,要求管理者必须具有承受变革的素质。因为企业变革的阻力一般来自管理层,变革从利益分配的旧平衡逐步走向新的利益分配平衡。在这个过程中,管理者的利益可能会受到一些损害,大方丈可能变成小方丈,原来的庙可能会被拆除。这就需要管理者以正确的心态面对变革,在利益的重新平衡中促使企业核心竞争力的提升和效益增长。在这种原则下选拔上来的干部,对个人利益和公司利益的认识就受到了企业利益观的引导和约束。

华为董事会成员的自律宣言强调"无私",就是弘扬积极政治的一种方法。"只有无私才会心胸宽广,境界高远,才会包容一切需要容纳的东西,才有能力肩负起应该承担的责任。我郑重承诺:在任期间,决不贪腐,决不允许亲属与公司发生任何形式的关联交易,决不在公司的重大决策中,掺杂自私的动机。"

郭士纳[132]认为,终结官僚制和"窝里斗"的最好方法,就是让所有的人都知道:我们所珍视的——和将给予奖励的,是团队合作精神,特别是将关注点放在为客户提供价值的团队合作精神。这是从权力观和利益观方面所做的事,把管理团队引向集体权力的理念,把内部争斗引向为外部客户创造价值。用郭士纳的话讲,就是"将这些管理人员的关注点从他们彼此之间的利益冲突转移到公司外部去。"这也是他到 IBM 后在 1994 年春天召开的首次高级管理会议的最重要任务。他以关于客户满意和市场份额的两幅图表开始发言，警示大家公司所面临的危机；还展示了竞争对手公司的 CEO 照片以及他们蔑视 IBM 的原话，激起与会者的同仇敌忾；最后明确指出只关注公司内部之间的竞争而不关注公司和外部竞争对手之间的竞争的做法是必须予以彻底根除的鄙俗行为，号召管理团队积极支持改革。

加州联邦银行的罗伯特·多克森跟本尼斯说过："在我刚来这里时，没有一个人愿意教我怎么做。这是一家四分五裂的公司，内部有很多诸侯派系。他们甚至相互都不说话。我很怀疑是不是自己犯了一个非常严重的错误。公司有 11 位高级副总裁，他们全都想坐上我的位子。我决定，不进行内部清洗，我要把他们全都争取过来，让他们与我合作而不是对抗我，我做到了。"[137] 多克森的做法就是积极政治的行为策略，通过理性的真诚领导感化人心。这些高级管理者都不是傻瓜，他们很清楚老大是要花招，还是真诚待人，他们会根据老大的行为做出相应的反应。种瓜得瓜，种豆得豆。

许多学者从积极政治的角度出发，认为管理人员应从根本上提高自己的政治素养，以适应在公司政治环境中生存、发展。其中的代表 Voss 认为管理人员应培养以下十项政治素质：(1)能专注于工作以提高自己的声望；(2)善于观察及倾听；(3)能判断谁是有主见的领导，谁是见风使舵者；(4)善于判断他人的个性及兴趣；(5)能建立得体的互惠关系；(6)避免炫耀权力；(7)善于沟通，知进退；(8)宣扬、维护上司的正面形象；(9)不远离上司，不对上司说不；(10)培养忠实能干的下属(他们会宣扬、维护你的正面形象)。

阿姆斯特丹大学心理学家在 2012 年进行了一项研究，访问了 121 名大学毕业生，了解他们说是非的动机，结果发现，虽然部分人是为了操纵别人、自娱或攫取资讯以增进对同事的了解才说是非，但也有不少人是为保护团体不受部分成员的有害行为所影响。研究指出，有些人会刻意说是非，来警告成员不要违反常规，例如闲言闲语可以用来警告懒散的同事，有时人们为怕被说闲话而更投入工作。因此，公司虽然可能因同事之间的恶意中伤而蒙受损害，但同样可以在"从正面理由掀起的闲言中得利"。研究认为，对企业而言，并不应该只"避免一切是非或不容许大量是非"，而是最好尽量减少"负面是非"，并适当地提升"正面是非"。

优秀的领导者具有高超的政治能力。正如第八章对于领导力的讨论，他们会通过愿景、情感、沟通等方式来感召员工，吸引员工。领导者应承担起建设积极政治的责任，积极管控权力博弈，有效实现利益平衡。任正非 1999 年曾经有一个说法："一流人才出国，二流人才进政府机关、跨国企业，三流四流的人才进华为。只要三流人才团结合作，就会胜过一流人才，不是说三个臭皮匠顶一个诸葛亮吗？"这就是团队成功的秘密。优秀人才组成的团队如果不能团结合作，就是一盘散沙。如果能够形成积极的政治合力，在团队内齐心协力，一加一大于二的效应就会出现。

翁君奕[250]指出，"变革中，能超脱既有利益者得天下"，要与既有事物没有深层的利益瓜葛才能赢得新的未来。欧文[160]认为，"我们越是重视自己的利益，其他人就越不想同我们共事，为我们效力。即使最优秀的领导者最后也会以自己的利益为重，但是他们能够理解并尊重其他人的需要和利益。"变革型领导鼓励下属为了组织利益超越个人利益，关心下属需要，对下属产生深远影响。设定愿景并激励和鼓舞团队向更高的团队目标进步，让团队在对自身和群体的变革中不断超越，并将追随者培养为新一代的领导者。

关于公司政治管理的问题，我没有标准答案，我只是试图为你找到自己的答案提供尽可能的帮助。斯图尔特·克雷纳说："管理上没有最终的答案，只有永恒的追问。"公司政治上的很多现实问题，也没有唯一的最佳答案，必须与企业实际相结合，摸索到合适的可行方案。这个过程中，有追问，有尝试，有规律，也有运气。

祝你好运！

参考文献

[1]艾萨克森.史蒂夫·乔布斯传[M].管延圻,等译.北京:中信出版社,2011.

[2]杰佛逊.在火星上退休:伊隆·马斯克传[M].奕均,译.上海:上海人民出版社,2015.

[3]刘韧.柳传志心中永远的痛[N].计算机世界,2000-2-21.

[4]刘韧.知识英雄 2.0[M].重庆:重庆出版社,2002.

[5]凌志军.联想风云[M].北京:中信出版社,2005.

[6]迟宇宙.联想局:一家领袖企业的中国智慧[M].北京:中国广播电视出版社,2005.

[7]黄海贝.倪光南传[M].宁波:宁波出版社,2008.

[8]彭雅青.伪相[M].珠海:珠海出版社,2005.

[9]李方.我在联想的七年[M].北京:清华大学出版社,2005.

[10]田涛,吴春波.下一个倒下的会不会是华为[M].北京:中信出版社,2012.

[11]黄卫伟,等.以奋斗者为本[M].北京:中信出版社,2014.

[12]杨爱国.华为奋斗密码[M].北京:机械工业出版社,2019.

[13]成志明.苏宁:背后的力量——组织智慧[M].北京:中信出版社,2011.

[14]Bronston T Mayes,Robert W Allen.Toward a Definition of Organizational Politics[J].The Academy of Management Review,1977,2(4):672-678.

[15]Jeffrey Pfeffer.Power in Organizations[M].Pitman Publishing Limited,1981.

［16］Gerald R Ferris，Michele Kacmar. Perceptions of Organizational Politics［J］.Journal of Management，1992，18(1):93-116.

［17］约翰·科特.权力与影响力［M］.李亚，等译.北京:机械工业出版社，2008.

［18］斯蒂芬·P.罗宾斯，蒂莫西·A.贾奇.组织行为学［M］.李原，孙健敏，译.北京:中国人民大学出版社，2008.

［19］C.巴纳德.经理人员的职能［M］.孙耀君，等译.北京:中国社会科学出版社，1997.

［20］James G March.The Business Firm as a Political Coalition［J］.The Journal of Politics，1962，24(4):662-678.

［21］杰弗里·普费弗.用权之道［M］.隋丽君，译.北京:新华出版社，1998.

［22］贺志刚.公司政治典型情境［J］.IT 经理世界，2002(10):60-63.

［23］理查德·瑞提，史蒂夫·利维.公司政治［M］.侯东酌，韩卫平，译.北京:中信出版社，2003.

［24］Chris Whisenant.The Politics of Forecasting in Sales and Operations Planning［J］. The Journal of Business Forecasting，2006，25(2):17-19.

［25］黄怒波.我所经历的凶险的公司政治［J］.中国企业家，2005(20):114-116.

［26］金云义，杨昱.实达 连环生死劫［J］.知识经济，2003(8):18-28.

［27］韦尔奇.杰克·韦尔奇自传［M］.曹彦博，等译.北京:中信出版社，2001.

［28］林军.柳传志管理日志［M］.北京:中信出版社，2008.

［29］明茨伯格.管理进行时［M］.何峻，吴进操，译.北京:机械工业出版社，2010.

［30］崔伟.外企十年［M］.北京:机械工业出版社，2003.

［31］黄忠东，陶学禹.企业管理学新分支——企业政治学研究综述［J］.外国经济与管理.2004，26(1):36.

［32］丹尼尔·雷恩.管理思想的演变［M］.李柱流，等译.北京:中国社会科学出版社，1997.

［33］罗珉.管理学前沿理论研究［M］.成都:西南财经大学出版社，2006.

［34］斯格特.组织理论:理性、自然和开放系统［M］.黄洋，等译.北京:华夏出版社，2001.

［35］Deondra S Conner. Human-Resource Professionals'Perceptions of Organizational Politics as A Function of Experience,Organizational Size,and Perceived Independence［J］.The Journal of Social Psychology,2006,146(6)：717-732.

［36］Jeffrey Gandz,Victor V Murray.The Experience of Workplace Politics［J］.The Academy of Management Journal,1980,23(2):237-251.

［37］Madison D L,Allen R W,Porter L W,et al.Organizational Politics：An Exploration of Managers'Perceptions［J］.Human Relations,1980,33(2)：79-100.

［38］Dan Farrell,James C Petersen.Patterns of Political Behavior in Organizations［J］.Academy of Management Review,1982(7):403-412.

［39］Henry Mintzberg.Power in and around Organizations［M］.Englewood Cliffs,N.J.：Prentice-Hall,1983.

［40］William B Stevenson,Jone L Pearce,Lyman W Porter.The Concept of "Coalition" in Organization Theory and Research［J］.The Academy of Management Review,1985,10(2):256-268.

［41］Ferris G R,Russ G S,Fandt P M.Politics in Organizations［C］//Giacalone R A ，Rosenfield P. Impression Management in the Organization［M］.1989:143-170.Hillsdale,N J:Lawrence Erlbaum.

［42］Atinc G,Darrat M,Fuller B,et al. Perceptions of Organizational Politics：A Meta-analysis of Theoretical Antecedents ［J］. Journal of Managerial Issues,2010,22(4):494-513.

［43］蔡厚清.国外企业政治研究述评［J］.科技与管理.2005(6):23-25.

［44］Martin N H,Sims J H.Power Tactics［J］.Harvard Business Review,1956,34(3):25-3.

［45］Allen R W,Madison D L,Porter L W,et al.Organizational Politics：Tactics and Characteristics of Its Actors［J］.California Management Review,1979(22):77-83.

［46］Anthony T Cobb,Newton Margulies.Organization Development:A Aolitical Perspective［J］.Academy of Management.1981,6(1):49-59.

［47］Don Beeman,Thomas Sharkey. The Use and Abuse of Corporate Politics［J］.Business Horizons,1987,30(2):26-30.

[48]Nigel Piercy. Advertising Budgeting：Process and Structure as Explanatory Variables[J]. Journal of Advertising,1987,16(2)：34-40.

[49]Kathleen M Eisenhardt,L J Bourgeois Ⅲ.Politics of Strategic Decision Making in High-Velocity Environments：Toward a Midrange Theory [J].The Academy of Management Journal,1988,31(4)：737-770.

[50]Howell S Baum.Organizational Politics Against Organizational Culture：A Psychoanalytic Perspective[J].Human Resource Management,1989, 28(2)：191-206.

[51]Jeffrey Pfeffer.Understanding Power in Organizations[J]. California Management Review,1992,34(2)：29-50.

[52]Amos Drory.Perceived Political Climate and Job Attitudes[J]. Organization Studies, 1993(14)：59.

[53]Ferris G R,Frink D D,Galang M C,et al.Perceptions of Organizational Politics：Prediction,Stress-related Implications,and Outcomes[J].Human Relations,1996,49(2)：233-266.

[54]Matthew Valle, L A Witt. The Moderating Effect of Teamwork Perceptions on the Organizational Politics-Job Satisfaction Relationship[J]. The Journal of Social Psychology.2001,141(3)：379-388.

[55]Lyle Sussman,Arthur J Adams,Frank E Kuzmits,et al.Organizational Politics：Tactics,Channels,and Hierarchical Roles[J].Journal of Business Ethics,2002,40(4)：313-329.

[56]Anthony P Ammeter,Ceasar Douglas,William L Gardner,et al.Toward a Political Theory of Leadership[J].The Leadership Quarterly,2002 (13)：751-796.

[57]Martha C Andrews,L A Witt,K Michele Kacmar.The Interactive Effects of Organizational Politics and Exchange Ideology on Manager Ratings of Retention[J]. Journal of Vocational Behavior,2003(62)：357-369.

[58]严若森.企业政治的形成及其解构：一个企业管理的新视角[J].南京社会科学.2003(9)：13-16.

[59]Zinta S Byrne.Fairness Reduces the Negative Effects of Organizational Politics an Turnover Intentions,Citizenship Behavior and Job Performance[J]. Journal of Business and Psychology,2005,20(2).

[60]陈国权.组织行为学[M].北京:清华大学出版社,2006.

[61]Yei-Yi Chen,Wenchang Fang.The Moderating Effect of Impression Management on the Organizational Politics-Performance Relationship[J]. Journal of Business Ethics,2008(79):263-277.

[62]Kate Davey.Women's Accounts of Organizational Politics as A Gendering Process[J].Gender,Work & Organization,2010,15(6):650-671.

[63]Rajib Lochan Dhar.Living with Organizational Politics:An Exploration of Employee's Behavior[J]. International Journal of Management and Innovation.2009,1(1):37-56.

[64]Muhammad Malik,Rizwan Danish,Mudassar Ghafoor.Relationship Between Age,Perceptions of Organizational Politics and Job Satisfaction[J]. Journal of Behavioural Sciences,2009,19(1-2):23-40.

[65]George N Gotsis,Zoe Kortezi.Ethical Considerations in Organizational Politics:Expanding the Perspective[J].Journal of Business Ethics 2010 (93):497-517.

[66]Dr.Sarminah Samad.Examining the Effects of Emotional Intelligence on the Relationship Between Organizational Politics and Job Performance [J].International Journal of Business and Social Science.2011,2(6):119-126.

[67]Y Liu,X Y Liu.Politics Under Abusive Supervision:The Role of Machiavellianism and Guanxi[J].European Management Journal,2018(36): 649-659.

[68]Lampaki A,Papadakis V.The Impact of Organisational Politics and Trust in the Top Management Team on Strategic Decision Implementation Success:A Middle-Manager's Perspective [J]. European Management Journal,2018(36):627-637.

[69]亨利·明茨伯格.明茨伯格论管理[M].闾佳,译.北京:机械工业出版社,2007.

[70] Amos Drory, Eran Vigoda-Gadot. Organizational Politics and Human Resource Management:A Typology and the Israeli Experience[J]. Human Resource Management,2010(20):194-202.

[71]Barbara Gray,Sonny S Ariss.Politics and Strategic Change Across Organizational Life Cycles[J].Academyof Management Review,1985,10(4):

707-723.

[72]Anne D Smith,Donde Ashmos Plowman,Dennis Duchon,et al.A Qualitative Study of High-Reputation Plant Managers:Political Skill and Successful Outcomes[J].Journal of Operations Management,2009(27):428-443.

[73]Salem M Al-Tuhaih,David D Van Fleet.An Exploratory Study of Organizational Politics in Kuwait[J].Thunderbird International Business Review,2011,53(1):93-104.

[74]C C Rosen,et al.Perceptions of the Organizational Context and Psychological Contract Breach:Assessing Competing Perspectives[J].Organizational Behavior and Human Decision Processes,2009(108):202-217.

[75]林炜双,高腾,孙李银,等.作为组织政治行为的潜规则:影响因素与作用机制[J].公共行政评论.2010(4):85-110.

[76]William H Newman.Company Politics:Unexplored Dimension of Management[J].Journal of General Management,1979,5(1):3-11.

[77]Francois Pichault.The Management of Politics in Technically Related Organizational Change[J].Organization Studies,1995,16(3):449-476.

[78]Gerald R Salancik,Jeffrey Pfeffer.The Bases and Use of Power in Organizational Decision Making:The Case of A University[J].Administrative Science Quarterly,1974,19(4):453-473.

[79]Jeffrey Pfeffer,Gerald R Salancik.Organizational Decision Making as a Political Process:The Case of A University Budget[J].Administrative Science Quarterly,1974,19(2):135-151.

[80]谢闽.公司政治研究[J].上海经济研究.2006(3):23-28.

[81]理查德·达夫特,雷蒙德·诺伊.组织行为学[M].杨宇,等译.北京:机械工业出版社,2004.

[82]Valle M,Perrewe P L.Do Politics Perceptions Relate to Political Behaviors? Tests of an Implicit Assumption and Expanded Model[J].Human Relations,2000,53(3):359-386.

[83]Jon Jasperson,et al.Review:Power and Information Technology Research:A metatriangulation Review[J].Journal MIS Quarterly,2002,26(4).

[84]卡莉·菲奥莉娜.勇敢抉择——卡莉·菲奥莉娜自传[M].蒋旭峰，译.北京：中信出版社，2009.

[85]J K Pinto，O P Kharbanda.Lessons for An Accidental Profession [J].Business Horizons，1995：45.

[86]Cobb A T.Political Diagnosis：Applications in Organizational Development[J].Academy of Management Review，1986(11)：482-496.

[87]罗瑟尔，阿川.领导力教程[M].史锐，杨玉明，译.北京：清华大学出版社，2008.

[88]苏勇，何智美.现代组织行为学[M].北京：清华大学出版社，2007.

[89]Gunn J，Chen S.A Micro-Political Perspective of Strategic Management[C]// E Vigoda-Gadot，Drory A.Handbook of Organizational Politics. Cheltenham：Edward Elgar，2006：209-229.

[90]Patricia Bradshaw-Camball，Victor V Murray.Illusions and Other Games：A Trifocal View of Organizational Politics[J].Organization Science，1991,2(4)：379-398.

[91]Kipnis D，Schmidt S M，Wilkinson I.Intraorganizational Influence Tactics：Exploration in Getting One's Way [J]. Journal of Applied Psychology，1980，65(4)：440-452.

[92] Yukl，Falbe C M.Influence Tactics and Objectives in Upward，Downward，and Lateral Influence Attempts[J].Journal of Applied Psychology，1990(5)：132-140.

[93]亨利·明茨伯格，布鲁斯·阿尔斯特兰德，约瑟夫·兰佩尔，等.战略历程：穿越战略管理旷野的指南[M].魏江，译.机械工业出版社，2012.

[94]安妮特·西蒙斯.故事思维[M].俞沈彧，译.南昌：江西人民出版社，2017.

[95]Clay Chandler.佳能的舵手[J].财富(中文版)，2006(90)：30-37.

[96]Chu-Hsiang Chang，Christopher C Rosen，Paul E Levy.The Relationship Between Perceptions of Organizational Politics and Employee Attitudes，Strain，and Behavior：A Meta-Analytic Examination[J]. Academy of Management Journal.2009，52(4)：779-801.

[97]Eran Vigoda.Organizational Politics，Job Attitudes，and Work Outcomes：Exploration and Implications for the Public Sector[J].Journal of Vo-

cational Behavior,2000(57):326-347.

[98]Eran Vigoda.Reactions to Organizational Politics:A Cross-cultural Examination in Israel and Britain[J].Human Relations 2001(54):1483-1518.

[99]Eran Vigoda.Stress-Related Aftermaths to Workplace Politics:The Relationships Among Politics,Job Distress,and Aggressive Behavior in Organizations[J].Journal of Organizational Behavior,2002,23:571-591.

[100]Ranida B.Harris,Kenneth J.Harris,Paul Harvey.A Test of Competing Models of the Relationships Among Perceptions of Organizational Politics,Perceived Organizational Support,and Individual Outcomes[J].The Journal of Social Psychology,2007,147(6):631-655.

[101]Mahmood Bodla,Rizwan Danish. Politics and Workplace:An Empirical Eaxmination of the Relationship Between Perceived Organizational Politics and Work Performance[J].South Asian Journal of Management, 2009,16(1):44-62.

[102]Osman M Karatepe,Emin Babakus,Ugur Yavas. Affectivity and Organizational Politics as Antecedents of Burnout Among Frontline Hotel Employees[J].International Journal of Hospitality Management,2012(31):66-75.

[103]Setyabudi Indartono,Chun-Hsi Vivian Chen.Moderating Effects of Tenure and Gender on the Relationship Between Perception of Organizational Politics and Commitment and Trust[J].South Asian Journal of Management, 2009,18(1):7-36.

[104]Hassan Danaeefard,Abbas Balutbazeh,Kia Kashi.Good Soldiers' Perceptions of Organizational Politics Understanding the Relation between Organizational Citizenship Behaviors and Perceptions of Organizational Politics:Evidence from Iran[J].European Journal of Economics,Finance and Administrative Sciences,2010(18):146-162.

[105]Brian K Miller,Matthew Rutherford,Robert W Kolodinsky.Perceptions of Organizational Politics:A Meta-analysis of Outcomes[J].Journal of Business & Psychology,2008,22(3):209-222.

[106] Guangjin Zhang, Gabriel Lee. The Moderation Effects of Perceptions of Organizational Politics on the Relationship Between Work Stress and Turnover Intention:An Empirical Study About Civilian in

Skeleton Government of China[J]. iBusiness,2010,2(3):268-273.

[107]Wayne A Hochwarter,Charles Kacmar,Pamela L Perrewe,et al. Perceived Organizational Support as a Mediator of the Relationship Between Politics Perceptions and Work Outcomes [J]. Journal of Vocational Behavior,2003,63(3):438-456.

[108] Donald Fedor, John Maslyn, Steven Farmer, et al. The Contribution of Positive Politics to the Prediction of Employee Reactions[J]. Journal of Applied Social Psychology,2008,38(1):76-96.

[109]Eran Vigoda,Aaron Cohen.Influence Tactics and Perceptions of Organizational Politics:A Longitudinal Study[J]. Journal of Business Research 2002,55(4):311-324.

[110]June M L Poon.Trust-in-Supervisor and Helping Coworkers:Moderating Effect of Perceived Politics[J].Journal of Managerial Psychology, 2006,21(5/6):518-532.

[111]John J Voyer. Coercive Organizational Politics and Organizational Outcomes:An Interpretive Study[J].Organization Science,1994,5(1):72-85.

[112]Catherine G Green,Lillian H Chaney.Employees' Knowledge of Office Politics:Demographic Differences[J]. Journal of Organizational Culture,Communication and Conflict,2006,10(2):31-42.

[113]Gerald F Cavanagh,et al.The Ethics of Organizational Politics[J]. The Academy of Management Review,1981,6(3):363-374.

[114]杰拉尔德·格林伯格,罗伯特·巴伦.组织行为学[M].毛蕴诗,主译.北京:中国人民大学出版社,2011.

[115]David A Buchanan.You Stab My Back,I'll Stab Yours:Management Experience and Perceptions of Organization Political Behaviour[J]. British Journal of Management,2008,19(1):49-64.

[116]Joseph F Coates.Organization Politics:A Key to Personal Success [J].Employment Relations Today,1994,21(3):259-262.

[117] Dave Buchanan, Richard Badham. Politics and Organizational Change:The Lived Experience[J]. Human Relations,1999,52(5):609-629.

[118]查尔斯·汉迪.个人与组织的未来[M].周旭华,译.北京:中国人民大学出版社,2006.

[119]Shaker A Zahra.Organizational Politics and the Strategic Process [J].Journal of Business Ethics,1987,6(7):579-587.

[120]Rachel Emma Silverman.职场恶霸是如何出人头地的[EB/OL].华尔街日报（中文版），2013-07-23，https://tech.qq.com/a/20130723/016213.htm.

[121]伯罗斯.逆火:惠普女总裁的权力之路[M].朱林勇,译.北京:机械工业出版社,2004.

[122]翟学伟.人情、面子与权力的再生产[M].北京:北京大学出版社,2005.

[123]张维迎.产权、激励与公司治理[M].北京:经济科学出版社,2005.

[124]葛荃.权力宰制理性[M].天津:南开大学出版社,2003.

[125]本尼斯.经营梦想[M].姜文波,译.杭州:浙江人民出版社,2017.

[126]唐庆华.哈佛经理学院亲历记[M].北京:生活读书新知三联书店,1996.

[127]费孝通.乡土中国[M].北京:人民出版社,2008.

[128]伯特兰·罗素.权威与个人[M].储智勇,译.北京:商务印书馆,2010.

[129]郝云.利益理论比较研究[M].上海:复旦大学出版社,2007.

[130]詹姆斯·克劳森.权力与领导[M].马昕,译.北京:世界图书出版公司,2013.

[131]尼古拉斯·卡尔森.拯救雅虎:玛丽莎·梅耶尔传[M].叶硕,谭静,译.北京:译林出版社,2016.

[132]郭士纳.谁说大象不能跳舞？[M].张秀琴,等译.北京:中信出版社,2003.

[133]迪尔等.新企业文化:重获工作场所的活力[M].孙健敏,等译.北京:中国人民大学出版社,2014.

[134]彼得·德鲁克.管理的实践[M].齐若兰,译.北京:机械工业出版社,2018.

[135]李存茂,李九江.战神鹰犬:化工业巨头杜邦公司解读[M].北京:中国方正出版社,2005.

[136]资中筠.认识世界,认识自己[M].北京:中国社会科学出版社,2015.

[137]本尼斯.成为领导者[M].徐中,姜文波,译.杭州:浙江人民出版

社,2016.

[138]曾德明,等.高新技术企业 R&D 管理[M].北京:清华大学出版社,2006.

[139]里德·霍夫曼,本·卡斯诺查,克里斯·叶.联盟[M].路蒙佳,译.北京:中信出版社,2015.

[140]稻盛和夫.活法[M].曹岫云,译.上海:东方出版社,2019.

[141]詹姆斯·伯恩斯.领导学[M].常健,等译.北京:中国人民大学出版社,2013.

[142]罗斯金等.政治科学[M].林震,等译.北京:华夏出版社,2000.

[143]丹尼斯·朗.权力论[M].陆震纶,郑明哲,译.北京:中国社会科学出版社,2001.

[144]王爱冬.政治权力论[M].保定:河北大学出版社,2003.

[145]Hans Gerth,C Wright Mills.Character and Social Structure[M]. New York:Harcourt,Brace,1953.

[146]吕元礼,谢志强.权力与个性[M].南昌:江西人民出版社,1999.

[147]达契尔·克特纳.权力的悖论[M].胡晓姣,等译.北京:中信出版社,2016.

[148]French Jr. J R P,Raven B H.The Bases of Social Power[J].University of Michigan,1959.

[149]加德纳.论领导力[M].李养龙,译.北京:中信出版社,2007.

[150]法拉奇,雷兹.别独自用餐[M].施宇光,闫军生,译.北京:世界知识出版社,2012.

[151]约瑟夫·奈.硬权力与软权力[M].门洪华,译.北京:北京大学出版社,2005.

[152]迈尔,布鲁姆.权力及其逻辑[M].李希瑞,译.北京:社会科学文献出版社,2020.

[153]莫伊塞斯·纳伊姆.权力的终结[M].王吉美,牛筱萌,译.北京:中信出版社,2013.

[154]詹姆斯·卢卡斯.企业权力的学问[M].刘永涛,译.上海:上海人民出版社,2000.

[155]伯特兰·罗素.权力论:新社会分析[M].吴友三,译.北京:商务印书馆,2012.

[156]V K Narayanan,Liam Fahey. The Micro-Politics of Strategy Formulation[J]. Academy of Management Review,1982,7(1):25-34.

[157]杰弗瑞·菲佛.权力:为什么只为某些人所拥有[M].杨洋,译.北京:中国人民大学出版社,2012.

[158]宋暾.我在华为16年[M].北京:人民邮电出版社,2014.

[159]秦朔.传播成功学[M].广州:广州出版社,1998.

[160]乔·欧文.领导力陷阱[M].杨献军,译.北京:科学技术文献出版社,2019.

[161]凯西·卡麦兹.建构扎根理论[M].边国英,译.重庆:重庆大学出版社,2011.

[162]罗伯特·K.殷.案例研究:设计与方法[M].周海涛,等译.重庆:重庆大学出版社,2010.

[163]斯蒂芬·P.罗宾斯.管理学[M].黄卫伟,等译.北京:中国人民大学出版社,1996.

[164]Lucas R.Political-Cultural Analysis of Organizations[J]. Academy of Management Review,1987:144-156.

[165]文崇一,萧新煌.中国人:观念与行为[M].台北:巨流图书公司,1995.

[166]Daniel J Brass,Marlene E Burkhardt. Potential Power and Power Use:An Investigation of Structure and Behavior[J].The Academy of Management Journal,1993,36(3):441-470.

[167]梁漱溟.中国文化要义[M].北京:学林出版社,2000.

[168]Irene Y M Yeung,Rosalie L Tung.Achieving Business Success in Confucian Societies:The Importance of Guanxi(Connections)[J].Organizational Dynamics,1996,25(2):54-65.

[169]Chun Hui,George Graen.Guanxi and Professional Leadership in Contemporary Sino-American Joint Ventures in Mainland China[J].Leadership Quarterly,1997,8(4):451-465.

[170]Kenneth S Law,Chi-sum Wong,Duanxu Wang,et al.Effect of Supervisor-Subordinate Guanxi on Supervisory Decisions in China:An Empirical Investigation[J]. The International Journal of Human Resource Management,2000,11(4):751-765.

[171]何有晖,陈淑娟,赵志裕.关系取向:为中国社会心理方法论求答案,中国人的心理与行为[M].台北:桂冠图书公司,1989.

[172]李美枝.从有关公平判断的研究结果看中国人之人己关系的界限[J].本土心理学研究,1993(1):267-300.

[173]Katherine R Xin,Jone L Pearce.Guanxi:Connections as Substitutes for Formal Institutional Support[J].Academy of Management Journal.1996,39(6):1641-1658.

[174]翟学伟.中国人的关系原理[M].北京:北京大学出版社,2011.

[175]杨国枢.中国人的心理[M].南京:江苏教育出版社,2005.

[176]黄光国等.面子:中国人的权力游戏[M].北京:中国人民大学出版社,2004.

[177]Zhang Zhixue,Yang Chungfang.Beyond Distributive Justice:The Reasonableness Norm In Chinese Reward Allocation[J].Asian Journal of Social Psychology.1998,1(3):253-269.

[178]Ruderman,Marian,Patricia J Ohlott,et al.Promotion Decisions as a Diversity Practice[J].Journal of Management Development,1995,14(2):6-13.

[179]Herminia Ibarra.Personal Networks of Women and Minorities in Management:A Conceptual Framework [J]. Academy of Management Review,1993,18(1):56-87

[180]戴维·迈尔斯.心理学[M].黄希庭,等译.北京:人民邮电出版社,2008.

[181]Catherine G Green,Lillian H Chaney.Students' Knowledge of Office Politics:An Empirical Study[C]// Proceedings of the Academy of Organizational Culture,Communications and Conflict,Memphis,2005,10(1):37-41.

[182]蒋胜蓝.痛苦的裂变[N].计算机世界,2000-01-03.

[183]章柯.我为什么离开实达——8年后胡钢实话实说[J].管理与财富,2001(6).

[184]罗伯特·克赖特纳,安杰洛·基尼奇.组织行为学[M].顾琴轩,等译.北京:中国人民大学出版社,2007.

[185]Gerald R Ferris,Darren C Treadway,Robert W Kolodinsky,et al.

Development and Validation of the Political Skill Inventory[J]. Journal of Management,2005,31(1):126-152.

[186]Gerald Blickle, Katharina Oerder, James Summers. The Impact of Political Skill on Career Success of Employee's Representatives[J]. Journal of Vocational Behavior,2010,77:383-390.

[187]Liu Yongmei, Gerald R Ferris, Robert Zinko, et al. Dispositional Antecedents and Outcomes of Political Skill in Organizations: A Four-Study Investigation With Convergence[J]. Journal of Vocational Behavior,2007, 71:146-165.

[188]Wayne A Hochwarter, Gerald R Ferris, Mark B Gavin, et al. Political Skill as Neutralizer of Felt Accountability—Job Tension Effects on Job Performance Ratings: A Longitudinal Investigation [J]. Organizational Behavior and Human Decision Processes,102:226-239.

[189]Darren C Treadway, Jacob W Breland, Garry L Adams, et al. The Interactive Effects of Political Skill and Future Time Perspective on Career and Community Networking Behavior [J]. Social Networks, 2010, 32: 138-147.

[190]Hao-Kai Hung, Ryh-Song Yeh, Hsin-Yu Shih. Voice Behavior and Performance Ratings: The Role of Political Skill[J]. International Journal of Hospitality Management,2011,7:1-9.

[191]Ilias Kapoutsis, Alexandros Papalexandris, Andreas Nikolopoulos, et al. Politics Perceptions as Moderator of the Political Skill—Job Performance Relationship: A Two-Study, Cross-National, Constructive Replication[J]. Journal of Vocational Behavior,2011,78:123-135.

[192] Robert W Kolodinsky, Wayne A Hochwarter, Gerald R Ferris. Nonlinearity in the Relationship Between Political Skill and Work Outcomes: Convergent Evidence From Three Studies[J]. Journal of Vocational Behavior,2004,65:294-308.

[193]罗伯特·基欧汉,约瑟夫·奈.权力与相互依赖[M].门洪华,译.北京:北京大学出版社,2002.

[194] Henry Mintzberg. Power and Organization Life Cycles [J]. Academy of Management Review,1984,9(2):207-224.

[195]埃德加·沙因.组织文化与领导力[M].马红宇,王斌,译.北京:中国人民大学出版社,2011.

[196] Lawrence G Hrebiniak. Making Strategy Work[M]. Wharton School Publishing,2005.

[197]Lawrence G Hrebiniak.Obstacles to Effective Strategy Implementation[J].Organizational Dynamics,2006,35(1):12-31.

[198]科特,赫斯克特.企业文化与经营业绩[M].李晓涛,曾中,译.北京:华夏出版社,1997.

[199] George Kelley. Seducing the Elites:The Politics of Decision Making and Innovation in Organizational Networks[J]. Academy of Management,1976,1:66-74.

[200]埃德加·沙因.企业文化生存与变革指南[M].马红宇,唐汉瑛,等译.杭州:浙江人民出版社,2017.

[201]杨杜.文化的逻辑[M].北京:经济管理出版社,2016.

[202]特伦斯·迪尔,等.企业文化[M].李原,孙健敏,译.北京:中国人民大学出版社,2020.

[203]潘东燕,王晓明.腾讯方法[M].北京:机械工业出版社,2014.

[204]彼得·蒂尔,布莱克·马斯特斯.从0到1[M].高玉芳,译.北京:中信出版社,2015.

[205]林文德,等.让战略落地[M].普华永道公司,译.北京:机械工业出版社,2016.

[206]仇勇,谭森.微软中国惊现公司政治[J].商务周刊,2003(7):72-73.

[207]吴士宏.逆风飞飏:微软 IBM 和我[M].北京:光明日报出版社,1999.

[208]贝赞可,等.战略经济学[M].詹正茂,等译.北京:中国人民大学出版社,2006.

[209]鲍勃·弗里奇.权力的博弈[M].李志刚,等译.北京:人民邮电出版社,2014.

[210]H.伊戈尔·安索夫.战略管理[M].邵冲,译.北京:机械工业出版社,2010.

[211]小阿瑟·A.汤普森等.战略管理[M].蓝海林,等译.北京:机械工业出版社,2016.

[212]丹尼尔·卡尼曼.思考,快与慢[M].胡晓姣,等译.北京:中信出版社,2012.

[213]Michael Porter.What is Strategy? [J].Harvard Business Review,1996,74(6):61-78.

[214]Hitt M A,Ireland R D,Hoskisson R E.Strategic Management[M].Thomson South-Western,2007.

[215]Thomas S Bateman,S A Snell.Management:Competing in the New Era[M].The McGraw-Hill Companies,Inc.,2002.

[216]L K Johnson.Execute Your Strategy—Without Killing It[J].Harvard Management Update,2004:3-5.

[217]拉里·博西迪,拉姆·查兰.执行[M].刘祥亚,译.北京:机械工业出版社,2003.

[218]Michael J Mard,et al.Driving Your Company's Value:Strategic Benchmarking for Value[M].John Wiley & Sons,Inc.,2004.

[219]彼得·德鲁克.卓有成效的管理者[M].许是祥,译.北京:机械工业出版社,2019.

[220]劳伦斯·赫比尼亚克.有效执行:成功领导战略实施与变革[M].范海滨,译.北京:中国人民大学出版社,2017.

[221]卡普兰,大卫·诺顿.平衡计分卡:化战略为行动[M].刘俊勇,孙薇,译.广州:广东经济出版社,2013.

[222]卡普兰,诺顿.战略中心型组织[M].上海博意门咨询公司,译.北京:中国人民大学出版社,2008.

[223]John A Pearce Ⅱ,Richard B Robinson Jr.Strategic Management:Formulation,Implementation,and Control[M].The McGraw-Hill Companies,Inc.,2003.

[224]金,莫博涅.蓝海战略[M].吉宓,译.北京:商务印书馆,2016.

[225]科特.变革的力量[M].方云军,张小强,译.北京:华夏出版社,1997.

[226]奥拉姆.化战略为执行[M].陈璐陆,王洋,译.北京:机械工业出版社,2015.

[227]W.纽曼,小 C.萨默.管理过程[M].李柱流,等译.北京:中国社会科学出版社,1995.

[228]罗伯特·卡普兰,戴维·诺顿.组织协同[M].上海博意门咨询公

司,译.北京:商务印书馆,2006.

[229]David Collis,Cynthia Montgomery.Creating Corporate Advantage[J].Harvard Business Review,1998(5-6):70-83.

[230]廖泉文.招聘与录用[M].北京:中国人民大学出版社,2010.

[231]Ferris G R,Buckley M R,Allen G M.Promotion Systems in Organizations[J].Human Resource Planning,1992,15(3):47-68.

[232]张秀娟,汪纯孝.人际关系与职务晋升公正性[M].北京:北京大学出版社,2005.

[233]张继辰,文丽颜.华为的人力资源管理[M].深圳:海天出版社,2010.

[234]陈伟.腾讯人力资源管理[M].苏州:古吴轩出版社,2018.

[235]哈格斯,吉纳特,柯菲.领导学[M].朱舟,译.北京:清华大学出版社,2004.

[236]尤里奇,曾格,斯摩伍德.绩效导向的领导力[M].王贵亚,何西军,译.北京:中国财政经济出版社,2004.

[237]约翰·P.科特.领导力革命[M].廉晓红,栾涌泉,译.北京:商务印书馆,2005.

[238]本尼斯,戈德史密斯.领导力实践[M].姜文波,译.北京:中国人民大学出版社,2007.

[239]约瑟夫·奈.巧实力[M].李达飞,译.北京:中信出版社,2013.

[240]曼弗雷德·德·弗里斯.领导的奥秘——揭秘组织中的领导行为[M].宫照丽,译.北京:东方出版社,2009.

[241]约翰·安东纳基斯等.领导力的本质[M].柏学翥,等译.上海:上海人民出版社,2007.

[242]戴维·尤里奇等.领导力密码[M].陶娟,译.北京:中国人民大学出版社,2011.

[243]基思·格林特.领导力[M].马睿,译.南京:译林出版社,2018.

[244]罗纳德·海菲兹,马蒂·林斯基.火线领导:驾驭变革风险[M].张慧玉,译.北京:机械工业出版社,2019.

[245]詹姆斯·库泽斯,巴里·波斯纳.领导力:如何在组织中成就卓越[M].徐中,沈小滨,译.北京:电子工业出版社,2018.

[246]苗建明,等(中科院课题组).领导力五力模型研究[J].领导科学,2006(9):20-23.

[247]张维迎,李其.激励与领导艺术[M].上海:上海人民出版社,2004.

[248]Darren C Treadway,Wayne A Hochwarter,Gerald R Ferris,et al. Leader Political Skill and Employee Reactions[J].The Leadership Quarterly, 2004(15):493-513.

[249]刘澜.领导力沉思录[M].北京:中信出版社,2009.

[250]翁君奕.历变不衰路线图:道德经大发现[M].上海:上海财经大学出版社,2010.

[251]沃伦·本尼斯,史蒂文·桑普尔,罗布·阿斯加尔.领导的艺术与冒险:失败、复原力和成功[M].胡金枫,译.北京:北京大学出版社,2017.

[252]吉姆·柯林斯.从优秀到卓越[M].俞利军,译.北京:中信出版社,2019.

[253]施炜.重生:中国企业的战略转型[M].北京:东方出版社,2016.

[254]阿维纳什·迪克西特,巴里·奈尔伯夫.策略思维[M].王尔山,译.北京:中国人民大学出版社,2013.

[255]斯特罗奇尔,奥弗.领袖———一项心理史学研究[M].梁卿,等译.北京:中央编译出版社,2013.

[256]小约瑟夫·巴达拉克.沉静领导[M].杨斌,译.北京:机械工业出版社,2015.

[257]Roger C Mayer,James H Davies,David Schoorman.An Integrative Model of Organizational Trust[J].Academy of Management Review,1995,20 (3):709-734.

[258]杰弗里·格林豪斯,杰勒德·卡拉南,维罗妮卡·戈德谢克.职业生涯管理[M].王伟,译.北京:清华大学出版社,2014.

[259]赵玉平.领导的气场[M].北京:北京联合出版公司,2015.

[260]刘军,宋继文,吴隆增.政治与关系视角的员工职业发展影响因素探讨[J].心理学报,2008(2):201-209.

[261]柳恒超,金盛华,赵开强.中国文化下组织政治技能的结构及问卷的编制[J].应用心理学.2008(3):220-225.

[262]高记,马红宇.组织中的政治技能及相关研究[J].心理科学进展.2008(4):598-605.

[263]刘军,吴隆增,林雨.应对辱虐管理:下属逢迎与政治技能的作用机制研究[J].南开管理评论.2009(2):52-58.

[264]刘军,吴隆增,许浚.政治技能的前因与后果:一项追踪实证研究[J].管理世界.2010(11):94-104.

[265]林忠,孙灵希.企业员工政治技能的本土维度确认与测量[J].财经问题研究.2012(11):116-123.

[266]弗里斯.领导力与职业生涯反思[M].丁丹,译.北京:东方出版社,2015.

[267]王育琨.讳莫如深的公司政治[J].经理人.2005(132):43-45.

[268]Robyn Brouer,Allison Duke,Darren Treadway,et al.The Moderating Effect of Political Skill on the Demographic Dissimilarity-Leader-Member Exchange Quality Relationship[J].The Leadership Quarterly,2009,20(2):61-69.

[269]肖炳烜.公司政治的影响因素及其作用机制研究[D].厦门大学博士学位论文,2012.

后记：顶风前行

从我 2006 年第一次发表关于公司政治的论文，到现在已经 15 年了。

我 30 岁成为国有上市集团企业的副总经理、市管企业最年轻的领导干部之一；33 岁参加厦门市面向全球公开选拔副局级领导干部，在笔试、面试结束后获得报考职位的总分第一名。虽然最终落选了，但这次经历成了我成长历程中的重要熔炉。

后来我去了外资企业。离开那家国企以后，听说了一些消极政治的事，让我在感叹自己天真之余，对公司政治产生了兴趣。

行到水穷处，坐看云起时。

我开始学习关于公司政治方面的知识，试着做一些研究，也在工作中观察和体悟公司政治的奥秘。

后来我决定攻读博士学位，试图开展规范的学术研究。幸运的是，攻读博士期间，承导师翁君奕教授的包容，我得以做自己感兴趣的研究课题。

翁君奕教授曾任厦门大学管理学院院长，现任厦门大学社会科学学部主任。翁教授在经济学和管理学的学术造诣精深，曾经获得孙冶方经济学奖，是我国商务模式创新理论研究的开创者。先生严谨的治学态度、知行合一的研究理念深深地影响着我，让我尽最大可能做好管理学理论和实践的结合。

身处大变革、大转型、大过渡的时代，风气难免浮躁，急功近利。安下心来，老老实实做学问，似乎成为一种稀缺。

曾经无数次起过放弃的念头。

但我知道，我所遇到的职场困惑、苦闷和无助，也是许许多多普通经理人的困惑、苦闷和无助。这样的困惑，因为就在你我他的身边，所以更有生命力。我们不需要被粉饰的高大上传奇成功故事，我们需要不掺杂水分的真实职场体验,包括普通职场人对管理的理解。还有很多企业领导不了解公司政治,认识不到利益和权力对于企业经营管理的重要性,以致在创业和经营的路上步履蹒跚、险象环生。

我深知学养浅薄、水平有限,书中的错误和问题在所难免。要想达到我希望的那种融会贯通的理想状态,不知道要等到什么时候。

所以,我决定以本书现在的面目示人。如果能起到抛砖引玉的作用,对读者朋友们多少有所帮助,我就心安了。

感谢我的家人,我对他们亏欠太多。感谢给过我鼓励和帮助的师长和亲友。

感谢厦门大学出版社社长郑文礼教授的关照,责任编辑潘瑛老师的辛勤付出和高效工作。

感谢书中引用的各位专家学者,也对个别暂未注明出处的引文作者致歉,欢迎与作者联系以便补充更正。

感谢翁君奕教授、龚春和博士、杨爱国先生、童伯华先生的热情推荐。

尤其还要感谢高晓董事长。他是改革开放后我国第一代下海创业的企业家。最让我敬仰的不仅是他 1984 年在年近五十时创办了上市公司——厦门信达股份有限公司(000701),该公司如今已成长为年营业收入超 800 亿元的多元化集团企业,更主要的是他 20 世纪 80 年代时在厦门特区率先创办现代 IT 企业、在全国最早创立商业化公众网站所体现出来的创新意识和企业家精神。

当时刚刚改革开放的特区基本上是清一色的外贸、加工企业,高董事长凭借其数十年在西方发达国家行走的广博见识,在尚不知信息产业和信息技术为何物的厦门企业界,陆续创立了电子计算机公司、互联网公司、系统集成公司、软件公司等多家 IT 企业;率先创办了中国第一家有全球影响力的商业网站——中国指南(ChinaVista),比后来的新浪网和搜狐网更早;他还以非凡的远见和勇气创办了我国第一家非官方的公开发行刊物《商务周刊》,这在媒体尚未开放的时代,显然让人肃然起敬。高晓时代的信达,可以毫不夸张地说是厦门 IT 界的黄埔军校,为厦门乃至中国的互联网发展贡献了大量优秀人才,这些人才陆续创办了众多互联网企业,其中包括多家上市公司。高董事长始终站在时代潮头的远见卓识和披荆斩棘的创新精神,是永不过时的宝贵财富。

幸得高董事长和翁教授的偏爱,让我的人生路走得更远更高。

马斯克很喜欢福特的一句名言"当一切都似乎是逆着你,记住,飞机起飞时是顶风,而不是顺风。"我想强调的是,前提是你在前行,你要起飞。

还好,我一直在前行。

生活不易,放过自己。

生活不易,别轻易放过自己。

萧越

2021 年 9 月

厦门